La maison Menier,
de la droguerie au chocolat

Nicolas Sueur

La maison Menier, de la droguerie au chocolat

1816-1869

Aux origines de l'industrie pharmaceutique en France

Préface d'Olivier Faure

L'Harmattan

Du même auteur

La Pharmacie centrale de France : une coopérative pharmaceutique au XIXe siècle, Tours, Presses universitaires François-Rabelais, 2017.

5-7, rue de l'Ecole-Polytechnique, 75005 Paris

http://www.editions-harmattan.fr

ISBN : 978-2-343-13793-3
EAN : 9782343137933

Sommaire

PREFACE

Agrégé d'histoire en lycée, Nicolas Sueur est un de ces jeunes chercheurs talentueux et tenaces qui contribuent de façon décisive à la connaissance historique alors même, qu'enseignants dans le secondaire, ils ne reçoivent aucune aide et doivent prendre sur leur temps et leur argent pour mener leurs recherches. Espérons que l'université ou le CNRS sauront reconnaître leurs travaux ou, qu'à tout le moins, ils ne se décourageront pas.

Depuis quelques années, les enquêtes de Nicolas Sueur sont tout entières tournées vers l'histoire du médicament, de sa production et de sa commercialisation. Si l'histoire des officines n'est désormais plus un mystère et si l'industrie pharmaceutique est bien connue depuis la fin du XIXe siècle, il restait encore à explorer sa protohistoire. C'est ce à quoi se consacre notre auteur. Après une thèse, qui vient juste d'être publiée, consacrée à la Pharmacie centrale de France (PCF)[1], cette entreprise fondée par les pharmaciens pour se libérer de la dépendance des droguistes, Nicolas Sueur en vient tout logiquement à étudier ces derniers, ces ignorés et ces mal aimés de l'histoire de la pharmacie. Comme dans l'ouvrage précédent, il le fait par le biais d'une monographie, celle de la maison Menier, de sa naissance jusqu'à sa spécialisation dans la fabrication du célèbre chocolat qui porta si longtemps son nom et la cessation de ses activités pharmaceutiques au profit de la PCF (1869).

Pendant la majeure partie de son existence étudiée ici, la maison Menier se confond avec la personnalité de son fondateur Jean-Antoine Brutus (1795-1853). Fils de commerçant, élève en pharmacie, il sait parfaitement flairer le vent et mobilise à son profit toutes les opportunités qui s'offrent à lui dans tous les domaines. Avant le chocolat, son coup de génie consiste à repérer un créneau porteur, celui de la pulvérisation des substances utilisées sous cette forme en pharmacie mais qui exigeait du pharmacien (ou de ses aides) un travail long et répétitif dont le résultat n'était pas garanti. Pour obtenir une pulvérisation parfaite, Menier utilise des pilons et des meules sans cesse plus perfectionnés et successivement mus par l'homme, le cheval et enfin la force hydraulique. Pour s'offrir ces équipements, Menier mobilise d'abord son petit capital familial puis utilise toutes les formes de sociétés en nom de personne (il ne faut pas perdre le contrôle de l'entreprise) que lui offre le droit commercial. Produire ne suffit pas. Il faut aussi vendre. Pour cela, mais il n'est pas le seul, Menier édite des catalogues constellés de médailles obtenues dans les expositions qu'il fréquente assidûment, inonde la presse de

[1] Nicolas Sueur, *La Pharmacie centrale de France : une coopérative pharmaceutique au XIXe siècle*, Tours, Presses universitaires François -Rabelais, 2017, 411 p.

publicité. La réussite, éclatante, est au rendez-vous. Pourtant, devenir millionnaire (il le devient) n'est pas son ambition. Comme d'autres, hier comme aujourd'hui, il rêve d'être reconnu autrement que par la fortune. Un peu contraint et forcé, il obtient, à 43 ans, un diplôme de pharmacien, écrit quelques articles et sa femme se démène en vain pour lui obtenir la Légion d'honneur.

Au-delà de ce récit palpitant, le travail nous en apprend beaucoup, et pas simplement sur l'industrie pharmaceutique. A propos de cette dernière, l'auteur affirme et démontre que « l'industrie pharmaceutique plonge ses racines dans le négoce des drogues » plutôt que dans l'officine et la chimie comme on le dit habituellement. A vrai dire, le livre montre que cette industrie mêle indissociablement dès le départ le médical et l'alimentaire. Mieux, le livre suggère que ce secteur médico-alimentaire joue un rôle majeur dans la naissance d'une première société de consommation déjà repérée en Angleterre au siècle précédent. Si elle n'a rien à voir en intensité avec celle dans laquelle nous vivons, elle partage avec elle les mêmes mécanismes (production industrielle, publicité etc…). Sans être exhaustif sur les apports du livre, on soulignera l'importance que N. Sueur accorde aux procédés de fabrication, aux machines. Il ne se contente pas de les décrire et de les analyser clairement mais il montre la fascination qu'elles pouvaient exercer sur de larges secteurs de la société, la confiance et même l'espoir qu'elles inspiraient. Ici, l'auteur mêle harmonieusement l'histoire des techniques et celle des représentations.

Au-delà de ces apports et de ces pistes, le livre est aussi une défense et illustration de la biographie. On sait qu'après avoir été victime d'un long ostracisme – on se souvient de l'illusion biographique dénoncée par P. Bourdieu – la démarche revient en grâce et en force, particulièrement en histoire de la médecine, et désormais de la pharmacie. Menée comme elle l'est ici, la démarche me paraît supérieure à des approches en apparence plus globales mais finalement plus pauvres. Elle montre comment des individus savent se mouvoir dans des univers variés, combiner des logiques différentes et ne se laissent pas facilement enfermer dans des catégories définies. Ainsi, Menier fut-il tout à la fois et pleinement : un droguiste, un chocolatier et un pharmacien ; un homme d'affaires, un industriel, un technicien et un publicitaire. A lire la biographie de Menier, on se convainc que les frontières que nous établissons entre les secteurs économiques et les catégories professionnelles sont artificielles et témoignent surtout de notre incapacité à penser la complexité du fonctionnement social. Le livre de Nicolas Sueur au contraire nous y aide et c'est la principale raison de le lire.

Olivier Faure, professeur émérite d'histoire contemporaine à l'Université Jean Moulin, Lyon III.

INTRODUCTION

Depuis les années 80, les recherches sur l'industrie pharmaceutique n'ont cessé de se développer, insistant notamment sur les racines officinales du secteur[2]. « Si l'histoire de la pharmacie comme profession a fait l'objet de nombreux travaux de recherche historique (...), l'histoire de l'industrie pharmaceutique française, qui est issue de l'officine, a été peu traitée » écrit ainsi Michèle Ruffat en 1995[3]. Le lien généalogique exclusif qui relierait l'industrie à l'officine est ainsi formulé comme une évidence. « Les entreprises pharmaceutiques, plus couramment désignées sous le terme de laboratoire pharmaceutique, sont issues pour la plupart de l'officine et sont apparues à partir des années 1850 » écrit quant à elle Sophie Chauveau dans l'invention pharmaceutique[4]. Filles de l'officine, « les entreprises industrielles de la pharmacie sont comme la transposition à une plus grande échelle des conceptions et des pratiques de l'officine », quoique avec quelques différences[5]. Les XIXe et XXe siècles sont ainsi marqués par la « longue prépondérance de l'officine »[6]. Si quelques travaux mentionnent le rôle et l'importance des maisons de droguerie, celles-ci occupent néanmoins une place périphérique dans l'histoire de l'industrie pharmaceutique. La droguerie est un secteur que les historiens de la santé ont quelque peu délaissé. « La distinction classique qui veut que l'industrie pharmaceutique française soit née à la fois de l'officine et de l'industrie chimique est factuellement vraie », mais elle « oublie le rôle de la droguerie » écrit notamment Olivier Faure[7].

Dans son sens actuel, la droguerie évoque la fabrication, le commerce de produits d'herboristerie, d'hygiène, de toilette, d'entretien et de ménage[8]. Au début du XIXe siècle, la droguerie est associée à la vente de drogues. Là encore, le vocabulaire contemporain ne nous est pas d'un grand secours

[2] Ruffat (Michèle), *175 ans d'industrie pharmaceutique française, histoire de Synthélabo*, Paris, La Découverte, 1996, 270 p. Cayez (Pierre), *Rhône-Poulenc 1875-1975 : contribution à l'étude d'un groupe industriel*, Paris, Colin-Masson, 1996, 343 p.

[3] Ruffat (Michèle), « La recherche historique sur l'industrie pharmaceutique en France et à l'étranger », Revue d'histoire de la pharmacie, 305, 1995, p 187-194.

[4] Chauveau (Sophie), *L'invention pharmaceutique, la pharmacie française entre l'Etat et la société au XXe siècle*, Paris, Sanofi-synthélabo, 1999, p 13.

[5] Chauveau (Sophie), *L'invention pharmaceutique…*, *op. cit.*, p 33.

[6] Gaudillière (Jean-Paul), « Une marchandise pas comme les autres, historiographie du médicament et de l'industrie pharmaceutique au XXe siècle », in Bonah (Christian) et Rasmussen (Anne), *Histoire et médicament au XIXe et XXe siècle*, Paris, Glyphe, 2005, p 113.

[7] Faure (Olivier), *Les Français et leur médecine*, Paris, Belin, 1993, p 211.

[8] Rey (Alain), *Dictionnaire historique de la langue française*, Paris, le Robert, 2016, p 721.

puisque le terme est accolé à des produits qualifiés d'addictifs, de nocifs pour la santé (cannabis, cocaïne, héroïne, drogues de synthèse etc...). Cette connotation négative du mot drogue n'est pas absente des dictionnaires de la fin du XVIIIe siècle. Pour Féraud, la drogue désigne en effet « des choses mauvaises en leur espèce ». Ainsi, l'expression « ce marchand ne vend que de la drogue » est-elle péjorative[9]. On peut aussi lire, sous la plume du même auteur, qu'à «proprement parler drogue ne se dit que de ce qui sert à la médecine. On ne dit point du sucre, du café, du cacao, du poivre même, que ce sont des drogues. On le dit du séné, de la rhubarbe, de la casse, de la manne, etc ». Dans les années 1830, le terme conserve son ambiguïté[10]. Les drogues désignent, d'une part, « des marchandises pour l'usage de la médecine », mais, également, « ce qui est mauvais dans son espèce». Se droguer c'est à la fois « se médicamenter » et « se médicamenter avec excès ». Emile Littré évoque quant à lui le terme d' « épicier droguiste »[11] et définit les drogues comme des « ingrédients propres à la teinture et à la chimie ». Il s'agit également du « nom générique des matières premières avec lesquelles les pharmaciens préparent les médicaments ». Mais le dictionnaire évoque aussi les ambiguïtés qui entourent le terme : « il débite bien sa drogue, il sait bien faire valoir sa drogue, se dit pour signifier qu'il est charlatan, qu'il fait passer une chose pour plus qu'elle ne vaut. Par extension et par dénigrement, on parle d'épices. Il faut l'assaisonner de drogues qui la déguisent ». Le droguiste est donc à la fois celui qui vend des médicaments, mais aussi celui qui vend des mauvais produits. Cette analyse rapide des sens et signification du mot drogue n'est pas sans rappeler que le produit pharmaceutique est chargé de la même ambiguïté. Le pharmakon ne désigne-t-il pas à la fois le remède et le poison?

C'est cette ambiguïté, et les dangers que peuvent représenter ces médicaments, qui poussent le pouvoir napoléonien à en réglementer la vente (loi du 11 avril 1803). La loi du 21 germinal an XI fixait l'organisation des écoles de pharmacie (Titre I), les obligations des élèves en pharmacie (Titre 2), les modes et les frais de réception des pharmaciens (Titre 3), ainsi que la police de la pharmacie (Titre 4). « Nul ne pourra obtenir de patente pour exercer la profession de pharmacien, ouvrir une officine de pharmacie, préparer, vendre ou débiter aucun médicament s'il n'a été reçu suivant les formes voulues jusqu'à ce jour, ou s'il ne l'est dans l'une des écoles de pharmacie ou par l'un des jurys suivant celles qui sont établies par la

[9] Feraud (F.), *Dictionnaire critique de la langue française*, Paris, France-expansion, 1787, T 1, p 833.
[10] Sauger-Preneuf (F), *Nouveau vocabulaire de la langue française*, Paris, Lebigre frères, 1837, p. 231.
[11] Littré (E.), *Dictionnaire de la langue française*, Paris, L. Hachette, 1873-1874, T 2, p. 1243.

présente loi »[12]. Mais ce monopole des pharmaciens sur le marché du médicament était battu en brèche par plusieurs dispositions incluses dans la même loi. Dans les bourgs et les villages où il n'y avait pas de pharmaciens, par exemple, les officiers de santé pouvaient tenir une officine. De même, on prévoyait, à Paris et dans les villes où se trouvaient les écoles de pharmacie, une inspection des officines et des magasins de pharmaciens et de droguistes pour vérifier la qualité des drogues et médicaments simples et composés. Car, si les « épiciers et droguistes » ne pouvaient vendre aucune composition ou préparation pharmaceutique, ils « pouvaient continuer à faire le commerce en gros des drogues simples, sans pouvoir néanmoins en débiter aucune au poids médicinal ». Les pharmaciens se trouvaient donc placés à la tête d'un monopole sur le marché des drogues au détail, lequel monopole comportait lui-même quelques aménagements. Tout au long du XIXe siècle, cette approche libérale de la loi de germinal constituera un point de tensions majeures entre les pharmaciens, d'une part, et les droguistes, d'autre part.

C'est précisément à une grande maison de droguerie de la première moitié du XIXe siècle que nous voudrions ici nous intéresser : la maison Menier. Le nom, la marque restent associés dans l'imaginaire collectif au chocolat[13]. Dès le XIXe siècle, l'entreprise fascine les contemporains[14]. La maison Menier et Cie et ses différents dirigeants ont suscité l'attention de nombreux chercheurs, à commencer par les pharmaciens. Dès 1953, Jean-Antoine-Brutus Menier fait ainsi l'objet d'une petite notice biographique dans un ouvrage consacré aux grandes figures pharmaceutiques françaises[15]. Jean Cheymol salue, en quelques pages, la personnalité d'un industriel qui s'est construit lui-même. Il faut attendre les années 80 pour voir les historiens s'intéresser à l'entreprise Menier[16]. Ces travaux s'inscrivent dans

[12] Dorvault (François), *Répertoire général de pharmacie pratique...* Paris, Labé, 1844, p. 503, VIII-652 p.

[13] Valentin (Marc), « Jean-Antoine-Brutus Menier et la fondation de la Maison centrale de droguerie », *Revue d'histoire de la pharmacie*, 72e année, N. 263, 1984. pp. 357-389

[14] Turgan (Julien), *Les grandes usines de France : tableau de l'industrie française au XIXe siècle*, Paris, Michel Lévy frères, 1870, T 7.

[15] *Figures pharmaceutiques françaises*, Paris, Masson, 1953.

[16] Logre (Bernard), Valentin (Marc), *L'empire triomphant : Emile-Justin Menier (1826-1881)*, connaissances du Val Maubuée, 1981 ; Piganiol (Jean-Michel), *Emile-Justin Ménier, baron chocolat ou capitaliste éclairé, positiviste, et républicain radical*, mémoire de maîtrise sous la direction de M. Bouvier, université Paris I, 1983 ; Marrey (Bernard), *Un capitalisme idéal*, Paris, Clancier-Guénaud, 1984 ; Richard (Michel), *Dynastie patronale et ville usine, les industriels chocolatiers Menier et Noisiel 1867-1960*, mémoire de DEA sous la direction de Michèle Perrot, Paris IV, 1988 ; Giboureau (Jean), Logre (Bernard), *Notables et chocolatiers, les Menier*, La Membrolle-sur-Choisille, Centre généalogique de Touraine, 1990 ; Catherine Jarrige, *L'industrie chocolatière française (1810-1939)*, mémoire de DEA sous la direction de F. Caron, Paris IV, 1993 ; Cartier (Caroline), Jantzen (Hélène), Valentin (Marc), Richard (Michel), Fortin (Philippe), *La chocolaterie Menier*, Paris, coll Images du patrimoine,

un contexte marqué par les débuts de la désindustrialisation en France. Ils mettent d'abord en avant, non sans nostalgie parfois, la figure du fabricant de chocolat, insistant d'ailleurs plus sur la figure d'Emile-Justin Menier que sur celle de son père. Or, avant de se spécialiser dans le chocolat, J.A.B Menier exerça pendant longtemps une activité de droguiste, ce que rappellent d'ailleurs les premiers catalogues commerciaux édités par la maison.

Dans la première moitié du XIXe siècle, l'entreprise Menier et cie est l'un des plus importants grossistes en médicaments de la capitale. Pour beaucoup de pharmaciens de l'époque, l'émergence de ces grandes maisons de droguerie menace l'officine et peut laisser présager la fin de leur monopole sur le marché du médicament. Plus profondément, cette crise de la pharmacie traduit aussi le malaise de plus en plus profond de la profession face à l'industrialisation et aux transformations rapides du métier. Elle se double d'un sentiment accru de dépendance à l'égard d'une profession jugée subalterne, car ne disposant d'aucun diplôme. Aux yeux des pharmaciens, cette dépendance à l'égard d'un groupe jugé moins qualifié, moins diplômé, est vécue comme un déclassement, une perte d'identité. La montée en puissance de ces maisons de droguerie dans la première moitié du XIXe siècle, concomitante de l'industrialisation du médicament, occupe donc une place centrale dans les doutes que traverse la pharmacie à cette époque. C'est contre les droguistes que François Laurent Marie Dorvault forge la Pharmacie centrale de France, une coopérative entre pharmaciens bâtie en 1852. Parmi ces droguistes, la maison Menier constitue à la fois un modèle, qu'il faut imiter, et un rival qu'il faut concurrencer[17]. C'est que Menier n'est pas un simple intermédiaire ou négociant en médicaments, il se distingue aussi par les ruptures qu'il introduit dans le domaine de la droguerie. « Ce n'est point comme chocolatier que Mr Menier se présente, mais bien comme ayant introduit en France une industrie nouvelle : la pulvérisation en grand et par mécanique de toutes les substances pharmaceutiques employées dans l'art de guérir »[18]. Dans ce passage, ce n'est point la figure du chocolatier qui est mise en avant, mais bien celle du droguiste qui serait parvenu à créer une branche industrielle nouvelle. L'industriel lui-même n'est pas en reste : « nous rappelons un titre dont nous sommes jaloux, celui d'avoir fondé la première usine en France, où la pulvérisation s'opère sur une grande échelle »[19]. Voilà qui tranche avec l'image traditionnelle de ces maisons de

---

association pour le patrimoine d'Ile-de-France, 1994 ; Logre (Bernard), Messence (Gérard), *Chocolat Menier : Evitez les contrefaçons*, Boulogne Billancourt, Du May, 2005

[17] Sueur (Nicolas), *La Pharmacie centrale de France, une entreprise au service des pharmaciens (1852-1879)*, Thèse d'université sous la dir. du professeur Faure (Olivier), Lyon III, octobre 2012.

[18] AN, F/12/5209, dossier de demande de Légion d'honneur, Lettre du 12 novembre 1851.

[19] Menier et Cie, *Prix courant général 1845*, Paris, Schneider et Langrand, 1845, préface.

droguerie, qui sont souvent perçues comme des maisons de négoce, des intermédiaires commerciaux sur le marché. Cette activité purement commerciale explique peut-être le relatif dédain des historiens de l'industrie pour une activité qui n'était pas à proprement parler centrée sur la production. Or, sur bien des points, l'entreprise Menier a mis en jeu des « nouvelles façons de savoir articulées sur de nouvelles façons de produire » pour paraphraser l'historien John Pickstone[20].

Nous voudrions tenter de revenir ici sur les ruptures introduites par Menier dans le secteur de la pharmacie au cours d'une période comprise entre sa fondation (1815/1816) et son rachat par la Pharmacie centrale de France (1867-1869). Plus précisément, nous voudrions essayer de comprendre ce qui a fait le succès de l'industriel auprès des pharmaciens. Si les historiens ont montré que l'industrie pharmaceutique était née de l'officine et de la droguerie, ils ont plutôt insisté sur la première que sur la seconde. Qui plus est, il nous semble que la maison Menier a joué un rôle moteur dans cette dynamique industrielle, et, osons le dire, premier. Il s'agit donc de voir dans ce travail les opportunités et les contraintes que pouvait présenter ce secteur dans la marche vers l'industrialisation du médicament par rapport à l'officine.

[20] Pickstone (John), *Ways of knowing*, Manchester, Manchester University Press, 2000.

CHAPITRE I

JEAN-ANTOINE-BRUTUS MENIER : ORIGINES SOCIALES, FORMATION (1795-1815)

Les quelques bribes qui nous sont parvenues de la vie de Jean-Antoine-Brutus Menier sont tirées d'éloges funèbres ou de notices nécrologiques : il y a d'abord cet éloge prononcé par Félix Cadet de Gassicourt, héritier d'une longue lignée de pharmaciens, à l'occasion de la séance de rentrée de l'Ecole de pharmacie, en 1854[21], puis cette courte note d'une douzaine de pages rédigée au moment du décès du droguiste par Alphonse Chevallier[22] (1793-1879)[23], et, enfin, une notice rédigée par Eugène Soubeiran[24] (1795-1858)[25]. Ce sont ainsi des pharmaciens, et pas n'importe lesquels, qui se chargent de rédiger la nécrologie de Jean-Antoine-Brutus Menier qui fut l'un des plus importants droguistes de la première moitié du XIXe siècle. En ce début du

[21] *Journal des connaissances médicales pratiques et de pharmacologie*, Paris, Méquignon-Marvis, 1854, p 60- 62.

[22] Né à Langres le 19 juillet 1793, A. Chevallier débute comme garçon de laboratoire auprès de Vauquelin, puis devient aide de chimie au Muséum d'histoire naturelle. Il participe aux campagnes militaires napoléoniennes et est blessé à Leipzig (16-19 octobre 1813). En 1815, il est reçu interne des hôpitaux. Il est ensuite attaché au service des Anglais et des Russes dont les troupes sont frappées par le typhus. En 1824, il est élu membre de l'Académie de médecine dans la section d'hygiène. Il devient chevalier de la Légion d'honneur sous la monarchie de Juillet (1833). Deux ans plus tard, en 1835, il est nommé professeur adjoint à l'Ecole de pharmacie. Au début des années 1850, il exerce les fonctions de professeur à l'Ecole de pharmacie et est également membre de la société d'encouragement pour l'industrie, ainsi que du conseil d'hygiène et de salubrité publique. Il est aussi rédacteur du Journal de chimie médicale.

[23] Raige Delorme (Jacques) (Jacques), Dechambre (Amédée), *Dictionnaire encyclopédique des sciences médicales*. Paris, Masson, Asselin, CYS-DAT, 1864-1888, p. 520.

[24] Né à Paris le 24 mai 1795, E. Soubeiran devient pharmacien militaire « un peu par goût, beaucoup pour échapper à la conscription »[24]. Après une période d'apprentissage en officine à Montpellier, puis à Paris, il réussit le concours de l'internat des hôpitaux (1819). En 1822, il devient élève chimiste à la Pharmacie centrale avant d'être nommé en 1825 pharmacien en chef de la Pitié-Salpêtrière. Membre de l'Académie de médecine, directeur de la Pharmacie centrale des hôpitaux (1832), professeur de physique à l'Ecole de pharmacie (1854), membre du conseil de salubrité (1852), professeur de pharmacie à la Faculté de médecine de Paris (1855) Eugène Soubeiran fait partie, tout comme Alphonse Chevallier, de l'élite de la profession.

[25] Soubeiran (Eugène), Notice sur J.A.B. Menier, *Répertoire de Pharmacie*, t. XI, 1854-1855.

Second Empire, les relations entre les droguistes-négociants et les pharmaciens ne sont pas au beau fixe et sont même empreintes d'une réelle animosité, les seconds reprochant aux premiers d'empiéter sur ce qui relève de leur monopole, à savoir le commerce du médicament. En réalité, J.A.B. Menier n'est pas seulement un droguiste, il est aussi pharmacien, diplôme qu'il a obtenu en 1839. A. Chevallier évoque d'ailleurs la disparition d'un « confrère » pour lequel il a toujours éprouvé « la plus grande estime et la plus sincère amitié[26] ». Pour autant, derrière l'éloge perce parfois aussi l'acrimonie. Le même ne peut ainsi s'empêcher de rappeler que la création de la maison Menier « était un empiètement sur le domaine de la pharmacie ». Les nécrologies sont ainsi tiraillées entre le désir de faire de Menier un pharmacien à part entière, tout en rappelant sa position singulière de droguiste-industriel. Les biographies récentes du personnage et les monographies ont beaucoup insisté sur les liens de Menier avec la pharmacie, et plus généralement avec les milieux médicaux, au point de faire oublier que celui-ci n'a passé le diplôme qu'en 1839 à l'âge de 44 ans. Qu'en est-il exactement? Dans un premier temps, nous reviendrons sur le milieu dont est originaire J.A.B. Menier, sa formation, et ses débuts dans le négoce. Dans un deuxième temps, nous essaierons de mieux saisir le paysage de la droguerie parisienne aux débuts de la Restauration, puis nous reviendrons sur la figure de J.A.B. Menier, sa personnalité, et son passage de la pharmacie au négoce.

A.<u>ORIGINES ET FORMATION</u>

Jean-Antoine-Brutus Menier est né le 17 mai 1795 à Bourgueil, en Indre-et-Loire. La France est alors plongée dans un contexte politique troublé. Le début de l'année 1795 est ainsi marqué, dans certains départements, par la Terreur Blanche. L'Indre-et-Loire n'est pas épargnée par les troubles, notamment la ville de Bourgueil. Les notices nécrologiques se montrent peu disertes sur les origines sociales des parents de J.A.B. Menier, et pour cause, aucun n'était pharmacien. Jean-André-François Menier, le père du jeune Brutus, aurait eu à subir les violences consécutives à la terreur robespierriste, ce qui amène certains à voir, dans ce prénom chargé de symbole, non pas le simple reflet de la mode antiquisante du temps, mais bien un acte politique visant à célébrer l'exécution du tyran[27]. Jean-Antoine-Brutus Menier est le troisième enfant de Jean-André-François Menier et de Renée-Catherine Vernet. Il « est issu d'un milieu jouissant d'une relative aisance et doté d'une certaine instruction ». Les Menier sont des marchands-négociants établis, du

---

[26] BNF, Chevallier (Alphonse), *Notice nécrologique sur M. Ménier*, Paris, E. et V. Penaud frères, 1854, Extrait du *Journal de chimie médicale*.
[27] Valentin (Marc), « Jean-Antoine-Brutus Ménier.... », *art. cit.*.

milieu du XVIIe siècle à la fin du XVIIIe, à La Chapelle-Blanche. Ils participent au commerce de produits agricoles qui anime la Loire. Le père se fixe à Bourgueil à la suite de son mariage, le 14 février 1791, avec Renée-Catherine Vernet, fille d'un certain Abraham Vernet, lui-même marchand[28]. Les jeunes époux ont respectivement 22 et 24 ans et se marient religieusement. Nous n'avons pas trouvé trace d'un quelconque contrat de mariage dans les archives départementales de Tours. Les travaux des généalogistes ont montré l'importance, dans le tableau des ascendants, des huissiers, notaires royaux, greffiers ou chirurgiens[29].

A la fin du XVIIIe siècle et au début du XIXe, l'Indre-et-Loire est connu pour ses productions de blé, de vins, parmi lesquels les blancs de Bourgueil, Joué, Blezé ou encore ceux de Vouvray, Saint-Georges et Langeais[30]. Le département « est fertile, en blé, en vin, légumes, pâturages, fruits, surtout en pruneaux, dont il se fait un grand commerce, ainsi que d'étoffes de soie, qui le disputent à celles de Lyon; il produit en outre du miel, de la gomme, des huiles, des plumes d'oies, des duvets, etc. On y fabrique aussi des drogues et des étamines »[31]. La maison Menier-Vernet est une maison de négoce spécialisée dans les produits alimentaires. Elle s'occupe du commerce des « vins, réglisse, coriandre, millet, senegré, anis », ainsi que diverses productions du pays[32]. Il est possible que Jean-Antoine-Brutus Menier ait été initié assez tôt au négoce par ses parents.

D'après A. Chevallier, Menier entre à l'âge de 9 ans au prytanée de La Flèche (1804). Il achève ses études à 18 ans (1813). E. Soubeiran écrit, quant à lui, que J.A.B. Menier « fait ses études au prytanée de La Flèche », sans donner de repères temporels. Il aurait suivi les cours dans l'établissement jusqu'en 1812. Un appendice d'un ancien annuaire de l'école, daté de la fin du XIXe siècle, laisse apparaître le nom de Jean Menier, élève externe au prytanée de 1809 à 1811[33]. « Son nom figure à cette date dans la liste de distribution des prix ». Menier est « alors en classe d'humanités, seconde année, et obtient le premier prix de vers latins et le premier accessit de thème latin[34] ». Le prytanée est une école militaire créée sous le Consulat pour former les officiers. Il est organisé par le décret impérial du 13 fructidor an XIII (31 août 1804) et installé à Saint-Cyr jusqu'en 1807, date à laquelle

---

[28] http://cg37.oxyd.net/mdr/index.php/docnumViewer/afficheDocnum/4/N/image, 6NUM6/031/079.

[29] Logre (Bernard), *Les Menier…*, *op. cit*, p 8.

[30] Tulard (Jean) (dir.), *Dictionnaire Napoléon*, Paris, Fayard, 1999.

[31] Crozat, *Abrégé de la géographie*, Lille, V. Leleux, 1812, p 56.

[32] Jean de La Tynna Sébastien Bottin, *Almanach du commerce de Paris*, Paris, Bureau de l'Almanach, 1797-1838, p. 594.

[33] Distribution de prix aux élèves du prytanée militaire de La Flèche, impression libre du prytanée militaire de La Flèche, 4 septembre 1809.

[34] Valentin (Marc), « Jean-Antoine-Brutus Menier… », *art. cit.*, p. 360.

Napoléon, souhaitant récupérer le château de Fontainebleau, décide de faire transférer l'école spéciale installée dans ce château vers Saint-Cyr. Le prytanée doit donc trouver de nouveaux locaux. La ville de La Flèche s'étant portée candidate, le prytanée y est transféré le 20 juin 1808. Ceci exclut l'hypothèse d'un début de scolarité de Menier au prytanée en 1804. Il est plus probable que le jeune garçon ait accompli ses premières années d'études dans le collège de la ville. Fermé quelque temps pendant les épisodes révolutionnaires, celui-ci est rouvert en mars 1797[35]. La gestion de l'établissement est alors confiée à deux anciens prêtres, Mayer et Maurin, anciens professeurs au collège.

En 1799, le collège compte près de 200 élèves, pour partie internes. En mars 1803, un arrêté érige le collège en école secondaire, les élèves étant admis à concourir pour les places gratuites dans les lycées. Menier serait arrivé l'année suivante, en 1804. Des interrogations subsistent à propos de l'intégration du jeune Menier au sein du prytanée. Ne sont admis en effet dans cet établissement que les fils d'officiers ou les pensionnaires de l'Empereur qui se destinent à être officiers. A l'issue de leur scolarité, ils sont admis, sur examen d'entrée, dans les écoles de Saint-Cyr ou de Saint-Germain ou bien encore ils intègrent, mais après autorisation du ministre, et toujours sur examen, celle de Polytechnique. Comment le jeune Menier, fils de négociant, a-t-il pu intégrer le prytanée? Le décret du 24 mars 1808 fixant l'installation du prytanée de Saint-Cyr dans les locaux du collège de La Flèche fournit quelques informations à ce sujet. L'article IV précise que l'école secondaire de La Flèche continue à rester à La Flèche, dans un local désigné par le général Bellavesne, directeur de l'établissement. Ainsi, Menier n'est-il peut-être pas à proprement parler élève du prytanée, mais élève de l'école secondaire de la ville, qui, désormais, va dépendre administrativement du prytanée. Signe de ce lien administratif, à dater du 15 juin 1808, la pension des élèves de l'école est payée au prytanée de Saint-Cyr à raison de 600 francs par élève, et pour les individus présents, sans que cela puisse dépasser la somme de 130 000 francs[36].

Il n'est par ailleurs pas certain que Menier soit resté au collège jusqu'en 1813. B. Logre souligne d'ailleurs qu'il a été rayé comme élève du prytanée le 1er octobre 1811, soit à l'âge de 16 ans, pour devenir alors apprenti chez Louis Meignan, le pharmacien de l'école. Est-ce pour des questions de coût? Difficile de savoir. Les approximations ou semi-vérités qui entourent les nécrologies de Menier ont été peut-être volontairement entretenues par l'intéressé lui-même, ou par les nécrologues. Ces textes s'inscrivent dans la tradition de l'éloge. Il s'agit moins de raconter la vie d'un homme que de

---

[35] Jules Clere, *Histoire de l'École de La Flèche, depuis sa fondation par Henri IV jusqu'à sa réorganisation en prytanée impérial militaire*, La Flèche, impr. de E. Jourdain, 1853, p.251.
[36] *Ibid*, p. 261.

dresser une sorte de parcours idéal, conforme à son rang et aux exigences qui sont celles de la profession en ce début du Second Empire. En laissant entendre que les études de Menier se seraient arrêtées en 1813, il n'est pas impossible que les nécrologies aient été guidées par le souci de faire du droguiste un digne représentant des pharmaciens. Depuis 1840 et l'introduction de la réforme exigeant le diplôme du baccalauréat ès-lettres, l'accès au corps des pharmaciens est devenu plus difficile, du moins en théorie. Or, cette obligation « du ou des baccalauréats en entraîne une autre, celle d'avoir suivi un enseignement primaire et secondaire ou d'avoir reçu une éducation paternelle[37] ». En faisant s'achever la scolarité de Menier à 18 ans les nécrologies dessinent un parcours qui ne s'éloigne pas trop de l'idéal du pharmacien de première classe, peu importe que les informations soient contradictoires. Dans tous les cas, Menier appartient, du fait de son passage par un collège, à une petite minorité, celle de ces élèves qui, au XIXe siècle, reçoivent une instruction secondaire. Ce choix de donner à leur fils une instruction révèle des ambitions, un idéal que partagent certains groupes de la bourgeoisie. « Dans la moyenne bourgeoisie, dès qu'elle jouissait d'une certaine aisance, les enfants recevaient une instruction secondaire, mais partielle » note à cet égard A. Daumard, « comme le prouve le faible effectif des élèves dans les grandes classes: « dans nos collèges, il y a foule jusqu'à la quatrième, en troisième les rangs s'éclaircissent, en rhétorique beaucoup de bancs sont vides. Si vous voulez trouver nos élèves de quatrième, ils sont à la boutique[38] ». La boutique, justement, Menier la rejoint en devenant apprenti d'un pharmacien d'officine.

B. APPRENTISSAGE

« A l'âge de 18 ans, écrit A. Chevallier, J.A.B Menier achève ses études, est placé en apprentissage pendant deux ans chez Maignan, pharmacien du prytanée de La Flèche, et se rend à Paris pour poursuivre son stage à l'hôpital militaire du Val-de-Grâce... ». Pour la seule année 1813, cela fait beaucoup. Pour E. Soubeiran, J.A.B. Menier commence un stage en officine vers 1810, en même temps qu'il suit les cours au prytanée jusqu'en 1812. Entre 1810/1811 et 1812/1813, Menier devient donc apprenti dans une officine. Il a alors entre 15 et 18 ans. Un état des certificats de stage, joint par Jean-Antoine-Brutus à une lettre adressée aux membres de l'École de pharmacie de Paris le 16 mai 1839, mentionne une période de vingt-quatre mois passée dans l'officine d'un dénommé Meignan, pharmacien à La

---

[37] *Ibid.*, p 77.

[38] Daumard (Adeline), *La bourgeoisie parisienne de 1815 à 1848*, Paris, Albin Michel, 1996, p. 341.

Flèche[39]. Comment expliquer cette orientation ? Certains biographes l'expliquent par la présence, dans la famille, d'un oncle chirurgien qui aurait joué un rôle de mentor pour le jeune homme. Il est d'ailleurs présenté, dans certains travaux, comme « la figure la plus marquante de l'entourage[40] ». Depuis la déclaration royale de 1743, les chirurgiens sont séparés des barbiers, décision dans laquelle l'historien Toby Gelfand voit l'acte de naissance de la profession[41]. A la fin du XVIIIe siècle, le terme recouvre en réalité une grande diversité de statuts[42]. Le chirurgien manipule, il procède à différentes opérations, ce qui inclut « non seulement les incisions des chairs, mais également l'application d'emplâtres, de bandages ou encore les saignées[43]. Si ces explications peuvent paraître séduisantes, elles ne sont toutefois pas complètement satisfaisantes[44]. Si J.A.B. Menier est influencé par son oncle, pourquoi choisir la pharmacie plutôt que la chirurgie? L'attirance du jeune J.A.B. Menier pour la pharmacie tient tout autant à des facteurs familiaux ou héréditaires, qu'aux perspectives d'honorabilité et de prestige que laisse entrevoir le métier. La profession de pharmacien, dans son ensemble, attire, tout au long du siècle, des catégories sociales modestes, du petit commerce et de l'artisanat[45]. Elle attire aussi des enfants issus de familles dynamiques et très mobiles. La famille du jeune Antoine-Brutus-Menier a pu voir dans la pharmacie un débouché intéressant, à travers l'exercice d'un art libéral. Il ne faut pas non plus écarter l'hypothèse d'une proximité entre le négoce des matières premières et la gestion d'une officine. Les frontières entre les métiers sont moins prononcées qu'il n'y paraît. Le marché du médicament repose alors massivement sur l'utilisation des extraits naturels que le pharmacien pile, écrase et mélange pour composer des médicaments.

En ce début du XIXe siècle la pharmacie est une profession réglementée et encadrée. Le Collège de pharmacie, souligne C. Rabier, représente le groupe professionnel le plus stable et le plus autonome tout au long des

---

[39] AN, AJ/16/2231/3, lettre de Jean-Antoine-Brutus Menier aux membres du Collège de pharmacie de Paris, 16 mai 1839, N° 262.

[40] Valentin (Marc), « Jean-Antoine-Brutus Menier… », *art. cit.*, p. 358.

[41] Gelfand (Toby), *Professionalizing modern medicine : Paris surgeons and medical science and institutions in the 18th century*, Wesport, Greenwood Press, 1980.

[42] Rabier (Christelle), « Une révolution médicale ? Dynamiques des professions de santé entre révolution et empire », *Annales historiques de la Révolution française* [En ligne], 359 | janvier-mars 2010, mis en ligne le 01 mars 2013, consulté le 17 août 2016. URL : http://ahrf.revues.org/11490 ; DOI : 10.4000/ahrf.11490

[43] Rabier (Christelle), « La disparition du barbier chirurgien. Analyse d'une mutation professionnelle au XVIIIe siècle», Annales. Histoire, Sciences Sociales 3/2010 (65e année), p. 679-711.

[44] Valentin (Marc), « Jean-Antoine-Brutus Menier… », *art. cit.*

[45] Faure (Olivier), « Les pharmaciens et le médicament en France » *in* Bonah (Christian) et Rasmussen (Anne), *Histoire et médicament aux XIXe et XXe siècles*, Paris, Glyphe, 2005, 274 p, p 69-70.

années révolutionnaires[46]. La loi de germinal an XI donne aux pharmaciens légalement reçus un monopole sur la vente des médicaments au public. La profession est divisée et hiérarchisée en deux ordres, que le décret de 1854 achèvera d'officialiser. Les pharmaciens de première classe sont reçus dans les facultés de pharmacie de Paris, Montpellier et Strasbourg. Diplômés du baccalauréat, ils doivent avoir effectué trois années d'études et trois années de stage en officine. Ils peuvent ensuite exercer sur l'ensemble du territoire. Les pharmaciens de seconde classe, quant à eux, sont reçus par des jurys départementaux après avoir effectué huit années de stage. Ils ne peuvent exercer que dans le département où ils ont été reçus. En cette première moitié du XIXe siècle, la pharmacie apparaît comme une profession tout à la fois « subalterne et dynamique », selon les mots d'Olivier Faure[47]. Subalterne car le pharmacien est, dans de nombreux cas, subordonné au médecin. Dynamique car le métier s'ouvre à des jeunes gens issus de catégories sociales modestes. Les effectifs croissent d'ailleurs sensiblement tout au long du siècle. Elève en pharmacie chez Meignan, J.A.B Menier montre, si l'on en croit A. Chevallier, son « zèle », sa « bonne conduite » et son «intelligence ». Sous la plume des deux pharmaciens, il s'agit moins de retranscrire la réalité du stage en officine que de se conformer à un idéal corporatiste de l'apprentissage quelque peu mythique[48].

Durant la première moitié du XIXe siècle, les témoignages ne manquent pas qui évoquent les conditions peu satisfaisantes dans lesquelles se déroule l'apprentissage des pharmaciens. A lire Paul-Antoine Cratacap, dit Cap, l'aspirant en pharmacie doit « être doué d'une bonne constitution physique, (…) posséder une vue excellente, un tact délicat, un goût sûr, l'adresse des mains (…). Sans avoir besoin d'une grande force corporelle, il doit être robuste, et pouvoir résister surtout à ce genre de fatigue qui résulte de la nécessité de rester longtemps debout ». Il doit également posséder des « qualités morales, indépendamment des sentiments d'équité et d'honneur nécessaires à tous les hommes, il doit porter plus loin que tout autre, dans l'exécution de ses devoirs, le scrupule, la patience et la réflexion. L'esprit d'ordre, l'exactitude, la prévoyance, doivent faire en quelque sorte partie de ses mœurs ; il doit pousser jusqu'à la minutie le goût de la propreté, de l'arrangement, le fini, le soin, la perfection de toutes choses qui sortent de ses mains ». Les études pratiques qui durent trois ou quatre ans, ce que l'on appelle le stage officinal, se découpent en deux étapes. La première étape est « pénible », « rebutante », l'élève doit montrer son « zèle » tout en « se pliant à toutes les exigences d'une vie aussi nouvelle ». L'apprenti passe

[46] Rabier (Christelle), « Une révolution médicale ? ... », art. cit.
[47] Faure (Olivier), « Les pharmaciens et le médicament… », *art. cit.*,p 69-70.
[48] Cap (Paul-Antoine), « De la pharmacie considérée comme profession », Extrait *Du choix d'un état ou dictionnaire des professions*, Paris, Fain et Thunot, 1841.

ensuite au rang d'élève de seconde classe. « Les habitudes sévères, l'assiduité, l'application que l'on exige d'un élève, sont donc commandées à la fois par l'importance de ses devoirs et par les obligations incessantes du service public. Il n'y a pas de délai à admettre dans les secours réclamés au nom de la souffrance: aussi une officine n'a-t-elle jamais ni jour, ni heure de chômage. L'élève en pharmacie, debout avant six heures du matin, ne se couche qu'après onze heures du soir, et ne s'assied guère qu'aux heures des repas[49] » (1841).

Pour A. Philippe, « l'apprenti, le garçon, ou, pour employer une dénomination moins blessante, l'élève en pharmacie, est un composé qui tient tout à la fois de la femme de ménage, du galérien et du chien d'attache. Levé dès les premières lueurs matinales, il revêt le tablier de serge, de lustrine ou de coutil noir, passe la chaînette ou le plomb dans les bouteilles pour les décrasser, frotte les bassines et les alambics, époussette les bocaux et les rayons, cire les comptoirs, allume les fourneaux et le poêle ; puis, le soir, il regagne sa mansarde, et, pour se reposer de sa besogneuse et prosaïque journée, il étudie, à la clarté incertaine et vacillante d'une baveuse chandelle ou d'une lampe fumeuse[50] » (1853). Le tableau est un peu sombre mais renvoie à une certaine réalité, le fait que l'apprenti tient plus du factotum que d'un véritable élève en formation. Auteur d'un essai de déontologie pharmaceutique, Louis Chauvel rappelle ainsi à ses confrères qu' « il ne faut pas confondre les valets des apothicaires avec leurs apprentis ou élèves[51] » (1854). Ce stage chez Meignan s'interrompt en 1813 avec le départ du jeune homme pour Paris.

C.SERVICE MILITAIRE

S'il est un moment sur lequel s'attardent les nécrologies, c'est bien, Second Empire oblige, ce passage par les armées napoléoniennes. Dans le courant de l'année 1813, J.A.B. Menier quitte La Flèche pour Paris et l'hôpital militaire du Val-de-Grâce. Il y serait resté du 1er octobre 1813 au 21 août 1814. Dans les petites notices qui nous sont parvenues, ce passage par le Val-de-Grâce apparaît le plus souvent comme un prolongement du stage en officine chez Meignan. Le jeune Menier aurait ainsi trouvé sa vocation à La Flèche et aurait décidé de poursuivre l'expérience dans la capitale. Plus

---

[49] *Ibid,* p 8.

[50] Adrien Philippe, *Histoire des apothicaires chez les principaux peuples du monde... suivie du tableau de l'état actuel de la pharmacie en Europe, en Asie, en Afrique et en Amérique*, Paris, Direction de publicité médicale, 1853, p. 312, 452 p.

[51] Chauvel, *Essai de déontologie pharmaceutique, ou Traité de pharmacie professionnelle, précédé d'un historique de la pharmacie en France*...Saint-Brieuc, impr. de C. Le Maout, 1854, p. 9, 180 p.

sûrement, ce passage par le Val-de-Grâce est lié à la mobilisation massive de l'année 1813 à laquelle a recours le pouvoir impérial. L'Empire est aux abois. Pour pallier les pertes des campagnes de Russie et d'Allemagne, l'Empereur est contraint de radicaliser la conscription en rappelant les classes de 1809-1812 et en appelant par anticipation la classe de 1815 (les Marie Louise)[52]. Le 9 octobre 1813, 160 000 conscrits de la classe 1815 sont appelés par anticipation, et 120 000 conscrits des classes de 1808-1814 sont rappelés. Le passage de J.A.B. Menier par le Val-de-Grâce est à replacer dans ce contexte de la levée en masse. Le choix de servir à l'hôpital lui permet d'éviter le champ de bataille, ce que laisse entendre E. Soubeiran : « comme tant d'autres jeunes gens de cette douloureuse époque où la France soutenait héroïquement les dernières luttes de l'Empire, Menier allait chercher, dans le service de santé, une carrière rude et encore pleine de périls, mais plus appropriée à ses habitudes que la vie des camps[53]». C'est en 1796 que le Val-de-Grâce devient un hôpital militaire, institution dont la création remonte à 1717[54]. Il peut alors contenir jusqu'à mille lits[55]. Principal hôpital militaire de Paris et centre essentiel de formation des médecins militaires, il n'est pas pour autant le seul hôpital militaire de la capitale. Il faut aussi compter avec l'Hôtel des Invalides. En 1803, l'enseignement est supprimé au Val-de-Grâce, avant d'y être rétabli en 1814. Ce n'est pas tant pour suivre un apprentissage de pharmacien que Menier se rend dans cet hôpital, mais bien plutôt pour y effectuer son service militaire dans la pharmacie. Au Val-de-Grâce, il passe au total dix mois et dix jours : quatre mois sous les ordres d'Antoine[56], et six mois et dix jours sous la direction de Malatret[57], tous les deux pharmaciens en chef de l'hôpital.

Ce passage par l'hôpital du Val-de-Grâce place le jeune Menier au contact d'une tout autre réalité que celle de l'officine. Il ne s'agit plus de délivrer des médicaments au détail à une clientèle de malades, mais de soigner des soldats blessés, parfois gravement, pendant les campagnes militaires. «D'une manière générale, misère et horreur règnent en ces

---

[52] Bertrand Goujon, *Monarchies postrévolutionnaires (1815-1848),* Paris, Points, 2014, p. 16

[53] Eugène Soubeiran, « Notice sur... », *op. cit.*

[54] Imbert (Jean) (dir.), *Histoire des hôpitaux en France,* Toulouse, Privat, 1982.

[55] Fredj (Claire), « Centre de soins et foyer d'instruction des médecins de l'armée : l'hôpital militaire du Val-de-Grâce au XIXe siècle », in Demier (Francis) et Barillé (Claire) (dir), *Les maux et les soins. Médecins et malades dans les hôpitaux parisiens au XIXe siècle*, Paris, Action artistique de la ville de Paris, 2007, p. 115.

[56] Né en 1770, Etienne Antoine devient pharmacien de première classe en 1803. Il participe à de nombreuses campagnes militaires de l'armée napoléonienne (Autriche, Prusse, Pologne, Espagne, etc...).

[57] Pierre-Joseph Malatret, également né en 1770, obtient le grade de pharmacien de première classe en janvier 1802. Il dirige alors le magasin général des pharmacies à Paris. Il participe lui aussi à des campagnes militaires en tant que pharmacien principal en chef (Italie notamment).

lieux[58]». Certes, les guerres révolutionnaires puis napoléoniennes se sont accompagnées d'un développement du service de santé des armées et, dans ce cadre, le nombre de pharmaciens militaires a tendance à augmenter, mais le fossé entre les besoins et les moyens est gigantesque. Napoléon lui-même n'accorde qu'un faible intérêt au service de santé militaire. « Force est de reconnaître que son action dans ce domaine ne fut généralement que superficielle et velléitaire[59]». Les difficultés à surmonter sont considérables : ravages des épidémies, éloignement des théâtres d'opérations, augmentation du nombre de victimes, diversité des soins à prodiguer.

La pharmacie se révèle impuissante face à l'ampleur des besoins, ce qui participe d'ailleurs probablement de la faible considération dont jouissent les pharmaciens. De même, le service d'approvisionnement en médicaments des armées fonctionne mal. Il suffit pour s'en convaincre de lire les journaux de campagne de quelques pharmaciens militaires. « Il en ressort l'impression d'une absence d'organisation véritable sur le terrain, d'une improvisation constante, d'un désordre dû à la fois aux défauts de l'intendance et aux conditions propres des campagnes napoléoniennes[60]». Le personnel suit mal et le matériel encore plus. Après les combats de Vitoria (21 juin 1813), A. Fée, alors pharmacien militaire, avoue faire comme il peut, sans aucun pansement. Il n'est d'ailleurs pas interdit de penser que J.A.B. Menier a eu une brève expérience de la pharmacie militaire de campagne. En « janvier 1814 il aurait reçu, selon A. Chevallier, une commission de sous-aide pour faire partie des officiers de santé de la 24e division militaire, avec ordre d'être rendu le 3 février à Bruxelles ». Mais, ajoute l'auteur, « il dut presque aussitôt revenir à Paris sur l'ordre du baron Percy », le pharmacien en chef ayant demandé qu'il soit rappelé. A la fin du mois de mars 1814, les armées étrangères ont fait leur entrée dans la capitale. Le 2 avril 1814 est votée la déchéance de l'empereur qui abdique le 6. En dehors du Val-de-Grâce, Menier accomplit une partie de son service auprès de l'Inspection du service de santé pendant six mois et onze jours. J.A.B. Menier reste en service jusqu'au 21 août 1814, date à laquelle « il est licencié et renvoyé dans ses foyers »[61]. E. Soubeiran, plus vague, évoque, quant à lui, un « licenciement en août 1814 ». Un autre pharmacien, Amédée Vée, est lui aussi licencié la même année[62]. Si les hommes quittent l'armée, celle-ci ne s'empresse pas de s'acquitter envers eux, rappelle N Petiteau[63]. La fin de la guerre a totalement

---

58 Soubeiran (Eugène), « Notice sur… », *op. cit.*

59 Tulard (Jean) (dir.), *Dictionnaire Napoléon*, Paris, Fayard, 1999, p. 1326.

60 *Ibid.*

61 Valentin (Marc), « Jean-Antoine-Brutus Ménier…. », *art. cit.*.p. 362.

62 BIUP, Registre n 5, Lettre de recommandation du 2 mai 1833 adressée à la Société de Pharmacie de Paris.

63 Petiteau (Nathalie), *Les soldats de Napoléon dans la France du XIXe siècle*, Paris, la Boutique de l'Histoire, 2003, p 48.

perturbé les services financiers du ministère de la Guerre et les caisses sont vides. Ceci pousse peut-être Menier à s'orienter vers le négoce.

La période qui s'étend du Directoire à la fin de l'Empire, qui correspond aux années d'apprentissage du jeune Menier, constitue un moment important dans le désir du jeune homme de fonder une entreprise de négoce et de transformation des drogues destinées à la pharmacie. Que ce soit à La Flèche ou au Val-de-Grâce, Menier se trouve confronté à l'un des défis majeurs de la profession, celui de l'approvisionnement en médicaments. Les prémisses de la Maison Menier sont à chercher dans cette période des guerres napoléoniennes qui fait mesurer aux pharmaciens militaires, et à Menier en particulier, combien le travail de pulvérisation des produits est fastidieux et compliqué. Antoine-Brutus « avait remarqué dans les hôpitaux militaires que les poudres dites impalpables administrées aux malades étaient imparfaitement pulvérisées et, le plus souvent, falsifiées. Il résolut, lorsqu'il eut quitté le service militaire, de se consacrer à leur fabrication et, en 1815, il installa rue du Temple, à Paris, quelques broyeurs mus par un manège à chevaux»[64]. Ce passage au négoce était d'autant plus facile que la loi de germinal n'obligeait nullement le droguiste à être muni du diplôme de pharmacien....En tant qu'élève en pharmacie, Menier avait pu saisir les ambiguïtés de la législation napoléonienne en matière de médicaments et les avantages qu'il pouvait en tirer. Il pouvait par ailleurs s'appuyer sur des intermédiaires, en la personne de son père, qui disposait, en Indre-et-Loire, de fournisseurs en produits naturels divers et variés.

[64] Berthelot (Marcellin), Hartwig Derenbourg, Dreyfus (Camille), (dir) *La grande encyclopédie : inventaire raisonné des sciences, des lettres et des arts*, 1885-1902, p. 652.

CHAPITRE II

1814-1822: DU NEGOCE A LA DROGUERIE

Après son licenciement du Val-de-Grâce, « Menier dut s'occuper de son avenir et suivre une carrière nouvelle. Les circonstances d'abord, puis son activité, le portèrent à embrasser le commerce[65] ». Sous la plume de l'auteur, il s'agit de marquer nettement la distance entre une activité commerciale, le négoce, et la pharmacie, qui est d'abord un art. Qu'entendre par « circonstances »? S'agit-il de circonstances politiques? Du licenciement brutal du Val-de-Grâce, qui oblige Menier à se lancer dans le négoce? Il ne faut pas écarter non plus un choix délibéré, celui de se lancer dans le négoce car le secteur présentait plus d'opportunités que la pharmacie. En « août 1814, écrit ainsi E. Soubeiran, Menier sentit s'éveiller en lui cette aptitude commerciale qui devait lui être si propice[66] ». Les deux auteurs laissent entendre que J.A.B. Menier ne se tourne pas spécifiquement vers la droguerie, mais vers le commerce. L'intéressé affirme de son côté, dans le catalogue commercial édité par la firme en 1854, que son objectif, dès 1816, fut de fonder un établissement universel et central d'approvisionnement pour les pharmaciens[67]. A-t-il alors déjà en tête l'idée de développer les procédés de pulvérisation, ou s'agit-il de jouer simplement une fonction d'intermédiaire? Son activité se limite-t-elle au seul secteur de la droguerie pharmaceutique?

A. 1814-1822 : UNE ENTREPRISE DE NEGOCE EN VINS, REGLISSE ET OBJETS DIVERS

En 1814/1815, J-A-B Menier s'installe à Paris. La ville abrite alors une industrie manufacturière marquée par la division des occupations et le

[65] Chevallier (Alphonse), « Notice nécrologique… », *art. cit.*
[66] Soubeiran (E.), « Notice sur J.A.B. Menier… », *art. cit.*
[67] Maison centrale de droguerie Menier & Cie, pharmaciens-droguistes, *Prix courant général 1854*, Paris, Plon frères, 1854, p. 1.

fractionnement des entreprises[68]. Entre la fin du XVIIIe siècle et les années 1830, la capitale s'industrialise[69], les boutiques fleurissent, le petit commerce et les ateliers se développent[70]. Des activités de Menier « durant l'année qui suit sa démobilisation, nous ne savons rien[71]». Dans une lettre adressée à la Société de Pharmacie de Paris, datée de 1841, le principal intéressé écrit qu'il a commencé «les affaires en qualité de correspondant de son père, qui était négociant en province[72]».

Dès 1814, celui-ci rencontre des difficultés commerciales, si l'on en croit son épouse: « son mari ayant été mis en faillite (...), elle fit procéder à leur séparation de biens par un jugement du tribunal de Chinon, qui fut exécuté par la vente que les syndics de ladite faillite lui firent de tous les meubles et marchandises qui avaient appartenu à leur communauté, de sorte qu'il ne resta rien à son mari[73] ». Les dettes sont apurées grâce au prix de cette vente, ainsi qu'à celle des immeubles qu'elle tenait en héritage de sa mère. « Devenue propriétaire des marchandises de la boutique qu'ils tenaient à Bourgueil, elle continua durant quelques années le commerce en détail qu'elle et son mari faisaient précédemment », commerce qu'elle céda en 1816 à sa fille, Aimée-Justine Menier, et à son gendre, Estavard. « Elle se retira alors dans la maison qu'elle habite maintenant, où son mari vint demeurer avec elle ; elle y apporta les meubles qui lui restaient et y exerça une industrie particulière consistant dans la fabrication de poudre de réglisse et autres objets », tandis que « son mari se livra de son côté à quelques spéculations commerciales ». Faut-il croire Catherine Vernet lorsqu'elle se présente comme la seule initiatrice de cette industrie particulière qu'est la pulvérisation de la réglisse? En 1822, il s'agit surtout pour elle de se désolidariser des dettes de son mari, en insistant sur le fait qu'ils sont séparés de biens. Dans tous les cas, dès 1814-1816, le couple s'est lancé dans la pulvérisation des extraits naturels. L'idée de réduire les produits en poudre n'est pas révolutionnaire. C'est une pratique répandue dans les campagnes où l'on recourt au service du meunier.

---

68 Faure (Alain), « Petit atelier et modernisme économique, la production en miettes au XIXe siècle », *Histoire, économie et société*, 1986, 5e année, n°4, p. 531.

69 Le Roux (Thomas), *Le laboratoire des pollutions industrielles*, Paris, 1770-1830, Albin Michel, 2011, p. 317-318, p. 11.

70 Coquery (Natacha), *Tenir boutique à Paris au XVIIIe siècle*, Paris, ed du CTHS, 2011.

71 Logre (Bernard), Valentin (Marc), *L'Empire triomphant: Émile-Justin Menier, 1826-1881*, Noisiel, Connaissance du Val Maubuée, 1981, p. 8.

72 BIUP, Registre 59, pièce 57. Lettre de Jean-Antoine-Brutus Menier aux membres de la Société de Pharmacie du 31-12- 1841.

73 Archives départementales de Tours, 3 E 29/111, Inventaire après décès du 2 septembre 1822.

En 1817, J.A.B. Menier est mentionné dans l'Almanach du commerce de La Tynna, en tant que négociant en vin installé rue Bar-du-Bec[74]. On sait par ailleurs que son père a placé un certain nombre de produits en dépôt chez lui. En ces débuts de Restauration, le jeune homme s'est lancé dans le négoce des vins, jouant le rôle de commissionnaire à Paris pour son père. Depuis la fin du XVIIIe siècle, les vignobles se sont étendus sur une grande partie du territoire français. La Touraine se classe ainsi dans les dix plus gros producteurs sur le territoire, sous l'Empire, avec une moyenne annuelle de 857 000 hectolitres[75]. La capitale constitue un foyer majeur de consommation. En 1820, on dénombre près de 714 000 habitants. « Si la consommation de viande s'accroît, elle ne connaît pas une progression comparable à celle du vin[76] ». Ce dernier occupe une place importante dans l'alimentation populaire. « En cas de cherté du pain, de la viande et des autres comestibles, le Parisien se dédommage sur le vin ; il s'en nourrit et cela le console[77] ». Les chimistes et les pharmaciens eux-mêmes se préoccupent de plus en plus d'œnologie, rédigent des traités sur l'art de la vinification, à l'image de Jean-Antoine Chaptal (1756-1832), Cadet de Vaux (1743-1828) ou encore Parmentier (1737-1813). Pour J.A. Chaptal, ministre de l'Intérieur, il s'agit d'un enjeu tout à la fois économique, scientifique et politique. « En propageant dans votre département », écrit-il aux préfets, « l'art d'améliorer les vins, vous accroîtrez l'industrie, la prospérité du commerce, ainsi que l'aisance du vigneron, qui pourra trouver, dans l'augmentation du prix de ses vins, l'acquittement d'une partie de ses contributions[78] ». L'amélioration de la qualité est donc le gage de la prospérité des individus et de l'Etat. Les chimistes détaillent ainsi, dans de nombreux ouvrages, la manière dont il faut planter la vigne, l'entretenir, réaliser les vendanges, vinifier, faire macérer… . D'ailleurs, ces hommes ne s'intéressent pas seulement aux vins, mais également à ses produits dérivés comme le vinaigre ou les eaux-de-vie[79]. Les vins médicinaux, inscrits pour certains au Codex, font partie des thérapeutiques recommandées par les médecins. Ce « sont ceux dans lesquels on a fait dissoudre un ou plusieurs médicaments, auxquels ils doivent des propriétés bien différentes de celles

---

[74] La Tynna (Jean), Bottin (Sébastien), *Almanach du commerce de Paris,* Paris, Bureau de l'Almanach, 1797-1838, p. 248.

[75] Tulard (Jean) (dir.), *Dictionnaire Napoléon*, Paris, Fayard, 1999.

[76] Tulard (Jean), *Nouvelle histoire de Paris, le Consulat et l'Empire*, Paris, Association pour la publication d'une histoire de Paris, Hachette, p. 252.

[77] *Ibid.*

[78] Cadet de Vaux (Antoine Alexis), *L'Art de faire le vin, d'après la doctrine de Chaptal, instruction destinée aux vignerons*, au bureau de la "Décade philosophique, littéraire et politique", Paris, 1800, p. V.

[79] Chaptal (Jean-Antoine), Parmentier (Antoine-Augustin), Dussieux (Louis), Rozier (François), *Traité théorique et pratique sur la culture de la vigne*, Paris, chez Delalain fils, libraire, quai des Augustins, n° 29. De l'imprimerie de Marchant. An IX.-1801.

qui leur sont naturelles dans l'état de pureté[80] ». On trouve des vins à l'absinthe, au quinquina.... Certains fabricants n'hésitent pas à se lancer dans l'élaboration de spécialités à base de vins, à l'image de Gilbert Séguin[81]. Le négoce du vin constitue donc l'activité principale de Menier à Paris, au moins jusqu'en 1822, date du décès de son père. Ceci n'exclut pas le commerce d'autres denrées. « A la naissance de son premier enfant, Honorine-Virginie Menier, le 30 décembre 1816, Jean-Antoine-Brutus déclare ainsi comme profession marchand de fruits[82]». Ce n'est que progressivement qu'il se lance dans la pulvérisation des matières premières nécessaires à la confection des médicaments.

Un compte rendu d'exposition industrielle de 1844 rappelle que Menier commence la mouture et la fabrication de quelques produits pharmaceutiques en 1819. Les débuts de Menier dans la pulvérisation des drogues médicinales sont donc plus tardifs que son entrée dans le négoce. Menier « avait observé que les pharmaciens exerçant loin des grands centres ne font leurs approvisionnements qu'avec difficulté, ont des laboratoires presque toujours incomplets et manquent de bras pour l'exécution. Il conçut dès lors la pensée de créer, en même temps à leur profit et au sien, un établissement particulier, sorte de droguerie et d'officine générales où les pharmaciens viendraient chercher des produits tout préparés[83] ». Entre 1819 et 1822, Menier glisse d'une activité de négociant à une activité de négociant-fabricant en drogues médicinales. Ainsi, l'Almanach du commerce de La Tynna de 1822 répertorie Menier comme droguiste, associé à un certain Duval, et comme grossiste en vin, cette fois-ci pour le compte de son père. La maison de la rue du Puits dans laquelle il s'installe, au numéro un, remplit ainsi une double fonction. L'examen du livre de comptes de Jean-André-François-Joseph-Louis Menier, le père de J.A.B. Menier, montre que les deux hommes entretiennent des liens étroits. Le père dispose ainsi d'un « compte ouvert aux sieurs Menier et Duval, de Paris » précisant qu'il a consigné chez eux un certain nombre d'articles, et notamment de la poudre de réglisse[84]. Peu de temps après le décès de son père, Menier décide de former une nouvelle association tournée vers la fabrication des drogues à l'usage des droguistes.

---

[80] Jourdan (Antoine-J.L.), *Code pharmaceutique, traduction de l'ouvrage rédigé en latin, sous le titre de Codex medicamentarius...* Paris, Guillaume et Cie, 1821, p. 302.

[81] Seguin, *Instruction sur l'usage du vin de Seguin,... Avec la manière de s'en servir...*, Paris, impr. de D. Colas, 1814.

[82] Logre (Bernard), *Menier, Jean-Antoine-Brutus, Bourgueil, La Flèche, Paris, Noisiel, itinéraire d'un pharmacien*, CVM, Cahiers historiques n 6, septembre 2001, p. 15.

[83] Soubeiran (Eugène), *Notice sur..., art. cit.*

[84] Archives départementales de Tours, 3 E 29/111, Inventaire après décès du 2 septembre 1822.

Tableau 1. Journal des marchandises de Jean-André-François Menier

Journal des marchandises que j'achèterai et vendrai, commencé en janvier 1822								
date	Créance	Vente	crédit	Bordereau d'effets de commerce	Bordereau d'envoi de marchandises	Nom	Lieu	Produits
1er janvier 1820	96 F					Jean Mabilleau David	Chevret ?	
8 avril 1821	240 F					Jacques Perrachon	Santenay	
25 août 1820	192 F					René Gallé	Chezelle	« reste de vin »
Non daté		600 F				Pierre Verneau		Clos-Bradasse
Non daté			4 F			Pierre Verneau		
Non daté	54 Livres et 8 sols					Gaultier du Lame		
Non daté	12 F					Bucher du Lame		
Non daté	9 F					Paul Panier		
Non daté	58 F					Joseph Thibault		
Non daté	126 F					Joseph Billé		
	36 F					Pierre Arland de la Jacquelinière		
	30 F					Bandet		
	24 F					Villemande		
	528 F					Pierre Perrochon		
Non daté			299,53 F			Menier et Duval		Objets consignés
			461, 75 F			Menier et Duval		
						Menier et Duval		Poudre de réglisse (345 livres)
				1 753 F		Menier et Duval		
				1 800 F	1800 F	Menier et Duval		
16 mars/1er mai 1822			629, 72 F			Menier et Duval		
20 mars 1822			400 F					

Entre 1814-1815 et 1822, le jeune A-B-Menier joue donc le rôle de commissionnaire en vins à Paris pour le compte de son père. A partir de 1816, il nourrit le projet de se spécialiser dans le négoce des drogues médicinales, projet qu'il met progressivement à exécution entre cette date et 1822, date du décès de son père. C'est à ce secteur des drogues qu'il faut maintenant nous intéresser.

B. LE DROGUISTE ET LA DROGUERIE AU DEBUT DU XIXe SIECLE

En ce début du XIXe siècle, le commerce des drogues médicinales n'est pas l'apanage des seuls pharmaciens. La loi de germinal autorise ainsi les épiciers et les droguistes à pratiquer le commerce en gros des drogues simples. La loi ne dit rien quant à la question de la pulvérisation de ces drogues. La ligne de démarcation professionnelle entre les pharmaciens et les autres ne porte pas tant sur la nature du produit que sur la quantité. Ainsi, les épiciers et les droguistes ne peuvent prétendre au commerce de détail, au motif qu'ils n'ont pas les connaissances nécessaires pour distinguer un bon produit d'un mauvais produit. Ce qui relève du monopole de la pharmacie c'est bien plutôt le mélange des drogues simples, leur assemblage, leur composition. Les épiciers et les droguistes ne peuvent vendre aucune préparation ou composition pharmaceutique souligne ainsi la loi de germinal.

Ce désir de séparer l'activité des pharmaciens de celle des épiciers ne date pas de l'Empire et de la loi de germinal, elle remonte pratiquement au Moyen Âge. En 1777, la monarchie cherche à réaffirmer cette séparation au moyen d'une ordonnance : « Nous avons eu pour but de prévenir le danger qui peut résulter du débit médicinal des compositions chimiques, galéniques ou pharmaceutiques, entrantes au corps humain, confié à des marchands qui ont été jusqu'à présent autorisés à en faire commerce, sans être obligés d'en connaître les propriétés. L'emploi des poisons étant en usage dans quelques arts, et la vente en étant commune entre l'épicerie et la pharmacie, Nous avons jugé nécessaire d'ordonner de nouveau l'exécution de nos ordonnances sur cet objet (…) et opérer la sûreté dans le débit des médicaments dont la composition ne peut être trop attentivement exécutée et surveillée[85] ». Cet extrait de l'ordonnance royale de 1777, fixant la séparation entre le commerce de la pharmacie et de l'épicerie, apparaît d'abord comme une mesure de santé publique, une mesure de sécurité. Le commerce des drogues composées doit être réservé aux pharmaciens. C'est d'ailleurs ce mélange des drogues qui nécessite, si l'on en croit cette ordonnance royale, un diplôme, un savoir, des connaissances. La même ordonnance permet aux épiciers « de vendre en détail et au poids médicinal, la manne, la caffe, la rhubarbe et le séné, ainsi que les bois et racines, le tout en nature, sans préparation, manipulation ni mixtion, sous peine de cinq cents livres d'amende (….) ». Dans le même temps elle défend « aux épiciers et à toutes autres personnes de fabriquer, vendre et débiter aucuns sels, compositions ou préparations entrantes au corps humain en forme de médicaments[86] ». Cette démarcation entre la pharmacie et les autres professions pose cependant problème, comme en témoigne une série d'arrêts rappelant l'interdiction faite aux marchands de se livrer au commerce des drogues simples ou médicinales. C'est par exemple le cas de l'arrêt qui « fait

---

[85] Déclaration... portant règlement pour les professions de la pharmacie et de l'épicerie à Paris... enregistrée en Parlement le 13 mai 1777, Paris, Impr. Royale, p. 2.
[86] *Ibid*, p. 4.

défense à tous marchands demeurant en la ville de Montereau, de quelque nature et qualité que soit leur commerce, de vendre et débiter à l'avenir aucunes drogues médicinales simples et composées[87] ». La loi de germinal, qui reprend pour partie les principes de l'ordonnance royale de 1777, rappelle d'une certaine manière l'échec du législateur en la matière. Le monopole juridique du pharmacien sur la vente au détail des drogues simples et composées est difficile à faire respecter.

Dans certaines villes, en l'absence de pharmacien, la population se tourne vers des commerçants, des négociants qui, pratiquant le commerce de gros, se livrent aussi au commerce de détail à la demande du public. Les pharmaciens eux-mêmes ne se contentent pas de vendre des drogues. En séparant la pharmacie de l'épicerie, la monarchie avait souhaité clarifier le champ de compétence des uns et des autres. Ainsi, le monopole dont bénéficiaient désormais les pharmaciens s'accompagnait d'un abandon: «les maîtres en pharmacie ne pourraient à l'avenir cumuler avec la pharmacie le commerce de l'épicerie ». Les pharmaciens « seraient tenus de se renfermer dans la confection des drogues simples et compositions médicinales, sans que, sous prétexte des sucres, miels, huiles et autres objets qu'ils emploient, ils puissent en exposer en vente, à peine d'amende et de confiscation[88] ». Les sucres, miels, huiles, et autres objets considérés comme non médicinaux ou alimentaires ou d'accompagnement n'étaient donc pas des drogues. Dans le même temps, l'ordonnance permettait aux « membres du collège qui exerçaient les deux professions de les continuer leur vie durant, en se soumettant aux règlements concernant la pharmacie ».... La même ordonnance qui séparait donc les deux professions permettait des aménagements qui contribuaient à entretenir une certaine confusion. L'officine ou l'apothicairerie n'était pas seulement un lieu de vente de drogues, on pouvait y trouver des produits non médicinaux. C'est ce que confirme la lecture d'une publicité réalisée par un certain Féret, marchand apothicaire demeurant à Dieppe. Celui-ci « fait et vend toutes sortes de préparations de chimie les plus rares ; vend aussi des épiceries et drogueries de toutes espèces, tant en gros qu'au détail ». Suit la liste des produits qui témoigne de l'extraordinaire diversité du commerce pharmaceutique au XVIIIe siècle. La liste débute par des produits alimentaires : « café, thé, chocolat, sucre, cannelle, muscade, clous de girofle... » (sic), puis viennent les « eaux de senteur », « les sirops, les

---

[87] *Arrêt de parlement qui fait défenses à tous marchands demeurant en la ville de Montereau, de vendre à l'avenir aucunes drogues médicinales simples et composées ; ordonne que les Maîtres en chirurgie exerçant en ladite ville, pourront seuls tenir et distribuer toutes espèces de drogues médicinales*, Paris, P. Simon et N. Nyon, 1785.
[88] *Déclaration... portant règlement*, op. cit., p. 3 .

quintessences, les purgatifs, les baumes et enfin les couleurs » (sic)[89]. Dans cette liste, tous les produits n'étaient pas présentés comme ayant un but thérapeutique ou médical.

Malgré cette séparation entre la pharmacie et l'épicerie, le médicament reste un objet insaisissable, encore marqué, en ce début du XIXe siècle, par la physique médiévale. « Le monde, comme le corps, combine quatre polarités mêlant ces qualités deux à deux : froid-sec, froid-humide, chaud-sec, chaud-humide. Chaque partie de l'univers, chacun des objets de l'espace et du temps privilégient une de ces polarités » rappelle G. Vigarello[90]. Fidèle à cette vision, le remède puise ses forces dans le cosmos, c'est-à-dire dans l'ensemble des forces de la nature. Un rapide coup d'œil au dictionnaire des drogues de Guibourt (1810) tend à confirmer cette analyse : « l'histoire des Drogues, écrit celui-ci, peut ne s'étendre qu'aux corps employés jusqu'à présent dans l'art médical et quelle que soit la crainte de la mort, qui porte l'homme à chercher des remèdes a ses maladies parmi tous les corps qui l'entourent, il est encore loin d'avoir pu se les appliquer tous[91] ». Ainsi donc, le territoire des drogues n'a d'autres frontières que celles de la médecine, qui, sans cesse, découvre de nouvelles propriétés aux substances qui composent la nature. Outre les substances minérales, il faut compter avec les végétaux, mais aussi les substances animales. Cette expansion du champ des drogues pousse certains pharmaciens, notamment dans les grandes villes, et en particulier à Paris, à se tourner vers des intermédiaires, des négociants pour achalander leur boutique, leur officine: les droguistes.

Pour Pierre-Jean Robiquet[92], « le droguiste est le marchand qui fait le commerce en gros des épices et des drogues simples qui s'emploient dans les aliments, dans la médecine et dans les arts[93] ». Comme l'indique l'auteur, il s'agit d'un « commerce d'une étendue immense ». On peut d'ailleurs y ajouter des « produits qui sont d'une grande consommation dans les arts » comme « les acides minéraux, les alcalis, les aluns, les couperoses, etc... ».

---

[89] BIU Santé pharmacie, *Liste des préparations de chimie et des produits d'épiceries et de drogueries vendus par le sieur Feret, marchand apothicaire*, à Dieppe, A Rouen, impr. de Laurent Du Mesnil, 1758.

[90] Vigarello (Georges), *Histoire des pratiques de santé, le sain et le malsain depuis le Moyen Âge*, Paris, Seuil, 1999, p. 44.

[91] Guibourt (Nicolas-Jean-Baptiste-Gaston), *Histoire abrégée des drogues simples,* Paris, L. Colas, 1820, p. 1.

[92] Chimiste et pharmacien militaire, P.J. Robiquet est rattaché à l'armée d'Italie en 1799. Revenu en France en 1800, il exerce à l'hôpital militaire de Rennes avant de passer au Val-de-Grâce à Paris. Il achète par la suite une officine et fonde une fabrique de produits chimiques.

[93] Robiquet, « Droguiste », in L.B. Francoeur, Molard jeune, L.S. Le Normand, Robiquet, Anselme Payen, *Dictionnaire technologique ou nouveau dictionnaire universel des arts et métiers, et de l'économie industrielle et commerciale*, Paris, Thomine et Fortic, T 7, 1825, p. 207.

Dès le Moyen Âge, des droguistes, pharmaciens ou non, se chargent de l'acheminement de ces matières parfois exotiques sur le territoire. « La droguerie, écrit ainsi P.J. Robiquet non sans une pointe de jalousie, est, sans contredit, une des plus belles branches de commerce qui existent ; elle est pour ainsi dire illimitée dans ses spéculations comme dans son étendue[94] ». La loi de germinal, pragmatique, s'était efforcée de tenir compte à la fois des réalités commerciales du marché des drogues, du poids politique de certaines professions, notamment les pharmaciens, dans la capitale, et des impératifs de santé publique. Il fallait tout à la fois satisfaire le corporatisme pharmacien, protéger les consommateurs, tout en n'empêchant pas le commerce de fonctionner, d'où ce mélange détonant de régulation et de libéralisme. En reconnaissant aux épiciers et aux droguistes le droit de vendre des produits en gros, le pouvoir consulaire ne faisait qu'entériner une réalité.

Au cours des XVIIIe et XIXe siècles le droguiste devient donc un partenaire incontournable du pharmacien d'officine. Il arrive d'ailleurs que le pharmacien se lance dans la droguerie, ou inversement. Du reste, comme le souligne Robiquet, nombre d'enseignes associent les deux termes. Ces liens s'enracinent dans la longue durée et s'expliquent notamment par l'enrichissement de la pharmacopée en drogues exotiques. Ainsi, le « négociant droguiste fait venir, directement des lieux de récolte, toutes les substances employées dans la médecine et dans les arts (...), c'est lui qui fait venir des Antilles, des Etats-Unis d'Amérique, du Brésil, du Chili, du Pérou ou de leurs entrepôts, des cacaos, des bois de teinture et d'ébénisterie, des potasses, des ipécacuanhas, des quinquinas, des jalaps, des cochenilles, du platine, etc... de Russie des rhubarbes, des cantharides, des colles de poisson, des semen-contra, du musc, du castoreum, des potasses, etc... Du Levant, de Smyrne, d'Alexandrie, d'Alep ; des follicules, des sénés, des scamonées, de l'opium, des safrans, des galles, des gommes résines, etc... Des Indes orientales, de la Chine, de l'Indostan : des thés, des cannelles, des sang-dragon, des vermillons, etc...[95] ». Dès le début du XIXe siècle, on assiste ainsi à l'émergence d'un marché mondial des drogues. Ce commerce concerne plus particulièrement les grands foyers de consommation que sont les villes. Le négociant droguiste est donc un partenaire commercial incontournable pour le pharmacien, alors que, dans le même temps, celui-ci dispose d'un monopole sur la vente des drogues simples et composées au détail.

[94] *Ibid.*
[95] *Ibid*, p. 211.

C. DROGUISTES ET PHARMACIENS: DES RELATIONS CONFLICTUELLES

A Paris, le secteur de la droguerie ne cesse de se développer entre les années 1810 et les années 1830, précisément au moment où Menier s'installe comme intermédiaire de son père.

Figure 1. Nombre de droguistes établis à Paris entre 1813 et 1837 d'après l'Almanach du commerce de La Tynna

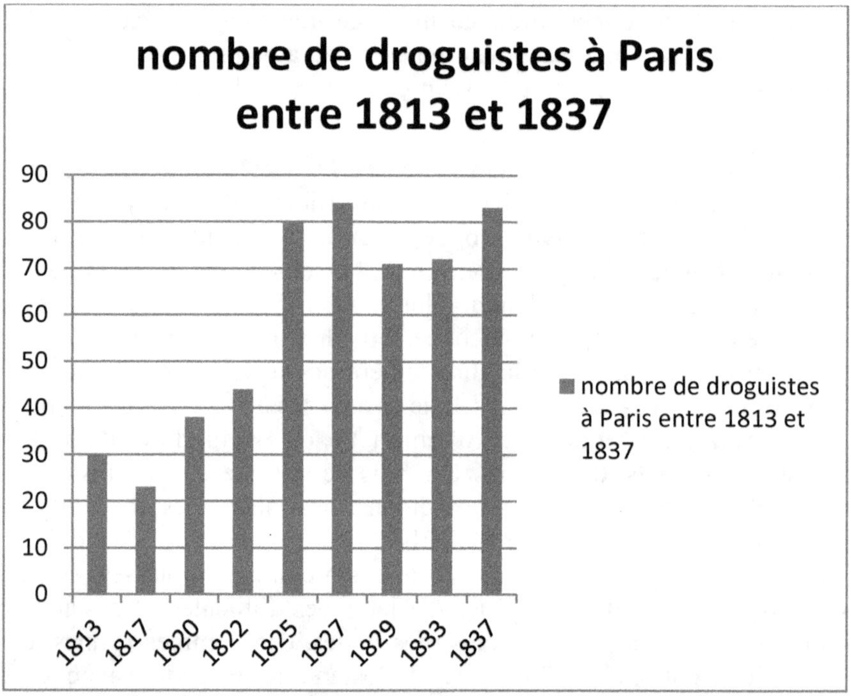

Aux débuts de la Restauration, le secteur de la droguerie n'est contrôlé que par une vingtaine de maisons : Bellencontre, Bourgeois, les Delondre (Auguste, Louis, Pierre), Desloges, Duchesnay frères, Gervais, Laurent et Gillet, Guéroult, Hannoyer et Lesuffleur, Jouet, Laurent et Gillet, Marchand, Maréchal et Stouf, Mosselman et Morière, Noel, Payot, Pinart, Psalmon, Reculon aîné, Richard, les frères Thomas. Entre 1813 et 1837, le nombre de droguistes augmente et s'élève à plus de quatre-vingts à la fin des années 1830. On assiste à une véritable expansion au début des années 1820 avant d'observer une légère décrue à partir de 1827. A l'image d'autres métiers parisiens, la droguerie est remarquablement concentrée géographiquement dans la capitale. En 1813, on ne compte pas moins de onze maisons dans la seule rue des Lombards, qui apparaît comme la rue des droguistes. Les autres sont situées dans son prolongement (la rue de la Verrerie), les rues adjacentes, ou à proximité (rue Simon-le-Franc, rue de la Tixeranderie, rue Sainte-Croix-de-la-Bretonnerie, etc...). A la fin des années 1830, de nombreuses maisons sont installées dans le Marais, qui apparaît véritablement comme le quartier de la droguerie. Le terme de droguerie reflète mal l'hétérogénéité du secteur. Au chapitre droguiste, les auteurs de l'Almanach renvoient d'ailleurs à d'autres métiers comme commissionnaires, négociants, négociants en couleurs ou encore pharmaciens.

On inclut en effet dans la droguerie les marchands de couleurs, qui s'occupent de la teinture, des indigos, et dont l'activité paraît très éloignée de la pharmacie ou du négoce des médicaments. Le Répertoire des commerces de Paris, daté de 1828[96], révèle le foisonnement du secteur: droguiste et pharmacien ; couleurs, teintures et bois de teinture ; herboristerie ; droguerie et produits chimiques ; fabricant d'orseille, Cudebeard et Lackdye ; fabricant d'orseille et herboristerie ; fabricant de produits chimiques ; droguerie pour teinture ; droguerie, teinture et épicerie fine ; fabricant de céruse, etc..... La société Menier elle-même est le reflet de cette diversité, qui commercialise des poudres, des farines, du chocolat et d'autres produits. Les contemporains ont conscience que la droguerie est un commerce hétérogène.

Dans le même texte évoqué précédemment, Robiquet s'essaie à dresser le paysage de la droguerie au début du XIXe siècle. Il établit une première distinction entre le droguiste, qui s'occupe du commerce en gros et qu'il qualifie de « négociant droguiste », et le « droguiste » qui vend au détail. Le premier « fait venir, directement des lieux de récolte, toutes les substances employées dans la médecine et dans les arts, ou bien il traite avec les compagnies anglaises, hollandaises qui font ce commerce». Le second vend, lui, directement aux consommateurs. Admettre que des droguistes vendent au détail revient à reconnaître que la loi de germinal n'est guère appliquée. Mais P.J. Robiquet va plus loin et entreprend de distinguer les droguistes en fonction de leur activité. Il y a « la droguerie médicinale, qui comprend toutes les substances employées dans l'art de guérir », « la droguerie-teinture, qui traite des substances tant simples que composées qui sont employées dans l'art de la teinture », « l'épicerie-droguerie, qui s'occupe plus particulièrement des denrées coloniales, des épices fines, etc. ». De cette dernière branche dérivent « les dénominations d'épicier-droguiste, de

[96] Deflandre (M.A.), *Répertoire du commerce de Paris, ou Almanach des commerçans, banquiers, négocians, manufacturiers, fabricans et artistes de la capitale...* , bureau du Répertoire du commerce de Paris, Paris, 1828-1829, p. 389.

pharmacien droguiste, etc…[97] ». Un monde sépare celui qui se contente de vendre au détail de celui qui vend en gros, et fait du négoce avec toutes les parties du monde. Certains se spécialisent dans des branches particulières. La droguerie ne saurait donc être considérée comme un bloc. S'il fallait dégager un trait commun aux droguistes, ce pourrait être le négoce et la fabrication d'extraits naturels. Certains de ces droguistes servent plus particulièrement d'intermédiaires entre les pharmaciens d'officine et les zones de production. Le commerce de la droguerie se situe ainsi au croisement de l'alimentaire et du thérapeutique.

En cette première moitié du XIXe siècle, les relations entre les droguistes et les pharmaciens sont marquées par quelques tensions, héritées d'une longue histoire. En 1777 la royauté avait instauré une séparation entre le collège de Pharmacie de Paris et l'épicerie. Mais cette distinction était, pour partie, factice. Elle n'était pas toujours respectée, comme en témoigne d'ailleurs la répétition de ces lois qui, de l'ordonnance de 1777 à la loi de germinal, ne cessent de rappeler l'importance du monopole pharmacien sans parvenir à le faire respecter. On sait que les révolutionnaires de 1789 étaient fermement opposés à toute idée d'organisation corporatiste. La corporation, rappelle P. Rosanvallon, « désigne alors une organisation générique du cloisonnement entre les hommes. « L'esprit de corporation » est partout assimilé, dans une débauche de métaphores médicales, à un facteur de gangrène et de pourrissement du lien social ». « La nation doit s'affirmer comme une totalité homogène et autosuffisante, irréductible à quelque composante intermédiaire que ce soit[98] ». Dans cette perspective, de nombreux secteurs sont libéralisés suivant en cela la loi le Chapelier[99]. « Aux régulations communautaires anciennes, la Révolution substitue une société d'individus réglée par le seul principe de marché[100] ».

La pharmacie présente cependant l'originalité de ne pas avoir complètement abdiqué tout monopole pendant la Révolution, à l'image du collège de pharmacie de Paris. Né de la séparation opérée entre épiciers et apothicaires avec l'ordonnance royale de 1777[101], il présente la particularité de ne pas avoir disparu, ni en 1791 avec la loi supprimant les communautés, ni en 1793 avec le décret qui met fin à l'existence des académies, des sociétés et des facultés. Presque dix ans après la loi le Chapelier, le Consulat

---

[97] Robiquet (Pierre-Jean), « Droguiste », *art. cit*, p. 210.

[98] Rosanvallon (Pierre), *Le modèle politique français, la société civile contre le jacobinisme de 1789 à nos jours,* Paris, Seuil, 2004, 445 p, p. 26.

[99] Kaplan (Steven), Mignard (Philippe), *La France malade du corporatisme XVIII-XXe siècle*, Paris, Belin, 2004, 556 p, p. 7.

[100] *Ibid.*

[101] Dehillerin (Bénédicte), Goubert (Jean-Pierre), « A la conquête du monopole pharmaceutique, le Collège de pharmacie de Paris », *Historical reflections*, printemps-été 1982, vol 9, 1-2, p. 234.

cherche d'ailleurs à rétablir les corporations. « De façon très pratique dès le début des années 1800, tout un ensemble de dispositions légales conduit à règlementer l'exercice d'un certain nombre de professions[102] ». C'est dans ce contexte que s'inscrit la loi de germinal an XI (avril 1803). D'après ce texte, le pharmacien jouit d'un monopole sur le marché du médicament. « Nul en effet ne peut obtenir la patente pour exercer la profession de pharmacien, ouvrir une officine de pharmacie, préparer, vendre ou débiter aucun médicament, s'il n'a été reçu suivant les formes voulues jusqu'à ce jour[103] ». Derrière le vernis corporatiste, la loi est cependant fortement empreinte de libéralisme. Si on lit attentivement le texte, les frontières entre la pharmacie, d'une part, et la droguerie et l'épicerie, d'autre part, sont relativement ténues. L'article 29, qui vise à réguler le marché du médicament et l'exercice de la pharmacie, prévoit ainsi l'inspection des officines et magasins des pharmaciens et des droguistes dans les villes où sont placées les nouvelles écoles de pharmacie (Paris, Montpellier, Strasbourg). Il s'agit, au cours de l'inspection, de « vérifier la bonne qualité des drogues et médicaments simples et composés. Les pharmaciens et droguistes sont tenus de représenter les drogues et compositions qu'ils ont dans leurs magasins, officines, et laboratoires. Les drogues mal préparées ou détériorées sont saisies à l'instant par le commissaire de police[104] ». Il sera payé pour les frais de ces visites six francs par chaque pharmacien, et quatre francs par chaque épicier ou droguiste, conformément à l'article 16 des lettres patentes du 10 février 1780. C'était reconnaître de manière explicite que les pharmaciens n'avaient pas le monopole de la vente de médicaments….

La loi établit néanmoins des nuances entre les pharmaciens et les autres professions, notamment sur la nature du débit. Ainsi, l'article 33 rappelle que « les épiciers et droguistes ne peuvent vendre aucune composition ou préparation pharmaceutique, sous peine de 500 francs d'amende. Ils peuvent cependant continuer de faire le commerce en gros de drogues simples, sans pouvoir néanmoins en débiter aucune au poids médicinal[105] ». Au pharmacien donc le commerce de détail, tandis que le marché de gros revient aux droguistes et épiciers. Les confusions sont nombreuses et on ne voit pas bien, dans certains cas, ce qui distingue le pharmacien de l'épicier. L'article 34 de la loi de germinal rappelle ainsi que « les substances vénéneuses, et notamment l'arsenic, le réalgar, le sublimé corrosif, seront tenues, dans les officines des pharmaciens et les boutiques des épiciers, dans les lieux sûrs et séparés, dont les pharmaciens et épiciers seuls auront la clef, sans qu'aucun autre individu

[102]Rosanvallon (Pierre), *Le modèle politique…*, *op. cit.*, p. 132.
[103] Dorvault (F.L.M.), *L'Officine, ou Répertoire général de pharmacie pratique*, Paris, Labé, 1844, 652 p., p. 500.
[104] *Ibid.*
[105] *Ibid.*

qu'eux puisse en disposer[106] ». Ainsi donc, l'épicier peut, tout comme le pharmacien, vendre des produits vénéneux au détail. Si la loi de germinal an XI reconnaît aux pharmaciens le monopole de la vente de médicaments au détail, elle ménage donc de nombreuses libertés. « Prévoir que la visite de contrôle du jury médical s'étend aussi bien aux épiciers et droguistes qu'aux pharmaciens, n'est-ce pas admettre implicitement que tous vendent peu ou prou des drogues et n'est-ce pas encourager les confusions? » questionne O. Faure[107]. En réalité, « la seule distinction entre (les pharmaciens et les autres professions du médicament) ne porte pas sur les produits à vendre, mais uniquement sur le poids auquel le produit est vendu. Seul le pharmacien a le droit de débiter au poids médicinal, mais les épiciers et droguistes peuvent débiter en gros[108] ». Ce point est réaffirmé dans une circulaire ministérielle du 25 juin 1855 visant à réglementer le commerce des médicaments. Afin de limiter les risques d'empoisonnement par imprudence ou ignorance, l'administration recommande aux pharmaciens d'indiquer « sur les fioles ou paquets contenant des médicaments destinés à l'usage externe, une étiquette de couleur tranchante, portant l'indication de cet usage ». Aux yeux du ministre, cependant, il n'y a pas lieu d'appliquer la mesure précédente aux droguistes et herboristes au motif qu'ils ne vendent qu'en gros et non au détail. Cette approche libérale de l'administration à l'égard des droguistes est donc justifiée par la nature même de leur commerce, celui de grossiste : « le droguiste, à moins qu'il ne soit pharmacien, ne vend pas directement au malade. Il ignore si la drogue qu'il vend sera appropriée à l'usage interne ou externe, si même elle servira à la pharmacie ou à l'industrie. Dès qu'elle est sortie de chez lui, dans les conditions fixées par l'ordonnance du 29 octobre 1846 sur les substances vénéneuses, il n'est plus responsable[109] ». On comprend mieux le ressentiment des pharmaciens à l'égard de ces mêmes droguistes. La loi qui affirme le monopole de la pharmacie sur le marché du médicament est aussi celle qui autorise d'autres professions à en faire le commerce, sans aucun diplôme. La loi consulaire apparaît ainsi comme un mélange subtil de corporatisme et de libéralisme. Celui qui veut, à l'image de Menier, se lancer dans le commerce en gros des drogues médicinales, n'a pas à passer de diplôme. Tout au long du XIXe siècle, les pharmaciens n'auront de cesse d'exprimer leur ressentiment à l'égard d'une loi trop libérale et d'une profession, celle des droguistes, qui empiète injustement sur leur domaine de compétences, sans avoir la légitimité du diplôme.

Car les droguistes ne se contentent pas de procéder au commerce en gros des drogues médicinales, ils vendent aussi parfois au détail. « La plupart des

---

106 *Ibid.*

107 Faure (Olivier), *Les Français et..., op. cit.*, p. 45.

108 *Ibid.*

109 Dorvault (F.L.M.), *L'Officine, ou Répertoire général de pharmacie pratique...* , Paris, Asselin, 1875, p. 1019.

droguistes, écrit ainsi Pierre-Jean Robiquet, encore peu satisfaits de ce beau domaine (la droguerie), envahissent en outre celui de la pharmacie. Ils fabriquent ou font fabriquer illicitement presque tous les composés médicamenteux qu'ils vendent en gros, et qu'ils débitent alors au détail. Cet abus, qui a excité, mais toujours inutilement jusqu'alors, de vives réclamations, a porté le plus grand préjudice aux pharmaciens[110] ». Sous la plume de l'un des ténors de la pharmacie, le droguiste apparaît ainsi comme un étranger à la profession, un ennemi du pharmacien, un concurrent illégal, déloyal, qui, petit à petit, cherche à détruire un monopole pourtant bien établi. Même lorsque les pharmaciens font l'éloge de la droguerie, dont ils dépendent, le ressentiment n'est pas absent. «Ce commerce, qui embrasse des objets si nombreux et si divers dans leur nature, exigerait sans doute, du négociant qui les livre, des connaissances en histoire naturelle, en botanique, en chimie, etc. Ce négociant pourrait alors, tout en travaillant à ses intérêts, rendre d'éminents services à la science et à sa patrie[111] ». Derrière le commentaire admiratif, P.J. Robiquet décrit en réalité une profession dont le seul mobile, la seule ambition, est la « spéculation » commerciale. Le droguiste est un « commerçant », un « négociant » dont le seul but est de faire du profit. Il ne se soucie pas de la qualité des produits qu'il vend, et pour cause, il ne jouit d'aucun diplôme… à la différence du pharmacien. Le droguiste fait ainsi partie de ces charlatans qui sont vilipendés par la profession. Les pétitions que les pharmaciens adressent aux différents gouvernements n'ont de cesse d'évoquer ces abus et ces empiètements. Au mois d'avril 1810, les pharmaciens de Paris publient ainsi un mémoire dans lequel ils demandent notamment qu' « une ligne de démarcation mieux tracée sépare les pharmaciens des droguistes[112] ». La société envisage que « le commerce de la droguerie et de la pharmacie soit sévèrement surveillé, que les droguistes ne puissent vendre aucun médicament composé, sans distinction de gros poids et de poids médicinal[113] ».

Au début de la Restauration, Menier passe progressivement du négoce à la droguerie pharmaceutique à proprement parler, soit la fourniture des pharmaciens en extraits naturels destinés à la fabrication des remèdes. Pendant la Restauration et sous la monarchie de Juillet, la maison Menier s'affirme dans le secteur de la droguerie parisienne. Elle acquiert une réelle surface commerciale permise notamment par ses augmentations successives de capital. En effet, contrairement à une légende tenace, J.A.B. Menier ne s'est pas fait tout seul.

---

110 Robiquet (P.J.), « Droguiste », *art. cit*, p.208.

111 *Ibid*, p. 209.

112 Commission de la société de pharmacie de Paris, « considérations sur l'organisation de la pharmacie en France, ses abus, et les moyens d'y remédier », *Journal de pharmacie et des sciences accessoires*, janvier 1818, p. 29.

113 *Ibid.*

CHAPITRE III

LA SOCIETE MENIER ET CIE : FINANCEMENT ET CAPITAL

« M. Menier, parti du plus modeste rang des commerçants de Paris, occupe aujourd'hui un des rangs les plus élevés. L'intelligence, la persévérance, le génie de sa destination, l'ordre et la probité ont triomphé de toutes les difficultés qui ont semé sa longue carrière, et lui ont donné de la fortune[114] ». Dans cet extrait d'une missive adressée par le directeur de la Pharmacie centrale des hôpitaux, M. Dublanc, au ministre de la Police, l'auteur met en avant les qualités individuelles de Menier. Celui-ci aurait réussi d'abord et avant tout par sa volonté, son énergie. Cet éloge, qui insiste sur la supériorité de l'industriel, sa valeur, est évidemment de circonstance puisqu'il s'agit d'obtenir du pouvoir la Légion d'honneur (1852). Mais il en dit aussi long sur une certaine conception du chef d'entreprise, personnage qui réussit d'abord et avant tout par sa volonté, son énergie. « Le XIXe siècle, rappellent ainsi E. Fureix et F. Jarrige, constitue un moment capital dans la processus d'invention de l'entreprise moderne comme dans la promotion de la figure héroïque de l'entrepreneur[115] ». Les travaux menés par des équipes d'historiens ont mis l'accent sur l'importance des personnes, des individualités dans la naissance des entreprises, et dans l'essor du capitalisme au XIXe siècle. D'où cette nécessité de revenir sur les bases du capital de la maison Menier. A une époque où le crédit bancaire reste rare, cette question est loin d'être négligeable. « D'où viennent ces capitaux? Qui a ressenti l'attraction et pris le risque de l'aventure industrielle?[116]» Les réussites industrielles sont rarement le fait d'hommes seuls. Si « l'importance des problèmes de financement auxquels les entreprises ont dû faire face est volontiers minimisée» note A. Plessis[117], il n'en a pas moins été une donnée importante, particulièrement dans le secteur du médicament. Tout développement ou extension des activités passe généralement par l'apport de capitaux. Or, rappelle S. Chauveau, les contraintes qui pèsent sur

[114] AN, F/12/5209, dossier de demande de Légion d'honneur, Lettre de Dublanc, non datée, 1852.

[115] Fureix (Emmanuelle), Jarrige (François), *La modernité désenchantée*, Paris, La Découverte, 2015, p. 78.

[116] Bergeron (Louis), *Les capitalistes en France (1780-1914),* Paris, Gallimard-Julliard, 1978, p. 135.

[117] Levy-Leboyer (Maurice), *Histoire de la France industrielle,* Paris, Larousse, 1996, p. 126.

l'officine sont très fortes. En proclamant l'indivisibilité entre la propriété et la gérance de l'établissement pharmaceutique, la loi de germinal excluait que l'officine pût appartenir à un non-pharmacien[118]. Ce corporatisme pouvait se révéler contraignant pour celui qui était dépourvu de capitaux. A cet égard, la loi se montrait beaucoup plus souple pour ce qui était des droguistes. On peut ainsi se demander si cette relative liberté n'a pas été un atout pour la maison Menier.

A. FEVRIER 1816: LE MARIAGE AVEC MARIE-EDMEE-VIRGINIE PICHON

« Notre maison fut fondée en 1816 dans le but de présenter aux pharmaciens un établissement central et universel d'approvisionnement. Ce n'était pas l'œuvre d'un jour qu'une création de ce genre, même avec l'appui de capitaux suffisants ; il fallait encore l'expérience du commerce et de ses ressources, une application constante à l'étude des besoins de la pharmacie et la connaissance des industries si diverses dont le pharmacien achète les produits[119] ». Dans cet extrait du catalogue commercial de 1854, rédigé par Emile-Justin Menier, celui-ci insiste avant tout sur les qualités individuelles de négociant et d'industriel de son père pour expliquer la réussite de son entreprise devenue florissante. S'il reconnaît que la mobilisation du capital a eu son importance, il tend à la minimiser ou du moins à la nuancer. L'assise financière est une chose, encore faut-il disposer du talent nécessaire pour parvenir à gérer une telle affaire. Se forge ainsi une légende, celle d'un self-made-man qui réussit grâce à ses seuls efforts, sa seule volonté et son entregent.

Si la réussite de J.A.B Menier tient beaucoup à son énergie, à ses qualités de négociant, il doit aussi compter sur des soutiens et en premier lieu sur sa famille. A cet égard, il en allait de même pour le petit commerce en général et la pharmacie en particulier. L'année de fondation de l'entreprise coïncide avec le mariage entre le jeune Menier et Marie-Edmée-Virginie Pichon le 17 février 1816. « Le mariage, condition normale du bourgeois parisien, est un établissement[120] » rappelle A. Daumard. « Bien souvent, le mariage est presque contracté pour acquérir une position sociale ou la consolider, il est presque toujours une association d'intérêts[121] ». Il correspond aux débuts du jeune homme dans la droguerie. Lui-même le rappelle dans la préface d'un

[118] Chauveau (Sophie), *L'invention pharmaceutique, la pharmacie française entre l'Etat et la société au XXe siècle*, Paris, Sanofi-synthélabo, 1999.
[119] Maison centrale de droguerie fondée en 1816 Menier & Cie, pharmaciens-droguistes, Prix courant, *op. cit.* p.1.
[120] Daumard (Adeline), *La bourgeoisie parisienne…, op. cit.*, p. 328.
[121] *Ibid.*, p. 329.

de ses catalogues commerciaux, il aurait conçu son projet de maison centrale des pharmaciens cette année-là. Aux yeux de Bernard Logre et de M. Valentin, il s'agit de la « première étape sur la voie de la réussite économique et de la consécration sociale[122] ». M. Valentin rappelle ainsi que « Marie-Edmée-Virginie Pichon, fille d'un marchand d'origine champenoise (...), lui apporte une dot substantielle et est par ailleurs apparentée à la vieille famille de magistrats et de propriétaires fonciers les Courchant des Sablons[123] ».

La plupart des biographes ont insisté sur l'importance de cette alliance pour la fondation de l'entreprise, tout en minimisant l'apport de la famille du marié. L'un des arguments avancés par les différents auteurs repose sur le fait que Jean-Antoine-Brutus n'a rien reçu de ses parents au moment de leur décès respectif, et en particulier de son père, qui éprouve, à la fin de sa vie, de plus en plus de difficultés commerciales. Les conclusions nous paraissent un peu rapides. En effet, ce n'est pas parce que le père de Menier meurt sans rien laisser que son affaire n'a pas été florissante à un moment donné. L'autre argument repose sur l'analyse qui est faite du contrat de mariage. Celui-ci est placé sous le régime de la communauté des biens, qui emporte « l'adhésion de la grande majorité des époux[124] » au sein de la bourgeoisie. La lecture du contrat révèle que les parents de Jean-Antoine-Brutus Menier lui constituent en dot une somme de 10 600 francs dont « 10 000 francs en marchandises au choix du futur et 600 francs en trousseau, <u>le tout le jour même du mariage</u>[125] ». Si l'apport est modeste, il n'est pas négligeable, si l'on en croit A. Daumard.

A bien des égards, Menier semble se rapprocher de ces « parvenus d'origine bourgeoise » qui contribuent au « renouvellement de la bourgeoisie parisienne[126] ». Il permet en tout cas au jeune entrepreneur d'avoir une position commerciale et économique. L'apport de la future épouse consiste en la somme de « 1030 francs à elle due par le sieur Pater, son tuteur » et une « somme de neuf mille francs, savoir mille francs en trousseau et huit mille francs en argent » versée par « madame Veuve Pichon », la belle-mère. A ce stade du contrat l'apport de chacune des parties se révèle équilibré. On ne saurait donc attribuer le lancement de l'entreprise à la seule dot de la mariée. Le mariage apparaît plus comme une alliance entre deux familles qu'un contrat déséquilibré entre une riche héritière et un parvenu. La mise en communauté entre les deux parties était fixée à la somme de mille francs. Il

---

[122] Logre (Bernard)s, Valentin (Marc), *L'Empire triomphant...*, *op. cit.*, p. 9.
[123] Valentin (Marc), « Jean-Antoine-Brutus Ménier... », *art. cit.*, p. 366.
[124] Daumard (Adeline), *Les bourgeois de Paris...*, *op. cit.*, p. 171.
[125] AN, MC-ET-XC-721, 30 octobre 1856. C'est nous qui soulignons.
[126] Daumard (Adeline), *Les Bourgeois et la bourgeoisie en France depuis 1815*, Paris, Aubier, 1987, p. 136.

est d'ailleurs possible que le père de J.A.B. Menier y ait vu un intérêt pour son propre négoce. Une disposition du contrat de mariage contribue cependant à faire pencher la balance en faveur de la mariée. La belle-mère de M.E.V Pichon fait en effet « don de la moitié de tous les biens meubles et immeubles qui composeraient la succession de la donatrice au jour de son décès ». La dot de l'épouse représente donc un apport en capitaux non négligeables, susceptible de procurer un fonds de roulement ou d'aider à rembourser les emprunts. Pour autant, il n'est pas le seul capital sur lequel s'est appuyé J.A.B. Menier[127]. On sait par E. Soubeiran que Menier a puisé dans la « dot de sa femme » pour « éteindre des dettes douloureuses[128] ». Plus important encore, le mariage permet à Menier d'étendre le cercle des relations, de trouver l'appui d'une famille nouvelle[129]. Ce mariage et ces apports en capitaux permettent au jeune négociant de se mettre partiellement à son compte, de devenir son propre patron, tout en continuant à servir d'intermédiaire à son père pour le négoce du vin. En tout état de cause, les débuts de Jean–Antoine-Brutus Menier se font avec l'aide de son père et de sa femme. « L'accumulation primitive qui précède l'entrée en industrie est presque naturellement issue de la marchandise ; le père de l'entrepreneur ou ce dernier est passé par là » rappelle ainsi D. Woronoff[130]. Le capital de Menier est fourni en « nature » puisque son père le « dote » en marchandises, indice qui montre l'importance du négoce et des réseaux familiaux dans le développement du capitalisme au XIXe siècle.

Mariage d'amour? Mariage d'intérêt? Les deux probablement. Les sources sont rares qui permettent de saisir la nature des liens de J. A. B. Menier et de M. E. V. Pichon. Alors qu'il est paralysé par une attaque cérébrale en 1854, c'est elle qui prend la plume et s'adresse à l'Empereur pour lui obtenir la croix d'honneur[131]. « C'est en vous croyant appelé à protéger le juste que j'aime à penser que vous voudrez bien accorder à mon mari mourant la croix d'honneur comme récompense de ses honorables travaux de près de 40 années, récompense qui (…), en ce moment suprême, produirait sur son moral une réaction favorable qui le rendrait à la vie ». « C'est à vous, Prince, qu'il appartient de sauver un homme habile, honnête, bon et courageux qui a toujours été l'ami des ouvriers et des malheureux ». Menier n'est pas un homme seul. Si sa force de travail, son énergie, son ambition, ont été des moteurs dans la croissance de son entreprise, il n'aurait pu réussir sans le soutien de sa femme. L'assise financière apportée par son mariage avec Marie-Edmée-Virginie Pichon explique notamment qu'il a pu

---

[127] *Ibid.*, p. 139.

[128] Soubeiran (Eugène), Notice sur J.A.B. Ménier, *op. cit.*.

[129] Daumard (Adeline), *Les Bourgeois…*, *op. cit.*, p. 140.

[130] Woronoff (Denis), *Histoire de l'industrie en France,* Paris, Seuil, 1998, p. 266.

[131] AN, F/12/5209, dossier de demande de Légion d'honneur, lettre du 12 novembre 1851.

survivre aux différentes crises économiques qui frappent périodiquement la capitale pendant la première moitié du XIXe siècle.

B. DES DEBUTS DIFFICILES

Les débuts de Menier dans la droguerie médicinale se font en effet en pleine période de marasme économique et commercial. En 1819, le commerce est en souffrance dans la capitale, note ainsi Guillaume de Berthier de Sauvigny[132]. La vague des faillites atteint son apogée au cours du premier trimestre 1819. S'il est parfois tentant de retracer l'histoire d'une entreprise à l'aune de ce qu'elle est devenue, il faut se méfier de la tentation téléologique, ce que n'évitent pas toujours les monographies sur Menier. Les éloges adressés à l'industriel ne doivent pas masquer les difficultés et les obstacles auxquels il a dû se heurter. Lui-même ne s'en cache pas[133]. Ses nécrologues évoquent, tout en restant très vagues sur les dates et les temporalités, des difficultés économiques et commerciales. « Il eut à surmonter de rudes épreuves ; elles contribuèrent à développer en lui cette énergie qui le distingua et qui le conduisit au succès » écrit ainsi, non sans admiration, A. Chevallier[134]. Plus loin, il précise: « Menier, qui s'était d'abord occupé de la pulvérisation de certaines substances médicamenteuses, poursuivit cette industrie avec une courageuse persistance[135] ». Faut-il voir, dans ce courage développé par l'industriel, l'évocation sous-jacente des problèmes économiques rencontrés par le négociant dans la France des débuts de la Restauration? Plus loin encore, il précise que la « création » de l'établissement « devait rencontrer mille difficultés ». D'autres sources nous indiquent que les débuts de l'entreprise ont été pour le moins compliqués, notamment les échanges de lettres, peu amènes, entre Menier et la Société de pharmacie de Paris. « Je n'avais pas encore 20 ans quand, en 181? je commençais les affaires en qualité de correspondant de mon père qui était négociant en province. Il venait d'éprouver des pertes, et se trouvant gêné dans son commerce, il me fit accepter pour une somme assez considérable des traites qui se renouvelaient d'époques en époques; par ce moyen il se créa des ressources espérant un temps meilleur ; mais, au contraire, ses affaires empiraient et il se trouva en 1820 dans l'impossibilité de se décharger des engagements qu'il m'avait fait contracter ». On voit par-là le

---

[132] Bertier de Sauvigny (Guillaume), *Nouvelle histoire de Paris, la Restauration*, Paris, Hachette, 1977, 525 p, p. 325.

[133] Maison centrale de droguerie fondée en 1816 Menier & Cie, pharmaciens-droguistes, *Prix courant...., op. cit.*

[134] BNF, Chevallier (Alphonse), Galerie des notabilités de la France. Notice nécrologique sur Jean-Antoine-Brutus Menier, négociant, manufacturier... mort à Passy le 19 décembre 1853, Extrait du "Nécrologe universel du XIXe siècle", Paris, Boulevard Beaumarchais 21, 1854, p. 6.

[135] *Ibid.*

rôle que jouent les liens familiaux dans les affaires commerciales et industrielles. Les proches parents ne sont pas simplement des pourvoyeurs de capitaux, ils sont également mobilisés, en cas de difficultés, pour servir de garants sur des créances contractées par les proches. Là encore, on retrouve des similitudes entre le négoce et le petit commerce.

La situation compliquée du père, marquée par des dettes importantes, est un trait du négoce. « Le négociant, tant qu'il n'a pas liquidé ses affaires et en dehors du cas des très grosses fortunes (...) apparaît comme un homme plus riches d'espérances que de réalités, à la merci des incertitudes du commerce[136] ». Dans le cas de Menier, la famille, à travers le père, apparaît comme un fardeau, un poids, que le fils est obligé de supporter et qui menace de l'engloutir. Ses succès, Jean-Antoine-Brutus ne les doit pas à son père, mais à lui-même. « Que pouvais-je faire pour me liquider?» poursuit-il. « Je pouvais me mettre en faillite et éteindre les droits de mes créanciers avec un faible dividende. Ce moyen facile ne me convint pas ; je me sentais le courage de lutter contre le coup qui venait de me frapper et je pris un parti plus conforme à mes sentiments d'honneur, celui de payer intégralement en demandant du temps. Mes efforts furent couronnés de succès car je parvins à payer tous les engagements que je pris dans cette circonstance. Mon père vint à mourir dans l'intervalle et il ne me laissa pour tout héritage que des dettes à payer[137] ». Menier ne nie pas les difficultés commerciales rencontrées entre 1815 et 1822, mais il les attribue à son père, dont il n'est que le « correspondant ». Ces difficultés sont du reste confirmées par l'inventaire après décès du père[138]. A en croire la veuve de ce dernier, son mari a été mis en faillite en 1814, date à laquelle elle fait « procéder à une séparation de biens ».

Au vrai, l'inventaire après décès de Jean-André-François-Joseph-Louis Menier révèle une situation contrastée. L'examen des livres de comptes du négociant montre qu'à la date de 1822 Menier et Duval lui sont redevables de sommes relativement importantes. En renonçant à l'héritage paternel, Menier ne faisait que renoncer à des dettes qu'il avait contractées auprès de son père..... Les documents ne sont toutefois pas assez complets pour tirer des conclusions définitives. Faut-il voir dans les accusations de faillite portées contre J.A.B. Menier l'écho des difficultés de son père en 1814, ou celui de ne pas avoir honoré ses dettes en refusant l'héritage de ce dernier? Peut-être un peu des deux. « Des envieux, des méchants, poursuit le

---

136 Daumard (Adeline), *La bourgeoisie parisienne de 1815 à 1848*, Paris, Albin Michel, 2011, p. 99.

137 BIUP, Registre 59, pièce 57. Lettre de Jean-Antoine-Brutus Menier aux membres de la Société de Pharmacie du 31-12- 1841.

138 Archives départementales de Tours, 3 E 29/111, Inventaire après décès du 2 septembre 1822.

fabricant, ont pu dire dès cette époque que j'avais fait faillite, calomnie pure, j'ai payé des dettes qui n'étaient pas les miennes, je les ai payées à force de travail, de veilles et de privations de tout genre ; ce retour à des tems (sic) difficiles n'a rien qui me pèse, vu que ce que je fis alors, je le ferais encore aujourd'hui pour mon honneur et la satisfaction de ma conscience[139] ». La faillite est entraînée par la seule cessation des paiements: le débiteur commerçant se trouve dans l'impossibilité d'exécuter ses engagements à l'échéance. L'absence de trésorerie traduit l'insolvabilité ou anticipe sur l'insolvabilité[140].

Est-ce à dire que l'entreprise manque alors de solidité? Qu'elle est mal gérée? Ou s'agit-il de difficultés propres finalement au négoce des matières premières ? Si la période est à la croissance, elle connaît aussi des heurts qui provoquent la chute de maisons de commerce prestigieuses, notamment dans la droguerie. C'est ce que montre le cas d'Auguste Delondre, au tournant des années 1830. Créateur d'une importante fabrique de quinine à Nogent-sur-Marne, membre d'une famille de négociants parisiens, Auguste Delondre dépose pourtant le bilan le 1er juillet 1830. Son « passif s'élève » alors, «créances vérifiées et admises, à 1783,446. 86 F, non compris 140 000 F de créances… [141] ». « Quelle est l'origine?» s'interroge le syndic, « et comment se fait-il qu'un jeune homme riche d'un nom qui passait et pourra peut-être passer encore pour une fortune, d'un patrimoine assez opulent (…) ait pu créer en si peu de temps un déficit de plus de 1.900.000 F ?». « Il a beaucoup perdu, il a été souvent trompé, il a été téméraire et imprudent dans ses spéculations qu'il a fallu alimenter par des circulations répréhensibles et onéreuses, voilà le secret de ses malheurs et de nos désastres ». Auguste Delondre procède en effet à de nombreux investissements qui se révèlent peu rentables. Il perd ainsi 190 000 F « avec un agent à Londres chargé de placer ses sulfates de quinine, qui ne lui en a pas rendu compte ni en deniers ni en matière ». Au Havre, le négociant a investi près de 100 000 F dans une « affaire de gaz qui est en pleine déconfiture ». A cela s'ajoutent 120 000 F de commandite dans la société Delangadière et Denechaux du Havre, laquelle est en difficulté. Enfin, « M. Delondre estime les pertes qu'il a pu éprouver à une certaine époque sur les produits de la fabrication des sulfates » à près de 300 000 F. Le négociant s'est ainsi lancé dans différentes entreprises commerciales et industrielles qui sont autant d'échecs. « A ces causes de ruine, joignons les spéculations colossales qu'il a faites sur les quinas au moment où ils valaient jusqu'à onze francs la livre, la décroissance

---

[139] BIUP, Registre 59, pièce 57. Lettre de Jean-Antoine-Brutus Menier aux membres de la Société de Pharmacie du 31-12- 1841.

[140] Jobert (Philippe), Chevailler (Jean-Claude), « La démographie des entreprises en France au XIXe siècle ». Quelques pistes, *Histoire, économie et société*, 1986, 5e année, n°2. pp. 233-264.

[141] ADP de la Seine, D 11 U 3, 23 mars 1831.

successive du prix arrivé aujourd'hui à 1.50 F, les frais de négociation immenses qu'exigeait une circulation de 900 000 F par mois, la dépense de construction de son usine de Nogent-sur-Marne, la perte calculée à 300.000 F que lui a fait subir la résignation de consignation du quinquina dans la main du consignataire, nous nous expliquerons facilement le déficit net de 1.900. 000 F ». Pour rassurer ses créanciers, Delondre et ses partenaires n'hésitent pas à émettre des billets garantissant qu'ils disposent, dans leur dépôt, de valeurs équivalentes en marchandises. La condition de négociant, rappelle A. Daumard, est plus riche de possibilités que celle du boutiquier, mais elle présente plus de risques.

L'accusation de faillite vise à discréditer Menier, à le salir, à rabaisser son succès commercial en faisant planer sur lui le soupçon d'une réussite illégitime, entachée de fraude. La faillite, tout comme la banqueroute, « signifie la cessation ou l'abandon de commerce et de paiement[142] ». Elle est entachée, dans la première moitié du XIXe siècle, d'un soupçon d'immoralité. La faillite est en effet synonyme d'échec. Faillir c'est « faire banqueroute, faire faute, faire une fausse démarche, manquer, pécher[143] ». Il ne s'agit donc pas seulement d'un échec commercial ou économique, mais aussi d'une faute morale et sociale. Les faillites sont réglementées, jusqu'en 1838, par le Code de commerce de 1807. «Le commerçant, dans les trois jours qui suivent sa cessation de paiements, doit le signaler au tribunal de commerce qui le déclare en faillite. À compter de ce jour, il est dessaisi de l'administration de tous ses biens (art. 437-42) et doit être emprisonné (art. 455)[144] ». Ainsi, « l'état de faillite prive le débiteur de tous ses droits politiques et de certains droits civils. Cette privation subsiste pour lui tant qu'il n'est pas réhabilité[145] ». La chute économique s'accompagne donc d'une véritable chute sociale. Les rumeurs diffusées au sujet d'une faillite de Menier s'expliquent par la volonté de faire planer le doute sur la solidité de l'entreprise, sur la bonne gestion de Menier et sur son crédit. Le crédit que l'on accorde à un commerçant peut en effet s'analyser, en partie, « comme un double capital : capital personnel, immatériel, où entrent l'honorabilité, le travail, l'intelligence ; capital réel, matériel, reposant sur la fortune et les garanties apportées par l'emprunteur[146] ». A cet égard, il n'est pas inutile de rappeler qu' « environ le tiers des faillites sont ouvertes sur la demande de la

---

[142] Maurin (Benoît), *Dictionnaire universel des synonymes de la langue française : contenant les synonymes de Girard... et ceux de Beauzée, Roubaud, Dalembert, Diderot*, Paris, Vve Dabo, 1824, moteur de recherche de la BNF, Gallica, p. 103.

[143] Hureau de Livoy (Timothée), *Dictionnaire de synonymes françois*, Paris, Bureau de révision de manuscrits en tous genres, 1828, moteur de recherche de la BNF, Gallica, p. 344.

[144] Praquin (Nicolas), « Les faillites au XIXe siècle. Le droit, le chiffre et les pratiques comptables», *Revue française de gestion* 8/2008 (n° 188-189), p. 359-382, p. 362.

[145] Le Rat de Magnitot (Albin), Huard Delamarre, *Dictionnaire de droit public et administratif*, T2, Joubert, Paris, 1836-1837, p. 470.

[146] Jobert (Philippe), Chevailler (Jean-Claude), « La démographie des... », *art. cit*, p. 238.

communauté commerçante en 1838, un peu plus de la moitié en 1889 ; pression indirecte, le tribunal consulaire élu par ces mêmes commerçants s'arroge la faculté de déclarer la faillite d'office (6 à 7 % en moyenne annuelle)[147] ». De telles accusations ne sont pas innocentes et sont portées par des concurrents directs de la société qui visent à affaiblir sa réputation commerciale.

Une lettre du 3 mai 1852, rédigée par le greffier du tribunal de commerce du département de la Seine, et qui figure dans le dossier de demande de Légion d'honneur de Menier, infirme cependant l'hypothèse d'une faillite. « Certifions après recherches par nous faites sur les registres tenus au greffe de ce tribunal destinés à constater les déclarations de cessation de paiements, que depuis l'année 1816, jusqu'à ce jour, il n'existe, sur lesdits registres, aucune déclaration de cessation de paiements, sous les nom et prénoms suivants: Menier, négociant, demeurant à Paris actuellement rue Sainte-Croix-de-la-Bretonnerie et ayant demeuré précédemment dans même ville rue Bar-du-Bec, 13, rue du Coq-Saint-Jean, n 1, rue du Puits-au-Marais n 1, et rue des Lombards, n 37 et que, dans cet intervalle, ledit M. Menier n'a pas été déclaré, par le tribunal de commerce de la Seine, soit en état de faillite, soit en état de liquidation judiciaire[148] ». On peut aussi imaginer que Menier, sans être en cessation de paiement, a eu recours à des arrangements amiables. A côté des dispositions légales, il existe en effet tout un tas de pratiques différentes. « Ainsi, pour éviter le dessaisissement total de ses biens qui entraîne la liquidation définitive de ses actifs, le commerçant préfère la signature d'un concordat avec les créanciers en marge de la juridiction consulaire »[149]. En tout état de cause, il parvient à surmonter ces difficultés commerciales. Le décès de son père en 1822 coïncide avec la première association commerciale de Menier.

Si l'on a peu de choses sur les débuts de Menier en tant que négociant-droguiste, des éléments montrent que le capital familial a beaucoup compté. Ceci répond à « une très ancienne tradition de self sufficiency, à un désir très général de maintenir le sacro-saint « secret des affaires », à un refus énergique, de la part des patrons, de laisser pénétrer des « étrangers » dans la firme »[150] rappelle Pierre Léon. De façon symptomatique, le décès du père coïncide avec la première société écrite formée par le fils.

---

[147] *Ibid.*

[148] AN, F/12/5209, dossier de demande de Légion d'honneur.

[149] Praquin (Nicolas), « Les faillites au XIXe siècle… », *art. cit.*, p. 363.

[150] Léon (Pierre), « Le moteur de l'industrialisation : l'entreprise industrielle », in Braudel (Fernand), Labrousse (Ernest) (dir.), *Histoire économique et sociale de la France, Tome III, L'avènement de l'ère industrielle : 1789-années 1880*, Paris, PUF, 1979, p. 521.

C. 1822-1834: EVOLUTION DE LA SOCIETE MENIER ET CIE

Le 16 octobre 1822, Menier fonde, conjointement avec un certain Théodore Richer, une société destinée à exploiter la fabrique des poudres et farines installée rue du Puits n° 1. Les deux hommes envisagent « la fabrication des poudres à l'usage des droguistes » ainsi que « le commerce des marchandises qui peuvent se rattacher à cet établissement »[151]. Si la loi de germinal se révélait contraignante pour les pharmaciens, qu'elle obligeait d'être à la fois propriétaire et gérant du fond, elle ne disait rien pour les droguistes. De ce point de vue, le secteur présentait plus de souplesse pour développer une affaire. 1822 correspond ainsi à une forme de spécialisation de Menier dans le seul secteur de la droguerie. Il s'agit d'une société en nom collectif, un type de société assez ancien mais qui reste très répandu dans la France du XIXe siècle. Les associés sont généralement des commerçants et s'engagent sous leur nom collectif. La part de chacun est incessible et intransmissible. Les apports s'y font en capital et en industrie. La répartition des bénéfices et des pertes est proportionnelle aux apports de chacun. Cette première société écrite répond à un besoin en capital et à un désir d'accroissement. Comme le rappelle D. Woronoff, la « famille n'est pas tout, si elle est beaucoup. L'entrepreneur débutant doit souvent dépasser ce premier cercle et aller chercher, au-delà des ressources nécessaires[152] ». La création de la société suit d'ailleurs de près le décès du père de Jean-Antoine-Brutus Menier, puisqu'il décède le 22 septembre 1822. Ainsi, moins d'un mois après le décès de son père le fils entre en société et décide de développer sa fabrique de poudres et farines. S'agit-il d'une simple coïncidence? L'association avec Richer est-elle rendue nécessaire par la disparition du père? Ou la mort du père rend-elle possible une forme d'émancipation économique du fils? Le contrat précise les fonctions de chacun des deux hommes. A Théodore Richer revient le « travail de la comptabilité », à Menier la « direction des travaux de la fabrique[153] ». C'est donc lui qui est en charge de la production ou de la transformation des produits. On sait, par son inventaire après décès, que T. Richer exerçait le métier de teneur de livres[154], soit la personne qui s'occupe des comptes, des livres du négociant. « La tenue des livres est l'art de passer écriture des opérations commerciales sur divers registres, conformément à des règles reçues, elle a pour but de faire connaître au négociant sa situation avec ses débiteurs et avec ses créanciers, ainsi que ses bénéfices, ses pertes, enfin ce qu'il possède net[155] ».

---

[151] Archives de Paris, D31U3 22.
[152] Woronoff (Denis), *Histoire de…, op. cit.*, p. 264.
[153] ADP, D31U3 22, acte du 16 octobre 1822.
[154] AN, MC/ET/LI/1385, 23 juin 1838.
[155] Tremery (F.), *Manuel complet du teneur de livres*, Paris, Roret, 1833, p. 7.

Dans la première moitié du XIXe siècle, les comptables demeurent rares et ce sont généralement les directeurs ou les conseils d'administration qui assurent la tenue des livres[156]. Au bas de l'échelle, « la plupart des boutiquiers ne tiennent qu'une comptabilité élémentaire, quelques-uns n'ont pas le moindre livre, malgré les dispositions impératives du Code du commerce», et « rares sont les petits commerçants qui font un inventaire annuel ; quant à la comptabilité en partie double elle est ignorée[157] ». Le XIXe siècle voit cependant fleurir les manuels et ouvrages consacrés à la « tenue des livres »[158]. L'association avec Richer peut donc s'expliquer par des considérations d'ordre gestionnaire et matériel. Avec l'expansion des affaires, J.A.B. Menier éprouve le besoin de s'en remettre à un comptable. Théodore Richer fournit également un apport en capitaux, comme l'indique du reste son inventaire après décès. Le premier novembre 1822, il emprunte à sa mère la somme de 15 000 francs, « stipulée remboursable dans dix ans et demi à compter du premier novembre et productive d'intérêts à 5% par an payables de six mois en six mois[159] ». Deux ans plus tard la structure de la société est changée.

Le 21 août 1824, une nouvelle société est formée entre Menier et Richer, d'une part, et Henry Louis Thomas, d'autre part[160]. « Ms Menier et Richer, voulant donner à leur établissement, qui jusqu'à ce jour a prospéré, un accroissement à l'aide duquel ils obtiendront de meilleurs résultats, et pour arriver à cet accroissement désirant trouver un commanditaire qui les aidât pour l'apport d'un capital, ont proposé à Mr Louis Thomas de les commanditer». Henry Louis Thomas (1763-1849) exerce le métier de limonadier[161], ce qui montre la porosité entre le commerce des eaux minérales et gazeuses, la droguerie, et la pharmacie. La société en commandite fait partie, tout comme la société en nom collectif, des sociétés de personnes. Elle unit deux types d'associés: les commandités, tenus envers la société sur l'intégralité de leurs fortunes, et le ou les commanditaires, qui ne sont tenus que sur leur apport fait par eux à la société. La commandite sera privilégiée par J.A.B. Menier dans ses associations ultérieures. Le montant de la commandite s'élève à 50 000 francs, soit cinq fois le montant de la dot fournie en 1816 par Menier père à son fils. « Pour élargir la base financière d'une firme, on peut la transformer en société, ou, si tel est déjà le

---

[156] Labardin (Pierre), *L'émergence de la fonction comptable*, Presses Universitaires de Rennes, 2010, p.61.

[157] Daumard (Adeline), *La bourgeoisie parisienne..., op. cit.*, p. 447.

[158] La Porte (Mathieu), Boucher (Pierre), *La Science des négocians et teneurs de livres*, Paris, Levrault, Schoell et Cie, 1803 ; Tremery (F.), *Manuel complet du teneur de livres*, Paris, Roret, 1833.

[159] AN, MC/ET/LI/1385, 23 juin 1838.

[160] ADP, D32U3, acte du 21 août 1824.

[161] AN, MC/ET/CXII/1182, 18 janvier 1849.

cas, accroître un peu le nombre des sociétaires, en faisant appel à de nouveaux apporteurs de fonds. En ce cas, l'association ou l'extension du nombre des associés peut servir de palliatif à l'insuffisance de capitaux, de substitut à l'insuffisance de crédits »[162]. L'association avec Henry Louis Thomas doit permettre à l'entreprise de se développer.

La même année, en effet, les deux hommes procèdent à la location du moulin de Noisiel sur la Marne[163]. « Le moulin est affermé pour une durée de quinze années entières à compter du 20 décembre 1824». La lecture du contrat de bail est à cet égard intéressante qui montre que Marie-Edmée-Virginie Pichon, l'épouse de Menier, est partie prenante dans le contrat. Il s'agit aussi d'acheter des machines. A titre de comparaison, «en 1834, une indiennerie susceptible de produire 2000 pièces n'exige qu'un capital de départ de 12 000 F ; une filature de 500 broches réclame 20 000 F »[164]. Inversement, dans le domaine de la sidérurgie, il faut, dès 1827, compter plus de 500 000 francs pour construire une forge anglaise[165]. Si l'on compare avec d'autres sociétés créées à la même époque, l'entreprise Menier et Richer se situe plutôt dans la norme. « Jusqu'au milieu du XIXe siècle, le développement de l'industrie ne requiert le plus souvent que des immobilisations modestes. Le coût des machines est resté longtemps limité à quelques dizaines de milliers de francs[166] ». Si le contrat prévoit la tenue d'un inventaire, nous ne disposons d'aucune information fiable ou solide concernant l'état de la société. Des indices montrent que les perspectives commerciales paraissent bonnes. « Dans le cas où les bénéfices d'une année excéderont la somme de neuf mille francs que les associés ont le droit de prélever, le surplus sera destiné à augmenter le capital et par conséquent porté au crédit de ce compte[167] ». Le passage montre un souci d'autofinancement, puisque l'on prévoit que les sommes en surplus soient versées dans le compte courant de la société. « Une discipline aussi rigide se justifie par des motifs de bonne gestion. C'est d'abord une question de confiance, de prudence, de sage prévoyance. Ayant une conscience aigüe des risques que courent les entreprises en raison de la fréquence des crises et des difficultés à se procurer des capitaux extérieurs, les industriels veulent compter essentiellement sur leurs propres fonds[168] ». L'indépendance économique et commerciale passe par l'indépendance financière. Ceci peut

---

[162] Levy-Leboyer (Maurice) (dir), *Histoire de la France industrielle,* Paris, Larousse, 1996, p. 143.

[163] AN, MC/ET/XCIX/857, Bail des 15 et 16 décembre 1824.

[164] Léon (Pierre), « Le moteur de l'industrialisation… », in p. 521.

[165] Léon (Pierre), « Le moteur de l'industrialisation : l'entreprise industrielle », in Braudel (Fernand), Labrousse (Ernest) (dir.), *Histoire économique…, op. cit.*, p. 521.

[166] Levy-Leboyer (Maurice) (dir), *Histoire de…, op. cit.*

[167] ADP, D32 U3, acte du 21 août 1824.

[168] Levy-Leboyer (Maurice) (dir), *Histoire de…, op. cit.*, p. 131.

expliquer cette volonté des entrepreneurs de ne « pas distribuer et dépenser tous leurs bénéfices, et de porter, en compte courant dans l'entreprise, la somme qui revient à chacun[169] ». Cette société en commandite ne dure pas. Elle est dissoute en 1827[170].

La croissance que connaît l'entreprise dans les années 1820/1830 ne doit pas masquer un certain nombre de difficultés. Le changement fréquent d'associés et l'instabilité qui caractérise l'entreprise durant les années 1820-1830 ne s'expliquent pas seulement par des questions de capital. « On a parlé de mon association quand je demeurais rue du Puits », écrit ainsi Menier à propos de la société qu'il fonde avec Théodore Richer. « A-t-on bien su ce qui s'était passé dans cette circonstance pour m'accuser de quoi que ce soit de mal ? Je fus au contraire victime de la confiance que j'avais dans mon associé ; mais du moment où sa conduite fut découverte, la dissolution de notre société eut lieu, je fus le liquidateur des affaires de cette société et tous ses créanciers furent payés sans remise ni le moindre délai[171] ». Le parcours de l'entreprise est donc loin d'être linéaire et les possibilités d'échec paraissent au moins aussi grandes que les chances de succès.

Menier se montre peu prolixe lorsqu'il s'agit de revenir sur ces accusations de faillites, mais sa défense reste immuable. Les difficultés commerciales qu'il rencontre sont le fait de son père ou de ses associés. Placé en position de victime, il est aussi celui qui, par sa volonté et son caractère, est en mesure de se dégager de situations difficiles. On peine cependant à croire qu'il n'a pas été au courant des difficultés commerciales des différentes affaires dans lesquelles il était engagé. Plus intéressant, on voit que le négoce est une activité délicate. « Industriels et négociants n'hésitaient pas à engager toutes leurs disponibilités, et même plus, dans des opérations hasardeuses dont le caractère spéculatif était presque toujours très accentué. Leur réussite repose sur la croyance à une expansion continue, dans la branche de leur activité[172] ». Menier se montre peu disert sur la manière dont il procède pour s'extirper de ses difficultés commerciales et se débarrasser de ses créances.

Dans tous les cas, une nouvelle association est formée « entre Mr Antoine Menier et des commanditaires, pour la constitution d'une société ayant pour objet la fabrication des poudres et farines à l'usage des droguistes pharmaciens et herboristes ; la fabrication des chocolats avec toute l'extension de laquelle sera susceptible l'établissement de la société ; la

---

169 *Ibid.*
170 ADP, D31U3 34, acte du 21 juillet 1827.
171 BIUP, Registre 59, Lettre de Menier aux membres de la société de pharmacie de Paris, 21 décembre 1841.
172 Daumard (Adeline), *La bourgeoisie parisienne de…, op. cit.*, p. 474.

mouture au Petit sac[173], la pulvérisation à façon, et de plus, comme accessoire, le commerce des marchandises dont la fabrication fait l'objet principal de la société ». Cette société est constituée avec les frères Adrien, « Nicolas Alexandre, négociant demeurant à Troyes, et Pierre Alexandre, négociant demeurant à Paris, rue des Singes n° 1 au Marais[174] ». Menier apporte ses droits dans la société non encore liquidée avec Richer, la jouissance d'un immeuble à Noisiel, composé d'un moulin à deux tournants sur la Marne, d'une pièce de terre labourable sur la commune de Noisiel, et d'une île dans la Marne attenant le moulin. Les commanditaires, dont l'identité n'est pas précisée dans le contrat, apportent à la société un certain nombre d'objets pour la somme de 80 000 francs, qui consistent en « agrès et machines de l'usine de Noisiel (objets mobiliers, outils, dépendances et accessoires… », ainsi que dans le fonds de commerce établi rue du Puits, et la jouissance du local en dépendant, servant au dépôt de produits de ladite usine et exploitation, ensemble les objets mobiliers et ustensiles accessoires, à savoir le local de la rue des Lombards où sera transporté le fonds de commerce ». La maison Menier est désormais bicéphale, avec une usine en périphérie et un local pour vendre les produits au cœur de Paris. On voit ainsi que Menier multiplie les contrats d'association avec des partenaires aux statuts et aux origines variés. En droit, rien n'empêchait le droguiste de s'associer avec qui il l'entendait, puisque la loi était muette sur ce point. Pour autant, le marché du médicament parisien était étroitement surveillé par les pharmaciens et la société de pharmacie de Paris, ce qu'illustre l'épisode de l'association entre Menier et Delpech.

Le 17 mai 1830, la société Menier, située au 41 rue des Lombards, voit arriver un nouvel associé en la personne d'Anthelme Delpech, pharmacien demeurant à Paris, rue Saint-Denis[175]. La nature de cette association n'est guère explicitée. Delpech entre-t-il au capital de la maison Menier? Apporte-t-il des fonds? Ou se contente-t-il d'apporter son diplôme? Quant aux raisons qui poussent Menier à s'associer à un pharmacien, elles sont essentiellement commerciales. En l'absence de diplôme de pharmacien, Menier ne peut ni préparer ni vendre de médicaments au détail dans son fonds de commerce de la rue des Lombards. Une association avec un pharmacien peut donc lui permettre de s'ouvrir un nouveau circuit commercial. Dès 1834, Menier prend d'ailleurs soin de rappeler, dans la préface de son prix courant, que l'entreprise emploie un « pharmacien reçu », qui « continuera de porter les soins les plus consciencieux aux

---

173 Il s'agit du meunier qui moud le grain pour ensuite le rendre à celui qui l'a fourni, et non pour la vendre.

174 AN, MC/ET/XC/721, Inventaire après le décès de Mr Menier, 17 janvier 1854.

175 ADP, D32U3 13, acte du 17 mai 1830.

préparations pharmaceutiques » que les clients demanderont[176]. Menier et Adrien souhaitaient confier la surveillance de la fabrication et de la transformation des drogues à un pharmacien, de façon à proposer des médicaments au détail. « La situation prospère de Menier ne pouvait entièrement le satisfaire, souligne Chevallier, car il n'avait pas le diplôme de pharmacien, et il était forcé de se faire en quelque sorte patronner par les hommes qui dirigeaient son laboratoire[177] ». Soubeiran rappelle, quant à lui, que, pour « préparer et vendre des médicaments », Menier était obligé « d'emprunter un titre à un étranger[178] ».

De telles associations étaient juridiquement impossibles. Tout au long de la période, elles suscitent les plaintes d'une partie de la profession, qui dénonce cette pratique des prête-noms. C'est ce dont témoignent les archives de la Faculté de pharmacie de Paris pour partie conservée aux archives nationales. Une première lettre (anonyme) datée du premier octobre 1831 évoque les « mesures rigoureuses » dont les droguistes de la rue des Lombards ont fait l'objet « pour avoir exercé la pharmacie sans diplôme ». Certains ont d'ailleurs été condamnés à 500 francs d'amende[179]. Ainsi, dans cette lettre datée du premier septembre 1832, adressée au directeur de l'école, les pharmaciens se plaignent de « l'exercice illégal de la pharmacie avec ou sans prête nom » qui est, « de tous les abus, celui qui porte le préjudice le plus considérable à la profession de pharmacien[180] ». Une liste d'une vingtaine de noms est jointe au courrier. Elle comporte différents droguistes ou pharmaciens ayant recours à des prête-noms parmi lesquels on trouve Menier et Delpech. La liste montre qu'il s'agit d'une pratique qui n'est pas isolée. En dehors de Menier, on trouve d'autres droguistes comme Carré Rouaix, Jehan, Garnier ou Varlé. S. Chauveau a également montré que les pharmaciens pouvaient avoir recours à des montages juridiques reposant sur la création de deux sociétés. La première rassemble les bailleurs de fonds non pharmaciens, l'autre a « pour objet la fabrication et la vente de médicaments» et ne rassemble « que des diplômés[181] ». Cette dénonciation des prête-noms s'étale sur tout le siècle. « Mais de tous ces parasites, en existe-t-il un plus dangereux que celui qui, sous prétexte d'aider de son capital le pharmacien peu favorisé de la fortune, se glisse dans l'officine, y parle en maître et s'applique les bénéfices sinon en totalité, tout au moins en

[176] BNF, Menier, Documents publicitaires, Paris, Prix Courant Général de Ménier & Cgnie Droguistes, rue des Lombards n° 37, Cour Ste-Catherine. 25-11-1834. Paris, Imp. de Decourchant, rue d'Erfurth n° 1, 48 p. 8°WZ.2487.
[177] BNF, Chevallier (Alphonse), Galerie des notabilités de la France..., *op. cit.*
[178]Soubeiran (Eugène), Notice...., *op. cit.*
[179] AN, AJ/16/2230, lettre anonyme du premier octobre 1831.
[180] AN, AJ/16/2230, lettre de septembre 1832.
[181] Chauveau (Sophie), « Les origines de l'industrialisation de la pharmacie avant la Première Guerre mondiale », *Histoire Economie Société*, 1998, I, p. 49-811, p. 630.

partie, réduisant le titulaire au rôle secondaire de commis, le condamnant, pour toute sa vie à la médiocrité, la gêne, et lui réservant la misère pour la fin de ses jours?[182] » s'inquiète ainsi l'Union pharmaceutique.

En 1834, la société formée entre Menier et les frères Adrien est dissoute. A propos de cette rupture, le négociant écrit: « je m'associai avec MM Adrien frères ; nos affaires prirent de l'extension et elles prospéraient quand en 1834 il me fallut, ou perdre une industrie que j'avais créée, ou devenir maître du tout en désintéressant mes associés par le payement d'une somme de trois cent mille francs[183] ». Comment expliquer cette volonté de retrait? Ce retrait est-il lié au décès brutal d'un des deux frères? Y a-t-il la crainte de pousser l'aventure trop loin? Est-ce la volonté de transférer ce capital mobilier en capital immobilier? Le retrait des frères Adrien ne semble pas lié à des difficultés économiques. Menier évoque en effet l' « extension » des affaires et la « prospérité » de l'entreprise. Ces propos sont confortés par un certain nombre d'éléments, et notamment la croissance du capital. En 1827, les frères Adrien avaient investi 80 000 francs. Les 300 000 francs évoqués par Menier laissent penser que les deux commanditaires avaient continué à investir dans l'entreprise pendant l'intervalle, pour acquérir du matériel mécanique et répondre ainsi à une demande croissante du public pour les poudres et les chocolats Menier. On observe le même mouvement dans le textile. « Il est de plus en plus d'usines où le progrès technique exige des investissements croissants[184] ». La valeur des machines spécialisées des indiennages augmente ainsi tout au long de la première moitié du XIXe siècle. On assiste au même mouvement dans le domaine de la droguerie. « La part sociale, c'est-à-dire la part investie dans la société par le commanditaire, est dite par intérêt, en raison de son caractère personnel, mais elle peut être cédée, si les statuts le prévoient[185]». Le terme de « désintéressement » a ici son importance, puisqu'il s'agit littéralement de « racheter » la part sociale des frères Adrien. On voit aussi les limites de la commandite qui, en cas de cession des parts, peut se retourner contre le commandité dont la situation se révèle fragile. Souhaitant céder leur part, il est possible que les frères Adrien aient trouvé des investisseurs-gérants potentiels. C'est en tout cas ce que laisse entendre Menier en rappelant qu'il a failli « perdre son industrie ».

Le souhait des frères Adrien de se retirer de la commandite pose ainsi brutalement la question du maintien de Menier à la tête de cette société qu'il

---

182 *L'union pharmaceutique*, juillet 1861.

183 BIUP, Registre 59, pièce 57. Lettre de Jean-Antoine-Brutus Menier aux membres de la Société de pharmacie du 31-12- 1841.

184 Levy-Leboyer (Maurice) (dir), *Histoire de…, op. cit*, p. 137.

185 Barjot (Dominique), *Histoire économique de la France au XIXe siècle*, Nathan, Paris, 1995, p. 145.

gère depuis plusieurs années, et qui est alors en pleine expansion. Ceci oblige l'industriel à chercher de nouveaux actionnaires. « J'inspirais à des personnes honorables assez de confiance pour que dans le mois, seul délai qui me fut accordé, ces trois cent mille francs me fussent donnés[186] ». On mesure l'urgence dans laquelle se trouve soudain le gérant, qui doit entreprendre les démarches, activer ses réseaux et ses connaissances, user de son entregent pour trouver des personnes susceptibles de vouloir investir dans son entreprise. La chose n'a rien d'évident à une époque où la préférence des épargnants, lorsqu'ils ne sont pas très fortunés, va vers des valeurs publiques à intérêt fixe. En un mois, cependant, Menier parvient à trouver des investisseurs, ce qui témoigne à la fois de sa qualité de commerçant, de négociant, mais également de la solidité de son entreprise et de la confiance qu'elle inspire. Une nouvelle commandite est formée. Jean-Antoine-Brutus Menier s'associe avec plusieurs commanditaires. Le montant de la commandite est de 300 000 francs. L'entreprise Menier et Cie tend alors à se rapprocher des établissements importants tels qu'on les trouve dans d'autres secteurs comme la métallurgie ou le sucre.

On n'est malheureusement guère renseignés sur la composition de la commandite de 1834, les archives notariales étant lacunaires à ce niveau. Il faut attendre les années 1838-1839, à l'occasion de l'achat du moulin de Noisiel, pour disposer de quelques informations sur la nature des commanditaires[187]. Par la suite, les archives notariales nous renseignent, notamment lors des prorogations de la société, sur l'évolution du capital et des sociétaires (1845, 1849). En 1837-1838, le nombre de commanditaires s'élève à six. Le chiffre passe à onze en 1845, puis à treize en 1849. Quant au capital de la société, il demeure stable, autour de 300 000 francs. Ces investisseurs constituent autant de figures individuelles de cette bourgeoisie parisienne étudiée par A. Daumard. On distingue parmi eux des négociants et des marchands: Léon-Saint-Amand Pichon et Charles-François-Henry Gérard en 1838, les frères Delatouche en 1845. Ceci n'a rien de surprenant. Le milieu du négoce peut « fournir des fonds d'autant plus importants que le commerce et l'industrie demeurent longtemps peu distincts[188] ». S'agit-il de personnes avec lesquelles Menier a été en affaire? Difficile de savoir. On trouve également parmi les commanditaires Louis-Amable Gobin, un employé, lequel groupe social se montre généralement réticent à l'égard des investissements immobiliers[189]. « Vivant d'un salaire, ils n'ont jamais beaucoup de disponibilités, contrairement à des commerçants, par exemple, qui disposent d'un capital important au moment

[186] Logre (Bernard), Messence (Gérard), *Chocolat Menier…, op.cit.*, p. 14.
[187] AN, MC/ET/XC/658, 1er juin 1838.
[188] Levy-Leboyer (Maurice), *Histoire de…, op. cit.*, p. 140.
[189] Daumard (Adeline), *La bourgeoisie…, op.cit.*, p. 487.

où ils se retirent en vendant leur fonds ». Le groupe des propriétaires ne cesse de grossir au fil des années. Plus étonnante et originale apparaît la présence du milieu judiciaire. On trouve, dans la commandite de 1838, Eugène Bethmont, avocat à la cour royale de Paris, qui sera aussi membre de la chambre des députés, ainsi que Mr François-Charles-Philippe Lechanteur, conseiller à la cour Royale de Paris. Sept ans plus tard s'y ajoute Fortuné Anthoine de Saint-Joseph.

Tableau 2. Commanditaires de la société Menier et Cie en 1837-1838 (capital de 300 000 F)[190]

nom	prénom	Profession	Domicile
BETHMONT	Eugène	Avocat à la cour royale de Paris	Rue Sainte-Anne (n° 23)
PICHON	Jean Saint-Amand	Négociant	Rue Pavée Saint-André-des-Arts (n° 17)
GOBIN	Louis-Amable	Employé	Rue du Battoir (n° 3)
GERARD	Charles-François-Henri	Marchand de papier	Rue de Paon-Saint-André (n° 8)
CAMUS	Denis-François-Victor	Propriétaire	Rue des Petits-Augustins (n° 9)
LECHANTEUR	François-Charles-Philippe	Conseiller à la cour d'appel de Paris	Rue Saint-Guillaume (n° 11)

Tableau 3. Capital de la société Menier et Cie en 1845[191]

nom	prénom	Profession	Domicile	Somme investie dans la commandite	Part dans la commandite
DELATOUCHE	Charles-Alexandre	Négociant	Rue du Pont de Lodi (n° 3)	25 000 F	8 %

[190] AN, MC/ET/XC/658, 1er juin 1838, 15 et 19 décembre 1837, modification des actes de la société Menier et Cie.

[191] AN, MC/ET/XC/684, Prorogation de la société Menier et Cie, 20/21/22/25 janvier 1845 et 1/3/4/5 février 1845.

<table>
<tr><td>DELATOUCHE</td><td>Charles-Auguste</td><td>Négociant</td><td>Rougemont (Eure-et-Loir)</td><td>25 000 F</td><td>8 %</td></tr>
<tr><td>GERARD</td><td>Charles-François-Henri</td><td>Propriétaire</td><td>Rue des Saints-Pères (n° 46)</td><td>57 000 F</td><td>22 %</td></tr>
<tr><td>CAMUS</td><td>Denis-François-Victor</td><td>Propriétaire</td><td>Rue des Petits-Augustins (n° 19)</td><td>30 000 F</td><td>10 %</td></tr>
<tr><td>BETHMONT</td><td>Eugène</td><td>Membre de la chambre des députés, avocat à la cour royale de Paris</td><td>Rue du Mont-Thabor (n° 6)</td><td>30 000 F</td><td>10 %</td></tr>
<tr><td>GOBIN</td><td>Louis-Amable</td><td>Employé</td><td>Rue des Noyers (n° 31)</td><td>15 000 F</td><td>5 %</td></tr>
<tr><td>LECHANTEUR</td><td>François-Charles-Philippe</td><td>Conseiller à la cour d'appel de Paris</td><td>Rue Saint-Germain (n° 89)</td><td>16 000 F</td><td>5 %</td></tr>
<tr><td>ANTHOINE DE SAINT-JOSEPH</td><td>Fortuné</td><td>Juge au tribunal civil de première instance de la Seine</td><td>Rue d'Alger (n° 8)</td><td>22 000 F</td><td>7 %</td></tr>
<tr><td>CHAMPANHET</td><td>Jean-André-Hyppolite</td><td>Ancien membre de la chambre des députés</td><td>Rue des Beaux-Arts (n° 2)</td><td>8 000 F</td><td>3 %</td></tr>
<tr><td>DELORME</td><td>Caroline-Félicité</td><td>Veuve en première noce de Mr Honoré Emmanuel André BUISSON DEVIANY</td><td>Rue des Moulins (n° 19)</td><td rowspan="2">72 000 F</td><td rowspan="2">22 %</td></tr>
<tr><td>TROLLIER DE MESSIMIEUX</td><td>Marie-Sophie</td><td>Veuve de Mr Auguste Antoine DELORME, lieutenant-colonel</td><td>Rue de la Ferme des Mathurins (n° 21)</td></tr>
<tr><td>TOTAL</td><td></td><td></td><td></td><td>300 000 F</td><td>100%</td></tr>
</table>

Tableau 4. Capital de la société Menier et Cie au 25 août 1849[192]

nom	prénom	Profession	Domicile	Somme investie dans la commandite	Part dans la commandite
DELATOUCHE	Charles-Alexandre	Propriétaire	Rue de Vendôme au Marais (2 bis)	25 000 F	8,4 %
DELATOUCHE	Charles-Auguste	Propriétaire	Rougemont (Eure-et-Loir)	25 000 F	8,4 %
CAMUS	Denis-François-Victor	Propriétaire	Rue des Petits-Augustins (n° 15)	30 000 F	10 %
WALDRUCHE DE MONTREMY	François-Auguste	Rentier	Rue des Petits-Augustins (n° 15)	10 000 F	3,4 %
GERARD	Charles-François-Henri	Propriétaire	Rue des Saints Pères (n° 46)	67 000 F	22,4 %
GOBIN	Louis-Amable	Employé	Rue Madame (n° 1)	15 000 F	5%
LECHANTEUR	François-Charles-Philippe	Conseiller à la cour d'appel de Paris	Rue Saint-Germain (n° 89)	16 000 F	5 %
CHAMPANHET	Jean-André-Hyppolite	Ancien membre de la chambre des députés	Rue Taranne (n° 5)	8 000 F	2,6 %
ANTHOINE DE SAINT-JOSEPH	Fortuné	Juge au tribunal civil de première instance de la Seine	Rue d'Alger (n° 8)	22 000 F	7,4 %
DELORME (frères)	Charles-Alphonse Et Louis-Ernest-Honoré	Auditeur au conseil d'Etat. Et Officier au Cinquième régiment de chasseur	Rue de la Ferme des Mathurins N° 21 Hussein-Dey (Algérie)	6 000 F conjointement	2 %

[192] AN, MC/ET/XC/701, Prorogation de la société Menier et Cie, 22/23/24/25 août 1849.

DELORME	Marie-Sophie (TROLLIER de MESSIMIEUX)	Veuve de Mr Auguste-Antoine DELORME, lieutenant-colonel	Rue de la Ferme des Mathurins (n° 21)	6 000 F	2 %
VENANCOURT	Caroline Félicité (DELORME)	Veuve en première noce de Mr Honoré-Emmanuel-André BUISSON DEVIANY, et épouse de Mr François-Marie de VENANCOURT, capitaine de vaisseau en retraite	Rue des Moulins (n° 19)	60 000 F	20 %
MONTBROT	Honoré-Virginie (MENIER)	Veuve	Rue des Lombards (n° 37)	10 000 F	3,4 %
TOTAL				300 000 F	100%

Comment a joué la mobilisation de ce petit groupe? S'agit-il de relations tissées dans un cadre commercial, social, du quartier? On voit en tout cas que l'essor de la droguerie s'appuie sur des capitaux extra-pharmaceutiques, ce qui explique l'inquiétude de la profession pharmacienne à l'égard de ces négociants en gros. Si la loi de germinal réserve la préparation et le commerce des médicaments au détail aux seuls pharmaciens, elle se montre évasive quant à la question du financement des entreprises. En théorie, le passage de l'officine à l'industrie suppose « de trouver des bailleurs de fonds qui » doivent « être, pour rester dans la légalité, des pharmaciens[193]». Passer de l'officine à la grande entreprise de médicaments suppose donc de constituer une entreprise où seuls les pharmaciens sont actionnaires, même si la loi ne dit rien sur ce plan. Dans le cas des entreprises de gros, comme la société Menier et Cie, les difficultés juridiques liées à un financement extra-pharmaceutique paraissent moindres.

Que ce soit dans l'adversité ou dans la réussite, Menier n'hésite pas à se présenter comme un homme seul qui parvient à surmonter les obstacles par sa seule énergie, sa volonté. Les sources nous invitent à nuancer cette vision des choses. Si la réussite de la société doit beaucoup à Jean-Antoine-Brutus Menier, il faut aussi se pencher sur les personnes qui l'entourent: sa famille, sa femme, ses associés. Le dynamisme de la société Menier et Cie a d'abord reposé sur la mobilisation du capital familial, celui de ses parents et de son

193 Chauveau (Sophie), *L'invention pharmaceutique…*, *op. cit.*, p. 59.

épouse: Marie-Edmée-Virginie Pichon. A plusieurs reprises, celle-ci a usé de sa fortune pour renforcer l'entreprise et résister à un certain nombre de difficultés commerciales. De ce point de vue, rien ne différencie Menier du petit commerce et de l'officine en particulier. Pour s'agrandir et se renforcer, Menier a cependant dû mobiliser d'autres ressources financières. Cela débouche sur la création de sociétés en commandite dans lesquelles les bailleurs de fonds sont des négociants, des employés, des propriétaires ou des avocats. Dans l'ensemble, il s'agit d'actionnaires venus de la bourgeoisie ou de la petite bourgeoisie qui voient dans ces placements une opportunité de s'enrichir. Ces individus sont des voisins, des connaissances, des relations de Menier. Les grands absents du capital de l'entreprise sont les pharmaciens. Au tout début de la Restauration, en 1816, le jeune Jean-Antoine-Brutus Menier dispose d'une dot en marchandises de 10 000 francs. En 1824, le capital de la commandite fondée conjointement avec Richer et Thomas est de 50 000 francs. Trois ans plus tard, en 1827, la commandite d'Adrien passe à 80 000 francs. Cette croissance, somme toute modeste, permet à la société de se doter d'un puissant appareil productif. A la fin des années 1820 et au début des années 1830, l'entreprise Menier apparaît comme une entreprise pleine de promesse. A cet égard, la relative liberté juridique dont bénéficiaient les droguistes par rapport à la loi de germinal pouvait être un atout. Cela facilitait la mobilisation du capital.

CHAPITRE IV

L'ENTREPRISE MENIER ET CIE ET SES MOYENS DE PRODUCTION DES ANNEES 1820 AUX ANNEES 1830

La naissance et l'essor de la société Menier sont contemporains du mouvement d'industrialisation que connaît la France pendant la Restauration et la monarchie de Juillet. Dans de nombreux secteurs, cette première industrialisation se traduit par la mécanisation des moyens de production, notamment dans le domaine alimentaire[194]. « La révolution industrielle touche à l'histoire de l'alimentation sous plusieurs de ses aspects, mais surtout par le développement des industries alimentaires. Des produits intermédiaires comme les farines, les huiles, le sucre, le vinaigre qui étaient fabriqués artisanalement le sont désormais par de puissantes usines: minoteries, huileries, raffineries[195] ». Les auteurs qui ont écrit sur Menier et son entreprise ont souvent insisté, dans les années 1830, sur la puissance des moyens mécaniques mis au service de la pulvérisation. Dès le début des années 1830, certains contemporains voient dans l'entreprise Menier et Adrien une société innovante qui a véritablement su créer une nouvelle industrie. « Quelques extensions dans l'emploi des piloires mécaniques avaient donc eu lieu pour l'utilité de certaines industries quand MM Menier et compagnie conçurent l'idée de réunir en une seule entreprise et de former un art particulier de la pulvérisation ou de la division extrême de toutes les matières pour lesquelles cet état pouvait être réclamé[196] ». « Voilà l'innovation importante, peut-être même la création, qui appartient à ces habiles industriels». Le symbole de cette innovation devient l'établissement modèle de Noisiel qui apparaît à bien des égards comme l'un des premiers établissements industriels pharmaceutiques français. Le paradoxe est qu'il n'est pas contrôlé par un pharmacien et qu'il ne s'appuie pas sur une officine. En revanche, il rencontre un succès considérable auprès des pharmaciens. Il s'agit ici de comprendre en quoi ces procédés de pulvérisation ont pu contribuer au succès de l'entreprise auprès de ces derniers.

---

[194] Flandrin (Jean-Louis), Montanari (Massimo), *Histoire de l'alimentation*, Paris, Fayard, 1996, p. 717.

[195] *Ibid.*

[196] Durand (Amédée), « Rapport sur l'établissement de MM. Menier et Adrien », *Bulletin de la Société d'Encouragement pour l'Industrie Nationale*, 1832. 31e année. N. 331-342, p. 244.

A. LA FABRIQUE PARISIENNE ET LES DEBUTS DE LA PULVERISATION AVEC LE MOULIN A BRAS

«Mon père vint à mourir (…). Après cette époque, je commençai très en (peine) avec un simple moulin à bras à faire pour la pharmacie des farines de lin et de moutarde[197] ». Un autre extrait, tiré du compte rendu de l'exposition des produits de l'industrie de 1849, rappelle que « M. Menier a commencé en 1819 avec un simple moulin à bras la mouture et la pulvérisation de quelques produits pharmaceutiques[198] ». Quant à A. Chevallier, il écrit que « M. Menier a commencé avec un simple moulin à bras la mouture et la pulvérisation de quelques produits pharmaceutiques ; il est aujourd'hui à la tête d'une vaste usine hydraulique[199] ». Ce dernier extrait donne l'image d'une compagnie ayant traversé différentes phases, chacune renvoyant à un âge technique spécifique (l'homme, puis la machine), débouchant ainsi sur une impression de marche en avant de l'entreprise, qui serait ainsi passée d'une sorte de préhistoire technique à la modernité.

L'utilisation du moulin à bras montre que l'industrialisation au XIXe siècle ne s'appuie pas seulement sur la vapeur et la mécanisation, mais sait prendre appui sur des procédés anciens. Le moulin à bras est une invention qui remonte en effet à l'Antiquité. C'est ce que l'historien Serge Benoît appelle « la modernité de la tradition[200]». Il faut prendre avec un peu de recul les affirmations d'Achille de Jouffroy qui, dans son dictionnaire des inventions, écrit que « les moulins à bras d'hommes et à manège ne sont guère employés aujourd'hui que dans les villes assiégées[201]». L'exposition industrielle de 1867 leur consacre ainsi un peu d'attention. La vapeur et la mécanisation n'effacent donc pas brutalement des techniques anciennes. Le moulin à bras est utilisé depuis bien longtemps pour concasser les grains. Le terme désigne un dispositif articulé autour de deux pierres circulaires superposées (une pierre mouvante et une pierre tournante), ainsi que les différents mécanismes d'assemblage et d'ajustement qui lui permettent de fonctionner. La pierre tournante est actionnée par un manche situé sur le côté. Elle est perforée en son centre. C'est par cet orifice, l'oeillard, que le blé est introduit pour ensuite être concassé entre la meule tournante et la meule gisante.

---

197 BIUP, Registre 59, pièce 57. Lettre de Jean-Antoine-Brutus Menier aux membres de la Société de pharmacie du 31-12- 1841.

198 CNUM, *Rapport du jury central sur les produits de l'agriculture et de l'industrie exposés en 1849*, Paris, Imprimerie nationale, 1850, Tome 2, p. 713.

199 BNF, Chevallier (A.), Notice nécrologique…, *op. cit.*

200 Fureix (Emmanuel), Jarrige (François), *La modernité…*, *op.cit.*, p. 65.

201 Jouffroy (Achille), *Dictionnaire des inventions et découvertes anciennes et modernes*, 1853, p. 483.

Au cours du XVIIIe siècle et dans la première moitié du XIXe siècle, le moulin à bras fait l'objet de nombreuses publications. On cherche à en améliorer le fonctionnement pour les besoins « des arts, des manufactures, de l'agriculture, et de la guerre » comme l'écrit Claude-François Berthelot, ingénieur mécanicien du roi, dans un ouvrage daté de 1782[202]. L'art de la pulvérisation, comme on l'appelle alors, croise des problématiques multiples liées à des préoccupations aussi bien alimentaires, militaires, que politiques. Le modèle de moulin à bras imaginé par un certain Durand en 1790 est ainsi destiné à « se substituer aux grands moulins à eau, par la raison qu'on donnerait du travail aux bras inoccupés, et que l'agriculture, ainsi que la santé publique, profiteraient du libre écoulement des eaux[203]». D'autres modèles sont imaginés par ailleurs, destinés aux « places fortes et aux magasins militaires », où l'on peut craindre de manquer d'autres moyens de mouture. Ces inventions s'inscrivent dans un contexte politique et économique troublé, marqué par les disettes et les guerres. Ainsi, « l'idée d'employer les moulins à boisseau et à noix métalliques pour moudre les grains serait due au maréchal de Marmont ». « Commandant en 1808 un corps d'armée en Espagne, il se trouva, au milieu d'une grande abondance de grains, manquer de farine, parce que les Espagnols avaient détruit tous les moulins du pays». Il imagine ainsi des petits moulins portatifs destinés à suppléer aux besoins d'une armée en campagne. C'est le cas par exemple des petits moulins de Molard utilisés lors de la campagne de Russie et engloutis dans la Bérésina. Si ces nouveaux modèles s'inspirent de l'Antiquité, ils en inversent les modes de fonctionnement : « la différence est dans la matière, dans la proportion, et aussi en ce qu'on a rendu le boisseau, catillus, fixe, et la noix ou meta mobile ». Plus généralement, le moulin est mobilisé pour des usages divers: fabriques de draps, poudres à canon, broyage des couleurs, lacération des feuilles de tabac[204].

---

[202]Berthelot (Claude-François), *La mécanique appliquée aux arts, aux manufactures, à l'agriculture et à la guerre*, Paris, chez Demonville, 1782.

[203] Francoeur (Louis-Benjamin), Pelouze (Edmond), Payen (Anselme), Robiquet (Pierre-Jean), *Dictionnaire technologique…*, *op. cit.*, T 14, p. 192.

[204] Francoeur (Louis-Benjamin), Pelouze (Edmond), Payen (Anselme), Robiquet (Pierre-Jean), *Abrégé du grand dictionnaire de technologie, ou Nouveau dictionnaire des arts et métiers, de l'économie industrielle et commerciale.* Tome IV. Ge-Ox, Paris, Thomine, 1833-1836, p. 382.

Illustration 1. Exemple de moulin à bras (vers 1780)[205]

Au sommet, en forme d'entonnoir, on distingue la trémie dans laquelle on met le grain à moudre. A la base de cette trémie on peut voir un conduit, ou canal, qui prend le grain par le fond de la trémie, et qui, étant incliné, le conduit dans les meules où il entre par le centre. Ce conduit est seulement posé sur une corde lâche aa, ainsi que par le bout qui aboutit aux meules, afin que, sans cesse battu par les angles de l'arbre qui tourne, il détermine le grain à tomber petit à petit. On aperçoit l'arbre qui porte la meule tournante. Il est posé par son extrémité inférieure sur une tringle. Au centre de l'image on peut voir deux barillets ou tambours. Là, sont fixées deux roues à crochet à peu près du même diamètre intérieur des barillets, placées toutes deux du même sens. En dedans de chaque barillet est un cliquet, qui prend dans les dents du crochet. Chaque barillet a deux fonds. Sur chacun des cylindres on distingue une corde ou une chaîne, qui l'enveloppe de deux tours dans un sens opposé à l'autre. Les bouts de cette chaîne sont arrêtés sur les traverses d'un châssis mobile, qui roule sur des poulies. Lorsque l'homme pousse le châssis ou va-et-vient, un des deux barillets, dont le cliquet prend dans les dents du crochet, force l'arbre de tourner, et par conséquent la meule mobile ; l'autre barillet tourne dans le sens contraire, et le cliquet qu'il porte rencontrant les dents du rocher dans un sens opposé glisse dessus. Un mouvement alternatif peut être appliqué utilement à une machine qui se meut circulairement et être rendu discontinu.

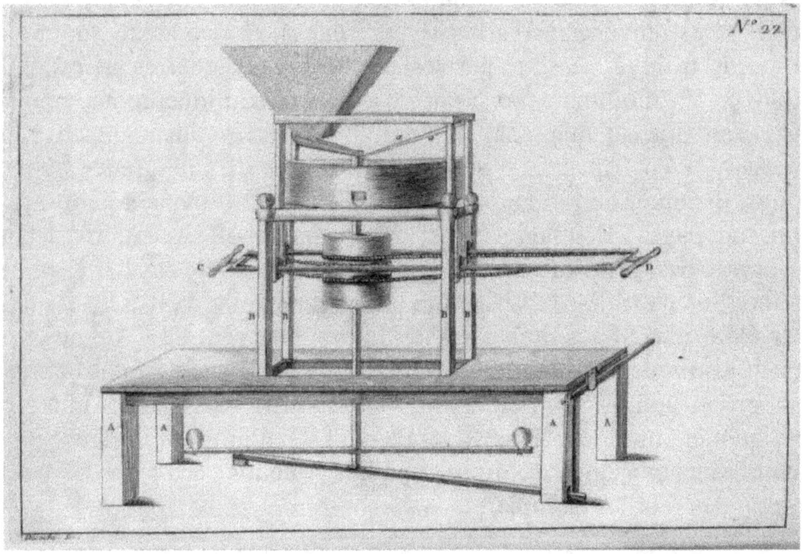

A quoi ressemblait le moulin à bras utilisé à ses débuts par Menier? Combien d'hommes cela mobilisait-il? Quels étaient les rendements de ce moulin? Quel espace occupait-il? Difficile de savoir. Si l'on en croit le grand dictionnaire de technologie, le moulin à bras le plus usité se réduit, au début du XIXe siècle, « à une noix conique, montée sur un arbre vertical, tournant dans un boisseau conique aussi, à l'aide d'une manivelle: les surfaces de la noix et du boisseau qui se regardent sont en acier trempé, portent des sillons coupants disposés en sens oblique et inverse. Une trémie placée au-dessus contient la substance qu'on veut moudre, et qui descend peu à peu par son poids, dans l'étroit espace qui existe entre la noix et le boisseau, et s'y vient

[205] BNF, Berthelot (Claude-François), *La mécanique appliquée…, op. cit.*

broyer [206]». Il est possible que le moulin utilisé par Menier se soit limité à ce type de matériel mobilisant tout au plus deux personnes. Selon certains auteurs, le rendement d'un homme affecté sur un moulin à manège n'est pas beaucoup supérieur à 7,3 kg de mouture par heure[207]. « Comme les hommes ne travaillent que huit heures sur douze, il est évident que le nombre d'hommes nécessaires pour le service» de ce type de matériel est environ de quatre. Selon les mêmes, il faut cinq ouvriers pour assurer le fonctionnement permanent d'un moulin à bras actionné par un treuil. Assez rapidement, l'entrepreneur a recours à la traction animale, en plus des moyens humains.

B. LE RECOURS A LA FORCE ANIMALE

« Peu à peu », explique Menier, « je m'agrandis, j'eus un cheval, des chevaux, j'en eus jusqu'à 20 pour faire mouvoir mes machines avant de les transporter à Noisiel[208] ». Avec l'industrialisation, « l'énergie animale elle-même ne disparaît pas brutalement mais tend au contraire à se développer »[209]. « Dans la première moitié du XIXe siècle, elle sert de force d'appoint pour une foule d'activités et demeure souvent essentielle, notamment dans les villes, où l'énergie hydraulique est plus difficile à mobiliser». Le recours aux chevaux ne signifie pas que les moulins à bras disparaissent. De même, le déplacement à Noisiel n'est pas synonyme d'une mécanisation totale de l'appareil productif. Menier le précise d'ailleurs bien, les manèges sont déplacés en Seine-et-Marne. La droguerie n'est pas le seul secteur à utiliser des chevaux, on les retrouve dans l'industrie cotonnière, dans les mines, ou pour actionner les batteuses improprement qualifiées de mécaniques. Les chevaux, peut-être plus encore que les machines, ont été au cœur de la croissance de l'entreprise dans les années 1820. Si l'on en croit « l'expérience commune », écrit Bernard Belidor, auteur d'un ouvrage sur l'architecture hydraulique, « on sait qu'un cheval tire horizontalement autant que sept hommes, c'est-à-dire environ 180 livres, ce qui est peu de chose par rapport à l'idée que l'on a de la force de cet animal[210] ».

---

[206] Francoeur (Louis-Benjamin), Pelouze (Edmond), Payen (Anselme), Robiquet (Pierre-Jean), *Abrégé du grand dictionnaire..., op. cit.*, p. 383.

[207] Martin (Philippe), Benoît (Narcisse), *Nouveau manuel complet du boulanger, du négociant en grains, du meunier et du constructeur de moulins,* nouv. éd. par M. Benoît, M. Julia de Fontenelle et M. F. Malepeyre. T2, Roret, Paris, 1846, p. 288.

[208] BIUP, Lettre de Menier à la société de pharmacie de Paris, 1841.

[209] Fureix (Emmanuel), Jarrige (François), *La modernité..., op.cit.*, p. 65.

[210] Forest de Belidor (Bernard), Navier (Claude), *Architecture hydraulique, ou l'art de conduire, d'élever, et de ménager les eaux pour les différents besoins de la vie,* Première partie, Tome premier, Paris, Firmin Didot, 1819, p. 72.

Illustration 2. Moulin à manège en usage à la Guillotière vers 1816[211]

La grande roue horizontale (a) constitue le cœur du mécanisme ; elle tourne autour d'un arbre en bois (b) qui lui sert d'axe. Le cheval est placé sur un plancher en bois (q) disposé sur la grande roue. Il est attaché au bâtiment par son licol, de sorte qu'en marchant au pas ordinaire, et sans changer de place, il entraîne sous ses pieds le chemin ou la roue sur laquelle il marche. Cette marche imprime ainsi un mouvement de rotation aux différentes roues, entraînant ensuite les meules (p'). D'après cette disposition du moulin, la meule fait soixante-quatre tours pendant que la grande roue motrice (a) n'en fait qu'un, vitesse qui est suffisante pour moudre 1800 kg de blé en vingt-quatre heures.

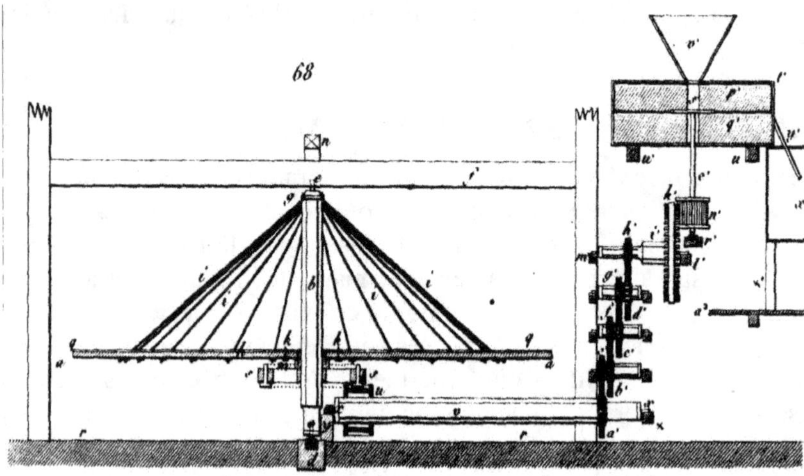

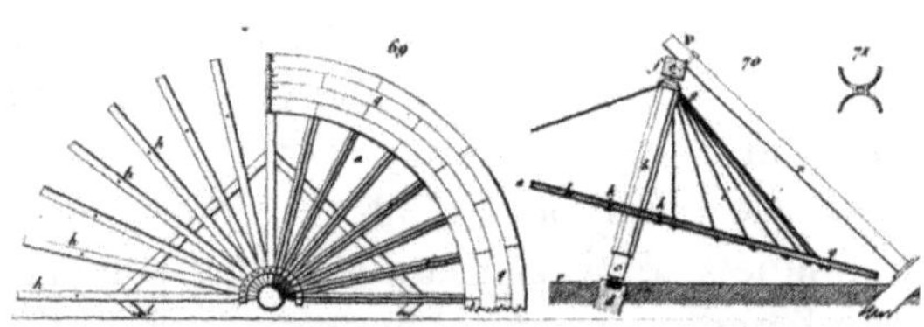

Ces moulins sont alors perçus, par les contemporains, comme des machines d'appoint. « C'est ainsi qu'on doit envisager tous les moulins à bras et même à manège, dont la mouture est toujours plus chère et de qualité inférieure à celle qu'on obtient avec les grands moulins[212]». « On a bien tenté de réduire le blé en farine à l'aide de moulins à bras: mais les résultats du travail sont si faibles qu'on n'y recourt que quand on y est forcé » notent les mêmes auteurs dans leur abrégé du dictionnaire technologique daté des années 1830. Quant aux moulins à manège, ils « offrent aussi peu d'avantages ; car un seul cheval ne produit que 55 kilogrammes de mouture par heure. Le vent, la vapeur, les cours d'eau sont certainement les seules

[211] BNF, *Ibid.*

[212] L.B. Francoeur (Louis-Benjamin), Pelouze (Edmond), Payen (Anselme), Robiquet (Pierre-Jean), *Dictionnaire technologique…., op. cit,*. p. 192.

forces qu'on puisse employer à mouvoir les moulins, tant pour la régularité du service que pour la grandeur des effets[213]».

La première moitié du XIXe siècle est ainsi une période d'innovations pour les moulins à céréales, l'objectif étant d'augmenter la quantité et d'améliorer la qualité des farines[214]. La structure des moulins s'en trouve modifiée. Ainsi, les progrès accomplis dans le domaine de la mouture des céréales rejaillissent sur d'autres secteurs comme celui de la droguerie pharmaceutique. En ce sens, ce n'est pas simplement la boulangerie qui se trouve affectée par ces évolutions mais aussi la pharmacie. En ces années 1820, l'aire commerciale de l'entreprise couvre la capitale. Lorsque Menier et Richer décident de s'installer à Noisiel, ils y transfèrent une partie du matériel ainsi que les chevaux. Ce déplacement est aussi synonyme d'un changement d'échelle dont les autres droguistes ont conscience. « Dès lors, je fus un concurrent qu'on se prit à craindre, on répandit sur moi et mes produits des bruits malveillants et mensongers » écrit alors Menier[215]. Ce transfert d'activités s'accompagne de la mobilisation d'une nouvelle source d'énergie: l'hydraulique.

C. LE MOULIN DE NOISIEL ET LE RECOURS A L'ENERGIE HYDRAULIQUE

Le 16 décembre 1824, Jean-Antoine-Brutus Menier, sa femme, ainsi que Théodore Richer signent un bail à ferme pour occuper le moulin de Noisiel. « Construire une usine revient cher » note D. Woronoff[216]. « C'est pourquoi des entrepreneurs préfèrent louer le bâtiment et la force motrice, sachant qu'ils devront en tout cas acquérir les machines[217] ». Le moulin est situé près de Lagny, dans l'arrondissement de Meaux, en Seine-et-Marne[218]. Il s'agit d'un département « essentiellement agricole[219] ». Le territoire est en effet riche en céréales, en plantes légumineuses, fourragères et oléagineuses. La localité de Noisiel ne compte guère plus d'une centaine d'habitants[220]. En

[213] L. B. Francoeur (Louis-Benjamin), Pelouze (Edmond), Payen (Anselme), Robiquet (Pierre-Jean), *Abrégé du grand...., op. cit.*, p. 383.
[214] Flandrin (Jean-Louis), Montanari (Massimo), *Histoire de...., op. cit.*, p. 782.
[215] BIUP, Registre 59, pièce 57. Lettre de Jean-Antoine-Brutus Menier aux membres de la Société de pharmacie du 31-12- 1841.
[216] Woronoff (Denis), *Histoire de..., op. cit.*, p. 248.
[217] *Ibid.*
[218] AN, MC/ET/XCIX/857, Bail des 15 et 16 décembre 1824.
[219] *Annuaire général du commerce, de l'industrie, de la magistrature et de l'administration : ou almanach des 500.000 adresses de Paris, des départements et des pays étrangers*, Paris, Didot-Bottin, 1839, p. 1198.
[220] Cartier (Caroline), Jantzen (Hélène), Valentin (Marc), Richard (Michel), Fortin (Philippe), *La chocolaterie Menier...,op. cit.*, p. 5.

s'installant en Seine-et-Marne, Menier se rapproche ainsi de ses lieux d'approvisionnement. Après avoir été la propriété de la famille de Lévis, le moulin est acquis par un certain Pierre-Antoine-François-Xavier Grand Besançon, commissaire en chef des poudres et salpêtre du roi à Lyon, et de son épouse, Rose Raison. On voit ainsi les liens étroits qui existent entre l'essor de la pulvérisation en grand, le développement des moulins, et la fabrication des poudres. La structure se compose d'un moulin à deux tournants faisant du blé farine, lequel est bâti sur des piles de pierres de taille. Il comprend divers bâtiments: une cour, des écuries, des remises, une vacherie, des toits à porc, une laiterie, un fournil et un jardin, le tout représentant une superficie de quatorze ares dix-neufs centiares. Le moulin comprend par ailleurs une pièce de terre labourable, plantée en luzerne, qui a une superficie d'un peu plus d'un hectare. Attenant au moulin se trouve également une île[221]. Les locataires s'engagent à remplir un certain nombre d'obligations comme entretenir, pendant toute la durée du bail, tous les bâtiments dépendant du lieu.

Avec Menier s'amorce un mouvement qui va caractériser les débuts de l'industrie pharmaceutique en France: le transfert des activités de production en périphérie des villes[222]. Les historiens de l'industrie ont bien décrit ce phénomène qui s'explique en premier lieu par un besoin de place. L'atelier de la rue du Puits ne suffit plus. « Ses produits commencèrent à être recherchés, ses relations s'étendirent, enfin son établissement prit chaque jour plus d'accroissement et d'importance » écrit A. Durand à propos de Menier. « Voulant donner à son usine des proportions plus larges, il la transporta à Noisiel-sur-Marne[223] ». Ce déplacement d'une partie de la production s'explique aussi peut-être par des raisons économiques. Le déménagement est d'autant plus nécessaire que le coût du foncier s'alourdit dans les arrondissements du centre avant même l'haussmannisation. Etre du bon côté des barrières d'octroi représente en outre un avantage pour l'employeur[224] ». Dans le cas de Menier, le choix du moulin de Noisiel, le long de la Marne, ne tient pas non plus au hasard. Sous la Restauration, le pouvoir se préoccupe de l'amélioration des connections par voie d'eau. Bertrand Goujon évoque à cet égard une « canal mania ». « Après le canal de l'Ourcq et le bassin de la Villette, réalisés sous le régime précédent, la réalisation du canal Saint-Denis (13 mai 1821) puis l'accès de la Marne sont renforcés. Il est amélioré par l'ouverture, en octobre 1825, du canal de Saint-Maur appelé alors canal Marie-Thérèse. Ce raccourci ramène à une demi-

---

[221] AN, MC/ET/XCIX/857, Bail des 15 et 16 décembre 1824.
[222] Sueur (Nicolas), « Les spécialités pharmaceutiques au XIXe siècle : statuts et fondements de l'innovation», *Le Mouvement Social*, 2014/3 n° 248, p. 27-46. DOI : 10.3917/lms.248.0027
[223] Durand (Amédée), Rapport sur l'établissement..., *op. cit.*, p. 244.
[224] Woronoff (Denis), *Histoire de...*, *op. cit.*, p. 329.

lieue les quatre lieues de navigation difficile imposée jusque-là par un méandre composé de bancs de sable[225] ». Enfin, la dernière raison consiste en l'accès à l'énergie hydraulique.

Celle-ci est beaucoup plus utilisée durant la Révolution industrielle en France que dans d'autres pays (c'est le cas dans l'industrie cotonnière par exemple). Jusqu'aux années 1850-1860, rappellent F. Jarrige et E. Fureix, l'énergie hydraulique est « demeurée la principale force motrice en France, y compris dans des secteurs aussi essentiels que la sidérurgie et l'industrie textile mécanisée[226] ». « La généralisation de l'usage de la vapeur a été retardée par la souplesse et l'éventail des possibilités qu'offrait, tard dans le XIXe siècle, l'usage de l'énergie hydraulique[227]» note, dès les années 1980, Louis Bergeron: « multiplication des sites industriels accueillant des unités de production modestes mais adaptées à la mécanisation ; association de la chute d'eau à l'utilisation d'énergies complémentaires ; faiblesse du coût d'installation par cheval-vapeur ; facilité sur un même site à diversifier les fabrications ou à décomposer les opérations ; puissance et rendement accrus par d'incessants perfectionnements des roues verticales puis des turbines[228] ». Ce n'est donc pas un hasard si Menier et ses associés décident de délocaliser une partie de leur appareil productif sur le site de Noisiel. Entre 1861-1865, on estime ainsi que 60% des 100 163 établissements industriels situés en dehors de Paris et de Lyon utilisent l'énergie hydraulique, et 31% celle de la vapeur. Cette longue dépendance de l'industrie française envers l'énergie hydraulique n'est pas symptôme d'arriération, mais fonction de son abondance relative et de la cherté de la houille.

[225] De Bertier de Sauvigny (Guillaume), *Nouvelle histoire de Paris.., op. cit.*, p. 309.
[226] Fureix (Emmanuelle), Jarrige (François), *La modernité..., op.cit.*, p. 64.
[227] Bergeron (Louis), « « Le cœur de la vallée, c'est son moulin... » », Terrain [En ligne], 2 | mars 1984, mis en ligne le 24 juillet 2007, consulté le 09 novembre 2015. URL : http://terrain.revues.org/2796 ; DOI : 10.4000/terrain.2796
[228] *Ibid.*

Illustration 3. Le moulin de Noisiel en 1825[229]

Le cœur de la fabrique de Noisiel c'est bien entendu ce moulin hydraulique destiné à réduire en poudre une plus grande quantité de produits. « C'est au XVIIIe siècle que la construction de grandes meuneries sur des fleuves importants se généralise[230] ». Dans la région parisienne, ce sont par exemple les grands moulins de Corbeil, sur l'Essonne, qui ont été créés en 1775. En 1838, à Saint-Maur, on crée également une « grande minoterie hydraulique, comportant quarante paires de meules[231] ». L'industrie pharmaceutique naissante s'appuie ainsi sur les progrès accomplis dans le domaine de la minoterie. L'acquisition du moulin de Noisiel et le recours à l'énergie hydraulique s'accompagnent d'une montée en puissance des moyens mécaniques. Pour la société d'agriculture, des sciences et des arts de Meaux cela ne fait aucun doute: le déplacement d'une partie des activités de production à Noisiel s'explique par la volonté de Menier de perfectionner ses procédés de pulvérisation. « M. Menier voulut donner plus d'extension à son industrie et perfectionner les moyens de pulvérisation afin de pouvoir réduire les substances les plus rebelles, celles qui se prêtent le moins à être

[229] BNF, Complément de la Notice rétrospective sur le moulin de Noisiel. [s.d.]

[230] Viollet (Pierre-Louis), *Histoire de l'énergie hydraulique. Moulins, pompes, roues et turbines de l'Antiquité au XXe siècle*, Paris, Presses de l'Ecole nationale des ponts et chaussées, 2005, p. 125.

[231] *Ibid.*

pulvérisées, soit à cause de leur texture filandreuse, comme la réglisse[232] ». Nous nous permettrons d'ajouter une autre hypothèse, liée d'ailleurs à la raison évoquée au-dessus, qui est le bruit généré par un tel équipement. Ces machines à pulvériser font un bruit considérable qui explique pour partie la nécessité de déplacer la production.

Illustration 4. Coupe d'un moulin à blé à deux meules[233]

Les sources mentionnent l'existence d'un moulin à deux tournants. Qu'entendre par ce terme? Faut-il comprendre deux roues? Deux meules? Ici, l'exemple d'un moulin à une roue actionnant deux meules (notées H). « Quand on a beaucoup d'eau et une chute suffisante, on peut disposer le moulin de façon que la même roue fasse tourner deux meules à la fois[234] ».

Fig. 2.

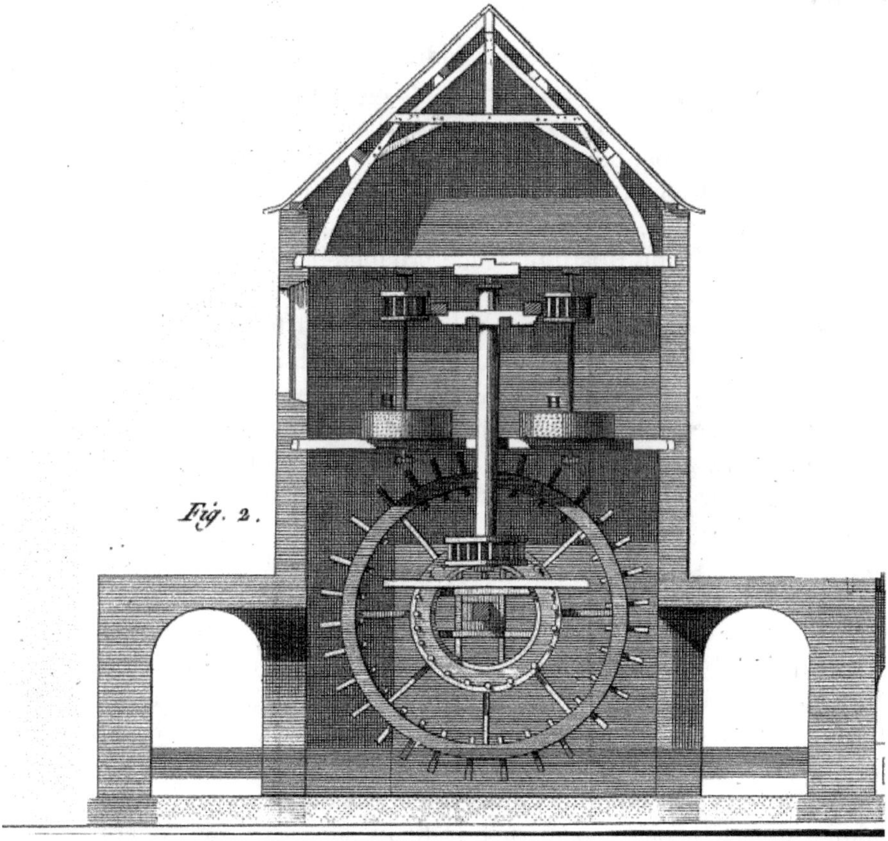

[232] M. Viellot, « Rapport sur l'usine hydraulique de M. Menier et Cgie à Noisiel-sur-Marne », Société d'agriculture sciences et arts (Meaux), 1841/05-1842/05, p. 38.
[233] CNUM, Conservatoire numérique des arts et métiers, http://cnum.cnam.fr , Forest de Belidor (Bernard), Navier (Claude), *Architecture hydraulique…, op. cit.*, p. 437.
[234] *Ibid.*

La droguerie pharmaceutique bénéficie ainsi des progrès accomplis de façon générale dans ce qu'il est convenu d'appeler l'industrie alimentaire. On réfléchit à améliorer la conception des moulins pour perfectionner la mouture des céréales et autres substances alimentaires de base. L'industrie pharmaceutique naissante va bénéficier de ces innovations. Dès les années 1830, il y a un fossé entre les petits établissements officinaux fabriquant et commercialisant des spécialités, et la maison Menier.

D. L'ENTREPRISE MENIER AU DEBUT DES ANNEES 1830 : LES MACHINES AU SERVICE DE LA PULVERISATION EN GRAND

Le 19 octobre 1831, Menier adresse un courrier à la Société d'encouragement pour l'industrie nationale, afin que celle-ci vienne reconnaître le caractère innovant de l'établissement de Noisiel. Créée en 1801, la société a pour but d'aider les entrepreneurs les plus audacieux dans le domaine industriel. A l'origine du projet, on trouve Chaptal, dirigeant de l'entreprise de produits chimiques de la Paille, qui souligne la nécessité de copier les méthodes du Board of Trade britannique. Avec Anselme Costhaz et Lasteyrie, il met sur pied, en s'inspirant de la Société des Arts de Londres, la Société d'encouragement pour l'industrie nationale qui sera, pendant plusieurs décennies, le promoteur du capitalisme et du machinisme dans l'économie française[235]. Celle-ci lance des concours en vue de l'amélioration des systèmes techniques, des moyens de production mécanique, etc… Sous l'Empire, Napoléon intervient même directement en promettant par décret une prime d'un million à quiconque découvrirait une meilleure machine à filer le lin. Il s'agit, après la dépression révolutionnaire, de relancer l'activité des manufactures, de stimuler l'industrialisation et la mécanisation[236]. Cette volonté d'encourager le développement de l'industrie, notamment face au rival britannique, reste une préoccupation centrale sous la Restauration (1815-1830) comme sous la monarchie de Juillet (1830-1848). Au début de la Restauration, la société affirme qu'elle va s'employer « à l'encouragement des arts utiles». La démarche de J.A.B. Menier est plurielle, il s'agit d'obtenir, par cette visite, une reconnaissance à la fois politique, industrielle, économique et sociale. Les membres du conseil d'administration appartiennent aux milieux supérieurs de la bourgeoisie parisienne : députés, savants, magistrats, philanthropes, fonctionnaires,

---

[235] Démier (Francis), *La France de la Restauration*, Paris, ed. Gallimard, 2012, p. 390.
[236] Lentz (Thierry), *Nouvelle histoire du Premier Empire, La France et l'Europe, 1804-1814*, T4, Paris, Fayard, 2009, p. 554.

grands négociants…[237]. Le 5 juin 1832, une commission sortie des Comités des Arts mécaniques, chimiques, et économiques se déplace ainsi à Noisiel afin d'examiner le caractère innovant de l'établissement de Menier et Adrien. Le rapport rédigé à cette occasion donne un aperçu des débuts de l'industrie pharmaceutique en France.

Outre A. Durand, auteur du rapport, on trouve, au sein de la commission, Chevallier[238]. Pour le premier, cela ne fait pas de doute: en ce début des années 1830, Menier et Adrien ont bâti une entreprise qui marque une véritable rupture dans le domaine de la pulvérisation. « L'art de la pulvérisation n'était point encore considéré parmi nous comme une branche spéciale d'industrie, car chaque industriel préparait lui-même ses poudres dont il avait besoin. Un établissement dans lequel pouvaient se trouver toutes ces préparations bien faites manquait donc en France. Pour le former avec succès et sur une grande échelle, il fallait à de forts capitaux réunir une réputation qui entraînât la confiance publique. MM. Menier et Adrien se sont présentés[239] ». Dès cette époque, donc, les contemporains ont conscience d'assister, avec la société Menier, à un changement d'échelle, ou du moins à l'émergence d'une nouvelle industrie, celle de la pulvérisation en grand. Quant à Menier, il n'hésite pas à faire l'apologie de ses produits dans ses catalogues à prix courant. « Les qualités supérieures de nos poudres, leur pureté, les soins extrêmes avec lesquels chaque substance est préparée pour lui conserver son action médicale, nous ont acquis la confiance des pharmaciens de tous les pays. Nous le disons avec un juste sentiment de satisfaction : l'usine de Noisiel a affranchi les officines du travail pénible et automatique de la pulvérisation à bras d'homme[240] ». Cette rupture est permise notamment par un processus de mécanisation et de concentration de ces machines dans un espace usinier.

Le rapport rédigé par la société d'encouragement nous en apprend probablement autant sur l'usine de Noisiel, que sur la fascination des élites scientifiques et économiques pour le machinisme. « Le nombre d'appareils mentionnés est très considérable et la pensée saisit trop facilement la puissance de production qui doit lui appartenir pour que nous devions insister à cet égard. Nous rappellerons seulement, et comme un fait très honorable pour cette entreprise, que c'est à cette puissance de production qu'elle a dû de rendre des services publics par l'immense quantité de médicaments qu'elle a pu fournir pendant la désastreuse circonstance de l'épidémie dont nous sommes à peine sortis[241] » (allusion à l'épidémie de

[237] Daumard (Adeline), *La bourgeoisie parisienne…, op. cit.*, p. 418.
[238] BNF, Chevallier (A.), Notice nécrologique…, *op. cit.*
[239] Durand (Amédée), Rapport sur l'établissement…, *op. cit.*, p. 244.
[240] Menier et Cie, *Prix courant général 1845*, Paris, Schneider et Langrand, 1845.
[241] Durand (Amédée), Rapport sur l'établissement…, *op. cit.*, p. 244.

choléra de 1832). La mécanisation apparaît ainsi comme une source de progrès décisifs pour la société et l'industrie. Plus encore, ce qui impressionne ces hommes c'est aussi la capacité qu'ont ces moyens mécaniques de production à se substituer à la main de l'homme. « L'établissement de Noisiel, animé par une magnifique chute de la Marne, consomme aujourd'hui une force motrice d'une valeur approximative de 32 chevaux, qui, en raison de considérations qui seront présentées plus tard, indiquera seulement un travail égal à celui qu'on obtiendrait annuellement de l'emploi de 500 à 600 hommes[242] ». On mesure le chemin parcouru depuis les moulins à bras et les manèges à chevaux, ce qui ne signifie d'ailleurs pas que ces derniers ont disparu. Ces analyses ne sont pas sans rappeler les écrits des économistes politiques britanniques qui insistent alors sur les bienfaits de l'introduction du machinisme. Le développement de la mécanisation est le « fruit de la volonté patronale de contrôler rationnellement le travail ouvrier (...) et de dégager des profits maximaux, ainsi que de la nécessité de s'adapter à un marché de plus en plus concurrentiel qui suppose un investissement industriel croissant ». « Le recours à la machine se banalise au cours des années 1830, y compris dans des secteurs jusqu'alors restés en marge[243] ». A plusieurs reprises, d'ailleurs, A. Durand met en avant, dans son rapport, l'économie de moyens humains que représentent les machines. Elles aboutissent, si l'on en croit le même auteur, à la conception d'un produit parfait tel que l'ouvrier lui-même n'est pas capable de le réaliser.

L'industrie pharmaceutique naissante s'appuie pour partie sur un processus de réduction des matières premières en poudre. Le rôle des machines est ici décisif, qui permettent de réduire les coûts de production au maximum en remplaçant la main-d'œuvre[244]. Ainsi, l'espace usinier décrit par A. Durand est-il, assez paradoxalement d'ailleurs, un espace sans ouvriers. Seules apparaissent les machines, entités qui se suffisent à elles-mêmes. L'auteur du rapport lui-même en a conscience, qui prend soin de préciser, à l'attention des lecteurs : « une assez longue énumération d'objets se présentera à faire dans la description de l'intérieur de l'usine, pour que nous devions craindre de fatiguer votre mémoire par la préoccupation que pourrait causer l'attente des conclusions de vos commissaires. Cette énumération sera dès lors présentée comme pièce à l'appui de ces conclusions, et dès ce moment nous vous préviendrons que la décision soumise à votre approbation a pour objet une médaille d'or de deuxième classe à décerner MM. Menier et Adrien ». Le cœur de l'appareil productif

[242] *Ibid.*
[243] Goujon (Bertrand), *Monarchies postrévolutionnaires, 1814-1848*, Paris, Points Seuil, 2014, p. 317.
[244] Fureix (Emmanuelle), Jarrige (François), *La modernité..., op.cit.*, p. 73.

de Noisiel ce sont ces machines à pulvériser, à broyer, à piler. Ce sont elles qui ont contribué au succès de l'entreprise. Les ouvriers sont invisibles et n'apparaissent, au détour d'une phrase, que pour évoquer les bienfaits du machinisme à leur endroit. Ainsi, les pilons destinés aux substances vénéneuses sont isolés « de manière à ne faire courir aucun danger aux ouvriers » et peut-être aussi aux consommateurs. Au-delà de cette fascination pour le machinisme, nous disposons, grâce à ce rapport, d'une description très précise des moyens mécaniques employés à Noisiel.

L'usine se divise en trois étages, au sein desquels on voit se dessiner une forme de spécialisation. Le premier étage est ce qu'il serait convenu d'appeler la pilerie, destinée à réduire en poudre toutes les substances possibles. A. Durand distingue ainsi la pilerie à poudre impalpable, composée de six pilons ; la pilerie à couteaux pour matières filandreuses, telles que la réglisse, l'écorce de garou et la salsepareille ; la pilerie à poudre commune, composée de douze pilons, qui sont réunis par quatre dans chaque mortier ; la pilerie ayant sept pilons à bases rétrécies pour la farine de moutarde, les cubèbes[245], l'anis ; la pilerie à pilons de bois et mortiers de marbres pour les substances que le fer altère tel le sel ammoniac; la pilerie à gomme comprenant deux pilons. Dans un cabinet entièrement séparé et hermétiquement fermé, trois pilons sont exclusivement destinés aux substances vénéneuses, qui sont traitées de manière à ne faire courir aucun danger aux ouvriers. Enfin, dans un cabinet opposé des bâtiments, et également séparé, se trouvent trois pilons d'une forme appropriée, et destinés au travail préparatoire des chocolats communs, qui seuls sont soumis à l'action de cet agent. La description de la pilerie est intéressante, qui montre une succession de machines, chacune dédiée à la pulvérisation d'un produit. Ceci n'est pas sans rappeler les réflexions des historiens états-uniens Piore et Sabel sur ce que les deux auteurs appellent le capitalisme d'aide sociale structuré autour de grandes usines. Un « examen attentif, écrivent-ils, révèle que ces entreprises sont en réalité des ateliers d'artisans regroupés sous un même toit, plutôt que des installations de production à la chaîne. L'usine s'apparente à un agglomérat d'activités différentes, dans lequel le travail de tous les jours a gardé son aspect artisanal[246] ». Si on est loin, à Noisiel, d'une série d'ateliers artisanaux rassemblés dans un même espace usinier, la notion d'activités agglomérées développée par les deux historiens est cependant assez stimulante et paraît, en partie, correspondre à la réalité de Noisiel.

---

[245] Latin médiéval Cubéba de l'arabe Kubbâba. Arbuste grimpant voisin du poivrier dont les fruits contiennent un principe médicinal (graine de cubèbe employée dans le traitement de la blennoragie.

[246] Sabel (Charles), Piore (Michael J.), *Les chemins de la prospérité, de la production de masse à la spécialisation souple*, Paris, Hachette, 1989, p. 54.

Faut-il parler cependant d'innovation ? A. Durand le reconnaît lui-même, « il serait superflu de rappeler que l'idée de réunir des pilons et de les faire mouvoir par une puissance mécanique n'a rien de neuf et qu'elle est mise en pratique de temps immémorial dans un grand nombre d'arts[247] ». Les bocards, comme on les appelle aussi, sont utilisés dans les mines, la parfumerie ou encore la pharmacie. Les membres du comité des arts mécaniques sont fascinés par la « simplicité des moyens », mais également par la puissance des machines. « L'ensemble des coups frappés par les différents pilons renfermés dans cet étage est d'environ 2000, et l'énergie du coup peut être considérée comme sept fois plus grande que celle qu'on obtient du travail à bras », écrit ainsi A. Durand. Les pilons ou bocards sont mus par un moteur mécanique qui présente l'avantage immense de « modifications graduées à l'infini et d'une uniformité que la main de l'homme ne peut lui procurer. De ces circonstances résulte une identité parfaite entre les produits de même espèce[248] ». « La forme et l'action des pilons sont et devaient être variées comme les différents genres de matières sur lesquelles ils opèrent ». En effet, « toutes les substances qu'on emploie dans la pharmacie et les arts ne présentent pas les mêmes caractères à la pulvérisation. Les unes sont dures, ou molles, ou filandreuses ; les autres sont oléagineuses, résineuses ou élastiques : eh bien ! Chaque substance trouve sa pulvérisation sous le pilon, la meule ou le moulin qui lui est propre. Ainsi par exemple, les substances dures, telles que le kina, la noix vomique et la fève de Saint-Ignace, sont forcées de céder à la puissance des coups redoublés d'énormes pilons ; il en est de même pour les substances élastiques, telles que la gomme-adragant[249], la coloquinte, l'agaric, etc, que, par un procédé particulier que les pharmaciens ne peuvent employer dans leur officines, MM. Menier et Adrien parviennent à obtenir en poudre impalpable ». « Une disposition est commune à toutes ces machines qui a « pour objet de rendre toute volatilisation impossible. De là résulte une économie dans la fabrication, et ce qui est bien plus important, une garantie positive contre tout mélange ou altération des substances les unes par les autres[250] ». Ainsi, dès le début des années 1830, Menier est parvenu à décomposer toutes les tâches dites de pulvérisation en opérations simples, confiées à des machines spécialisées capables de les exécuter avec plus de rapidité et de précision que les pharmaciens[251].

En dehors de ces pilons, le premier étage comprend différentes meules servant, pour certaines, à broyer des substances bien précises. On trouve un

---

247 Durand (Amédée), Rapport sur l'établissement..., *op. cit.*, p. 244.

248 *Ibid.*

249 Gomme qui exsude d'arbrisseaux du genre astragale, utilisée comme excipient en pharmacie, pour l'apprêt des tissus, en confiserie pour donner du corps à une pâte.

250 Durand (Amédée), Rapport sur l'établissement..., *op. cit.*, p. 244.

251 Fureix (Emmanuelle), Jarrige (François), *La modernité...*, *op.cit.*, p. 73.

jeu de meules verticales en grès, agissant sur un bassin en fonte de fer suffisamment poli pour que le lavage en soit facile et complet. Celle-ci est utilisée pour différents produits, à l'image de la farine de riz dont la « blancheur éblouissante » étonne les membres du comité. On y trouve aussi un jeu de meules verticales en pierre, dont la circonférence est garnie en fonte, et qui opèrent dans un bassin en fonte comme le précédent. Celui-ci est employé pour les substances minérales et résistantes[252]. Ces meules sont utilisées pour la farine de lin, la farine de riz, le curcuma, le chromate de fer, le talc, etc. Au même étage, les deux industriels ont également disposé des tamisoirs mécaniques. « L'état où cette opération se trouve dans l'établissement de Noisiel est, si l'on en croit les membres du comité, extrêmement remarquable, et n'aurait pas été indigne d'être l'objet d'une présentation distincte à la Société ». En montant au deuxième étage, on trouve deux moulins à orge perlé et gruau d'avoine ; trois tamisoirs ; un moulin à blé à meules ordinaires ; un moulin à drogues ; un blutoir à gomme ; ainsi qu'un jeu de cylindres pour écraser les graines oléagineuses. Quant au troisième étage, on y rencontre les appareils à chocolat. Ils sont au nombre de deux, et composés, l'un de quatre et l'autre de six cônes, liés par leur sommet et conduits circulairement sur un plan horizontal. Ces cônes font office de rouleaux. Ces appareils, qui s'alimentent d'eux-mêmes, peuvent produire un résultat d'environ 700 livres de chocolats par jour. Ils occupent la partie la plus élevée des combles du bâtiment, mettant ainsi à profit le dernier espace qui reste à remplir dans l'usine. Malgré le resserrement du local en cet endroit, rien ne nuit à la facilité du service et aux soins de la plus exacte propreté. A côté de ces deux appareils se trouve l'étuve, où l'on fait sécher les sucres pour les chocolats. Les rayons et les récipients où ils sont déposés sont en fer, de sorte qu'aucun corps étranger ni aucune parcelle détachée des objets sur lesquels repose cette matière ne peuvent venir en altérer la pureté.

La principale rupture introduite par Menier et Adrien est d'avoir formé un art particulier de la pulvérisation ou de la division extrême de toutes les matières pour lesquelles cet état peut être réclamé. « Voilà l'innovation importante, peut-être même la création, qui appartient à ces habiles industriels ». Du fait de la diversité des appareils, ce sont ainsi plus de cinq cents substances qui sortent de l'usine. « Le pilon prend quatre formes différentes, suivant les convenances de son application. Après lui, on voit figurer soit les moulins à meules horizontales, soit les moulins à meules verticales, soit le broyoir, soit même le laminoir. Il est facile de comprendre, d'après cette variété de combinaisons, que MM. Menier et Adrien n'ont négligé aucun des moyens d'atteindre le but immense qu'ils s'étaient proposé, celui de soumettre à la pulvérisation toutes les substances pour

[252] Durand (Amédée), Rapport sur l'établissement..., *op. cit.*

l'emploi desquelles cet état était nécessaire ; et, de plus, qu'en formant un système de machines ingénieusement combinées, et liées entre elles par des rapports raisonnés, ces messieurs peuvent être considérés comme ayant érigé en art particulier une opération qui jusqu'ici ne semblait pouvoir être pratiquée que par de simples manœuvres ». L'affirmation de l'entreprise Menier dans le domaine de la droguerie est corrélée à ces innovations mécaniques, ou du moins à l'adoption de nouveaux procédés. Ce sont ces innovations qui conditionnent l'émergence de produits qui, aux yeux des contemporains, apparaissent radicalement nouveaux. Entre la fin des années 1820 et le début des années 1830 s'amorce ainsi un processus de concentration de l'appareil productif dans cette usine-moulin de Noisiel.

Menier n'est pas le premier à développer des procédés de pulvérisation en France. L'entreprise s'inspire des progrès accomplis dans le perfectionnement des machines à pulvériser. Fabricant de chocolats au marché Saint-Honoré à Paris, Auger met au point, dès 1803, une machine « au moyen de laquelle il espère broyer 1000 à 1200 livres de pâte de chocolat par jour »[253]. Dans les années 1820, il s'affirme comme un concurrent sérieux des Britanniques qui, avec leurs poudres anglaises, dominent le marché des « préparations et poudres médicinales »[254]. Il est alors en mesure de « broyer, triturer et volatiliser indistinctement les substances animales, végétales ou minérales, en quelque état qu'elles soient (les yeux d'écrevisse, les écailles d'huîtres, le corail, le marbre, le verre, l'acier, l'émeri, poussières impalpables, aériformes ou éthérés, feuilles de rose) ». Ici, comme dans d'autres secteurs, l'innovation se nourrit de la compétition entre nations, et en particulier de la rivalité avec la Grande-Bretagne[255]. « Par les échantillons que nous mettons sous vos yeux, écrit ainsi Héricart de Thury au sujet du bocard vaporisateur d'Auger, vous pouvez juger, Messieurs, du degré de finesse, ou, s'il nous était permis de nous servir de cette expression du fabricant, de la véritable impalpabilité de ses poudres[256] ». Il faut donc se garder de voir en J.A.B. Menier l'inventeur de la pulvérisation à grande échelle en France. Incontestablement, il se nourrit des expériences menées par d'autres fabricants. S'est-il rendu à l'exposition des produits de l'industrie de 1819, où Auger a montré certains de ses chocolats ainsi que ses machines? Difficile à dire. Il ne faut pas non plus oublier qu'un certain nombre d'institutions soutiennent l'innovation, à

---

[253] AN, AJ/16/ 6698, rapport avec le chocolat sur le cacao des Isles du sieur Auger, 7 pluviôse an XI.

[254] *Bulletin de la Société d'Encouragement pour l'Industrie Nationale,* Paris, 1820. 19e année. N. 187-198, p. 164

[255] *Ibid,* p. 166.

[256] *Ibid.*

l'image du Conservatoire national des Arts et Métiers créé en 1795 qui abrite plus de 3000 machines modèles à l'intention des manufacturiers[257].

Illustration 5. Bocard volatilisateur de Mr Auger[258]

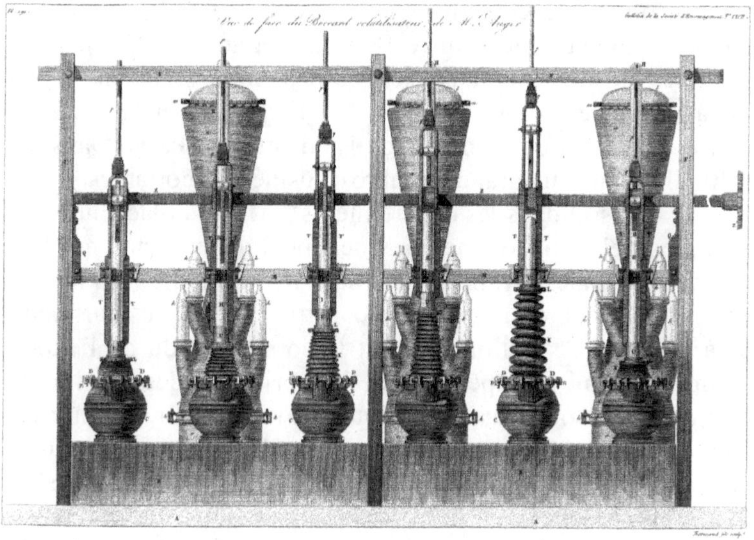

Si Menier s'associe à un pharmacien pour la préparation des produits et la gestion du laboratoire, l'utilisation et le développement des machines mobilisent des techniciens. C'est le cas de M Henri-Pierre-François Antiq[259]. « C'est à lui, semble-t-il, que l'on doit le bel établissement de Noisiel[260] ». Il aurait « dirigé l'établissement des différentes machines pour la trituration et le tamisage des poudres[261] ». Qui est donc cet homme?[262] Henri-Pierre-François Antiq serait né le 10 octobre 1796 à Paris (19 vendémiaire an V)[263]. Il serait décédé le 7 septembre 1860[264]. La plupart des documents qui figurent dans son dossier le présentent comme un « ingénieur mécanicien » autodidacte[265]. Il aurait commencé cette activité en 1826 dans

[257] Lignereux (Aurélien), *l'Empire des Français*, 1799-1815, Paris, Seuil, 2012, p. 175.
[258] CNUM, Conservatoire numérique des arts et métiers, http://cnum.cnam.fr , *Bulletin de la Société d'Encouragement..., art. cit.*, p. 170.
[259] Le nom est parfois orthographié Anticq, ou Antiq.
[260] *Exposition publique des produits de l'industrie française*, Paris, volume 10, 1844, p. 139.
[261] Morin (Arthur), Arnoux (Claude), Poncelet (Jean-Victor), *Travaux de la commission française sur l'industrie des nations*, publié par ordre de l'Empereur, Paris, imprimerie impériale, 1857, Tome III, Première partie, Première section, IIe groupe, p. 295.
[262] AN, F/12/5081.
[263] Archives départementales de Paris, V3E/N35.
[264] AN, LH/42/10.
[265] AN, F/12/5081, lettre de Pouillet, 9 décembre 1842.

un atelier situé rue d'Enfer. En 1827, il concourt lors de l'exposition des arts de l'industrie et remporte une médaille de bronze pour une sonde de mineur[266]. La manière dont on peut creuser les puits et les fontaines intéresse différentes institutions et notamment la société d'encouragement pour l'industrie. En 1829 et 1830, il est chargé par le préfet de la Seine, le comte Chabrol de Volvic, de construire un système de balayage des rues par mécaniques[267]. Au début de l'année 1830, il met au point des machines pour percer les tôles, destinées à piquer les feuilles employées dans les tarares ou machines à vanner et cribler les grains[268]. Il obtient en 1834 une médaille d'argent à l'exposition des produits de l'industrie de Paris. Dans les années 1830-1840, il monte un grand nombre d'usines importantes soit dans les environs de Paris, soit dans les départements[269]. Il se « place au premier rang parmi les industriels qui, comme lui, s'occupent de la grande machinerie[270] » concevant des machines à vapeur, des roues hydrauliques, des moulins à blé. La revue « l'Industriel » lui attribue la construction de plusieurs centaines de manèges à chevaux[271]. Si l'on en croit le compte rendu de l'exposition de 1844, l'homme se fait une spécialité de la fabrication des moulins à blé. « Il faudrait en quelque sorte parcourir toute la France pour compter le nombre de moulins à blé que M. Antiq a établis ; c'est là son travail le plus habituel, si l'on y comprend tout ce qui constitue les usines de cette espèce, c'est-à-dire le mécanisme des meules, les transmissions de mouvement, les machines accessoires et les machines à vapeur, les turbines ou les roues hydrauliques de différents systèmes qui doivent servir de moteur[272] ». Il se montre également performant dans le domaine de « la fabrication du chocolat, dont il a si admirablement introduit les procédés de confection à la mécanique dans les plus beaux magasins de Paris et qu'il a popularisée et presque vulgarisée en France[273] », voire en « Europe et jusqu'à Buenos Ayres[274] ». L'homme conçoit également des machines pour les manufactures (manufactures royales des tabacs de Paris, Toulouse, Strasbourg ; manufacture des Gobelins). L'industrie pharmaceutique naissante s'appuie sur l'essor de l'industrie mécanique. Surtout, Menier ne s'adresse pas à

---

[266] CNUM, *Exposition nationale de Paris, Rapport sur les produits de l'industrie française présenté au nom du jury central à S. E. M. le Comte de Saint-Cricq*, Paris, Imprimerie royale, 1828, 573 p., p. 308.
[267] AN, F/12/5081, lettre de Cagniard de Latour (Charles), 28 novembre 1842.
[268] *Bulletin de la Société d'Encouragement pour l'Industrie Nationale*, Paris, imprimerie de madame Huzard, 1831, N. 319-330, p. 162-163.
[269] *Exposition publique des produits de l'industrie française..., op. cit.*, p. 139.
[270] AN, F/12/5081, lettre de Cagniard de Latour (Charles), 28 novembre 1842.
[271] Valentin (Marc), « Jean-Antoine-Brutus Ménier.... », *art. cit.*p. 370.
[272] *Exposition publique des produits de l'industrie française..., op. cit.*, p. 139.
[273] AN, F/12/5081, lettre de Cagniard de Latour (Charles), 28 novembre 1842.
[274] AN/F/12/5081, lettre d'Antiq, 12 décembre 1842.

n'importe qui, il s'attache les services de l'un des plus importants ateliers mécaniques de la capitale.

En dehors d'Antiq, les sources mentionnent un certain Vion recruté pour s'occuper des trois moulins à perler l'orge de l'usine de Noisiel. Il apprend ce métier dans la région de Dunkerque, avant de s'installer dans les environs de Paris où il monte un moulin du même genre près de Gentilly. Après avoir fabriqué du blé de farine, il se convertit dans la fabrication de l'orge perlé. « Il achète une meule en grès, y creuse des rayons ou cannelures, fait garnir les archures en tôle piquée, et commence à fabriquer[275] ». Un accident interrompt cependant son travail. « La meule, qu'il n'a pas cerclée de fer, éclate et fait des dégâts considérables » (1828). Vion demande à son propriétaire la réparation d'une partie des dégâts mais il n'obtient pas gain de cause. Après avoir tenté de se mettre à son compte, il travaille à Argenteuil pour le compte d'un M. Urbain. Les deux hommes s'associent pour l'exploitation d'un moulin d'orge perlé. « Là encore, au bout d'un an et demi la meule se brise ». Il est alors obligé de se placer chez Menier et Adrien.

Le contrôle de ces innovations est, dès cette époque, l'objet d'une bataille entre les différents industriels qui cherchent, pour certains, à faire breveter des machines. Depuis 1791 et la révolution française, le droit de l'inventeur est considéré comme un prolongement du droit naturel. Dans ce cadre juridique, l'invention s'apparente à un droit de propriété[276]. Dès le début des années 1830, l'entreprise Menier et Adrien se trouve accusée de contrefaçon par un certain Pépin (1833). Celui-ci reproche aux deux industriels d'avoir copié un modèle de meule en grès servant à la fabrication de l'orge perlé, dont il détient un brevet vendu à lui par MM. Boisnet et Pinet[277]. La ligne de défense de Menier et Adrien s'articule sur deux points. D'une part, l'orge perlé n'est pas un produit nouveau puisqu'il est fabriqué de longue date en Hollande. D'autre part, le procédé ne l'est pas non plus, puisqu'ils reconnaissent s'être inspirés d'un modèle déposé au Conservatoire des arts et métiers par Delessert et publié en 1818 dans un catalogue d'inventions. Menier met en avant le fait que ce type de meule était utilisé antérieurement au brevet de Pépin. Le juge en charge du litige décide néanmoins de condamner les deux industriels à remplacer leur meule, moyennant quoi ils doivent payer 20 francs de dommages et intérêts à l'inventeur par jour de retard, et ce au motif que, dans le modèle de Delessert, les meules sont en

---

[275] Bethmont (Eugène), *Mémoire pour M. Menier et Adrien contre M Pépin*, Paris, Decourchant, postérieur à avril 1833.

[276] Galvez-Behar (Gabriel), « L'État et l'invention : une comparaison franco-allemande des cadres de la propriété industrielle à la fin du XIXe siècle », in A. Chatriot et D. Gosewinkel (dir.), Figurationen des Staates in Deutschland und Frankreich, 1870-1945. Les figures de l'État en Allemagne et en France, Munich, R. Oldenbourg, 2006, p. 215-234, p. 216.

[277] Bethmont (Eugène), *Mémoire pour M. Menier...*, op. cit.

pierre noire et non pas en grès (27 avril 1833). Les deux industriels sont également tenus de verser 1200 francs de dommages et intérêts, ainsi que de prendre en charge les frais du procès. L'industrialisation et son corollaire, la mécanisation, se traduisent ainsi par une forte concurrence entre les fabricants. Celle-ci passe notamment par des combats juridiques pour faire reconnaître un droit de propriété sur les procédés de fabrication.

Dès la fin des années 1820 et le début des années 1830, certaines maisons comme la droguerie Menier sont en mesure de fournir, avec leurs appareils, des produits entièrement pulvérisés aux officines pharmaceutiques et probablement aussi à d'autres commerces. La principale rupture introduite par Menier et Adrien est d'avoir formé un art particulier de la pulvérisation ou de la division extrême de toutes les matières pour lesquelles cet état peut être réclamé : « voilà l'innovation importante, peut-être même la création, qui appartient à ces habiles industriels[278] ». Du fait de la diversité des appareils, ce sont ainsi plus de cinq cents substances qui sortent de l'usine. Entre la fin des années 1820 et le début des années 1830 s'amorce ainsi un processus de concentration de l'appareil productif dans cette usine-moulin de Noisiel. Ceci n'est pas sans susciter de l'inquiétude auprès des principaux clients de l'entreprise Menier : les pharmaciens.

E. <u>LA PULVERISATION : DE L'OFFICINE VERS L'INDUSTRIE</u>

On a beaucoup insisté sur les effets de la mécanisation sur le travail ouvrier, moins sur ses conséquences à l'égard du petit commerce. A n'en pas douter, ce déplacement d'une tâche ou d'une fonction jadis réservée aux pharmaciens a pu créer des tensions. Dans tous les cas elle questionnait profondément l'identité professionnelle du groupe. En effet, à la fin de l'Empire, la pulvérisation constitue encore un élément central dans le travail du pharmacien. C'est ce que révèle par exemple ce procès, qui se tient en 1812 en Italie, contre quatre droguistes accusés d'avoir violé la loi du 21 germinal an XI. Au terme des débats, les quatre protagonistes : Pierre Folchi, Louis Folchi, Joseph Fajella et Pie Bittichi sont condamnés pour avoir vendu du quinquina en poudre par portions d'une once chacune. Ce jugement du 30 mai 1812 fixe la peine à 500 fr. d'amende. Les quatre hommes font appel. Consulté lors de l'affaire, le docteur Lupi, président de la Faculté de médecine de Rome, affirme que la pulvérisation du quina (sic.) est une préparation pharmaceutique. « Si la pulvérisation du quina est purement mécanique, si elle peut être opérée par un portefaix, on ne peut pas regarder comme également facile, comme appartenant au même mécanisme, la

[278]Durand (Amédée), *Rapport sur l'établissement..., op. cit.*, p. 244

science qu'il faut pour pouvoir en distinguer « la bonne ou mauvaise qualité »; or, (devons-nous ajouter), cette science doit essentiellement concourir à la pulvérisation du quinquina ; elle doit même y jouer le premier rôle; car le choix de la matière à pulvériser doit nécessairement précéder l'opération manuelle dont la pulvérisation est le résultat[279] ».

La lecture du Codex montre l'importance de cette étape dans la confection de la plupart des préparations[280]. Parmi les opérations préliminaires, « qu'on nommait autrefois ancillaires ou préparatoires et qui consistent à diviser, à séparer et à purifier seulement les corps qu'on se propose de traiter ensuite chimiquement », il y a notamment la pulvérisation[281]. Préparation ancillaire écrit A. Fourcroy. Si la pulvérisation est une étape fondamentale, elle ne fait donc pas partie des tâches dites nobles. C'est ce qu'écrit par exemple Simon Morelot[282] dans son cours élémentaire théorique et pratique de pharmacie: « assurément, la pulvérisation n'est point une opération, ce n'est qu'une préparation préliminaire qui procède d'une action purement mécanique». La pulvérisation est probablement souvent déléguée aux apprentis. De fait, il s'agit d'une opération compliquée et fastidieuse. Le même S. Morelot donne ainsi un certain nombre de précisions qui nous indiquent combien il s'agit d'une tâche délicate. « La disgrégation (sic) peut s'opérer mécaniquement et chimiquement. Celle qui s'opère mécaniquement comprend l'incision ou comminution (sic), qui s'exerce sur les corps végétaux ou animaux lorsqu'on a l'intention de leur faire présenter beaucoup de surfaces. Les instruments propres à l'incision sont les couteaux, les ciseaux, les petites forces. Le rapage et la limation (sic) font aussi partie de la division mécanique. Le premier s'opère à l'aide d'une râpe pour les corps charnus, tels que les racines et les fruits, et à l'aide d'une escouene pour les corps durs, tels que les bois, les cornes, et les dents de certains animaux. La limation s'exerce quelquefois sur les bois durs et les cornes, ou parties osseuses des animaux, mais plus particulièrement sur les substances métalliques à l'aide de la lime[283] ». L'art du pharmacien en ce début du XIXe siècle s'apparente ainsi à un travail artisanal assez long. Le terme de pulvérisation reflète du reste assez mal la diversité des opérations qui entourent cette activité. Encore les pharmaciens en distinguent-ils plusieurs formes. Elle peut par exemple être sèche ou humide. La pulvérisation sèche repose sur quatre procédés bien décrits dans

---

279 Merlin (Philippe-Antoine), *Répertoire universel et raisonné de jurisprudence*, Paris, Garnery, 1815, Tome 15, p 220-221.

280 Jourdan (Antoine-Jacques-Louis), *Code pharmaceutique*, Paris, Guillaume et Cie, 1821.

281 Fourcroy (Antoine François), *Système des connaissances chimiques et de leurs applications aux phénomènes de la nature et de l'art*, Paris, Baudouin, 1800-1801, T 1, p. 90.

282 Morelot (Simon), *Cours élémentaire théorique et pratique de pharmacie chimique ou Manuel du pharmacien-chimiste*, Paris, Poignée, 1803, Tome 1, p VI.

283 *Ibid.*

toutes les pharmacopées. Elle peut s'effectuer au moyen de la « contusion », au moyen de la « trituration », par trituration dans l'eau, et par lévigation on porphyrisation. La pulvérisation par contusion « s'exerce sur les corps, d'une ténacité telle qu'ils exigent un grand effort pour en diviser les molécules, tels sont les racines ligneuses ou fibreuses, les bois, les écorces, les gommes proprement dites, et sèches, les cornes et les dents des animaux ». Mais cette pulvérisation est précédée d'autres « préparations préliminaires[284] ». On « est obligé à l'égal des corps fibreux, tels que la plupart des bois, quelques racines, parmi lesquelles nous citerons la réglisse, celle de la guimauve, de les couper par tranches les plus minces possibles avant de les soumettre à la contusion ». « Lorsqu'il s'agit de pulvériser les gommes proprement dites, on est obligé, du moins à l'égard de celles qui ne sont point naturellement sèches, de faire chauffer le mortier et le pilon, afin d'éloigner l'humidité de l'atmosphère, et de faciliter leur division. La pulvérisation par trituration est celle qui s'exerce sur les corps ou friables, ou faciles à se conglomérer, ou encore d'une texture très tendre et prompte à se volatiliser sous la forme de poudre extrêmement légère. Ce sont les gommes-résines, les résines, les corps qui abondent en résine, ceux que l'on nomme résino-extractifs, les feuilles tendres et sèches des végétaux, les pétales des fleurs, et les étamines et stigmates des pistils[285] ».

La pulvérisation s'accompagne du recours à toute une série d'appareils au sein du laboratoire officinal: « les mortiers, les pilons, les tamis et le sac de peau employés pour la pulvérisation par trituration et par contusion; secondement, les pierres dures, comme le porphyre, une molette de même matière, un couteau plat et une brosse pour la pulvérisation par porphyrisation que l'on nomme aussi lévigation, alcoolisation[286] ». Les mortiers sont de fonte, de fer tourné, de marbre, de gaïac d'agathe, de verre, de porcelaine; les pilons sont de même matière ou de bois de gaïac ou de buis. Une fois la pulvérisation des substances plus ou moins effectuée, il faut les passer au tamis. Sous l'Empire, mais aussi sous la Restauration, des pharmaciens s'efforcent de concevoir des machines destinées à faciliter la pulvérisation de certains produits. La correspondance adressée à la Société de pharmacie de Paris est à cet égard intéressante, à l'image de cette lettre adressée à Robiquet par un certain Batilliat, pharmacien à Mâcon, qui vante les mérites d'une machine conçue par un horloger de la même ville, M. Revillon[287]. « La machine qui est d'un petit volume puisqu'elle n'a qu'un pied de largeur sur trois de longueur est mue facilement et sans fatigue par

---

[284] *Ibid.*
[285] *Ibid.*
[286] Adelon (Nicolas) et alii (dir), *Dictionnaire des sciences médicales*, Paris, Panckoucke, 1812-1822, T. 46 PSE-RACH.
[287] BIUP, Registre 52, catalogue de pièces autographes adressées à la société de Pharmacie de Paris, lettre du 25 janvier 1823.

un homme dont une heure de travail suffit pour obtenir deux kilogrammes de poudre. C'est en effet ce poids que nous avons retiré de la pulvérisation de la racine de gentiane[288] ». Les pharmaciens chargés d'expertiser la machine de Batilliat se montrent sceptiques, suivant en cela l'avis de « plusieurs mécaniciens très habiles[289] ». Il ne faut pas imaginer des officines immobiles face aux défis que représente la pulvérisation. Certaines s'équipent de machines qui donnent probablement à certains commerces des allures de petits ateliers industriels: « le moyen employé pour les faire mouvoir est aujourd'hui bien connu ; tantôt ce sont des cannes qui roulent sur des galets, tantôt des leviers qui font tomber des bocards armés de têtes en fer, ou enfin des leviers auxquels on a fixé des pilons à l'aide de chaînes, de cordes ou de courroies. Toutes ces machines sont, sans contredit, plus ou moins bonnes, mais elles présentent un grand désagrément, c'est le bruit qu'elles causent dans le lieu où elles se sont placées[290] ». Le succès de l'entreprise Menier auprès des droguistes, et probablement aussi des pharmaciens, tient à ce qu'elle propose des produits déjà pulvérisés qui évitent cette tâche « ancillaire ». Ce faisant, c'est aussi l'identité professionnelle des pharmaciens qui se redéfinit, non sans difficulté d'ailleurs.

Au cours de la monarchie de Juillet et de la Restauration, Menier se spécialise ainsi dans les procédés de pulvérisation. Grâce à la mécanisation de l'usine de Noisiel, il parvient à réduire en poudre toutes les substances possibles, facilitant ainsi le travail des pharmaciens d'officine. Le commerce créé par Menier est probablement le fruit de ses quelques années d'observation en tant qu'apprenti pharmacien. Piler constamment des substances diverses, les réduire en poudre pour faciliter leur consommation sont des tâches bien fastidieuses pour le pharmacien d'officine et son apprenti. Ainsi s'amorce, dès la Restauration, une division subtile des tâches au niveau du marché du médicament parisien. Les activités de Menier équivalent à une forme de sous-traitance de la préparation du médicament pour le compte des pharmaciens. Il ne se contente pas de livrer les produits dont ces derniers ont besoin, il les apprête, ou du moins les conditionne. Lentement, le métier de pharmacien amorce une transformation. Opération de pharmacie, la pulvérisation peut déboucher sur une forme pharmaceutique à part entière: la poudre médicinale. Le succès de ces poudres reste entier aux XVIIIe et XIXe siècles, comme en témoignent les ouvrages qui leur sont consacrés, à l'image de la poudre purgative de Jean Ailhaud[291]. Chavy de Montgerbet propose, quant à lui, une poudre ou tisane balsamique contre la

---

[288] *Ibid.*

[289] BIUP, Registre 52, catalogue de pièces autographes adressées à la Société de pharmacie de Paris, lettre du 15 avril 1823.

[290] *Ibid.*

[291] Ailhaud (Jean), *Traité de l'origine des maladies et de l'usage de la poudre purgative*, G. Quenin (Carpentras), 1755.

goutte[292]. Le succès que rencontre Menier auprès des pharmaciens s'explique en partie par le fait qu'il accomplit une tâche nécessaire mais fastidieuse, celle de la pulvérisation des produits. Le droguiste répond ainsi à une demande réelle, ce que vient confirmer l'expansion économique et commerciale de son entreprise.

[292] Chavy de Montgerbet, *Nouvelles observations sur la goutte et sur les qualités de la poudre ou tisane balsamique qui en est le spécifique calmant*, impr. de M. Lambert, Paris, 1761.

CHAPITRE V

LES ANNEES 1830-1840 OU L'EXPANSION DE LA SOCIETE MENIER ET CIE

Les années 1830, sous la monarchie de Juillet, correspondent à une période de croissance de l'entreprise. Le compte rendu élogieux dont l'usine de Noisiel fait l'objet dans le bulletin de la Société d'encouragement pour l'industrie nationale ouvre de nouvelles portes aux ambitions industrielles de J.A.B. Menier et de ses associés. Nous allons essayer de retracer le cheminement de l'entreprise pendant ces années 1830/1840.

A. L'ENTREPRISE MENIER : UN SUCCES INDUSTRIEL ET COMMERCIAL

« Notre loyauté dans les affaires, un zèle infatigable à remplir exactement les demandes de nos commettants, ont étendu chaque année le nombre de nos relations. Notre maison a pris un développement considérable, et ce résultat, tout en nous récompensant de nos travaux passés, est un stimulant pour nous faire avancer encore dans la voie d'améliorations que nous nous sommes tracée[293]». En 1854, l'entreprise Menier apparaît, aux yeux de son gérant, comme un « établissement achevé et complet dans son ensemble[294] ». D'autres sources confirment l'importance commerciale de la société dans les années 1840/ 1850. On sait ainsi qu'en 1844 la société Menier et Cie a réalisé un chiffre d'affaires de deux millions de francs. En 1849, on atteint près de trois millions de francs. L'entreprise a rencontré un véritable succès commercial. A la fin des années 1830, Menier « ne compte pas moins de 7000 correspondants et son commerce est arrivé à une prospérité très remarquable[295] ». Dix ans plus tard, ce nombre a crû. A la fin des années

[293] Maison centrale de Droguerie Menier et Cie, *Prix courant général 1845*, Paris, Schneider et Langrand, 1845.

[294] Menier & Cie, pharmaciens-droguistes. *Prix courant général 1854*, Paris, Plon frères, 1854, p. 6.

[295] *Exposition nationale de Paris de 1839, Exposition des produits de l'industrie française en 1839. Rapport du jury central*, Paris, L. Bouchard-Huzard, 1839, Tome 2, p. 404.

1840, Menier jouit « de la confiance des pharmaciens[296] », cette « confiance, il la possède tout entière ; il est aujourd'hui le pourvoyeur de la plupart d'entre eux, et le nombre des comptes courants ouverts sur ses livres ne s'élève pas à moins de 8000[297] ». Difficile de faire la part des choses entre ce qui relève du discours promotionnel et de la réalité. Si l'on s'appuie sur l'almanach du commerce de 1839, le nombre de pharmaciens en France s'élève à 3248, en comptant également les pharmaciens des colonies[298]. Le recensement comporte une marge d'erreur, mais il est cohérent avec les estimations d'Olivier Faure qui évalue leur nombre à 4000 en 1847 et 6000 en 1867[299]. Si l'on en croit les chiffres fournis par les expositions industrielles, et donc par le fabricant lui-même, la maison de droguerie est en affaire avec la totalité des pharmaciens de France et des membres d'autres professions, ce qui montre au passage que la droguerie n'est pas l'apanage des premiers. Cette réussite est liée à plusieurs facteurs. Si l'on en croit les catalogues commerciaux de l'entreprise, elle résulte, pour partie, de la persévérance et de la volonté de son fondateur. « Ce n'est pas l'œuvre d'un jour qu'une création de ce genre[300] » rappelle celui-ci dans la préface du catalogue de 1854. Surtout, il « faut l'expérience du commerce et de ses ressources », comprenons par là une capacité à se sortir de situations compliquées, à obtenir la confiance des fournisseurs et des clients, à jongler, parfois peut-être difficilement, entre les créances contractées auprès des uns et les avances faites aux autres. On l'a vu avec Delondre, le négoce des matières premières peut se révéler chose périlleuse. Il nécessite de la volonté, beaucoup d'habileté, ainsi qu'une assise en termes de capital.

J.A.B. Menier met également en avant son « application constante à l'étude des besoins de la pharmacie », ainsi que la « connaissance des industries si diverses dont le pharmacien achète les produits ». Ce qui fait la réussite de J.A.B. Menier, c'est donc cette capacité à saisir les attentes du secteur pharmaceutique.

La plupart de ses contemporains ont insisté, à l'image de Dublanc, sur l'énergie, le talent du personnage. Plus important encore, les succès de la société sont imputables à ses seules qualités. « Il avait toutes les qualités qui font le commerçant habile: l'amour du travail, une activité de tous les instants, l'intelligence, l'esprit d'ordre, un remarquable talent d'organisation

[296] *Exposition nationale de Paris de 1849*, *Rapport du jury central sur les produits de l'agriculture et de l'industrie exposés en 1849*, Paris, imprimerie nationale, 1850, Tome 2, p. 713/714.

[297] *Ibid.*

[298] *Annuaire général du commerce…*, *op. cit.*

[299] Faure (Olivier), « Les pharmaciens et le … », *art. cit.*, in Bonah (Christian) Rasmussen (Anne) (dir.), *Histoire et…*, *op. cit.*, p. 69.

[300] Maison centrale de droguerie fondée en 1816, Menier & Cie, pharmaciens-droguistes, *Prix courant général 1854*, *op. cit.*, p. 6.

et un discernement exquis pour juger de la probabilité du succès en affaires[301] ». « Ces entrepreneurs consacrent leur vie à leur entreprise » note ainsi N. Stoskopf à propos des patrons alsaciens[302]. Pour A. Chevallier, Menier est celui qui « a su embrasser d'un coup d'œil cette grande entreprise ». Ces qualités de commerçant se doublent par ailleurs, si l'on en croit les nécrologues, d'une honnêteté à toute épreuve. A. Chevallier évoque à cet égard « la bonne foi qu'il mettait dans ses relations commerciales ». Même constat chez Eugène Soubeiran, qui souligne, à plusieurs reprises, la « rigoureuse probité » du personnage dans la gestion de ses affaires. Ce sens des affaires et cette probité tiennent probablement à la capacité de Menier à proposer les meilleurs drogues ou extraits au meilleur prix. « Dès les premières années de notre établissement, notre but fut de créer une maison centrale où le pharmacien put trouver tout ce dont il a généralement besoin. Nous avons dès lors établi des rapports directs avec les fabricants en tout genre ; l'étude comparée de leurs produits, de leurs prix, de leur manière de traiter les affaires, nous a permis de fixer notre choix parmi les plus consciencieux et les plus habiles » explique-t-il ainsi dans le prix courant de 1845[303].

Il y a là quelque chose d'important qui est révélateur du cheminement de l'industrialisation. Le point de départ de la réussite commerciale et industrielle de J.A.B. Menier est à rechercher dans le négoce, dans cette capacité à se constituer un réseau de correspondants, de relations. « Le négociant du XVIIIe siècle n'est pas un homme seul: il ne peut réussir qu'au prix de son insertion dans la communauté négociante par un échange de services rendus et que grâce à l'entregent nécessaire pour progresser dans une société où le pouvoir est également au centre d'un tissu de relations personnelles et familiales. C'est autant la maîtrise des réseaux de commercialisation que la concurrence par les prix qui est le facteur discriminant dans des économies nationales et internationales qui sont très segmentées. Comme cette maîtrise est beaucoup plus difficile, elle est plus longue à acquérir que le savoir technique et que la capacité de savoir gérer une main-d'œuvre, les premiers entrepreneurs furent des marchands et des négociants qui pratiquèrent une intégration vers les activités productives et non l'inverse[304] ». Ces remarques, qui portent sur les négociants du XVIIIe siècle, peuvent être étendues aux hommes d'affaires et entrepreneurs de la première moitié du XIXe siècle. Parallèlement à cette probité, cette morale rigoureuse, on vante aussi la qualité des produits vendus par le négociant.

---

[301] Soubeiran (Eugène), « Notice sur… », *op. cit.*.
[302] Stoskopf (Nicolas), « Le patronat alsacien », *in* Barjot (Dominique), Anceau (Eric), Lescent Gilles (Isabelle), Marnot (Bruno) (dir.), *Les entrepreneurs du Second Empire*, Paris, Presses Universitaires de la Sorbonne, 2003, p. 72.
[303] Menier et Cie, *Prix courant général 1845*, Paris, Schneider et Langrand, 1845.
[304] Verley (Patrick), *Entreprises et…*, *op. cit.*, p. 16.

Comme le rappelle E. Soubeiran, Menier a compris que les « médicaments sortis de ce centre doivent être irréprochables[305] ». Quant à A. Chevallier, il évoque la perfection qu'a su apporter le fabricant « dans les procédés de pulvérisation », la « beauté et la pureté des produits qu'il fabrique[306] ». Au-delà d'un éloge de circonstance, il y a probablement une part de vérité dans ces propos qui peuvent expliquer en partie les succès de J.A.B. Menier auprès des pharmaciens et droguistes parisiens.

En cette première moitié du XIXe siècle, les droguistes ne jouissent pas forcément d'une bonne réputation[307]. Le 24 juin 1802, un certain Félix Martin établi à Marseille écrit au ministre de l'Intérieur pour lui proposer de fonder un établissement de surveillance des drogues. Selon lui «il est de fait que dans la plupart des magasins de Marseille où les drogueries (sic) sont déposées comme dans un entrepôt, la plupart de ces marchandises sont en quelque sorte dénaturées, les substances avariées sont mêlées avec d'autres qui ne le sont pas. Des corps étrangers et de peu de valeur sont introduits dans celles qui sont les plus précieuses ; on se permet même d'en imiter quelques-unes en faisant des mélanges de différentes matières, dont les propriétés ne ressemblent pas à celles pour lesquelles on veut les faire passer ; enfin les fraudes dans cette partie sont aujourd'hui portées si loin qu'il y a certaines drogueries qu'on chercherait inutilement dans le commerce exemptées de tout mélanges et telles qu'on les trouvait autrefois[308] ». Si l'on fait abstraction de la vision d'un âge d'or du commerce de la droguerie, au cours duquel tous les produits échangés auraient été d'une qualité parfaite, il y a une part de vérité dans cette description. Quelques années plus tard, tout en adressant des louanges à cette « belle branche du commerce » que constitue la droguerie, Robiquet manifeste sa méfiance à l'égard du droguiste. Méfiance bien entendu à l'égard de la dimension commerciale et spéculative de la droguerie. Le droguiste est d'abord un négociant. Il n'a pas à se préoccuper des vertus thérapeutiques des produits qu'il vend. Il n'est intéressé que par le gain, son intérêt n'est pas celui des malades. Le droguiste suscite également de la méfiance car l'on ne sait pas où il va chercher ses produits et, d'ailleurs, lui-même est-il véritablement au fait de l'identité des produits qu'il vend? Comment être sûr que ce qu'il propose est de qualité? « Combien de gens dont toute l'industrie consiste à sophistiquer des drogues! L'un moule de l'argile pour lui donner la forme et le nom de tutie ; l'autre fond et colore de la résine pour en faire du prétendu sang de dragon ; ici on fabrique du castoreum, du musc ; là on

---

[305] Soubeiran (Eugène), « Notice sur... », *op. cit.*

[306] Chevallier (A.), Notice nécrologique..., *op. cit.*

[307] Littré (Emile), *Dictionnaire de la langue française*.... Tome 2, Paris, L. Hachette, 1873-1874, T 2, p. 1243.

[308] AN, AJ/16/6698, Rapport relatif à une proposition faite au ministre de former à Marseille un établissement de surveillance des drogues, 5 messidor an X.

teint en rouge du quinquina jaune, on ajoute du marbre pilé à de la crème de tartre, etc. Il faudrait des volumes entiers pour indiquer tout ce que la cupidité suggère en ce genre, car la loi ne punit pas cette espèce de contrefacteurs. On défend, sous des peines rigoureuses, de mettre de l'eau dans le tabac ; mais on peut sans crainte ajouter du sang de musc, de la fécule à l'opium, du marbre à de la crème de tartre, de la résine au castoreum, de l'écorce de marronnier au quinquina, etc etc ces bagatelles n'intéressent que la vie des citoyens, et le fisc ne perd rien[309] ». Ce long passage est intéressant, car il montre la méfiance qui s'installe entre les pharmaciens et leurs fournisseurs.

Les archives de la Faculté de pharmacie, conservées pour partie aux archives nationales, montrent que les autorités se préoccupent de ces problèmes de sophistication, n'hésitant pas à solliciter l'école de pharmacie pour visiter droguistes et pharmaciens. C'est le cas notamment pendant l'épidémie de choléra de 1832. Le commissaire de police du 9e arrondissement, par exemple, sollicite l'appui de l'école de pharmacie, par l'intermédiaire du préfet, pour que des visites soient faites par des chimistes « des pharmaciens, droguistes, marchands de couleurs, afin de veiller à ce qu'ils ne fassent aucune substitution de plantes, ou mélanges de médicaments[310] ». Ces pratiques frauduleuses ne sont pas propres à la droguerie. « Les artisans ne manquent pas d'esprit d'invention, mais les pratiques commerciales des boutiquiers sont archaïques » rappelle ainsi A. Daumard. « Fraude et prix élevés, telles sont les bases de la prospérité, souvent toute relative, de bien des détaillants parisiens. Les prix marqués n'existent pas, marchander est pratique courante. Quant à la fraude elle est passée dans les mœurs[311] ». La question de la falsification des produits, ce que l'on appelle aussi la sophistication, est une préoccupation majeure des différents acteurs de la chaîne du médicament depuis au moins le Moyen Âge[312]. A Paris notamment, la faculté de médecine, le prévôt des marchands, ou encore le roi se montrent préoccupés par les questions de fraude et de qualité des produits. « Seront tenus lesdits maistres apoticaires et epiciers avoir et tenir en leurs ouvrouers et boutiques bons et justes poids et mesure, et toutes sortes de drogues propres à leur art, loyalles et marchandes, non vieilles, sophistiquées, ne corrompues, sur peine d'amende arbitraire et de confiscation desdites drogues[313] ». Le marché des drogues et des remèdes

[309] Robiquet (P.J.), « Droguiste », *art. cit.*, p.211.
[310] AN, AJ/16/2230, lettre du 20 mai 1832.
[311] Daumard (Adeline), *La bourgeoisie parisienne…, op. cit.*, p. 235.
[312] Prévet (François), *Les statuts et les règlements des apothicaires*, T 1, Librairie du Recueil Sirey, 1950.
[313] « Statuts des épiciers apoticaires du bourg de saint germain des prés, 1567 », in Prévet (François), Les statuts et les règlements des apothicaires, T 2, librairie du Recueil Sirey, 1950, p. 161.

semble avoir été concerné de manière plus précoce par les questions de fraude. A. Stanziani note en effet qu'il faut attendre les années 1830 pour voir les « autorités et une partie du monde des affaires » se préoccuper de l'essor de la fraude[314]. La répétition des textes et des ordonnances visant à rappeler aux apothicaires la nécessité de lutter contre la fraude semble cependant indiquer que ces pratiques sont monnaie courante. Il n'est pas toujours aisé de « contrôler la composition d'un produit[315] ». Par ailleurs, « cette attitude est confortée par la multiplicité des normes et des organismes censés les faire respecter[316] ». En ce sens, rappelle A. Stanziani, « le problème de l'économie d'Ancien Régime ne réside pas dans les entraves que les corporations auraient mises au progrès technique, mais bien plutôt dans l'écart entre l'effort fait par les corporations pour maîtriser la qualité et le morcellement du système judiciaire[317] ».

La première moitié du XIXe siècle marque à cet égard une inflexion. Producteurs, pharmaciens et industriels « se montrent soucieux de la qualité des produits – cette notion de qualité n'étant pas propre à la pharmacie – qualité qui se traduit, dans les termes de la profession, par le soin apporté à la fabrication et par la constance des formules utilisées. Cette qualité n'est accessible qu'aux hommes de l'art, c'est-à-dire les diplômés de pharmacie[318] ». La qualité des produits vendue est en effet ce qui fonde la réputation de la profession. Le monopole concédé par l'Etat aux pharmaciens sur la vente de médicaments au détail est fondé pour partie sur un souci de sécurité sanitaire. Dans l'esprit du pouvoir, le commerce du médicament doit être confié à des marchands diplômés. « Abolie pendant la Révolution au nom de la liberté du commerce, la surveillance des remèdes est rétablie dès les premières années de l'Empire[319] ». Cette volonté de réglementer le commerce des produits pharmaceutiques est une des manifestations de la police sanitaire. Pour autant, « la police des remèdes semble plus relever de déclarations d'intention de la part des pouvoirs publics que d'un ensemble de règles effectivement appliquées ». Certes, la loi du 21 germinal an XI « prescrit la saisie des médicaments gâtés ou mal préparés, mais elle ne se préoccupe par de leur falsification[320] ». De plus, les autorités se montrent souvent conciliantes avec les contrevenants à la loi de germinal: charlatans, épiciers, herboristes. Le discours sur la sécurité

---

[314] Stanziani (Alessandro), *Histoire de la qualité alimentaire*, Paris, Seuil, coll Liber, 2005, p. 51.

[315] *Ibid,* p. 43.

[316] *Ibid.*

[317] *Ibid.*

[318] Chauveau (Sophie), « Genèse de la « sécurité sanitaire »: les produits pharmaceutiques en France aux XIXe et XXe siècles », *Revue d'histoire moderne et contemporaine* 2004/2 (no51-2), pp. 88-117, p. 89.

[319] *Ibid.*

[320] Stanziani (Alessandro), *Histoire….*, p.46.

sanitaire se heurte à une approche libérale du commerce, comme si les autorités privilégiaient la possibilité que le consommateur ait accès à des médicaments. « La banalisation des principaux produits ainsi que l'accès de la plupart de la population aux produits de consommation peut se faire à la condition que la baisse de leur qualité ne puisse guère être sanctionnée en droit[321] ». Les pharmaciens ne parviennent pas toujours à faire face à la demande. Les produits de la pharmacopée sont variés et viennent parfois de loin. Il n'est pas rare que l'on substitue une matière à une autre. Dans ce contexte, les qualités commerciales et le sens des affaires de Menier ont joué un rôle capital dans le succès de l'entreprise, c'est un fait indéniable. S'il parvient à se démarquer des autres droguistes c'est aussi par la qualité des produits qu'il vend.

Qui plus est, le droguiste ne se limite pas au seul commerce des drogues, il diversifie sa gamme de produits et comprend assez vite que la pharmacie ne se cantonne pas au seul marché du médicament. C'est d'ailleurs ce dont témoignent les catalogues commerciaux. L'essor du médicament s'accompagne du développement de toute une série de secteurs connexes, comme les eaux minérales, la confiserie, les aliments, les appareils pour fabriquer des eaux gazeuses, le matériel pour équiper les officines. Le monopole des pharmaciens sur le marché du médicament au détail, les combats livrés par la profession pour le faire respecter, s'accompagnent d'une expansion de ce secteur dont profite pour partie Menier. Celui-ci est parvenu, comme il le rappelle, à construire une relation de confiance avec sa clientèle, chose qui n'est pas négligeable à une époque où l'on n'hésite pas à vendre des produits qui ne sont pas toujours de bonne qualité. « La profession de droguiste conservait les habitudes du temps passé, en s'installant dans des magasins où le jour pénétrait à peine, où l'ordre et l'arrangement méthodiques semblaient exclus comme une superfluité. Nous avons donné l'exemple d'une réforme en créant de vastes magasins où circulent l'air et la lumière, où les marchandises, classées par catégorie, présentent un tableau rassurant contre les chances de détérioration et les risques d'erreur, où le travail des employés rencontre toutes les conditions du bon ordre et de la rapidité[322] ». Cet extrait du catalogue commercial de 1854 est intéressant à plus d'un titre. Menier inscrit son entreprise dans l'histoire de la droguerie et met en avant les « réformes » qu'il aurait introduites dans le secteur. S'il n'est pas toujours évident de dégager ce qui relève d'une volonté évidente de promotion commerciale de la réalité, il semble bien que la maison Menier et cie introduit un véritable changement

[321] Stanziani (Alessandro), « La définition de la qualité des produits dans une économie de marché », L'Économie politique 2008/1 (n° 37), pp. 95-112, p. 106.
[322] Menier & Cie, pharmaciens-droguistes. *Prix courant général 1854*, Paris, Plon frères, 1854.

d'échelle. Il nous faut maintenant tenter de saisir le champ commercial couvert par l'entreprise Menier et ce que l'on appelle la droguerie médicinale.

B. LE MARCHE DES DROGUES PHARMACEUTIQUES

« Le commerce de la droguerie ne consistait autrefois que dans l'achat et la vente des substances appliquées à la préparation des médicaments. Nous avons été les premiers à lui donner une impulsion nouvelle en harmonie avec le mouvement industriel de notre époque. Avant nous, le pharmacien éloigné de la capitale était obligé de s'adresser à autant de fournisseurs, qu'il y avait d'objets de nature différente dans les besoins de son art. C'était une exception, quand le droguiste recevait mission de rassembler, dans son envoi, la verrerie, les instruments de laboratoire, les préparations spéciales, les objets de science et les articles accessoires, aujourd'hui nécessaires à l'exercice complet de la pharmacie[323] ». Dans cet extrait de la préface au prix courant de 1845, le principal fournisseur des pharmaciens en drogues médicinales se vante d'avoir révolutionné le secteur de la droguerie en la faisant entrer dans l'ère « industrielle ». C'est précisément sur cette rupture que nous voudrions revenir en cherchant à voir comment l'entreprise Menier s'est affirmée comme l'une des plus importantes maisons de droguerie françaises dans les années 1840. L'analyse des produits commercialisés par l'entreprise se heurte à un obstacle de taille, l'absence de tout registre des achats et des ventes ou de comptes courants. Difficile donc de parvenir à saisir le volume des affaires de la société. Nous disposons cependant, avec les catalogues à prix courant de l'entreprise (1834, 1839, 1845 et 1854), de l'ensemble des produits vendus par la société entre le début de la monarchie de Juillet et le début du Second Empire, soit une durée de vingt ans. Pendant cette période, le volume de l'ouvrage s'accroît de façon considérable, d'une cinquantaine de pages en 1834 il passe à près de 287 en 1854. On peut y voir le succès croissant rencontré par l'entreprise auprès des pharmaciens, mais également, à travers l'émergence de nouveaux produits ou l'augmentation de certaines rubriques, les modifications des pratiques de santé de la population. Il s'agit donc de voir, à travers le catalogue, à quoi s'apparente le marché du médicament en France dans la première moitié du XIXe siècle, mais également comment il évolue. Que nous apprennent ces catalogues sur les goûts du public, sur le commerce de la pharmacie ou sur les raisons du succès de l'entreprise?

---

323 Maison centrale de droguerie Menier et Cie, *Prix courant général*, Paris, imprimerie Schneider et Langrand, 1845.

A lire certains ouvrages de la première moitié du XIXe siècle, la découverte de la morphine (1806-1816) et de la quinine (1820) annonce l'émergence d'une nouvelle thérapeutique rationnelle rompant avec l'empirisme de l'ancienne pharmacologie. Il suffit, pour s'en convaincre, de lire les comptes rendus de l'exposition des produits de l'industrie de 1834. Cette impression de vivre une révolution dans l'art pharmaceutique est confirmée par de nouvelles découvertes effectuées dans les années 1830 (l'atropine, le chloroforme, le chloral et l'anthracène)[324]. La réalité est cependant légèrement différente. En pratique, « ces substances ne bouleversent pas les pratiques de leur temps[325] ». La « préparation des remèdes se fait sur prescription médicale à partir de substances végétales plus ou moins purifiées[326] ». Le diagnostic établi par le médecin au terme d'une consultation l'amène à rédiger une ordonnance dans laquelle il formule une prescription médicamenteuse. Cette formule peut être officinale, auquel cas c'est au pharmacien de s'appuyer sur le codex pour préparer le produit, ou magistrale. C'est de toute façon au pharmacien que revient la tâche, dans son laboratoire, de préparer le produit selon la formule du codex ou bien selon la prescription détaillée du médecin. Le marché du médicament et les pratiques thérapeutiques qui lui sont liées restent à cet égard dominés par les produits naturels (végétaux, minéraux, animaux). Réduits en poudre dans un mortier, ils sont ensuite mélangés avec d'autres substances, comme l'alcool, pour former un médicament. C'est ce dont témoigne, dans le prix courant de 1834, la rubrique intitulée droguerie, produits chimiques et pharmaceutiques. En 1854, celle-ci est scindée en plusieurs chapitres distincts: la droguerie, les préparations pharmaceutiques, les produits chimiques, et les plantes médicinales. Au vrai, ces distinctions sont, pour partie, artificielles. Ce n'est pas que la thérapeutique ne s'enrichisse pas de nouvelles substances, mais l'invention pharmaceutique, pour reprendre le titre d'un ouvrage de S. Chauveau, s'appuie surtout sur des innovations de procédés ou formelles.

C'est ce dont témoigne par exemple le succès remporté par les poudres de Menier qui, dans les catalogues de l'entreprise, figurent dans un chapitre distinct. L'industriel ne se lasse pas de le rappeler dans ses catalogues: « la création de notre établissement de Noisiel a amené de véritables progrès dans la fabrication des poudres médicinales, progrès qui ont été signalés plusieurs fois par des hommes de science, et qui nous ont valu d'honorables distinctions. En effet, lorsque les produits de notre usine parurent dans le

---

324 Bonah (Christian), Massat-Bourrat (Séverine), «Les agents thérapeutiques. Paradoxes et ambiguités d'une histoire des remèdes aux XIXe et XXe siècles », in Bonah (Christian) et Rasmussen (Anne), *Histoire et médicament aux XIX et XXe siècles*, Paris, Glyphe, pp. 23-64, p. 30.

325 *Ibid*, p. 31.

326 *Ibid.*

commerce, on vit pour la première fois les substances les plus dures, les plus élastiques, qui dans le laboratoire résistaient toujours à l'action du pilon, réduites en poudre si ténue, qu'elles excitèrent un véritable étonnement[327] ». A comparer la liste de ces poudres impalpables et celle de la droguerie on est surpris de retrouver, en partie, les mêmes substances. C'est que la distinction tient avant tout dans la forme sous laquelle est délivré le produit, ce qui se traduit du reste par une nette différence de prix. De 45 centimes en droguerie, le demi-kilo d'absinthe des jardins passe à 1 franc lorsqu'il est réduit en poudre. Ces produits pulvérisés rencontrent un vrai succès auprès des pharmaciens qui s'évitent ainsi la peine de les travailler au mortier. La liste de ces poudres, quelque peu baroque, est impressionnante qui va de l'absinthe à la verveine en passant par les os de seiche ou le lichen. Ce marché des poudres impalpables reste un secteur important pour l'entreprise entre les années 1820 et les années 1850. L'émergence de maisons concurrentes au milieu des années 1840 pousse d'ailleurs Menier à perfectionner ses procédés de pulvérisation. Au début des années 1850, « un second moteur, d'une invention nouvelle, est appliqué» à la fabrication des poudres, ce qui contribue à faire de la société un « établissement sans rival dans son genre[328] ». Ce succès des poudres montre qu'elles répondent à un vrai besoin, notamment pour des pharmaciens qui éprouvent des difficultés à concilier préparation et vente.

Dès la première moitié du XIXe siècle, ceux-ci se tournent vers les maisons de droguerie pour faire face à une demande de produits exotiques de plus en plus variés, parfois difficiles à pulvériser. Indépendamment de la rareté des produits, les officines sont parfois confrontées à des obstacles techniques, ce que rappelle d'ailleurs Menier. « Il existe des matières, telles que l'agaric, la coloquinte, dont la pulvérisation ne peut s'opérer dans les officines qu'après une préparation préalable, qui consiste à y introduire des corps étrangers qui en altèrent la nature. En leur appliquant nos procédés mécaniques, nous avons été les premiers à les convertir en poudre impalpable sans l'intervention d'aucun mélange. Avant nous, les poudres qu'on obtenait des matières filandreuses, comme les écorces et certaines racines, offraient toujours à un œil attentif des fibres faciles à distinguer par le reflet de la lumière: ces mêmes substances sortent de notre usine de Noisiel dans un état de division si parfait, si uniforme, que leur aspect est aussi mat que celui de la farine des céréales[329] ». Dès les années 1840, il existe, entre la pharmacie d'officine et une maison de droguerie comme

[327] Maison centrale de droguerie Menier et Cie, *Prix courant général*, Paris, imprimerie Schneider et Langrand, 1845.

[328] Menier & Cie, pharmaciens-droguistes. *Prix courant général 1854*, Paris, Plon frères, 1854.

[329] Maison centrale de droguerie Menier et Cie, *Prix courant général*, Paris, imprimerie Schneider et Langrand, 1845, préface.

Menier, un fossé technique qui rend la première dépendante de la seconde. Il y a loin, comme nous l'avons vu, du mortier aux machines à pulvériser dont dispose l'entreprise. « Dès que nos produits ont été connus, nous avons vu disparaître les scrupules de MM. les pharmaciens à se servir de poudres préparées hors de leurs laboratoires[330] ».

On est frappé par la présence abondante de produits qui se situent au croisement de la thérapeutique et de l'alimentation. C'est le cas notamment du chocolat que l'entreprise met en avant dans ses catalogues. Dès 1832, le produit, dont la préparation est située au troisième étage du bâtiment de Noisiel, retient l'attention des membres du comité des arts mécaniques. Le chocolat, au même titre d'ailleurs que le thé ou le café, est un produit traditionnel de la thérapeutique, dont l'usage remonte au XVIIe siècle. La plupart de ces plantes s'allient alors avec le sucre » pour « transformer les protections quotidiennes. Elles relèvent sur bien des points de cette médecine des humeurs qui cherche à équilibrer les fluides corporels. Il en va de même du « café en liqueur » qui « est encore employé au milieu du siècle » contre certaines maladies, comme « la coqueluche », « la goutte, la gravelle et les affections calculeuses ». Cette vogue des « boissons exotiques » est liée à l'élargissement des horizons géographiques et à la colonisation européenne[331] ». En ce début du XIXe siècle, divers fabricants se sont spécialisés dans la fabrication du chocolat. On les croise au détour des comptes rendus d'exposition industrielle à l'image de M. Pelletier, « épicier, au coin de la rue Neuve-des-Petits-Champs et de celle de Richelieu[332] ». Ce dernier imagine une machine à vapeur, dont s'occupent deux ouvriers, « de la force d'un cheval » qui triture, « en 16 heures et avec beaucoup de perfection, 200 livres de chocolat[333] ». En dehors de M. Pelletier, il faut compter, au début de la Restauration, avec M. Millot, fabricant de chocolat rue de Valois, M. de Bauve, installé rue des Saints-Pères, M. Auger, rue du Marché-Saint-Honoré, qui livre du chocolat aux cours de France, de Russie et d'Autriche. La proximité entre le chocolat et le médicament demeure très forte comme l'illustre le cas de M. de Bauve, ancien pharmacien, qui met, « dans la préparation des substances qu'il emploie le même soin et la même attention que nécessitent les médicaments[334] ». Il propose des chocolats toniques, stomachiques, antispasmodiques, au salep de Perse, etc.... M. Auger fabrique, quant à lui, à la fois du chocolat et des poudres médicinales. Sa fabrique emploie plus de cinquante ouvriers[335]. La maison Pelletier est le

[330] *Ibid,* préface.
[331] Meiss (Marjorie), *La culture matérielle en France*, Malakoff, A Colin, 2016, p 118.
[332] Le Normand (S.), *Description des expositions des produits de l'industrie française, faites à Paris depuis leur origine jusqu'à celle de 1819 inclusivement*, Paris, Bachelier, 1824, p 166.
[333] *Ibid.*
[334] *Ibid.*, p. 167.
[335] *Ibid.*, p. 168.

prolongement d'une fabrique de chocolat fondée en 1770 par un pharmacien de première classe nommé Duthu[336]. Aux dires de J. Turgan, « il prétendait que seul un pharmacien de première classe pouvait prendre les méticuleuses précautions qu'exige cette composition ». Il décide d'ailleurs de céder sa maison à un pharmacien de première classe, comme lui, M. André Lhoest[337], avant qu'elle ne soit reprise par M. Pelletier (1827).

Au milieu des années 1830, l'entreprise Menier est en mesure de proposer différentes sortes de chocolats: de santé, des chocolats pectoraux mélangés avec divers produits (salep, tapioka, arrow root, lichen, osmazome, lait d'amande, café, gomme), des chocolats sans sucre, façon Bayonne, de forme octogonale, ou en pastille. Menier accorde une grande importance à l'emballage, qui diffère d'un produit à un autre. Les années 1830 marquent une rupture. L'entreprise lance alors son propre chocolat, dit Menier, sur le marché, signe de la vogue que rencontre ce produit auprès du public. Croisé avec d'autres substances exotiques, il sert de véhicule au médicament, mais il est consommé également pour lui-même. En 1839, l'usine de Noisiel est en mesure de fabriquer 450 kg de chocolat par jour. En 1845, la production atteint 2000 kg/jour. Près de dix ans plus tard, ce chiffre a doublé (4000 kg/jour). En quinze ans, la production de chocolat est multipliée par dix, signe du succès des campagnes publicitaires menées par l'entreprise. En 1860, Arthur Mangin affirme que l'usine Menier produit par jour 16 000 tablettes, soit 4000 kilogrammes de chocolat, ce qui porte la production annuelle à 1 200 000 kg[338]. A en croire l'auteur, cela représente 1/7ème de la production totale de la France (soit 8 400 000 kg). Si l'on estime, avec Arthur Mangin, que le prix moyen du chocolat est de 4 fr le kilogramme, cela représente un chiffre d'affaires de près de 4 800 000 F pour la seule vente du chocolat[339]. En 1870, J. Turgan estime que l'usine de Noisiel produit environ le quart des 10 000 000 kg de chocolat français, soit 2 500 000 kg, ce qui représenterait approximativement 6 850 kg/jour. A cette date, Menier se consacre presque exclusivement au chocolat. Dès la fin des années 1830, le chocolat représente une part importante de la production de l'usine de Noisiel. En 1839, la fabrication de chocolat est estimée à 450 kg par jour, ce qui équivaut à une production annuelle de 162 250 kg.

Or, au même moment, on sait que l'entreprise fabrique pour 528 000 kg de tous produits. A la fin des années 1830, la production de chocolat de Noisiel représenterait donc 30,7% de la production totale de l'entreprise. Ce n'est pas négligeable. Mais ces chiffres montrent aussi la diversité des productions de l'entreprise. A côté du chocolat, il faut aussi compter avec

---

336 Turgan (Julien), *Les grandes usines de France…*, *op. cit.*, T 14, p. 2.
337 *Ibid.*, p. 4.
338 Mangin (Arthur), *Le cacao et le chocolat*, Paris, Guillaumin, 1860, p. 152.
339 *Ibid.*, p. 153.

des fabrications comme l'orge perlé et mondé, ainsi que le gruau d'avoine. Ces produits font partie des nouvelles applications introduites dans l'usine de Noisiel à partir de 1832. Les membres de la société d'encouragement ne tarissent pas d'éloges sur cette initiative. « Pendant longtemps, la France a été tributaire de la Hollande pour l'orge perlé ; dorénavant, ce privilège lui est enlevé par les produits que nous avons eus sous les yeux, et qui, sans contredit, peuvent rivaliser avec ceux des Hollandais. Quant au gruau, nous pouvons affirmer que jamais il n'en a été fabriqué d'aussi beau, et que de plus il présente l'avantage de pouvoir se conserver indéfiniment sans s'aigrir[340] ». On donne le nom de gruau « à plusieurs substances alimentaires grossièrement broyées, et plus particulièrement aux graines des céréales mondées, et quelquefois concassées ou arrondies » rappelle Payen[341]. « C'est avec la farine de gruau, très blanche, que l'on prépare un pain plus recherché, dit pain de gruau ». « On a aussi étendu cette désignation à la pâte de pommes de terre ou de fécule, cuite et mise en petits grains ». Dans certains pays, on « fait une grande consommation de gruau d'avoine pour la nourriture des hommes ». En France et en Angleterre, le gruau est utilisé « comme aliment des malades et des enfants en bas âge ». Un certain nombre d'agronomes, à l'image de Mathieu de Dombasle, réfléchissent au même moment à des procédés permettant d'améliorer la confection du gruau. Lorsque les graines d'orge ont été arrondies par le frottement, on l'appelle orge perlé. Il peut s'employer de la même manière que le gruau d'avoine. « Il est cependant d'un goût moins agréable, et l'on s'en sert plus ordinairement pour faire à chaud des dissolutions faibles d'amidon, dans l'eau dite eau d'orge ; les praticiens les prescrivent souvent comme rafraîchissantes et légèrement nutritives, de même que les décoctions du gruau d'avoine ». Lorsque l'on dépouille l'orge de son écorce, on l'appelle orge mondé ; il sert à faire des tisanes adoucissantes et béchiques ; cette boisson, édulcorée avec de la réglisse, est la tisane ordinaire des hôpitaux. On sert sur les tables l'orge perlé, comme le potage au riz, en la faisant cuire dans du bouillon. L'activité de la droguerie Menier et Adrien se situe ainsi au croisement du thérapeutique et de l'alimentaire.

Signe de l'attention portée par l'entreprise à ces farines, Menier passe un accord avec la maison Groult pour commercialiser leurs farines de légumes et leurs pâtes féculentes. Cette importance des produits qui se situent au carrefour de la thérapeutique et de l'alimentaire laisse penser que Menier ne vend pas qu'aux pharmaciens. Significative est à cet égard la rubrique intitulée droguerie et épiceries fines, qui figure dans le catalogue de 1839.

---

[340] Durand (Amédée), *Rapport sur l'établissement…*, *op. cit.*, p. 250.

[341] Payen (Anselme), « Gruau », in L. B. Francoeur, Molard jeune, L.S. Le Normand, H.E. Robiquet, A. Payen, *Dictionnaire technologique ou nouveau dictionnaire universel des arts et métiers, et de l'économie industrielle et commerciale*, Paris, Thomine et Fortic, 1827, T 10, p. 371.

Inversement, le pharmacien d'officine ne se contente pas de vendre des produits médicamenteux. A la ville comme en province, il adjoint à la vente de drogues une activité d'épicier ou de droguiste. Au reste, les spécialités conçues par les pharmaciens ne sont pas toujours perçues comme des remèdes, ce qui est pour le moins étonnant. C'est parfois d'ailleurs ce qui légitime leur autorisation par le ministère! Le 22 août 1831, le ministre du Commerce décide ainsi d'autoriser la vente d'un certain nombre de remèdes secrets comme les pilules de Belhoste, les grains de santé du docteur Franck, la poudre dite d'Irroë, car tous ces produits ne sauraient être « considérés comme de véritables médicaments[342] »!

Des entreprises comme Menier accompagnent par ailleurs le mouvement de « médicamentalisation » de la société dans la première moitié du XIXe siècle, à l'image des pharmacies portatives que l'on voit apparaître dans le catalogue de 1845. « Dans les habitations éloignées des villes, les collections de médicaments les plus essentiels, connues sous le nom de pharmacies portatives, offrent de précieuses ressources contre les accidents ou les maladies subites », explique ainsi J.A.B. Menier. « On voit souvent de riches habitants des campagnes acquérir ces petites provisions comme un moyen d'exercer leur bienfaisance. Les chefs des grands établissements agricoles, les colons, les capitaines de navire en apprécient l'utilité dans les cas où il faut soi-même « administrer les premiers secours[343] ». On est loin de la boîte à pharmacie individuelle ou familiale, mais ces objets constituent à bien des égards les premiers signes d'une individualisation de la santé.

Plus généralement, Menier se fait l'écho de toutes les modes, de toutes les innovations ou inventions en cours, susceptibles de rencontrer une demande. L'entreprise commercialise tous les produits relatifs à la santé, y compris ceux qui, dans les cercles scientifiques, médicaux ou pharmaceutiques, ne font pas nécessairement l'unanimité. Nous pensons ici à l'homéopathie, à laquelle le droguiste réserve quelques pages dans son catalogue de 1845. « La médecine homéopathique a trouvé de rares adhérents » peut-on lire dans la préface. Il y a cependant quelques villes où elle est mise en pratique ; c'est pour cela que nous mettons les pharmaciens à même de se procurer, en cas de besoin, les produits de cette médecine confectionnée par des hommes spéciaux[344] ». Le geste peut sembler banal, il comporte néanmoins une part d'audace tant l'irruption de cette doctrine a créé de polémique.

A côté de ces agents thérapeutiques divers et variés, qu'on les appelle remèdes, préparations pharmaceutiques, extraits, ou spécialités, se développe

---

[342] AN, AJ/16/2230, Lettre de décembre 1830.

[343] Maison centrale de droguerie Menier et Cie, *Prix courant général*, Paris, imprimerie Schneider et Langrand, 1845, p. 13.

[344] *Ibid*, p. 9.

aussi un marché des accessoires de santé. C'est le cas par exemple des bandages, des biberons, des instruments de chirurgie. Là encore, la consultation des catalogues commerciaux de l'entreprise est éclairante, qui révèle leur formidable expansion. La maison Menier compte sur les pharmaciens pour atteindre les médecins et diffuser ainsi le matériel de chirurgie. Elle n'en fait pas mystère: « les rapports journaliers, qui existent entre MM. les médecins et les pharmaciens, nous ont engagés à placer dans notre prix courant général un catalogue d'instruments de chirurgie. Dans l'échange ordinaire de bons offices entre ces messieurs, ce catalogue est un document utile à faire consulter aux médecins. Tous ces instruments sortiront de la maison Charrière, qui s'est fait, dans ce genre de fabrication, une réputation distinguée[345] ». Les catalogues témoignent ainsi de la formidable expansion de la droguerie pharmaceutique dans la première moitié du XIXe siècle mais également de la diversité de ce secteur. Les succès de la maison Menier auprès des pharmaciens, mais également auprès des épiciers, droguistes, et autres herboristes, obligent l'entreprise à s'agrandir.

C. LES STRUCTURES DE L'ENTREPRISE

Les catalogues commerciaux, les publicités mentionnent souvent, dans les années 1830/1840, la « Maison Menier ». Mais qu'entend-on exactement par ce terme? Assurément, cette maison n'a plus rien à voir alors avec le petit atelier ou la petite fabrique de 1815. Souvent, l'entreprise Menier se confond avec l'usine de Noisiel qui fait d'ailleurs la fierté de Jean-Antoine-Brutus lui-même. Pourtant, derrière ce terme, se cache une réalité plus complexe. Qu'est-ce que cette maison Menier? Quelles sont ses structures? En quoi consiste son appareil productif?

Dans les années 1830/1840, le moulin de Noisiel acquiert de plus en plus d'importance. On ne saurait trop insister sur la fierté que représente ce bâtiment aux yeux de l'industriel. « L'usine de Noisiel a été l'œuvre capitale de notre carrière, c'est un titre industriel dont personne ne conteste la valeur[346] » peut-on lire dans la préface au catalogue de 1845. Cette fierté de Menier pour son usine transparaît également dans son désir d'en ouvrir les portes aux visiteurs. Dès 1832, le comité des arts mécaniques et chimiques de la société d'encouragement est amené à se déplacer dans l'établissement de Noisiel, à la demande de l'industriel. En ouvrant son usine à des personnalités extérieures, J.A.B. Menier espère obtenir plus de notoriété. La visite débouche sur la rédaction d'un rapport dans lequel, nous l'avons vu, A. Durand décrit de façon assez précise les différentes fabrications, ainsi que

[345] *Ibid,* p. 13.
[346] *Ibid,* p. 6.

les machines existantes. Ce même rapport sera reproduit à plusieurs reprises par Menier et publié notamment dans les catalogues à prix courant. Au début des années 1840, le fabricant n'hésite pas à ouvrir son usine à des journalistes ou collaborateurs de journaux. C'est le cas de Lebey de Bonneville qui rédige, en 1842, une série d'articles sur l'industrie dans le Journal des Débats. Ces textes, sous couvert de relater la visite à Noisiel, s'apparentent à une forme de publicité déguisée. « Je n'entreprendrai point de vous décrire dans tous ses détails cette belle usine, l'une des plus remarquables que possède notre industrie, je craindrais de rester au-dessous de l'intérêt que ce grand établissement m'a inspiré quand je l'ai visité[347] ». « Là rien de trop, poursuit-il, et pourtant tout ce qui est nécessaire: une des plus puissantes chutes d'eau de la Marne, des machines de grandeur et de masse imposantes, mais d'une simplicité et d'un mécanisme parfaits. Le cacao est torréfié, épluché, broyé sans le contact de la main de l'ouvrier. D'une machine à l'autre, les matières changent de formes et de nature, s'identifient entre elles, et de transformations en transformations, produisent les bons chocolats que nous connaissons tous[348] ». En favorisant ces visites, Menier contribue à asseoir la réputation de son établissement. L'année suivante, en 1843, le ministre du Commerce et de l'Agriculture (Cunin Gridaine) se rend à Noisiel. Il est accompagné de Paganel, secrétaire général du ministère, et de M. de Monicault, préfet du département. « Le ministre a examiné l'usine dans tous ses détails avec un grand intérêt, et a témoigné à M. Menier, qui en est le fondateur, toute sa satisfaction pour l'état de perfection et l'excellente tenue de ce bel établissement[349] ».

Menier n'hésite pas non plus à ouvrir son établissement à ses principaux clients: les pharmaciens. Il s'agit de briser la méfiance de la profession à l'égard de l'industrie. « Un grand nombre de pharmaciens nous a fait l'honneur de se réunir pour visiter notre usine, et l'examiner dans tous ses détails. Il ne nous suffisait pas de leur en faire connaître les produits, nous désirions aussi qu'ils vissent la manière dont les opérations étaient conduites. C'était là une épreuve décisive dans laquelle il nous importait d'obtenir les suffrages de juges aussi compétents. Leur visite nous a valu l'éloge complet de notre usine ; ils ont emporté cette conviction que l'application des grands moyens mécaniques s'y trouve réunie à l'ordre, à la propreté, à l'exactitude dans les résultats, et que le travail est si bien distribué par le jeu des machines, qu'on n'a jamais à redouter les fautes ou la négligence des ouvriers[350] ». L'usine apparaît ainsi, avec ses machines, ses produits standardisés, comme le symbole de la perfection et de l'unité d'action du

---

[347] BNF, Lebey de Bonneville, « Industrie », *Journal des Débats*, 15/04/1842, non paginé.
[348] *Ibid.*
[349] BNF, *Journal des Débats*, 15/11/1843, non paginé.
[350] Maison centrale de droguerie Menier et Cie, *Prix courant général*, Paris, imprimerie Schneider et Langrand, 1845, p. 12.

médicament, fabriqué de façon standardisée et homogène. « Une visite à notre usine de Noisiel-sur-Marne vous eût entièrement fixé sur le mérite industriel de mon mari, sur son intelligence et sur l'importance de ses opérations commerciales[351] », écrit Marie-Edmée-Virginie Pichon à Louis-Napoléon-Bonaparte. La démarche d'ouverture entreprise par Menier n'obéit pas seulement à une logique économique, elle marque aussi la fierté du gérant pour son œuvre, elle doit faciliter une forme de reconnaissance politique et sociale. Cette tradition est du reste maintenue par Emile-Justin lui-même qui, d'après J. Turgan, « laisse libre l'entrée de son usine. Tout le monde est admis à examiner cet établissement d'un développement si singulier[352] ».

On ne saurait limiter cette démarche à une simple stratégie promotionnelle. Il y a là aussi la fierté de l'œuvre accomplie. La visite de l'usine Menier apparaît plus largement comme une forme d'étape touristique que le même J. Turgan conseille à ses lecteurs. « On s'y rend par le chemin de fer de l'Est, et en descendant à la gare de Chelles, on peut faire, soit en omnibus, soit à pied, les quatre ou cinq kilomètres qui séparent l'usine de la station. Les trains sont assez commodément disposés pour permettre d'accomplir entre le déjeuner et le dîner cette excursion qui sera certainement fréquente cet été, car parmi toutes les curiosités qui font de Paris et de ses environs un rendez-vous cosmopolite, Noisiel n'est pas un des moindres sujets d'attraction[353] ».

L'usine est installée, nous l'avons dit, en pleine campagne, dans une région agricole. Comment s'insère-t-elle dans ce tissu rural? D'où viennent ces ouvriers? Les archives départementales de Seine-et-Marne disposent de toute une série de recensements entrepris par l'administration à partir de 1836[354]. Entre 1836 et 1866 les travailleurs de l'usine sont mentionnés dans les recensements en tant qu'ouvriers. A partir de 1866 ils apparaissent en tant que « chocolatiers[355]», signe de la spécialisation des fonctions de l'usine. Entre 1836 et 1861, les personnes vivant dans l'usine ou dans le moulin forment une entité distincte. La liste commence généralement par le directeur, puis viennent les ouvriers. Les choses deviennent plus complexes à partir du recensement de 1866. Le directeur adjoint dispose alors de son propre logement. Il est séparé des ouvriers de l'usine, qui vivent ensemble puisque leurs noms s'égrènent les uns à la suite des autres. Dès 1866, les choses s'avèrent plus délicates. En 1872, il est difficile de distinguer les ouvriers du reste de la population de Noisiel dans les recensements. L'usine

---

[351] F/12/5209, dossier de demande de Légion d'honneur, Lettre du 12 novembre 1851.
[352] Turgan (Julien), *Les grandes usines de France*..., *op. cit.*, T 7, p. 98.
[353] *Ibid.*
[354] Ces archives sont numérisées.
[355] AD Seine-et-Marne, 10M201 1866, vue 276.

de Noisiel n'est pas gérée directement par Jean-Antoine-Brutus Menier. Il n'y habite pas. D'autres supervisent l'établissement pour lui. C'est le cas par exemple d'Alphonse Delabarre, premier contremaître, connu dès 1826, qui est mentionné comme « exerçant la profession de droguerie[356] ». Dans les années 1830, Jean-Antoine-Brutus se repose sur sa mère, Renée-Catherine Vernet, qui, dans le recensement de 1836, apparaît avec le titre de droguiste. Un contremaître, Nicolas Laurent, est par ailleurs chargé de superviser la main-d'œuvre. Ce dernier épousera une nièce de Menier (Aminte Anne Marie Aubry). En 1841, il devient directeur de l'usine, mais Renée-Catherine Vernet réside toujours sur place. Cinq ans plus tard, Nicolas Laurent a cédé sa place à Victor-Charles Guillaume. Un membre de la famille est toujours là pour superviser l'établissement en la personne d'Aimée-Justine Menier. Vers 1850, Desboeuf prend le relais et est encore à la tête de l'usine en 1870.

Tableau 5. Personnes vivant dans l'usine de Noisiel et nombre d'habitants de la commune, d'après les tables de recensement de Seine-et-Marne

DATES	PERSONNEL HABITANT LE MOULIN DE NOISIEL	HABITANTS DE NOISIEL	PART DES PERSONNES VIVANT DANS L'USINE AU SEIN DE LA POPULATION
1836	10	119	8,4%
1841	16	113	14%
1846	22	141	15,6%
1851	30	165	18%
1856	45	190	23,6%
1861	68	216	31,4%
1866[357]	74	278	27%

[356] Valentin (Marc), « Jean-Antoine-Brutus Ménier… », *art. cit.*, p.370.
[357] A partir du recensement de 1866, l'exercice de comptage devient plus délicat.

Tableau 6. Evolution du personnel à l'usine de Noisiel (1836-1866)

Dates	Nombre d'ouvriers hors personnel de direction	Autres
1836	8	
1841	10[358]	
1846	16[359]	1 forgcron
1851	21	1 charretier 1 mécanicien
1856	35	1 forgeron 2 chimistes 1 mécanicien
1861	59	2 chimistes 2 charretiers
1866	69	4 charretiers

En cette fin des années 1840 et en ce début des années 1850, il y a loin du bâtiment loué en 1824 à la famille Grand Besançon[360]. Entre 1839 et 1845, Menier procède à des « changements considérables » dans l'usine de Noisiel[361]. Des constructions neuves et plus vastes permettent d'augmenter le matériel et de donner encore plus d'étendue à la fabrication. Parallèlement, le gérant procède à des « modifications nombreuses dans les moyens de pulvérisation[362] ». Ces « perfectionnements, que l'observation et l'expérience seules peuvent apprendre, ont été appliqués généralement ». En ce début des années 1840, l'usine Menier reçoit la visite de la société d'agriculture, des arts et de l'industrie de l'arrondissement de Meaux, dont J.A.B. Menier fait partie depuis 1839. L'objectif de la société est de promouvoir l'agriculture, les arts et bien entendu l'industrie. La commission qui se déplace à Noisiel est composée de notabilités locales (médecin, manufacturier). Le rapport rédigé à l'occasion nous permet d'avoir une idée des structures de l'usine. Les « anciens bâtiments

[358] M Valentin en relève 13 à la même date, p. 370.
[359] M. Valentin en note 17 à la même date, p. 370.
[360] MC/ET/XCIX/857, Bail des 15 et 16 décembre 1824.
[361] Maison centrale de droguerie Menier et Cie, *Prix courant général*, Paris, imprimerie Schneider et Langrand, 1845, p. 12.
[362] *Ibid.*

ont été rasés et de nouvelles constructions élégantes et régulières sont établies[363] ». L'édifice est le fait d'un entrepreneur en bâtiment de Chelles, Mr Dutreuil[364].

Les membres de la commission s'attardent longuement, tout comme la société d'encouragement quelques années plus tôt, sur les machines. Ils s'arrêtent dans un premier temps sur le mécanisme moteur du moulin. Il s'agit d'un arbre debout renfermé dans un mouet en fonte et immobile. Il met en mouvement toutes les roues à engrenage et tous les cylindres du moulin-usine. L'arbre est actionné par un ouvrier. Ce dernier peut, à l'aide d'un frein, réguler le mouvement de rotation des machines situées aux différents étages du bâtiment. Puis, les membres de la commission décrivent les différents ateliers qui composent l'usine-moulin. Au premier étage, on trouve l'atelier des gruaux (avoine, orge). Pour l'avoine, Menier s'approvisionne, nous dit-on, en Bretagne, près de Quimper, car le grain est plus facile à décortiquer et il se conserve plus longtemps. Dans le même atelier a lieu la perlification de l'orge. Les grains d'orge sont placés dans le trémis et tournent ensuite sur une meule en grès entourée d'une archure circulaire. La meule tourne à une vitesse de 280 tours à la minute. Le grain est rejeté avec force de la meule sur une râpe en tôle piquée qui l'environne à une distance de 5 à 6 centimètres. L'orge est ainsi dépouillée de son écorce. La pellicule est récupérée et vendue comme nourriture pour les animaux. Une fois mondée, l'orge est disposée dans un sas mécanique divisé en compartiments afin d'obtenir des grains de différentes tailles (gros-perlé, perlé, petit-perlé). Au même étage, une cloison sépare l'atelier de décorticage de celui du pilonnage (pulvérisation). On se souvient qu'en 1832 l'atelier de pulvérisation était déjà localisé au même endroit.

Au milieu de cet atelier, les membres de la commission se montrent impressionnés par un bassin en fonte sur lequel roulent deux meules verticales en granit. Chaque meule pèse 3000 kilogrammes. Derrière chacune d'elles est un ramasseur en fer. Les substances telles que le riz, le lin, ou le curcuma sont écrasées sous ces meules et réduites en poudres. Les pileries sont contenues dans des traverses jumelles. Le jeu des pilons varie en fonction des substances à pulvériser (dures/molles ; filandreuses/oléagineuses ; résineuses/élastiques). L'action des pilons est mue par l'eau qui imprime à l'ensemble « une régularité de mouvement, une uniformité de gravitation soit forte, soit douce, que la main de l'homme ne saurait avoir[365] ». Comme chez A. Durand quelques années plus tôt, prédomine, dans le regard de ces hommes, la fascination pour la machine. Chacun des pilons est surmonté d'un chapeau en fonte et, à sa base, une

[363] Société d'agriculture, sciences et arts de Meaux, *Publications....*, 1841/05-1842/05, p. 38.
[364] *Ibid.*, p. 38
[365] *Ibid.*, p. 40.

poche en peau ou cuir hermétiquement fermée, pour que les matières pulvérisées s'échappent le moins possible. La poche reste fixe et immobile, et les substances pulvérisées restent enfermées dedans comme « dans un flacon à l'émeri ». Les mortiers, dans lesquels retombent les pilons, sont en fer ou en marbre, ceci dépend de la nature du produit. Le sel ammoniac, par exemple, est pulvérisé dans des mortiers en marbre pour éviter les éventuelles réactions entre le produit et le fer. Le rapport nous renseigne sur la diversité des substances réduites en poudre: rapoutique, quinquina, limaille d'acier, benjoin, sautal rouge, réglisse, cannelle de Chine, jonc odorant, rhubarbe, coloquinte, ipécacuanha, gomme adragant....

Dans le prolongement de cet atelier pour la pulvérisation, on trouve, au même étage, l'atelier du tamisage mécanique, « de l'invention de M Menier[366] ». Là encore, prédomine la fascination pour le machinisme: « la main de l'homme est ici remplacée par une claie qui a un mouvement brusque et saccadé de va-et-vient ». Chaque tamis frappe sur des compartiments en bois revêtus de cuir. On compte entre huit et douze tamis qui fonctionnent simultanément. Le deuxième étage comprend un comprimeur à cylindre. Il s'agit d'une machine comprenant un jeu de meules verticales qui brise et réduit en poudre les os calcinés à l'air pour faire de la poudre dentifrice. On sait que les os sont utilisés à cette époque pour une multitude d'usages (bibelots, jouets, outils, gélatine, noir animal). On voit ici que la droguerie ne se limite pas aux extraits naturels, mais s'étend à ce que l'on appellera plus tard la parapharmacie. Les visiteurs ne s'attardent pas plus au deuxième étage qui comprend probablement d'autres éléments que cette simple machine.

Le troisième étage abrite, quant à lui, les « broyeuses pour la fabrication du chocolat qui est, comme toute la France le sait, une des principales industries et la branche de commerce la plus importante de M. Menier[367] ». Le produit bénéficie, dès les années 1820, de l'essor de la mécanisation et de la mise au point de nouvelles machines. « La chocolaterie avait pris rang parmi les grandes industries de produits alimentaires ; et bientôt on vit surgir une foule d'appareils qui, sous le nom de moulins broyeurs, malaxeurs, pastilleurs, concasseurs etc..., vinrent aider puissamment aux progrès de la fabrication[368] ». Les engins mécaniques permettent au chocolat d'acquérir une « homogénéité, une finesse de saveur et d'arôme[369] ». Le cacao est d'abord nettoyé dans un crible à larges mailles, puis torréfié sur un cylindre à broche. Une fois cette étape franchie, le grain est basculé dans un panier. Le

---

[366] *Ibid.*, p. 41.

[367] *Ibid.*, p. 42.

[368] Belfort de la Rocque, *Guide pratique de la fabrication du chocolat*, Paris, B. Tignol, Bibliothèque des actualités industrielles, n° 46, non daté, p. 113.

[369] *Ibid.*

cylindre est percé de plusieurs trous pour permettre à l'huile qui s'échappe du chocolat de s'évacuer. Les grains de cacao sont ensuite placés dans un tarare pour séparer le grain de l'écorce, puis concassés dans un moulin à bras, et enfin placés dans des broyeuses pour être convertis en pâte. Ils sont ensuite insérés dans des machines à quatre rouleaux coniques. L'un de ces rouleaux est immobile. La pression double des rouleaux tournants est appelée porphyre. Il s'agit d'un instrument qui sert à la division des substances. Il tire son nom de la pierre dont il est formé. Le porphyre est une table horizontale d'une matière dure, sur laquelle se meut circulairement une autre pierre de même nature qu'on appelle molette. Ces rouleaux agissent circulairement sur un plan horizontal.

Le chocolat est transporté dans un autre atelier, où il est soumis à l'action de pilons et est incorporé avec le sucre dans des mortiers en fonte. Ces derniers sont chauffés avec du charbon de bois. Une fois mélangés avec le sucre, la pâte de chocolat passe sous une autre broyeuse. Elle est alors ramassée avec des spatules. Jamais l'ouvrier ne met la main. La broyeuse en question permet de faire à la fois deux pâtes de chocolats différents, par exemple le chocolat au lait d'amande et celui à la vanille. Sous les broyeuses est un foyer au feu de charbon de bois, qui permet d'éviter le refroidissement du chocolat. En ce début des années 1840, l'usine Menier livre par jour, à la consommation, au moins 1000 kilogrammes de chocolat, ce qui est considérable[370]. A ce dernier étage, on trouve aussi les étuves où sont séchés à la fois le sucre et les pains de chocolat.

A la fin des années 1830, l'industriel introduit de nouvelles machines. La mécanisation du secteur progresse en effet rapidement. Ainsi, en 1839, M. Pelletier, fabricant de chocolat à Paris, propose d'employer, au broyage du cacao, des couleurs, du verre, de la porcelaine, des moulins à petites meules horizontales. Ils sont montés sur un bâti cylindrique ou beffroi isolé en fonte, allégé par des évidements latéraux. Après de longs essais, il parvient à améliorer le broiement du cacao. Le broyage s'opère plus vite et le grain est plus fin. Il communique son invention auprès de la société d'encouragement, pensant ainsi la protéger. Il n'en n'est rien puisqu'il ne dépose aucun brevet. La machine est rapidement copiée et utilisée par d'autres pour le broyage du cacao, mais aussi pour la mouture des céréales, des graines oléagineuses, mais également des corps très durs comme le verre de bouteille, la porcelaine, les oxydes métalliques. Il dépose alors un brevet[371]. Les meules sont armées, au pourtour de leur gorge ou oeuillard, de disques de fonte cannelés, munis de rainures divergentes, obliques aux rayons, tangentes à un

---

[370] Société d'agriculture, sciences et arts de Meaux, publications...., art. cit., p. 43.

[371] M. de Lambel, « Rapport sur un moulin à chocolat inventé par M. Pelletier », *Bulletin de la Société d'Encouragement pour l'Industrie Nationale*, Paris, Imprimerie de Madame Huzard (née Vallat La Chapelle), 1839, p. 20.

petit cercle intérieur, et qui, en se croisant, d'une meule à l'autre, soumettent la matière à une action semblable à celle des cisailles et des outils à noix, coupants et tranchants[372]. Ce moulin est mis à l'essai, au commencement de l'année 1839, à l'usine de Noisiel-sur-Marne, en concurrence avec les machines à chocolat à cônes tournants et cylindres broyeurs oscillants.

Illustration 6. Moulin à chocolat de Pelletier[373]

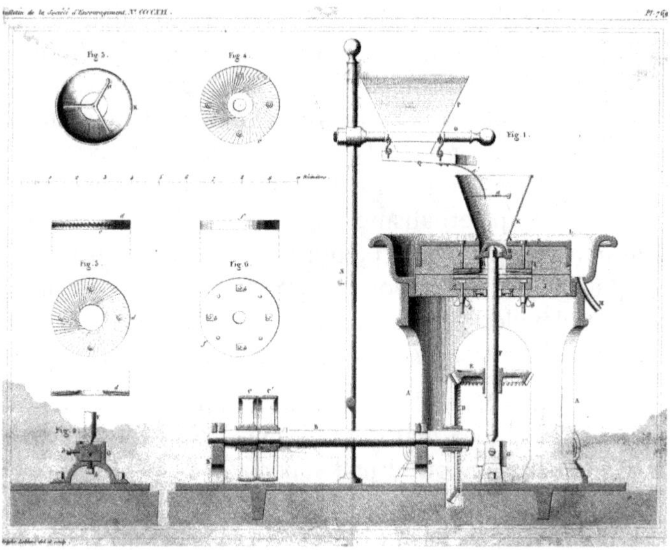

Les nombreux écrits consacrés à l'usine de Noisiel, navire amiral de la société, ont quelque peu fait oublier l'importance du site de Paris. Les différentes implantations de l'entreprise dans la capitale ont été bien reconstituées par les historiens. Installé d'abord rue Bar-du-Bac (septembre 1815-1818), Menier se déplace par la suite rue du Coq-Saint- Jean (1818 à 1821), puis rue du Puits (1821-1827) et enfin rue des Lombards au 41 d'abord (1827-1830 probablement), puis au 37 (juillet 1830-1850/1851). L'année 1849 marque une rupture avec l'acquisition de l'immeuble de la rue Sainte-Croix-de-la-Bretonnerie. J.-A.-B. Menier charge l'architecte Bonneau de construire un immeuble de trois étages qui est le siège parisien des

---

372 *Travaux de la commission française sur l'industrie des nations*, publiés par ordre de l'empereur. Tome III. Première partie. Première section. IIe groupe. Jury V : Machines motrices et moyens locomoteurs. Voitures. Jury VI : Machines et outils des arts divers, Paris, Imprimerie impériale, 1857. 1 vol. ([10]-41-23-XI-618 p.) ; CNAM-BIB 8 Xae 35 (9), p. 299.

373 CNUM, Conservatoire numérique des arts et métiers, http://cnum.cnam.fr, *Bulletin de la Société d'Encouragement pour l'Industrie Nationale* - 1839. 38e année. N. 415-426 (1839) Pl. 769 double.

établissements. C'est d'ailleurs cet établissement que le prince président Louis-Napoléon-Bonaparte choisit de visiter le 23 mai 1851[374]. Le déplacement est du reste relaté dans les pages du Moniteur officiel. « M. le président de la république, accompagné de M. Arnaud Jeanti, maire du 7ème arrondissement de Paris, et de ses adjoints, ainsi que de son aide de camp, M. le général Roguet, et de son officier d'ordonnance, M. de Beville, a été visiter le bel établissement de M. Ménier (sic), rue Sainte-Croix-de-la-Bretonnerie. A cette visite qui n'a pas duré moins de deux heures et demie, il est entré avec intérêt dans un grand nombre de détails, et a félicité M. Menier pour l'ensemble de son importante maison, sur l'ordre qui y règne, et sur sa bonne et paternelle administration. Il a adressé la parole avec une grande bienveillance à plusieurs employés, et a laissé en partant des marques de sa munificence aux ouvriers. Tout le personnel de cette maison a été heureux de cette visite »[375]. La visite de l'établissement s'inscrit ici dans une démarche politique, le paternalisme de l'industriel apparaissant comme un miroir du paternalisme que rêve d'établir le futur Empereur sur le pays. Il est possible aussi que Louis-Napoléon-Bonaparte n'ait pas été insensible à la politique sociale développée par J.A.B. Menier, lui qui avait consacré quelques ouvrages à la question du paupérisme.

C'est en 1849 que Menier et son épouse achètent, conjointement, à différents propriétaires, deux maisons aux numéros 41 et 43 de la rue Sainte-Croix-de-la-Bretonnerie, le tout d'une superficie de 1 215, 81 m 2 pour une somme de 286 000 francs. Les constructions sont rasées pour élever la maison de commerce située auparavant au 37 rue des Lombards[376]. La modification des statuts de la société, qui intervient en 1849[377], est concomitante de l'édification de ce siège situé aux 41-43 de ladite rue, en plein cœur du quartier de la droguerie parisienne. « Comme condition sociale, M. Menier père donne à loyer, à la société, la totalité de la maison qu'il fait édifier dans ce moment n° 41 et 43 rue Sainte-Croix-de-la-Bretonnerie ». L'immeuble en question comprend deux corps de bâtiments. L'édification des bâtiments est à la charge de l'industriel. Pour lui faciliter le paiement et la construction de l'immeuble, Menier a la faculté de lever jusqu'à concurrence de la somme de 300 000 francs sur les fonds qu'il possède dans la société, en compte courant et réserve, et sur ceux qui ressortent pour lui des inventaires ultérieurs. Par précaution, les statuts précisent que ces levées ne peuvent avoir lieu que sur des bénéfices acquis par M. Menier, sans qu'il puisse opérer aucun prélèvement sur des fonds qui ne lui appartiennent pas. La levée de 300 000 francs peut être opérée par M.

---

374 F/12/5209, dossier de demande de Légion d'honneur, Lettre du 12 novembre 1851.
375 AN, *Le Moniteur officiel*, n° 145, 25 mai 1851.
376 AN, inventaire après décès du 17 janvier 1854.
377 AN, MC-ET-XC-701, prorogation de la société Ménier, 1849.

Menier, savoir 150 000 fr dans l'année commerciale du 1er juillet 1849 au 1er juillet 1850, et 150 000 francs dans l'année commerciale du 1er juillet 1850 au 1er juillet 1851, si l'importance de son compte courant le permet.

Le bail doit débuter le premier juillet 1850, « sous la condition que les constructions soient achevées alors et mises en état d'être appliquées aux affaires de la société ». Il doit durer jusqu'en 1863. Le loyer est de trente mille francs par an et la société doit supporter la contribution aux portes et fenêtres, ainsi que toute autre contribution locative ou de commerce dont la maison pourra être grevée. Quant à la contribution foncière, elle est à la charge de Menier jusqu'en 1860. Le loyer de trente mille francs est un maximum. Les statuts prévoient en effet que si les dépenses d'acquisition et les frais de construction ne dépassent pas 500 000 francs, le prix sera réduit et fixé au prorata de la dépense réelle.

L'immeuble de la rue Sainte-Croix-de-la-Bretonnerie est conçu pour les « besoins de la société ». Avec une façade sur la rue Sainte-Croix de 31 mètres de long, et une donnant sur le passage Sainte-Croix de 20, 50 m, la surface au sol s'élève à 635,50 m2, ce qui est loin d'être négligeable, d'autant que le bâtiment compte cinq niveaux, soit 3 177, 50 m 2. Le rez-de-chaussée comme les quatre autres étages sont percés chacun de dix-neuf croisées, soit une fenêtre tous les deux mètres environ. Le rez-de-chaussée est planchéifié en chêne. Au premier et au deuxième étage se trouvent les appartements des gérants (1271 m2) et de leurs familles. Les « agencements », les « boiseries de ces appartements, et les teintures en papier » sont aux frais de Menier. Ces deux étages doivent être « planchéifiés en sapin ». Au troisième étage se trouvent le réfectoire et le logement du traiteur. Le quatrième étage est « lambrifié », comprenons lambrissé. Une chambre lambrissée désigne généralement une chambre sous le toit, dont l'intérieur est revêtu d'un enduit de plâtre. Cet étage comprend le dortoir des commis. Ces deux derniers étages doivent être carrelés. Un autre corps de bâtiment ayant vingt-deux mètres de façade, des caves, un rez-de-chaussée, un premier et un deuxième étage, doit être élevé dans le fond de la cour. Les escaliers, dallage, plancher en bois et carrelage seront réalisés par M. Menier. Il en va de même des trois fosses d'aisance qui sont à sa charge. Une écurie pour cinq chevaux garnie de ses rateliers et mangeoires fait partie de ce bâtiment.

Les statuts de la société prévoient enfin l'édification d'un troisième bâtiment, à droite en entrant dans la cour, « possédant remise, grenier à fourrages, sellerie, avoinerie, seconde écurie garnie pour trois chevaux, chambre pour deux palefreniers et trou à fumier[378] ». Une cour de quinze mètres sur seize est prévue au milieu de tous ces bâtiments. La construction

[378] *Ibid.*

de l'immeuble montre que les affaires de la société sont en pleine expansion et que les locaux occupés alors par la société deviennent insuffisants. Le nouveau siège est destiné à accueillir des bureaux, des magasins, des laboratoires, ainsi que du matériel industriel. Les statuts de 1849 révèlent une certaine préoccupation par rapport à l'amortissement des frais de déménagement et de réinstallation du matériel. A partir du 1er juillet 1851, ces dépenses seront amorties par tiers en frais généraux sur les trois exercices annuels suivants. « Le compte du mobilier et matériel de Paris, ainsi réduit et fixé, sera chargé tous les ans des sommes dépensées pour l'accroître. Il sera grevé annuellement d'un amortissement de 4% de son solde ».

Dans les années 1830/1840 donc, l'entreprise Menier apparaît importante pour son époque avec deux pôles principaux: le moulin-usine de Noisiel et l'usine de la rue Sainte-Croix-de-la-Bretonnerie. On ne parvient pas à saisir la manière dont se répartissent les différentes productions entre les deux lieux. Une chose est sûre, il y a loin entre les capacités productives de la maison Menier et une simple officine pharmaceutique. La puissance acquise par le droguiste suscite des craintes au sein de la profession. La construction de l'immeuble rue Sainte-Croix-de-la-Bretonnerie, la visite accordée par le prince-président, tous ces éléments peuvent laisser penser que le développement de telles maisons va remettre en cause progressivement leur monopole. A la capacité de ses usines et de ses machines, l'entreprise ajoute également une médiatisation sans précédent de ses produits.

CHAPITRE VI

LES STRATEGIES MEDIATIQUES DE LA MAISON MENIER (1830/1840)

L'essor du capitalisme et de l'industrialisation s'accompagne de l'émergence de nouvelles formes de communication. Si les historiens situent la naissance d'un « régime médiatique » dans les années 1860[379], ils soulignent aussi les innovations introduites par le premier XIXe siècle, « en ce qu'elles inaugurent le règne de la culture-marchandise[380] ». Les grandes maisons de droguerie comme Menier participent de ce mouvement qui, par divers procédés, donnent à voir à un public urbain une large gamme de produits. Les historiens de la santé et des médias ont assez bien montré, notamment, l'importance prise par la publicité pharmaceutique au cours du XIXe siècle[381]. Les fabricants s'appuient sur la presse (généraliste et spécialisée), les imprimés (ouvrages, catalogues), les expositions, ou encore les affiches, pour diffuser leurs produits. Comme le souligne S. Chauveau, le rôle de la publicité dans les «pratiques commerciales des entreprises et son influence sur le marché des médicaments restent à préciser[382] ». Qu'en est-il exactement? Quelles sont les stratégies médiatiques développées par la maison Menier? Surtout, il s'agit de voir dans quelle mesure le fait d'être un droguiste rend nécessaire le recours à des moyens de communication de grande envergure. Nous reviendrons dans un premier temps sur le rôle des catalogues commerciaux, puis nous analyserons l'importance qu'ont eue les expositions dans la stratégie de développement de l'entreprise, enfin nous étudierons la part prise par les annonces et la réclame dans l'essor de l'entreprise.

---

379 Kalifa (Dominique), « L'ère de la culture-marchandise », *Revue d'histoire du XIXe siècle,* 1999, vol 2, p. 5.

380 *Ibid.*

381 Ghozland (Freddy), Dabernat (Henri), *Pub et pilules. Histoire et communication du médicament*, Toulouse, Milan, 1988 ; Ulmer (Bruno), Plaichinger (Thomas), Advenier (Charles), *A votre santé ! Histoire de la publicité pharmaceutique et médicale*, Paris, Syros Alternatives, 1988.

382 Chauveau (Sophie), « Marché et publicité des médicaments », in Bonah (Christian), Rasmussen (Anne), *Histoire..., op. cit.*, p. 191.

A. LES CATALOGUES COMMERCIAUX

L'essor des droguistes comme la maison Menier se traduit par l'émergence de nouvelles formes de communication[383]. Ces intermédiaires commerciaux, tout à la fois négociants et fabricants, jouent un rôle majeur dans l'essor des produits spéciaux et de la publicité. À la différence du pharmacien d'officine, ils cherchent à couvrir un territoire plus vaste, ce qui les amène à repenser leur stratégie commerciale et médiatique. Dès le début des années 1830, l'entreprise Menier décide d'imprimer et de distribuer son propre catalogue à prix courant, dont la première édition remonte à 1832. Ce sont des catalogues qui regroupent tous les produits proposés par le grossiste. Ils permettent ainsi à certains pharmaciens de faire connaître leurs spécialités[384]. Ayant bénéficié d'un « accueil favorable », une seconde édition est réalisée en 1834[385]. C'est moins le produit, que le fabricant cherche à médiatiser, que son prix. « La confiance avec laquelle nos produits de Noisiel sont demandés de toutes parts, et leur supériorité généralement reconnue, nous dispenseront de vous en parler de nouveau[386] ». Le droguiste se félicite ainsi de pouvoir présenter à sa clientèle un prix courant pour les différents produits de la maison (chocolats, poudres, droguerie, médicaments et objets spéciaux des pharmaciens de Paris, eaux minérales factices, eaux minérales naturelles, médicaments anglais, etc….). Comme le rappelle F. Cochoy, la « vente en vrac occulte le problème de l'origine, et la concurrence entre producteurs d'un même produit se trouve nécessairement reportée en amont, du côté du distributeur, et se joue essentiellement sur les prix[387] ». Menier ne s'y trompe pas qui insiste à plusieurs reprises sur le fait qu'il est en mesure de proposer les produits au meilleur rapport qualité/prix. « Les rapports intimes que nous avons avec messieurs les pharmaciens de Paris nous mettent dans la position de vous offrir au même prix qu'eux les médicamens (sic) qui leur sont spéciaux ». La maison Menier joue ainsi le rôle d'intermédiaire commercial pour les pharmaciens d'officine, favorisant la diffusion de leurs spécialités, produits «préparés à l'avance et en quantité suffisante pour être vendus dans différentes officines». Quant aux « articles de commission », le « grand débit » qu'en fait la maison lui a permis d'obtenir « des concessions favorables ». Le gérant « se flatte » ainsi de « pouvoir offrir ces objets avec les mêmes avantages » que si l'on s'adressait directement aux fabricants. A la fin de la préface, on finirait même par se demander si Menier réalise un quelconque bénéfice sur les ventes.

---

383 Sueur (Nicolas), « Les pharmaciens et la médiatisation de la spécialité au XIXe siècle », *Le Temps des médias*, 2014/2 n° 23, pp. 26-40. DOI : 10.3917/tdm.023.0026.

384 Chauveau (Sophie), « Marché et …. », *art. cit.,* in Bonah (Christian), Rasmussen (Anne), *Histoire…, op. cit.,*, p. 195.

385 BNF, Menier, Documents publicitaires, *op. cit.*

386 *Ibid.*

387 Cochoy (Franck), *Une sociologie du packaging*, Paris, PUF, 2002, p. 60.

La question du prix des médicaments traverse tout le XIXe siècle. De nombreux pharmaciens se plaignent en effet des grossistes qui vendent les matières premières trop cher. Les consommateurs eux-mêmes reprochent aux pharmaciens de réaliser des marges confortables sur la vente des médicaments. Et que dire des pharmaciens qui ne cessent de se plaindre des rabais pratiqués par les uns et les autres, lesquels s'apparentent à de la concurrence déloyale. A cet égard, le catalogue Menier tente d'établir une relation de confiance avec une clientèle parfois déstabilisée par les variations de cours et de qualité de certaines drogues. Les droguistes comme Menier répondent ainsi à une demande, une .exigence de transparence provenant des pharmaciens eux-mêmes.

Le catalogue est également conçu comme une arme de propagande commerciale destinée à faire connaître la maison Menier. La couverture est décorée des différents prix ou reconnaissances obtenus par l'entreprise (médaille de la société d'encouragement pour l'industrie, récompense obtenue lors de l'exposition industrielle de 1834). Ces médailles certifient la qualité et la supériorité des produits commercialisés par Menier. Fort de ces succès et de cette légitimation par les autorités scientifiques et le pouvoir politique, Menier n'hésite pas à envoyer son catalogue de 1834 aux « correspondants » de la société, mais également à des « pharmaciens qui n'ont jamais eu de relations » avec elle. La publication du catalogue est suivie de plusieurs autres (1839, 1845, 1854, 1860), dans lesquels l'entreprise réaffirme constamment son souci de transparence en matière de prix. « Outre la multitude de renseignements accessoires, le pharmacien y trouve l'avantage d'être éclairé sur la valeur commerciale de tous les produits à son usage (...). C'est un guide permanent dans tous ses achats qui le met en garde contre l'abus et la surprise[388] ». Dans son catalogue, le fabricant fait voisiner des produits utilisés de longue date dans la thérapeutique avec de nouveaux médicaments, non inscrits dans le Codex. La médiatisation des remèdes dits secrets, qui se confondent avec les spécialités, s'opère ainsi en dehors de tout contrôle. A travers ce type de stratégie, le fabricant cherche moins la reconnaissance des autorités compétentes, que l'onction des consommateurs. Grâce à son catalogue, et au nom de la transparence, l'entreprise Menier contourne la loi relative à la publicité médicamenteuse. L'ouvrage dispose ainsi de nombreuses illustrations grâce auxquelles le lecteur peut visualiser les produits proposés. Quant au grossiste, il peut non seulement faire de la publicité pour des produits qu'il fabrique ou qu'il a en dépôt, mais aussi mettre en avant certaines inventions. Sous la monarchie de Juillet, Menier commence à faire des émules chez d'autres fabricants, à l'image de la maison Derosne-Ossian, qui publie son catalogue en 1843. En dehors des catalogues l'entreprise participe à des expositions.

---

[388] Maison centrale de droguerie Menier et compagnie, *Prix courant général*, Plon frères, Paris, 1854.

B. LES EXPOSITIONS

« Avec la Révolution industrielle et l'Empire, Paris devient, dans le premier XIXe siècle, la première ville industrielle du royaume[389] ». Sous le Directoire (1798), le Consulat (1801, 1802), l'Empire (1806), puis la Restauration (1819, 1823, 1827), plusieurs expositions des produits de l'industrie se tiennent à Paris. Cette dynamique se prolonge sous la monarchie de Juillet, époque à laquelle Menier commence à participer à ces compétitions industrielles. L'organisation de ce type de manifestations s'enracine dans le XVIIIe siècle[390]. La fin de la Révolution marque cependant une inflexion. « L'Etat français commence à s'intéresser officiellement aux expositions universelles », transformant les foires « en un moyen d'orienter production et consommation selon des voies officiellement désignées dans un marché désormais libéralisé[391] ». Signe de l'engouement croissant que suscitent ces manifestations, le nombre de participants ne cesse d'augmenter (1631 exposants en 1827, 2447 en 1834)[392]. Aux yeux du pouvoir ces expositions sont l'occasion de mesurer et de récompenser les progrès des arts et de l'industrie. A la différence de l'Angleterre, où l'on récompense les baisses de prix et la productivité, le gouvernement français décerne des prix pour des améliorations de la qualité des produits[393]. Il s'agit aussi de faire valoir la supériorité du génie français sur les nations voisines. « C'est un apanage de la France que ces grandes créations civilisatrices ne laissent jamais les autres nations indifférentes[394] ». De fait, ces manifestations, régionales ou internationales, « jouent un rôle important pour faire connaître la production » de la société «en particulier par l'attribution de médailles[395] ». « Lieux de pédagogie et de spectacle », elles permettent, d'après Anne Rasmussen, de populariser des découvertes[396].

---

389 Démier (Francis), *La France de la Restauration,* Paris, Gallimard, 2012, p. 353.

390 Levin (Miriam R.), « Musées, expositions et contexte urbain », in Pestre (Dominique) (dir), *Histoire des sciences et des savoirs, Modernité et globalisation*, vol 2, Paris, Seuil, p. 75.

391 *Ibid,* p. 79.

392 Dupin (Charles), *Rapport du jury central sur les produits de l'industrie française exposés en 1834*, Paris, imprimerie Royale, 1836, vol 1.

393 Levin (Miriam R.), « Musées, expositions.... » *art. ci.t*, in Pestre (Dominique) (dir), *Histoire..., op. cit.,* p. 79.

394 Dupin (Charles), *Rapport du jury central..., op. cit.*, p. VIII.

395 Chauveau (Sophie), « Marché et publicité des médicaments », in Bonah (Christian), Rasmussen (Anne), *Histoire..., op. cit .....*, p. 195.

396 Rasmussen (Anne), « Préparer, produire, présenter des agents thérapeutiques », in Bonah (Christian), Rasmussen (Anne), *Histoire..., op. cit. .....*, p. 167.

Les organisateurs de ces manifestations parviennent à « bâtir des liens solides entre sciences, industrie et commerce[397] ». Sous l'impulsion du ministre du Commerce, un comité central est mis en place qui se charge, à partir de 1819, d'organiser ces expositions dans la capitale tous les cinq ans. Un système de sous-comités (composés d'administrateurs, de fonctionnaires locaux, d'industriels, d'hommes d'affaires et d'universitaires) est chargé de « recommander les lauréats potentiels[398] ». De la monarchie de Juillet à la Seconde République, Jean-Antoine-Brutus Menier participe régulièrement aux expositions des produits de l'industrie qui se tiennent à Paris (1834, 1839, 1844 et 1849). Les années 1850 marquent un changement d'échelle puisque la société participe aux expositions universelles de Londres (1851) et New York (1853). Après avoir acquis une notoriété sur le plan national, il s'agit de s'internationaliser et de conquérir de nouveaux marchés. La synchronie qui existe entre le rythme de publication des catalogues à prix courant (1832, 1834, 1839, 1845, 1854), et celui des récompenses ou des expositions ne doit rien au hasard. Les succès obtenus par l'entreprise sont immédiatement médiatisés dans les catalogues, qui deviennent les outils de promotion commerciale de l'entreprise. Lors de l'exposition de 1834, Menier est récompensé d'une médaille d'argent. La même année, il fait paraître, sur la couverture de son prix courant général, les médailles obtenues lors de l'exposition. Mieux, il insère, dans le même ouvrage, l'éloge prononcé alors par le vicomte Héricart de Thury[399]. A partir de 1839, Menier insère in extenso, dans ses catalogues, les rapports de 1832 rédigés par la société d'encouragement. Non seulement ceux-ci apparaissent comme une légitimation de la supériorité des produits de l'entreprise, mais ils donnent aussi à voir, à des clients parfois lointains, une description de l'usine de Noisiel. A partir de 1854, le catalogue s'accompagne d'une liste des récompenses obtenues dans diverses expositions. Mais que récompense-t-on au juste? Pour anecdotique qu'elle soit, cette question est en réalité centrale.

---

[397] Levin (Miriam R.), « Musées, expositions.... » *art. cit.*, in Pestre (Dominique) (dir), *Histoire..., op. cit.*, p. 82.
[398] *Ibid*, p. 82.
[399] BNF, Menier, Documents publicitaires, *op. cit.*

Illustration 7. Médailles obtenues lors de l'exposition des produits de l'industrie (1834)[400]

Fournisseur majeur des pharmaciens de France en extraits naturels, poudres en tout genre, spécialités, produits pharmaceutiques, la maison Menier apparaît, aux yeux de certains contemporains, comme le symbole de l'industrie pharmaceutique naissante. Lors de l'exposition de 1834, cette dernière figure dans la catégorie des arts sanitaires, aux côtés des instruments de chirurgie, des eaux minérales naturelles et factices, des bains de mer, et de la clarification des eaux de mer. « L'industrie pharmaceutique, par son influence sur la santé des hommes, par le grand nombre de personnes qui la cultivent, et par la valeur totale de ses produits est d'une haute importance[401] » écrit alors le rapporteur. Etrangement, ce n'est pas dans cette catégorie que concourt Menier, il apparaît au chapitre des machines et instruments agricoles (XXV), dans la section IV, qui concerne les « machines à écraser, moudre, pulvériser, féculiser[402] ». La médaille d'argent attribuée à Menier est motivée par la qualité des produits pulvérisés proposée par l'entreprise. On s'extasie devant des substances « tellement subdivisées qu'il est impossible qu'on y distingue aucune granulation encore sensible ». L'auteur du rapport se dit d'ailleurs «frappé de l'admirable ténuité de quelques substances que l'on croyait les plus difficiles à pulvériser[403] ». Le vicomte Héricart de Thury souligne, quant à lui, qu'« il est impossible de voir des produits plus exactement divisés que ne le sont ceux de MM. Menier et compagnie. Il semble qu'ils sont réduits dans leurs atomes ou

[400] BNF, *Ibid.*
[401] Dupin (Charles), *Rapport du jury central…*, *op. cit.*, p. 77.
[402] *Ibid*, p. 183.
[403] *Ibid.*

principes constituants[404] ». Cependant, à lire plus attentivement les comptes rendus, les véritables héroïnes de l'exposition sont les machines. Le rapporteur ne s'y trompe pas qui rappelle que Menier présente à l'exposition une « nombreuse collection des produits de ces machines[405] ». On s'attache d'ailleurs moins à décrire les produits que les mécaniques qui permettent de les fabriquer. Le texte s'inspire du reste largement du compte rendu rédigé par A. Durand deux ans plus tôt.

Cinq ans plus tard, lors de l'exposition des produits de l'industrie qui se tient à Paris, la section consacrée aux arts sanitaires a disparu et l'industrie pharmaceutique avec. Il en va de même pour les expositions suivantes (1844, 1849). Cette disparition tendrait surtout à révéler le relatif retard du secteur en matière de mécanisation. Dans le cas de la pharmacie, l'émergence d'entreprises de grande envergure dans la capitale est compromise par la faiblesse des capitaux, et par le corporatisme qui règne au sein de la profession. Les entreprises individuelles ne sont pas nécessairement du goût de la Société de pharmacie de Paris. En 1839, J.A.B. Menier concourt dans la cinquième commission, celle de chimie, et dans la première section consacrée à « la préparation et à la conservation des substances alimentaires[406] ». La médaille d'argent qui lui est attribuée est justifiée par l'extension qu'il a donnée à son industrie. Le rapporteur se montre attentif cette fois-ci aux quantités produites, à la diversité des fabrications. Il s'agit de récompenser une réussite commerciale et industrielle. Lors des deux expositions suivantes (1844, 1849), Menier concourt de nouveau dans la catégorie chimie, mais au titre, chose assez surprenante du reste, de la troisième section, celle des produits chimiques. Après avoir obtenu un simple rappel de ses récompenses antérieures, il obtient, en 1849, une médaille d'or du jury. « Les produits exposés n'ont pas attiré au même degré l'attention du jury central ». Plus que les chocolats, « pas supérieurs à ceux des autres fabricants », ce sont les « poudres pharmaceutiques » qui impressionnent les juges. Il s'agit alors de récompenser la capacité de Menier à être passé d'une entreprise modeste à une « grande industrie » qui contribue puissamment aux progrès de l'art de guérir. Tout comme à la fin des années 1830, on récompense d'abord un succès commercial, entrepreneurial. Les récompenses sont marquées du sceau de l'industrialisme triomphant.

Les jurys de ces expositions, outre une remarquable stabilité dans leur composition, rassemblent la fine fleur de l'élite scientifique du pays. Le

---

[404] BNF, Menier, Documents publicitaires, *op. cit.*

[405] Dupin (Charles), *Rapport du jury central…*, *op. cit.*, p. 183.

[406] *Rapport du jury central sur l'exposition des produits de l'industrie française en 1839*, Paris, L. Bouchard-Huzard, 1839, T 2, p. 377.

vicomte Héricart de Thury (1776-1854), rapporteur pour la commission des arts agricoles lors de l'exposition de 1834, est un ingénieur formé à l'Ecole de mines (1795). En 1839, la commission de chimie, celle dans laquelle concourt Menier, rassemble des chimistes comme le baron Thénard (1777-1857) ; Alexandre Brongniart (1770-1847) également minéralogiste, médecin militaire et ingénieur des mines (1794) ; Michel-Eugène Chevreul ; Jean-Pierre-Joseph d'Arcet (1777-1844), polytechnicien et ancien élève de Vauquelin ; Jean-Baptiste Dumas ; Joseph-Louis Gay-Lussac (1778-1850) également physicien et polytechnicien (1797); Anselme Payen (1797-1871) lui aussi élève de Vauquelin, de Chevreul et de Thenard. Outre leurs fonctions scientifiques, plusieurs de ces hommes sont engagés dans des activités industrielles ou dans des sociétés promouvant l'industrialisation de la France, comme la Société d'encouragement pour l'industrie. Alexandre Brongniart (1770-1847) est directeur de la manufacture de Sèvres (1800), Jean-Pierre-Joseph d'Arcet (1777-1844) est engagé dans plusieurs entreprises commerciales, Anselme Payen (1797-1871) est directeur de la fabrique de sucre possédée par son père à Vaugirard (1823).

Les expositions contribuent à vulgariser des produits nouveaux. Qu'elles soient universelles, nationales, ou régionales, elles mobilisent les fabricants de médicaments qui peuvent y présenter leurs produits à un public de spécialistes, à des clients potentiels (administration, hôpitaux), mais aussi à une foule de curieux. L'exposition peut aussi déboucher sur des récompenses, à l'image de l'entreprise Menier, qui obtient de nombreuses médailles (médaille d'argent à l'exposition des produits de l'industrie en 1834, médaille d'honneur à l'exposition universelle de Londres en 1851, médaille de bronze à l'exposition universelle de New York en 1853). Ces récompenses obtenues lors des expositions sont utilisées par Menier pour valoriser sa marque auprès des consommateurs, y compris dans les réclames. Une médaille décernée par la société d'encouragement ou par le roi peut constituer un argument majeur auprès d'un public parfois méfiant à l'égard des industriels. « M. Menier a été récompensé de ses intelligents efforts, non seulement par le succès de son entreprise, mais par deux médailles d'honneur qui lui ont été décernées, l'une par le roi, l'autre par la société d'encouragement. Ces témoignages approbateurs ne sont jamais dus à la faveur ; ils ne sont accordés que sur le rapport d'un jury scientifique, sévère en fait d'appréciation d'inventions ou de perfectionnements industriels[407] ». Il ne faut pas non plus sous-estimer la dimension sociale que sous-tendent de telles récompenses. Ce n'est pas seulement l'entreprise qui est récompensée, mais aussi son gérant, lequel accède par là à une forme de notabilité. L'entreprise Menier accède ainsi à une notoriété qui est sans commune mesure avec celle du petit commerce, à l'image de l'officine pharmaceutique.

---

[407] *Journal des débats politiques et littéraires*, Paris, 1838-11-01, non paginé.

Dans le prolongement de son père, Emile-Justin Menier, personnage sur lequel nous reviendrons plus loin, participe lui aussi à de nombreuses expositions dans les années 1850/1860, contribuant ainsi au rayonnement de l'entreprise. Celle-ci continue en effet de collectionner les prix et les récompenses, lesquels s'alignent, tels des trophées, dans les catalogues commerciaux édités par l'entreprise[408] : médaille d'honneur à l'exposition universelle de Paris (1855), médaille de vermeil au comice de Crécy en Seine-et-Marne (1858), médaille à l'exposition universelle de Londres (1862), médaille d'honneur à l'exposition universelle de Porto (1865), médaille à l'exposition universelle de Dublin (1865), hors concours à l'exposition universelle de Paris (1867), hors concours à l'exposition internationale du Havre (1868), grand diplôme d'honneur à l'exposition d'Amsterdam (1869), hors concours à l'exposition internationale d'Altona (1869). Signe de l'importance prise par l'entreprise dans le domaine de la droguerie en gros, Emile-Justin Menier est chargé de rédiger le rapport sur les substances et produits médicinaux naturels, ou drogues simples, exposés à Londres en 1862[409]. En dehors de la participation à ces joutes intellectuelles et scientifiques, dans lesquelles l'honneur de la nation était aussi en jeu, l'entreprise se lance dans des campagnes de publicité à grande échelle.

C. <u>LES ANNONCES ET LA RECLAME</u>

« Mr Menier père fut dans notre pays un des rares fabricants français qui pressentaient toute la force de l'annonce, ce puissant instrument de succès pour ceux qui le comprennent. Bravant les préjugés encore puissants à cette époque, il fit à son produit (le chocolat) une large publicité, et comme il se trouvait presque seul dans les journaux d'alors, cette publicité eut un immense retentissement[410] ». Ainsi, si l'on en croit J. Turgan, le succès du chocolat Menier auprès du public s'explique en grande partie par cette pratique de l'annonce, de la publicité commerciale. L'auteur fait d'ailleurs de Menier l'un des innovateurs en la matière, qui aurait « bravé les préjugés » et ouvert une nouvelle voie commerciale. Il est vrai que la publicité n'a pas bonne presse en ce début du XIXe siècle. Pour ce qui est de l'exercice de la pharmacie, la législation napoléonienne se montre suspicieuse à l'égard de la publicité. Ainsi, d'après l'article 36 de la loi de

[408] BNF, Société Menier et Cie, Nouvelle médaille d'or de la société d'encouragement pour l'industrie, Paris, Plon, 1870, 8W2/2487.

[409] Chevalier (Michel) (dir), *Rapports des membres de la section française du jury international sur l'ensemble de l'exposition, exposition de Londres 1862*, Paris, N Chaix, T 1, p. 267.

[410] Turgan (Julien), *Les grandes usines de France…*, *op. cit.*, T 7, p. 112.

germinal, «tout débit au poids médicinal, toute distribution de drogues et préparations médicamenteuses sur les théâtres ou étalages, dans les places publiques, foires et marchés; toute annonce ou affiche imprimée qui indiquerait des remèdes secrets, sous quelque dénomination qu'ils soient présentés, sont sévèrement prohibés». La publicité est associée à l'idée de rendre un produit public, avec pour objectif de le diffuser, le cas échéant, en dehors de l'espace qui doit lui être normalement dévolu, à savoir l'officine. User de la publicité revient, aux yeux de la profession, à pratiquer une forme de commerce déloyal, apanage des charlatans ou des illégaux. Une sorte d'opprobre morale condamne au sein de la profession la réclame, perçue comme étant l'apanage des bonimenteurs, qui se produisent dans les foires et usent de leur gouaille pour séduire le public. Ce sont eux qui sont visés par l'article 36 de la loi de germinal. Cependant, au moment où Menier fonde sa société, la publicité médicamenteuse a commencé à émerger. Entre la fin du XVIIIe siècle et les années 1820-1830, elle investit progressivement les pages des journaux politiques. Son essor reste pourtant timide. Et pour cause, les pharmaciens eux-mêmes s'y montrent réticents. Un puissant discours corporatiste traverse la profession, qui insiste sur le fait que le pharmacien est un homme de laboratoire avant d'être un commerçant. Il ne saurait s'abaisser à user de la réclame. En dehors de ces aspects moraux et professionnels, le faible essor de la réclame peut aussi s'expliquer par des facteurs économiques. Le pharmacien, qui prépare et qui vend surtout à une échelle locale et sur ordonnance, n'a que peu d'intérêt à user de la publicité. Enfin, sur le plan juridique, tous les remèdes nouveaux doivent au préalable avoir été soumis à l'approbation de l'Académie de médecine[411]. Leur formule, publiée dans le codex, rend la publicité inutile puisque le remède peut être fabriqué par tout pharmacien. Assurés du monopole que leur confère la loi sur la préparation et la vente de médicaments, les pharmaciens n'éprouvent donc pas le besoin d'user de la publicité. Le savoir et les connaissances que leur confère leur titre doivent être des gages suffisants pour le public. La fin des années 1820 marque une première inflexion par rapport à la publicité pharmaceutique. Marc Martin a beaucoup insisté sur les effets de la loi de 1827, qui pousse les journaux à rechercher de nouvelles sources de financement avec l'élévation du prix du port des journaux[412]. Parallèlement, des fabricants adoptent de nouvelles stratégies commerciales. Sur un marché du médicament où tous les produits sont supposés équivalents, la stratégie médiatique et commerciale choisie par certains consiste, pour attirer ou capter l'attention du consommateur, à individualiser

[411] Chauveau (Sophie), « Le statut légal du médicament en France, XIXe-XXe siècles », in Bonah (Christian) Rasmussen (Anne) (dir.), *Histoire et…*, *op. cit.*, p. 94.

[412]Martin (Marc), *Histoire de la publicité en France*, Presses universitaires de Paris Ouest, 2012.

le produit en lui accolant le nom de l'inventeur. Les pharmaciens eux-mêmes cèdent à l'attrait de ces nouvelles formes de communication.

Il faut attendre la fin des années 1830 pour voir l'entreprise Menier se lancer dans la réclame. Ces publicités portent sur le chocolat Menier, un produit que la société choisit de mettre plus particulièrement en avant. Son usage en thérapeutique remonte au XVIIe siècle. Au début du XIXe siècle, le chocolat apparaît dans le codex, le formulaire légal des médicaments autorisés sous la rubrique « chocolat de santé[413] ». Dès le début des années 1830, l'entreprise Menier s'est lancée dans la commercialisation du chocolat médicinal, comme en attestent les prix courants qu'elle publie. L'entreprise propose aussi à ses clients de fabriquer des chocolats en fonction des doses indiquées. A certains égards, ces différents chocolats s'écartent de la formule proposée par le codex, et relèvent donc de ce que l'on appelle alors des remèdes secrets ou des spécialités. D'après S. Chauveau, ce sont des produits «préparés à l'avance et en quantité suffisante pour être vendus dans différentes officines[414] ».

Le lancement commercial du chocolat Menier a probablement eu lieu vers 1835/1836. Absent du prix courant de 1834, le produit fait l'objet d'une circulaire, en date du 8 septembre 1836, que l'entreprise adresse à ses correspondants[415]. Les premières réclames apparaissent dans les pages des journaux vers 1837, et le produit fait son entrée dans le catalogue commercial de l'entreprise en 1839. Il y fait d'ailleurs l'objet d'une présentation spécifique, destinée à redoubler la circulaire de 1836. Le terme de chocolat Menier est trompeur, qui masque en réalité une gamme de trois spécialités : le chocolat Menier, les chocolats Menier pectoraux, et les pastilles de chocolat Menier. Encore cette nomenclature n'est-elle pas tout à fait exacte, puisque chacun de ces produits se décline lui-même en substances de différentes qualités. Ainsi, du chocolat Menier qui peut être de santé ou à la vanille, avec des degrés de raffinement différents (fine, surfine, excellente). La nouveauté de ce chocolat tient moins à sa composition qu'au packaging qui l'entoure. Certes, le fabricant prend soin d'insister sur le fait qu'il ne comporte aucune farine, à la différence de nombreux chocolats falsifiés proposés dans le commerce, et qu'il est « parfaitement fabriqué », mais surtout il insiste sur le lien étroit qui existe entre le lancement du produit et le recours à la publicité. « La vogue vraiment extraordinaire dont jouit déjà cet excellent produit atteste, ainsi que nous l'avons prévu avec

---

[413] Jourdan (A.J.L.), *Code pharmaceutique*, traduction de l'ouvrage rédigé en latin, sous le titre de Codex medicamentarius... et publié, conformément à l'ordonnance royale du 8 août 1816 par la Faculté de médecine de Paris, 1821, p. 518.

[414] Chauveau (Sophie), « Le statut légal du médicament en France, XIXe-XXe siècles », *art cit*, in Bonah (Christian) Rasmussen (Anne) (dir.), *Histoire et…*, *op. cit.*, p. 97

[415] *Journal des débats politiques et littéraires*, Paris, 1838-11-01, non paginé.

raison, qu'un chocolat parfaitement fabriqué, ne contenant pas un atome de farine, et pour lequel nous ferions de grandes dépenses de publicité par la voie des journaux, trouverait partout de nombreux amateurs[416] ». Surtout, le fabricant décide d'y « attacher son nom comme une garantie des soins qui président à sa fabrication », et pour empêcher toute imitation du produit. Il s'agit ainsi d'associer au chocolat le nom du fabricant, comme une garantie de protection de la spécialité face aux tentatives de contrefaçon. On assiste ainsi, avec Menier, à l'essor de la marque de fabrique qui s'efforce de rappeler au consommateur que tous les produits ne se valent pas. S. Chauveau a bien mis en évidence la prise en compte de ces nouvelles pratiques par le législateur avec « la loi de 1857 sur les marques de fabrique qui permet de protéger les spécialités contre les copies mais surtout de leur donner une existence[417] ».

La stratégie de la marque est étroitement liée à une campagne commerciale destinée à imposer coûte que coûte le produit sur le marché. Tous les correspondants de l'entreprise, qui font la démarche de commercialiser le chocolat Menier, se voient attribuer le titre de « dépositaires ». La seule contrainte imposée par la société est de disposer d'un « assortiment complet de toutes les qualités ». La société se propose par ailleurs de leur fournir des affiches et prospectus en nombre suffisant. Surtout, le fabricant décide d'opérer une remise de 25% sur le prix au consommateur. Il s'agit ainsi de séduire directement le public en contournant les réseaux de distribution traditionnels par le biais d'un discours rassurant, sur la qualité supérieure du chocolat, et du rabais.

---

[416] *Ibid.*

[417] Chauveau (Sophie), « Le statut légal...», *art cit*, in Bonah (Christian) Rasmussen (Anne) (dir.), *Histoire et...*, *op. cit.*, p. 90.

Illustration 8. Doré, les annonces en images[418]

Cette caricature de Gustave Doré montre qu'en 1852 le chocolat Menier est désormais un produit connu des consommateurs. La stratégie commerciale du droguiste a fonctionné. A cette date, le produit s'est imposé dans l'imaginaire et les représentations comme le meilleur et le moins cher.

Mossieu, quelle différence y a-t-il donc entre votre chocolat et le chocolat Ménier? — Oh! *móssieu*, il y a une grande différence. — Laquelle donc, s'il vous plait? — *Mossieu*, le nôtre est beaucoup plus cher.....

Pour cette campagne, le fabricant mobilise son appareil productif et ses machines, qui lui permettent de « livrer chaque jour à la consommation 1000 à 1200 livres de chocolat[419] ». La puissance de l'appareil industriel de l'entreprise est en effet un élément déterminant dans la stratégie développée par Menier, autour du lancement de ses spécialités pharmaceutiques. Le

[418] BNF, Philippon (Ch.), *Le Journal pour rire : journal d'images, journal comique, critique, satirique, lithographique...*, Aubert et cie, Paris, 1852/02/20 (N21), p. 3.
[419] BNF, Menier, Documents publicitaires, *op. cit.*

chocolat Menier bénéficie ainsi d'une formidable campagne commerciale, ce que l'on appellerait aujourd'hui un lancement de produit. Le cas du chocolat Menier montre que l'essor de la publicité médicamenteuse est étroitement lié à l'expansion de ces spécialités, et ce dès la première moitié du XIXe siècle. On a ici affaire, en ce milieu des années 1830, à la première campagne publicitaire d'envergure nationale pour un produit pharmaceutique.

Cette campagne est audacieuse à plusieurs niveaux. Menier s'affranchit notamment des règles qui encadrent la commercialisation des nouveaux remèdes. Un décret a confié, en 1820, l'examen des formules des nouveaux remèdes à l'Académie de médecine. Celle-ci doit être systématiquement consultée par le ministère de l'Intérieur pour toute demande d'autorisation à la vente d'un remède nouveau[420]. La stratégie adoptée par Menier s'éloigne de ce cadre, comme en témoigne le codex de 1837 qui ne fait nulle mention du chocolat en question. A cet égard, le produit proposé par le droguiste s'apparente à un remède secret. Menier n'est cependant pas un cas isolé et les autorités tendent parfois à accepter la commercialisation de remèdes a posteriori. L'Ecole de pharmacie adopte ainsi une attitude variable selon les individus. Au début des années 1830, s'adressant au préfet, celle-ci recommande ainsi d'autoriser la vente d'un remède secret diffusé par un pharmacien, M. Leperdriel : « considérant que de tous temps on a vendu des substances vénéneuses pour la destruction des animaux nuisibles, qu'il ne serait ni possible, ni utile de l'empêcher, que la vente de ces substances ne saurait d'ailleurs être mieux confiée qu'aux pharmaciens qui en connaissent les effets, l'Ecole pense que l'on peut autoriser M. Leperdriel à débiter son insecto-mortifère, sauf à inscrire sur les boîtes l'étiquette suivante : substances vénéneuses insecto mortifère[421] ». Ce n'est donc pas la qualité du produit qui est en jeu mais bien le fait qu'il s'agit d'un pharmacien!!!

De plus en plus de fabricants décident de contourner la loi avec l'ambition d'obtenir directement l'onction du marché. Plus grave encore, le droguiste viole ouvertement la loi de germinal qui confie la préparation et la vente des drogues à des pharmaciens diplômés. Certes, l'entreprise en emploie un certain nombre, mais le chocolat est bel et bien vendu sous le nom de Menier. Ce n'est peut-être pas un hasard si le gérant entreprend, à peu près au même moment, des démarches pour obtenir le diplôme de pharmacien lui permettant de vendre son chocolat en toute légalité. Il y a probablement là une concomitance qui ne tient pas qu'au hasard. L'autre rupture consiste dans l'utilisation de la réclame à grande échelle. Voilà qui peut heurter des pharmaciens plutôt réticents à l'égard de la réclame. Le

---

[420] Chauveau (Sophie), « Le statut légal... », *art. cit.*, in Bonah (Christian) Rasmussen (Anne) (dir.), *Histoire et...*, *op. cit.*, p. 94.
[421] AN, AJ/16/2230, Lettre de décembre 1830.

fabricant joue du reste sur l'ambiguïté de son produit, au croisement de l'alimentaire et du médicament. Dans ses réclames, Menier rappelle que le chocolat est une « substance alimentaire, dont l'usage a pour but la conservation de la santé ou son rétablissement à la suite des maladies[422] ». Il s'agit ainsi de contourner la loi de germinal en évitant soigneusement de présenter le chocolat comme un médicament. Les premières publicités apparaissent dans la seconde moitié des années 1830, vers 1837. On en trouve les traces dans le Journal des Débats. Ce sont des encarts qui figurent en bas de page au milieu d'autres annonces. On met en avant les récompenses obtenues, le lieu où se situe la fabrique, gage d'excellence par sa production standardisée. Les récompenses obtenues par le biais des expositions sont un bon moyen de conquérir la confiance du public. Il s'agit de le rassurer. Ce n'est pas un hasard si Menier n'a de cesse de rappeler, dans ses annonces, les médailles d'or et d'argent obtenues lors des expositions, sans préciser d'ailleurs que celles-ci récompensent non pas le chocolat, mais les procédés de pulvérisation employés par Menier dans son usine de Noisiel. Le fabricant aime également mettre en avant la qualité supérieure de son chocolat sur ceux « du commerce » qui souffrent de nombreuses altérations. A cette qualité inégalée s'ajoute la « modicité du prix ».

Illustration 9. Annonce pour le chocolat Menier, parue dans le Journal des Débats (1837)[423]

[422] *Journal des débats politiques et littéraires*, Paris, 1838-11-01, non paginé.
[423] BNF, *Journal des débats politiques et littéraires*, Paris, 1837/05/20, non paginé.

Il arrive que le Journal des Débats reproduise in extenso des articles parus dans d'autres journaux, comme celui publié en 1838 et tiré de l'Hygie, gazette de santé. Si l'on en croit le titre, la réclame s'adresse aux « amateurs de chocolat », elle vise donc directement les consommateurs. Il ne s'agit pas simplement de vendre le produit comme une simple friandise, comme un plaisir gourmand, mais bien comme un aliment jouissant de propriétés thérapeutiques. « Il importe de diriger les personnes qui, par goût ou par nécessité, se trouvent dans le cas de faire de cet article un des principaux moyens de leur alimentation[424] ». Ce n'est pas un hasard si les autres cibles de la réclame sont les médecins, dont on espère qu'ils seront aussi influencés par leur malade qui ne manqueront pas de leur réclamer ce chocolat. « C'est particulièrement l'attention des médecins que nous voulons appeler sur les produits de la fabrique de M. Menier », peut-on lire dans le texte. Les médecins sont en effet chargés de prescrire les médicaments, terme que le publiciste se garde bien d'employer, et pour cause. Le chocolat est tour à tour désigné comme une « substance alimentaire », une « substance analeptique », un produit « nutritif », un « aliment », un produit « réparateur ». Pourtant, c'est bien autour des propriétés thérapeutiques ou médicamenteuses du chocolat que tourne la publicité. Menier joue de la porosité qui existe entre médicament et aliment pour se lancer dans la fabrication d'une spécialité pharmaceutique qui ne dit jamais son nom. Le chocolat, « par ses qualités nutritives », serait susceptible de permettre la « conservation de la santé ou son rétablissement ». Le droguiste se positionne ainsi aux marges du médicament, comme adjuvant. Ne disposant d'aucun diplôme de pharmacien, il prend le soin de ne pas trop irriter ses principaux partenaires commerciaux et cherche à s'affirmer sur le marché de la médecine dite préventive (avant le déclenchement de la maladie) ou de rétablissement (une fois que la maladie a disparu).

Afin de convaincre consommateurs et médecins de la supériorité du chocolat Menier, le fabricant joue sur la peur liée aux fraudes et aux falsifications des chocolats dits du commerce. Le chocolat est la substance qui « éprouve le plus d'altérations, et que la cupidité de certains fabricants est parvenue à dépouiller de ses qualités nutritives, au point d'en faire un aliment tout à fait contraire au but que le médecin se propose en le prescrivant ». Plus loin, de nouveau, on fait plus particulièrement appel à « l'attention des médecins ». Ceux-ci sont « fortement intéressés à ne pas voir leurs espérances frustrées lorsqu'ils prescrivent l'emploi d'un aliment aussi réparateur[425] ». La supériorité du chocolat Menier tiendrait au fait qu'il n'est pas falsifié et qu'il est fabriqué à une échelle industrielle. La Maison Menier a « consacré d'énormes capitaux pour établir à Noisiel-sur-Marne

[424] *Journal des débats politiques et littéraires*, Paris, 1838-11-01.
[425] *Ibid.*

une machine hydraulique qui lui permet de réaliser toutes les conditions propres à arriver aux résultats les plus avantageux[426] ». Le discours sur la falsification est ainsi mobilisé dans un sens commercial.

Illustration 10. Publicité pour le chocolat Menier paru dans le Journal des Débats (1838)[427]

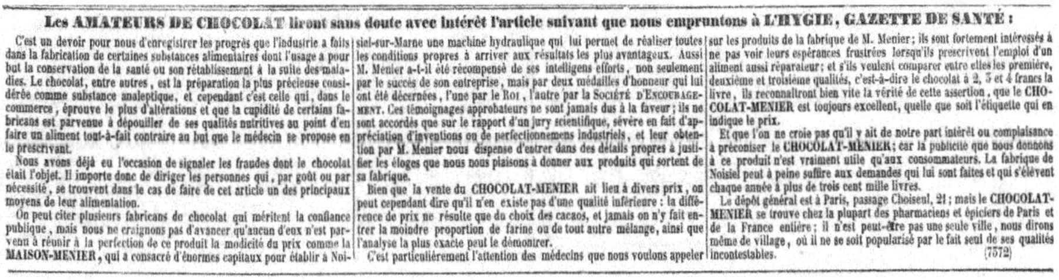
Les AMATEURS DE CHOCOLAT liront sans doute avec intérêt l'article suivant que nous empruntons à L'HYGIE, GAZETTE DE SANTÉ :

C'est un devoir pour nous d'enregistrer les progrès que l'industrie a faits dans la fabrication de certaines substances alimentaires dont l'usage a pour but la conservation de la santé ou son rétablissement à la suite des maladies. Le chocolat, entre autres, est la préparation la plus précieuse considérée comme substance analeptique, et cependant c'est celle qui, dans le commerce, éprouve le plus d'altérations et que la cupidité de certains fabricans est parvenue à dépouiller de ses qualités nutritives au point d'en faire un aliment tout-à-fait contraire au but que le médecin se propose en le prescrivant.

Nous avons déjà eu l'occasion de signaler les fraudes dont le chocolat était l'objet. Il importe donc de diriger les personnes qui, par goût ou par nécessité, se trouvent dans le cas de faire de cet article un des principaux moyens de leur alimentation.

On peut citer plusieurs fabricans de chocolat qui méritent la confiance publique, mais nous ne craignons pas d'avancer qu'aucun d'eux n'est parvenu à réunir à la perfection de ce produit la modicité du prix comme la **MAISON-MENIER**, qui a consacré d'énormes capitaux pour établir à Noisiel-sur-Marne une machine hydraulique qui lui permet de réaliser toutes les conditions propres à arriver aux résultats les plus avantageux. Aussi M. Menier a-t-il été récompensé de ses intelligens efforts, non seulement par le succès de son entreprise, mais par deux médailles d'honneur qui lui ont été décernées, l'une par le Roi, l'autre par la Société d'Encouragement. Ces témoignages approbateurs ne sont jamais dus à la faveur ; ils ne sont accordés que sur le rapport d'un jury scientifique, sévère en fait d'appréciation d'inventions ou de perfectionnemens industriels, et leur obtention par M. Menier nous dispense d'entrer dans des détails propres à justifier les éloges que nous nous plaisons à donner aux produits qui sortent de sa fabrique.

Bien que la vente du **CHOCOLAT-MENIER** ait lieu à divers prix, on peut cependant dire qu'il n'en existe pas d'une qualité inférieure : la différence de prix ne résulte que du choix des cacaos, et jamais on n'y fait entrer la moindre proportion de farine ou de tout autre mélange, ainsi que l'analyse la plus exacte peut le démontrer.

C'est particulièrement l'attention des médecins que nous voulons appeler sur les produits de la fabrique de M. Menier ; ils sont fortement intéressés à ne pas voir leurs espérances frustrées lorsqu'ils prescrivent l'emploi d'un aliment aussi réparateur ; et s'ils veulent comparer entre elles les première, deuxième et troisième qualités, c'est-à-dire le chocolat à 2, 3 et 4 francs la livre, ils reconnaîtront bien vite la vérité de cette assertion, que le **CHOCOLAT-MENIER** est toujours excellent, quelle que soit l'étiquette qui en indique le prix.

Et que l'on ne croie pas qu'il y ait de notre part intérêt ou complaisance à préconiser le **CHOCOLAT-MENIER** ; car la publicité que nous donnons à ce produit n'est vraiment utile qu'aux consommateurs. La fabrique de Noisiel peut à peine suffire aux demandes qui lui sont faites et qui s'élèvent chaque année à plus de trois cent mille livres.

Le dépôt général est à Paris, passage Choiseul, 21 ; mais le **CHOCOLAT-MENIER** se trouve chez la plupart des pharmaciens et épiciers de Paris et de la France entière ; il n'est peut-être pas une seule ville, nous dirons même de village, où il ne se soit popularisé par le fait seul de ses qualités incontestables. (7572)

Les années 1830 marquent une rupture pour l'entreprise en termes de capital, de capacité de production, et de stratégie commerciale. A n'en pas douter, la campagne publicitaire agressive lancée à la fin des années 1830 contribue à asseoir le chocolat Menier sur le marché. Le chocolat connaît un réel succès, et pas seulement au sein des élites et des classes bourgeoises. Succédant à son père, Emile-Justin Menier poursuit cette stratégie publicitaire. « Loin de renoncer à la publicité en voyant qu'il ne pouvait plus suffire aux demandes, il n'hésita pas au contraire à la maintenir en augmentant ses moyens de fabrication[428] ». La publication des catalogues à prix courant, la participation de l'entreprise à des expositions, l'obtention de nombreuses récompenses y sont aussi pour beaucoup. La puissance industrielle de l'entreprise fascine les contemporains. L'industrialisme, la croyance dans la supériorité de la machine s'accompagnent d'une vision positive du produit qui en est issu. Menier joue ainsi un rôle essentiel dans le changement de paradigme du message publicitaire au milieu du XIXe siècle. Assurément, il apparaît comme l'un des pères fondateurs de ce que Benoît Lenoble a appelé le «réclamisme[429]». Les stratégies médiatiques développées par la maison Menier permettent au public de découvrir un large marché de drogues médicinales, voisinant avec des produits alimentaires. Elles facilitent l'appropriation du médicament par les malades, prélude à une médicamentalisation de la société. Moins soumis aux contraintes morales et professionnelles qui pèsent alors sur la pharmacie, les droguistes innovent et

[426] *Ibid.*
[427] BNF, *Ibid*
[428] Turgan (Julien), *Les grandes usines de France…*, *op. cit.*, T 7, p. 114.
[429]Lenoble (Benoît), *Le journal au temps du réclamisme. Presse, publicité et culture de masse en France (1863-1930)*, thèse de doctorat d'histoire, université Paris 1, 2007.

facilitent l'acculturation aux médicaments. A cet égard, le médicament entre, plus tôt que d'autres objets culturels, dans ce que D. Kalifa appelle le régime médiatique. Les images sont alors peu mobilisées. Lorsqu'elles le sont c'est pour donner à voir l'usine de Noisiel, ce qui permet au public d'associer le produit à un espace identifié. La marque de fabrique et la publicité deviennent l'apanage du bon produit. J. Turgan peut ainsi écrire, au début des années 1870, que « les produits vendus en grand par la publicité, portant avec eux le nom de leur fabricant et le prix maximum auquel ils doivent être vendus, offrent à l'acheteur des garanties que sont loin de lui présenter des produits similaires, dont les auteurs se cachent et sont livrés par les intermédiaires à des prix arbitraires[430] ». Le même auteur estime que les frais d'annonces représentent alors 2% du chiffre de vente. Si l'on estime que le chiffre d'affaires de l'entreprise s'élève à environ 7 millions de francs en 1869, les frais publicitaires engagés par la société se situeraient autour de 140 000 F. Le fabricant doit aussi son succès à sa capacité à suivre et à saisir les évolutions du marché du médicament. Cette formidable expansion de l'entreprise ne va pas sans susciter des tensions et des crispations, notamment chez les pharmaciens parisiens, très attachés à la défense de leur monopole. C'est justement à ces pharmaciens qu'il nous faut maintenant nous intéresser.

[430] *Ibid.*, p. 113.

CHAPITRE VII
LES PHARMACIENS ET LA HANTISE DE LA PERTE DU MONOPOLE

Le réclamisme touche de façon plus précoce certains secteurs comme le médicament. Un rapide sondage dans les journaux de l'époque montre que, dès les années 1830, certains se garnissent d'annonces, d'images relatives à des remèdes. Il faut aussi compter avec cette réclame invisible dans les sources, celle des colporteurs, des vendeurs ambulants, des guérisseurs improvisés, voire même des pharmaciens qui, contrevenant à la loi de germinal, vantent les mérites de certains remèdes sur de petites feuilles ou affiches. Les stratégies médiatiques de la maison Menier accroissent la visibilité de ces entorses. Elles montrent aussi aux yeux du public que les pharmaciens ne sont que de modestes intermédiaires sur le marché du médicament. Cette montée en puissance des droguistes à travers l'émergence de la société Menier et Cie tend à inquiéter les pharmaciens, qui craignent à la fois pour leur indépendance commerciale, mais aussi, plus largement, pour leur monopole sur le marché du médicament. La loi de germinal n'est pas pour rassurer les pharmaciens, elle qui, tout en s'efforçant de contrôler ces « métiers de danger[431] », n'établit pas non plus un monopole exclusif, invitant de facto chacun « à tenter sa chance pour profiter au maximum de ces marges floues de tolérance[432] ». La montée en puissance de maisons de commerce comme Menier pouvait laisser penser aux pharmaciens que leur monopole serait remis en question à plus ou moins long terme. Nous allons voir quelles furent les réponses de la profession à ces évolutions. Dans un premier temps, nous reviendrons sur l'essor du fait associatif chez les pharmaciens, puis nous reviendrons sur la façon dont ces derniers ont utilisé le combat contre les falsifications alimentaires.

A. LA QUÊTE DE L'ASSOCIATION

Le début du XIXe siècle est une période confuse et troublée pour de nombreux métiers. Les lois d'Allarde et le Chapelier ont supprimé les

[431] Minard (Philippe), « Après 1791 : le métier sans institution », in Kaplan (Steven), Minard (Philippe), *La France malade du corporatisme, XVIII-XXe siècles*, Paris, Belin, 2004, p. 93.
[432] *Ibid*, p. 95.

corporations au nom du libéralisme. Pour autant, les entorses sont nombreuses. Certains secteurs retrouvent assez vite un cadre corporatiste, à l'image des boulangers de Paris (1801), des bouchers, des médecins et pharmaciens, ou encore de certaines professions juridiques (notaires, avoués, huissiers). Dans l'ensemble prévaut la confusion, avec un système qui oscille entre liberté et contrôle, le tout donnant l'impression que règne l'arbitraire. Malgré les avantages que leur procure la loi de germinal, les pharmaciens ont le sentiment de bénéficier d'un monopole incomplet, d'autant que les droguistes tendent à s'immiscer dans la vente de médicaments au détail, et cela sans que les autorités en répriment les abus. « Comment (les pharmaciens) pourraient-ils, en effet, lutter avec les droguistes, qui leur vendent les matières premières et leur font payer chèrement celles de choix ; pour ne se réserver que les qualités inférieures qu'ils font entrer dans leurs compositions? Ainsi, le pharmacien, tout en restreignant le plus possible son bénéfice, ne peut atteindre le bas prix auquel les droguistes établissent leurs préparations[433] ». Les pharmaciens, à l'image de Robiquet, se plaignent ainsi de la concurrence illégale dont ils sont les victimes. Ils supportent également difficilement les prix pratiqués par ces grandes maisons de négoce, qu'ils soupçonnent de réaliser des marges sur leur dos.

A cette dépendance commerciale et professionnelle s'ajoute un sentiment de dépossession empreint d'impuissance. Certains pharmaciens réclament ainsi pour les droguistes ce que l'on exige d'eux, à savoir un véritable diplôme. C'est ce que rappelle Robiquet dans un passage corrosif. « Il faut qu'il (le droguiste) sache en outre apprécier les avaries qu'elle a pu subir, quelle est la date de sa récolte, quel est le meilleur moyen de préserver cette marchandise des altérations qu'elle peut éprouver, etc. Avec toutes ces données il ne se trouvera plus exposé à tromper les autres, et encore moins à l'être lui-même. Nous ne verrions plus de ces prétendues gens de bonne foi qui se croient à l'abri de tout reproche après avoir revendu une marchandise telle qu'ils l'ont achetée, et qu'ils se sont contentés d'un bénéfice légitime. C'est à l'acquéreur à voir, vous disent-ils, si la marchandise lui convient ; quant à nous, notre rôle doit se borner à acheter et à vendre ; nous ne sommes tenus de nous y connaître que dans nos intérêts ; tant pis pour nous si nous spéculons sur un article qui n'est pas de défaite. (...) N'est-il pas évident, d'après cela, que le gouvernement doit, dans le grand intérêt de la société, exiger des droguistes les mêmes garanties qu'il exige, à juste titre, des pharmaciens, en en exceptant toutefois ce qui tient à la préparation des médicaments composés? Alors ces messieurs agiraient en connaissance de cause, et ils deviendraient responsables devant la loi[434] ».

[433] Robiquet, « Droguiste », *art. cit.*, p.208.
[434] *Ibid.*

La première moitié du XIXe siècle se caractérise, chez les pharmaciens, par la rédaction de nombreuses pétitions semblables à ce passage exigeant plus de contrôle de la part des autorités et que les règles soient les mêmes pour tous. La loi est mal comprise par les pharmaciens qui lui reprochent ses ambiguïtés. Tout au long du XIXe siècle, les règlements qui entourent leur profession suscitent constamment leur incompréhension. Le journal de chimie médicale, de pharmacie, et de toxicologie s'étonne ainsi que la loi de germinal soit si exigeante en termes de diplôme à l'égard de la pharmacie, et si peu regardante quant au métier de droguiste. La « loi qui régit la pharmacie exige: 1.Que le pharmacien justifie d'études préliminaires, d'un temps voulu de stage, et qu'il subisse des examens publics afin d'obtenir un diplôme. 2.Que le vendeur de plantes indigènes, que l'herboriste, qui n'a dans son magasin que des plantes pour la plupart insignifiantes, fasse preuve de savoir. Cette loi a oublié de demander des preuves de sa capacité au droguiste qui reçoit dans ses magasins, qui délivre au public, les drogues de toutes les parties du monde, les produits chimiques les plus actifs, les poisons les plus énergiques[435] ». Au tournant des années 1840, les pharmaciens se mobilisent pour obtenir, a minima, que la loi exige des connaissances de la part d'une profession qui fait le commerce de médicaments en gros. « Il est indispensable qu'une profession, comme celle du droguiste, soit le sujet de règlements analogues à ceux qui concernent la pharmacie[436] ». Il s'agit d'exiger, de la part des droguistes, des connaissances sur la nature des substances qui font partie du commerce de la droguerie, ainsi que sur les moyens à mettre en pratique pour conserver ces substances. Bref, il s'agit de faire preuve de ses capacités[437]. En dehors de ces demandes de régulation, la profession cherche aussi à s'organiser.

L'essor du marché du médicament, le développement de grandes entreprises de négoces en drogues ou en eaux minérales, obligent les pharmaciens à riposter. Il ne s'agit plus seulement de pétitionner pour demander la protection de l'Etat, mais bien de développer des associations commerciales pour défendre le monopole sur le marché. Ainsi, un certain nombre de pharmaciens parisiens cherchent, dès les années 1810/1820, à stimuler des associations commerciales de nature corporatiste afin de résister aux empiètements de ces illégaux (droguistes, épiciers, herboristes, religieuses) qui, de plus en plus, ne craignent pas de vendre des médicaments au détail. Le 6 décembre 1819, A. Fée, un ancien confrère de Menier, réunit les pharmaciens de Paris pour leur vanter les « charmes de la confraternité[438] ». Tout comme « les bouchers, les charcutiers, les

---

[435] *Journal de chimie médicale, de pharmacie, de toxicologie*, Paris, Février 1843, p. 122.
[436] *Ibid.*
[437] *Ibid.*
[438] Faculté de Pharmacie de Paris, Recueil de pièces 30964, 6 décembre 1819.

boulangers », les pharmaciens peuvent « obtenir le droit de s'établir en corporations » en faisant « valoir au gouvernement « l'argument de l'hygiène publique ». Cette « ligue » pharmacienne peut ainsi faire « trembler le charlatanisme[439] ».

Cette nostalgie de l'Ancien Régime et cette demande de régulation ne sont pas propres à la pharmacie. Suite aux lois libérales de la période révolutionnaire, de nombreux métiers demandent, à travers des pétitions, le rétablissement des corporations[440]. Les attentes sont diverses et parfois confuses: rétablissement du monopole, reconstitution d'une forme d'organisation collective, régulation de la concurrence, etc…[441]. Le recours à l'association commerciale fait partie des réponses développées par le petit commerce pour résister à ce qui apparaît comme une désintégration de l'identité professionnelle. On retrouve des expériences associationnistes chez de nombreuses professions menacées par l'expansion du libéralisme dans la première moitié du XIXe siècle. C'est le cas, par exemple, des bouchers qui cherchent à développer un système de fondage en commun[442]. Dans le même temps que chemine cet idéal associationniste teinté de corporatisme, d'autres mettent en avant la nécessité, pour la profession, de pénétrer plus audacieusement sur les terres de l'industrie et du commerce[443]. C'est notamment le cas d'Amédée Vée. La pharmacie est une profession tout à la fois scientifique et industrielle écrit-il en 1837. Or, trop souvent, le pharmacien s' « effarouche » et « s'étonne du moyen de parvenir que l'industriel regarde comme légitime et permis ». Certes, le pharmacien doit demander des réformes et plus de protection de la part du pouvoir mais, dans l'attente de cette loi, il lui faut réagir. Le commerce, souligne A. Vée, est « l'âme des sociétés modernes ». Au prix de circonlocutions douloureuses, l'auteur pointe ainsi la nécessité de recourir à « l'abaissement relatif des prix » des médicaments et à l'usage « de la publicité renfermée dans des conditions de la moralité et de la légalité dont tout honnête homme ne s'écartera jamais»[444].

Beaucoup de pharmaciens se montrent néanmoins réticents à l'égard de l'industrialisation, du capitalisme, et de la publicité. Dans les années 1830, un certain Claude lança un projet de Pharmacie normale à Mulhouse. Le but était de « rendre l'exercice de la pharmacie plus facile et plus lucratif aux

---

439 *Ibid.*
440 Minard (Philippe), « Après 1791 : le métier… », *art. cit.*, p. 88.
441 *Ibid.*
442 Leteux (Sylvain), *Libéralisme et corporatisme chez les bouchers parisiens (1776-1944)*, Université Charles de Gaulle, Lille 3, p. 251.
443 Vée (Amédée), « De l'avenir de la pharmacie en France », *Journal de la pharmacie du Midi*, 1837.
444 *Ibid*, p. 423.

pharmaciens éloignés des grandes villes[445] ». Il imagina une société par actions, à laquelle seraient appelés tous les pharmaciens des différents points de la France. La société devait être administrée par un directeur et des administrations assez nombreuses pour assurer un service régulier, une correspondance facile et prompte avec des centres de subdivisions établies dans les départements[446]. Cette entreprise devait disposer d'un magasin central pour les marchandises, et des dépôts placés dans chaque chef-lieu assureraient aux pharmaciens actionnaires des approvisionnements en matières premières et en produits déjà fabriqués. Outre le bas prix auquel ces marchandises lui seraient fournies, chaque actionnaire participerait aux dividendes des bénéfices généraux de la société. Par ce moyen, d'après Claude, « la « profession affranchie (...) se relèverait (...) de l'état de malaise et de souffrance dont elle avait vraiment droit de se plaindre depuis longtemps ». Le développement de la droguerie pharmaceutique et l'affirmation d'entreprise comme la maison Menier poussèrent les pharmaciens à réfléchir à de nouvelles organisations commerciales. Cette rhétorique corporatiste s'articule avec un autre combat, celui mené contre les falsifications.

B. LA LUTTE CONTRE LES FALSIFICATIONS : UN COMBAT CORPORATISTE DEGUISE ?

A la suite des lois d'Allarde et Le Chapelier, de nombreux métiers se tournent vers l'Etat, lui demandant plus de réglementation. « La volonté de voir régulée la concurrence est souvent confondue avec les problèmes de règlement de fabrication, de contrôle de la qualité des produits, de lutte contre la contrefaçon et les fraudes en général » note ainsi P. Minard[447]. Cet argument pouvait faire mouche auprès des gouvernants qui, depuis l'Ancien Régime, se montraient soucieux de police sanitaire et de santé publique. C'était bien au nom de la police des subsistances que la profession de boulanger avait été de nouveau réglementée en 1801. C'était bien au nom de la santé publique que le pouvoir consulaire avait décidé de réglementer les professions de médecins et de pharmaciens en 1803. En ce début du XIXe siècle, l'Etat manifeste ainsi quelques préoccupations pour la santé des populations. C'est d'ailleurs la raison pour laquelle le pouvoir napoléonien a mis en place la loi de germinal. « L'intervention des pouvoirs publics dans le domaine de la santé est le fait du ministère de l'Intérieur, puis du Commerce,

[445] Bibliographie, « Pharmacie normale par M. Claude », *Journal de pharmacie et de chimie*, Paris, Colas, janvier 1837, p. 42.
[446] *Ibid.*
[447] Minard (Philippe), « Après 1791 : le métier... », *art. cit.*, p. 89.

ainsi que des institutions savantes comme l'Académie de médecine[448] ». Afin de protéger le public, le Consulat, prolongeant du reste des mesures prises sous l'Ancien Régime, avait mis en place des dispositifs de contrôle de l'officine et des magasins de droguiste et d'épicier.

A Paris et dans les villes dotées d'une école de pharmacie, deux docteurs et professeurs des écoles de médecine, accompagnés des membres des écoles de pharmacie, et assistés d'un commissaire de police, devaient visiter, une fois l'an, les officines et magasins des pharmaciens et droguistes. Il s'agissait de vérifier la bonne qualité des drogues. Ils avaient également la mission de « visiter et d'inspecter les magasins de drogues, laboratoires et officines des villes placées dans le rayon de dix lieues de celles où étaient établies les écoles[449] ». Dans les autres villes et communes, les visites devaient être faites par les membres des jurys de médecine, unis aux quatre pharmaciens qui leur seraient adjoints ». Les historiens ont beaucoup insisté sur la subordination de fait qui existait entre les pharmaciens et les médecins, les premiers étant placés sous le contrôle des seconds. En réalité, il s'agissait de subordinations en cascade. Les pharmaciens eux-mêmes exerçaient une prééminence sur les autres métiers assurant le commerce du médicament. L'Etat n'avait donc pas renoncé à tout contrôle, il s'appuyait pour cela sur des intermédiaires issus des professions de santé. Mais ce souci de santé publique était mâtiné de libéralisme. Si tout le monde s'accorde pour dire que les infractions étaient faiblement sanctionnées, les contrevenants étaient tout de même signalés aux autorités et pouvaient recevoir des admonestations.

Ce contrôle des officines et des magasins des droguistes pouvait être une arme dans les mains des pharmaciens. La première moitié du XIXe siècle est marquée par une expansion et une multiplication des drogues. Difficile alors pour une officine de posséder tous les extraits qui figurent dans le codex, ou qui sont potentiellement disponibles sur le marché. Pharmaciens, épiciers, droguistes, se livrent parfois à des falsifications ou des sophistications. En l'absence de tel ou tel produit, ils n'hésitent pas à le remplacer par un autre. Ces procédés sont monnaie courante. Ils peuvent être conscients ou involontaires. Il est parfois impossible pour le détaillant d'être en mesure de distinguer l'authenticité de tel ou tel produit.

Les pharmaciens s'approvisionnent en effet régulièrement auprès des droguistes, et sont confrontés parfois à des falsifications. C'est le cas du séné qui, à la fin des années 1820, débouche sur « divers accidents d'une extrême

[448] Chauveau (Sophie), « Le statut légal...», *art. cit.*, in Bonah (Christian) Rasmussen (Anne) (dir.), *Histoire et...*, *op. cit.*, p. 89.
[449] Loi de germinal.

gravité rendant son emploi redoutable[450] ». « Le jury médical, dont j'ai l'honneur de faire partie, écrit ainsi A. Fée à propos de cette question du séné, reçut l'ordre de se transporter à Tourcoing pour visiter les magasins d'épiceries où se vendait ce médicament devenu depuis quelque temps si dangereux. Nous trouvâmes du séné chez tous les épiciers; car la loi qui leur interdit la vente des drogues simples au détail, leur permettant d'en vendre au demi-gros, tous peuvent facilement éluder les dispositions de l'ordonnance de police du 18 pluviôse an 9, et celle de la loi du 21 germinal an XI. Ainsi devient nulle et insuffisante la prévision du législateur[451] ». Sous la plume des pharmaciens la vente des sénés toxifères devient l'apanage des non-diplômés. « Les épiciers de Tourcoing déclarèrent qu'ils avaient acheté leurs sénés à Lille, et cette déclaration rendit nécessaires quelques visites dans les pharmacies et drogueries du chef-lieu. Nous ne trouvâmes dans les premières que des sénés de bonne nature, et sans mélange; mais, dans les secondes, nous en trouvâmes une sorte qui contenait au-delà de 20 parties sur 100 de feuilles d'arguel brisées[452] ». Le thème de la falsification est souvent mobilisé par les pharmaciens, tout au long du XIXe siècle, pour arguer des bienfaits du diplôme, et asseoir le monopole de la profession sur le marché du médicament. Le diplôme devient ainsi le bouclier qui permet d'instaurer une sécurité sanitaire, discours non sans paradoxe puisqu'il est aussi mobilisé pour dédouaner une profession qui, lorsqu'elle se trouve en possession de produits falsifiés, s'en prend aux grossistes ou autres détaillants auprès desquels elle s'est elle-même fournie....

La loi de germinal était particulièrement silencieuse quant aux questions de falsification. Elle prescrivait la saisie des médicaments gâtés ou mal préparés, mais ne se préoccupait pas des questions de sophistication. Le Code pénal apportait néanmoins un certain nombre de précisions. « Les falsifications qui n'étaient pas nuisibles à la santé étaient punies de simples mesures de police. Mais, si le produit était nuisible à la santé, la responsabilité du vendeur était automatiquement mise en cause, et c'était à lui de fournir la démonstration de sa bonne foi. Inversement, si le produit n'était pas nuisible à la santé, c'était à l'acheteur de prouver la tromperie dont il avait été victime[453] ». Dans le cas des pharmaciens, l'affaire se compliquait quelque peu puisque, en théorie, c'était à lui que revenait la mission d'identifier les substances de qualité. L'ordonnance sur les poisons avait conforté ces inégalités de traitement. Ces différents éléments expliquent que les pharmaciens, notamment à Paris, aient renforcé les

---

[450] *Journal de chimie médicale, de pharmacie, de toxicologie*, Paris, 1828/01 (A4,N1)-1928/12 (A4,N12).

[451] Gallica, *Journal de chimie médicale, de pharmacie, de toxicologie*, Paris, novembre 1828, p. 536.

[452] *Ibid.*

[453] Stanziani (Alessandro), *Histoire....*, p.46.

contrôles et les inspections vers les différents acteurs de la chaîne du médicament. Les comptes rendus d'assemblée générale de l'Ecole de pharmacie conservés aux archives nationales témoignent ainsi d'une inflexion à partir des années 1840. Peut-être faut-il y voir les effets de la circulaire du ministère de l'Agriculture, du Commerce, et de l'Industrie en date du 10 novembre 1838[454]. Celle-ci rappelle aux commerçants et aux producteurs combien est nuisible à l'industrie française la vente de marchandises falsifiées[455]. Les pharmaciens s'efforcent ainsi de combattre l'essor des falsifications qui touchent de nombreux produits: les sels de mer, les vinaigres, les sucres, l'eau de fleur d'oranger, la farine de moutarde, la farine de lin. Ainsi, au sujet de ce produit, les membres du collège relèvent que: « débiteurs gros et petits c'était à qui falsifierait le plus, et les choses en étaient arrivées à tel point qu'on ne pouvait plus trouver de farine de lin pure et que de tous les composants qui entraient dans les mélanges, son, sciure de bois, tourteaux, terre ; le lin était celui qui s'y trouvait en plus petite proportion[456] ».

Ces contrôles s'inscrivent également dans une perspective corporatiste de gouvernement de la chaîne du médicament. Les membres du collège surveillent leurs confrères, mais aussi et surtout leurs rivaux: herboristes, épiciers, et ceux qui les approvisionnent, les droguistes. Ainsi «l'industrialisation de la pharmacie dans la seconde moitié du XIXe siècle s'accompagne de nouvelles exigences en matière de sécurité sanitaire et rend possible d'autres évaluations de la sécurité des produits[457]». Il faudrait aussi invoquer la multiplication des produits et des intermédiaires. On voit ainsi que « la transformation des règles en matière de contrôle des produits relève de l'initiative des pharmaciens et des industriels de la pharmacie[458] ». Les procès-verbaux des réunions du collège de pharmacie n'en font pas mystère, les succès remportés dans la lutte contre les falsifications ont été obtenus « en consacrant aux visites faites chez les épiciers et les droguistes beaucoup plus de temps que l'on en mettait autrefois[459] ». Ainsi, ce combat contre la falsification des produits vise, au moins à Paris, davantage les étrangers à la profession.

A partir de la fin des années 1840, certains membres de la faculté, comme N. Guibourt, s'intéressent de plus en plus aux « établissements baptisés

---

454 *Ibid,* p.48.
455 *Ibid.*
456 AN/AJ/16/2219, séance du 2 décembre 1848.
457 Chauveau (Sophie), « Genèse de la « sécurité sanitaire »: les produits pharmaceutiques en France aux XIXe et XXe siècles », *Revue d'histoire moderne et contemporaine* 2004/2 (no51-2), pp. 88-117, p. 92.
458 *Ibid.*
459 AN/AJ/16/2219, séance du 2 décembre 1848.

fabriques de produits chimiques et pharmaceutiques[460] ». Ceux-ci « ne sont pas visités par l'Ecole, de sorte que l'Ecole ignore si ces maisons sont régulièrement tenues, et si les médicaments qu'elles livrent au commerce sont de bonne qualité ». Les contrôles se multiplient dans le quartier de la droguerie, rue des Lombards[461]. Les revues de pharmacie, comme le Journal de chimie médicale de pharmacie et de toxicologie, s'en font l'écho avec des titres parfois assassins (« Tromperie sur la nature de la marchandise »). Si seule la première lettre du nom de la maison de commerce est mentionnée, par souci de ne pas ternir complètement l'image de celle-ci, nul doute que le pharmacien parisien habitué des maisons de commerce de la capitale peut le reconnaître. « Par suite de la visite des maisons de droguerie de la capitale, des farines de lin contenant du son furent trouvées par MM. Bussy et Guibourt dans les magasins des sieurs M… et A…, rue des Lombards. En l'absence des maîtres de la maison, le caissier déclara que ces farines provenaient de la maison Legrand, rue des Jardins, n° 8, à Chaillot. Les professeurs de l'école se transportèrent de suite dans la fabrique du sieur Legrand. Là, il fut constaté que les farines qui s'y trouvaient contenaient une certaine quantité de son. Le sieur Legrand déclara que ce son y avait été ajouté dans le but d'empêcher la farine d'aigrir et de fermenter[462] ». Une autre campagne d'inspection menée auprès de grossistes et de détaillants révèle cette fois-ci la présence dans les boutiques de « kermès, falsifié avec de l'oxyde rouge de fer ». « 6 établissements de pharmacie de la rue des Lombards, deux fabricants de produits chimiques sont concernés, ainsi que M. Petit, entrepositaire des kermès de Clermont, Puy-de-Dôme, soupçonné d'avoir altéré lui-même le kermès pur qu'il était chargé de vendre en y ajoutant du peroxyde de fer[463] ».

A la même époque, l'attention des inspecteurs, parmi lesquels Mr Chevallier, se porte sur les cas de falsification de la farine de lin et demande que des visites soient faites chez différents fabricants parmi lesquels Menier[464]. Le mois suivant, l'école reçoit une lettre du ministre du Commerce faisant connaître que « Mr Girardin, professeur de chimie à Rouen, annonce avoir trouvé plusieurs kermès venant de Paris, mélangés de brique pilée, et de l'onguent (…) composé de graisse et simplement coloré en vert par du sel de cuivre[465] ». A la fin du mois, les membres de l'école ont visité près de 111 pharmacies. « Le kermès trouvé chez 9 pharmaciens était

[460] AN/AJ/16/2219, séance du 14 juillet 1849.
[461] AN/AJ/16/2219, séance du 1 er septembre 1849.
[462] *Journal de chimie médicale, de pharmacie et de toxicologie*, janvier 1851, p. 37.
[463] AN/AJ/16/2219, séance du 1 er septembre 1849.
[464] AN/AJ/16/2219, séance du 6 juillet 1850.
[465] AN/AJ/16/2219, séance du 3 août 1850.

mélangé d'oxyde de fer, il provenait de chez Mr Menier et de chez Mr Truelle[466] ».

Entretemps est votée la loi de 1851 qui cherche à réprimer la falsification[467]. « Sont punis par la loi ceux qui falsifient les substances alimentaires ou médicamenteuses destinées à être vendues, ceux qui vendent ou mettent en vente des substances alimentaires ou médicamenteuses qu'ils ont falsifiées ou corrompues, ceux qui trompent ou tentent de tromper sur la quantité des choses livrées[468] ». Le 10 avril 1852, une lettre anonyme signée H.B. est envoyée au Journal de chimie médicale, de pharmacie et de toxicologie, au sein duquel on retrouve de nombreux membres de l'Ecole de pharmacie. L'industrie « des produits chimiques et pharmaceutiques peut devenir fort nuisible par l'incurie ou la spéculation de certains ignorants qui, se décorant du titre pompeux de fabricants de produits chimiques et pharmaceutiques, se croient chimistes, parce qu'ils ont fait quelques dissolutions ou distillations ; parce qu'ils ont passé quelques mois dans un laboratoire, parce qu'ils ont vu souvent les mêmes substances dans les magasins, et croient pouvoir reconnaître par la cristallisation ou l'aspect physique une substance donnée. (…) Pour mettre un terme à ces abus, il faudrait demander aux chefs d'établissement de ce genre, non seulement des notions pharmaceutiques exigibles quant à présent, et insuffisantes pour la fabrication, mais des études sérieuses en physique et en chimie, et surtout exiger beaucoup de manipulations qui ne peuvent être exécutées adroitement sans la théorie ; car il ne suffit pas pour ce genre d'industrie d'avoir des connaissances commerciales, il faut avant tout, dans l'intérêt de la société, fabriquer des substances propres à la pharmacie et ne pas faire un agiotage, une spéculation[469] ». Incurie, inexpérience, cupidité, volonté de spéculation, agiotage, les fabricants de produits pharmaceutiques ou droguistes apparaissent ainsi comme des hommes sans morale, dont le seul objectif est de s'enrichir en profitant de la crédulité des malades et sur leur santé. Ce petit texte reflète assez bien les tensions qui peuvent surgir entre les pharmaciens et leurs concurrents… qui sont aussi leurs fournisseurs. Le développement des maisons de gros donne l'impression aux pharmaciens d'être dépossédés de leur métier.

Cette augmentation du nombre des inspections s'accompagne d'évolutions techniques notables dans le domaine de l'expertise chimique. « Autrefois, dans les visites, les professeurs se contentaient de piéger les matières par leurs caractères physiques, et dans le cas seulement où elles leur avaient paru suspectes, ils en prélevaient un échantillon qu'ils examinaient à

[466] AN/AJ/16/2219, séance du 31 août 1850.
[467] Stanziani (Alessandro), *Histoire…*, p.53
[468] *Ibid.* p.53-54.
[469] *Journal de chimie médicale, de pharmacie, de toxicologie*, Paris, juillet 1852, p. 441.

loisir dans le laboratoire de l'Ecole[470] ». « Ce retard mis à se prononcer sur une substance dont le débitant connaissait la fabrication, semblait (...) accuser un manque d'habitude et d'habileté qui encourageait le frondeur à persister dans la même voie ». « D'ailleurs, l'art de falsifier avait été poussé si loin, il avait été si perfectionné, qu'il était parfois difficile de le reconnaître par les seuls critères physiques ». A partir de la fin des années 1830 et du début des années 1840, les membres du collège de pharmacie s'appuient sur l'usage « des réactions chimiques opérées au domicile même du vendeur. Une boîte contenant des réactifs est emportée, et les essais des substances de pureté équivoque sont faits immédiatement[471] ». Il ne s'agit pas simplement de lutter contre les empiètements opérés par une profession qui, parfois, se livre à la vente de médicaments au détail, mais aussi de mieux contrôler ce qui peut constituer, par ailleurs, une menace sanitaire et judiciaire pour les pharmaciens eux-mêmes.

Dans ce combat contre les falsifications, les pharmaciens et les médecins se préoccupent également du chocolat. Au début de l'année 1853, un article d'Alphonse Chevallier revenait sur la question de la falsification des substances alimentaires, s'intéressant notamment à ce produit. Il publiait, la même année, un livre sur le sujet[472]. Le chocolat, selon Chevallier, faisait l'objet de nombreuses falsifications. On le préparait « avec des semences de cacao qui étaient plus ou moins altérées », on « privait le cacao de la plus grande partie du beurre qu'il contenait (remplacée par de l'huile d'amandes douces, des graisses de veau...) », on « substituait au sucre des cassonades », on « y incorporait les farines de blé, de riz, de lentilles, de pois, etc... », on « y mettait aussi de la sciure de bois ». Certains « fabricants déloyaux étaient malheureusement portés, par un esprit de lucre, à falsifier les marchandises qu'ils vendaient en substituant des produits d'une moindre valeur à des produits d'un prix plus élevé[473] ». Il était indispensable de créer des commissions pour examiner les fabriques. Le petit article du pharmacien chimiste valut une réponse cinglante de Menier, publiée dans le même journal le mois suivant[474]. Le fabricant, déjà en proie à de nombreux contrôles, s'était senti visé par l'allusion au « cacao dit en poudre impalpable, qui n'était qu'une substance dénaturée ». « Nous qui, dans nos prix courants, annonçons du cacao sous cette désignation, poursuivait le fabricant, nous tenons à établir que dans la longue série de falsifications que vous révélez, aucun de nos produits n'a été mis en cause. Mieux que personne, vous avez pu juger que nos poudres de cacao, comme nos

---

[470] AN, AJ/16/2219, séance du 2 décembre 1848.
[471] *Ibid.*
[472] Chevallier (Alphonse), *Sur les falsifications qu'on fait subir au chocolat, nécessité de les réprimer*, Paris, Penaud frères, 1853.
[473] *Journal de chimie médicale, de pharmacie, et de toxicologie*, Paris, avril 1853, p. 257.
[474] *Ibid*, mai 1853, p. 309-310.

chocolats, sont exempts de tout mélange[475] ». Les entreprises accordent ainsi une place importante aux articles publiés dans les revues scientifiques et professionnelles, lesquelles sont lues par leurs clients. La moindre allusion, le moindre commentaire général pouvait instiller le soupçon et ruiner le crédit d'un produit et d'une entreprise.

Dans ce combat contre les falsifications, il ne s'agit pas simplement de sécurité sanitaire, il s'agit aussi d'une campagne d'inspection destinée à reprendre la main sur un marché dont les pharmaciens ont le sentiment qu'il leur échappe de plus en plus. Faut-il voir dans ces produits falsifiés la main de droguistes peu scrupuleux, peu regardants, cherchant à faire du profit sans se soucier par ailleurs de la qualité des produits vendus dans le commerce? Les choses sont plus complexes. Menier lui-même n'est pas indifférent aux produits qu'il met sur le commerce. Ainsi, en 1824, alors qu'il est associé à Théodore Richer, les deux hommes sollicitent les avis d'un expert avant de se tourner vers les membres du collège de pharmacie de Paris pour réaliser des essais sur la gomme adragante[476]. Des plaintes ont été adressées par des pharmaciens aux deux industriels: «ayant voulu essayer avec l'iode la gomme adragante pulvérisée par nous, ils ont trouvé qu'elle tournait au violet comme si elle eût contenu de l'amidon, ils sont venus nous faire part de leurs essais en nous témoignant leur soupçon que notre poudre ne fût mélangée ». Face à ces soupçons de falsification, Menier et Richer mènent, dans un premier temps, leurs propres investigations. Mais « chacun de nos essais a produit des effets différents sans qu'il nous fût possible d'en découvrir la cause[477]». En tant qu'intermédiaire entre les pharmaciens et d'autres vendeurs, négociants, ou même droguistes, la maison Menier se trouve ainsi à une interface sensible. Le même Jean-Antoine-Brutus Menier rédige d'ailleurs des notes au sujet des procédés de falsification. Le 3 mars 1841, il envoie une notice « relative à la falsification du safran[478] ». L'industriel y rappelle l'importance de ce produit, qui est « employé non seulement comme médicament, mais encore par le teinturier, le distillateur et dans l'économie domestique ». Or, le safran est « souvent mêlé, en raison de son prix élevé, avec des substances de moindre valeur ». On le mêle à des « pétales de grenadier coupés longitudinalement », à des « fibres de viande ou chair musculaire trempées dans une teinture de safran, puis séchés ensuite », ou encore à du «sable et d'autres petites pierres». Lui-même, en tant que droguiste, a été en « position de reconnaître cette falsification dans plusieurs ballots de safran qui lui ont été proposés ». Le marché des drogues se complexifie et rend difficiles les contrôles de tous les produits.

---

[475] *Ibid.*
[476] BIUP, registre 53, lettre du 14 avril 1824.
[477] *Ibid.*
[478] BIUP, Registre 59, lettre du 3 mars 1841 relative à la falsification du safran.

Les 27 novembre et 15 décembre 1845, l'entreprise achète à un certain Gigre « 140 kilogrammes d'iodure de potassium, qui lui sont livrés au nom de ce dernier par des commissionnaires-entrepositaires. (...) Le 16 décembre, un pharmacien, qui a acquis de M. Menier une partie de cette substance, s'aperçoit que ce n'est pas de l'iodure, mais bien du bromure de potassium[479] ». En toute logique, c'est donc vers le droguiste que se tourne le pharmacien, qui « se plaint à son tour à l'entrepositaire[480] ». Celui-ci reprend donc le bromure et restitue l'argent perçu. C'est au tour de Gigre d'être prévenu, suite à une plainte de Menier, et d'être traduit devant le tribunal de police correctionnelle, sous la prévention du délit de tromperie sur la nature de la marchandise vendue. Le grossiste ne nie pas le « fait de la vente », ni le fait que « le prétendu iodure n'ait été que du bromure ; mais il prétend que la fraude pratiquée par lui, et pratiquée sciemment, n'a pas eu pour objet de favoriser une spéculation coupable ; mais qu'intimement persuadé comme il l'était que les propriétés médicales du bromure de potassium étaient les mêmes que celles de l'iodure, il a voulu amener la science à discuter son opinion, et n'a pas trouvé, pour en arriver là, un moyen plus efficace que de vendre ledit bromure pour de l'iodure à un marchand dont la plainte prévue et inévitable devait avoir un grand retentissement, à cause de la position considérable qu'il occupe dans le commerce ».... Si certains négociants se montrent ainsi peu scrupuleux sur la qualité des produits, il en est d'autres qui accordent de l'importance à ce qu'ils vendent. Loin des images négatives colportées par la profession dans ses revues, certaines campagnes d'inspection révèlent des commerces bien tenus. Les visites « ont généralement été satisfaisantes pour la qualité des sirops, des pommades, emplâtres, laudanum et autres médicaments les plus essentiels et les plus usités »[481] peut-on ainsi lire dans un compte rendu d'assemblée générale de 1849.

Au-delà des questions de falsification, l'école et ses membres mènent surtout un véritable combat contre ce qu'ils considèrent être une injustice, à savoir le fait que ces non-pharmaciens, sous couvert de distribuer des médicaments en gros, vendent des médicaments au détail. Les membres de l'école reprochent ainsi à la maison Bunel, « droguiste herboriste, succursale de Mr Vitcoy, place Sainte-Opportune », de proposer « à la vente un très grand nombre de médicaments officinaux, tels que extraits, emplâtres, onguents, pastilles, médicaments chimiques[482] ». A ses yeux, Bunel ne viole rien. C'est du moins ce qu'il déclare aux inspecteurs. Comme d'autres droguistes, il « prétend avoir le droit d'acheter des médicaments composés

---

[479] *Journal de chimie médicale, de pharmacie et de toxicologie*, février 1847, p. 105.
[480] *Ibid.*
[481] AN/AJ/16/2219, séance du 1 er septembre 1849.
[482] AN/AJ/16/2219, séance du 14 juillet 1849.

chez des pharmaciens reçus, afin de les distribuer à d'autres pharmaciens qui se fournissent chez eux[483] ». Les membres de l'école se trouvent ainsi pris entre la nécessité de faire appliquer la loi, et le fait que nombre de pharmaciens n'hésitent pas à s'approvisionner auprès de ces grossistes ou à les utiliser comme détaillants. S'étant déplacés chez un herboriste de la place Sainte-Opportune, Soubeiran et Chevallier s'étonnent d'y avoir trouvé « un assez grand nombre de médicaments composés sans étiquettes de pharmacien[484]». Celui-ci « a déclaré qu'il ne fabriquait pas ces médicaments, et qu'il les prenait chez un pharmacien de la rue des Lombards pour des clients de province, auxquels il servait d'intermédiaire ou de commissionnaire ». Il ne violait donc pas la loi puisqu'il n'était qu'un simple intermédiaire. La réponse du commerçant déstabilise les deux inspecteurs qui interrogent alors leurs confrères sur la légalité de cette situation: «un herboriste en prenant une patente de droguiste peut-il posséder chez lui des médicaments simples exotiques ? Le même herboriste peut-il faire la commission des médicaments composés et peut-il avoir ces médicaments chez lui ? » Or, dans les deux cas, la réponse est positive, avec une limite cependant, le droguiste-herboriste n'a le droit de les débiter qu'en gros. Mais, là aussi, on peut être surpris des aménagements envisagés par les membres du collège. « Sur la deuxième question, l'assemblée admet qu'un herboriste ou droguiste puisse être chargé par un pharmacien, à titre de commissionnaire, de lui procurer certains médicaments composés que le manque de temps et d'autres circonstance ne lui permettent pas de préparer lui-même ; mais, pour qu'on ne puisse, à l'aide de ce prétexte, éluder l'article 25 de la loi qui défend à tous autres qu'aux pharmaciens reçus de préparer, vendre, ou débiter aucun médicament, l'école pense que les médicaments déposés chez des herboristes ou droguistes à titre de transit doivent toujours être renfermés à dose commerciale et non médicinale dans des vases portant le cachet ou l'étiquette du pharmacien reçu qui les aura préparés[485] ».

Les inspections menées par le collège de pharmacie dans la capitale ne sont pas seulement destinées à combattre les falsifications. Il s'agit aussi de contrôler la chaîne du médicament, et de veiller à ce que les droguistes ne sortent pas de leur champ d'attribution, à savoir le commerce de gros. Cette lutte contre la pharmacie en « maraude », comme on l'appelle chez certains membres du corps, n'est pas toujours aisée, tant la loi offre de libertés et les autorités se montrent conciliantes avec les infractions. Les maisons de droguerie qui se constituent au XIXe siècle entretiennent par ailleurs avec les pharmaciens des liens complexes. Certaines sont contrôlées par des

[483] *Ibid.*
[484] AN/AJ/16/2219, séance du 6 juin 1846.
[485] *Ibid.*

droguistes, d'autres par des pharmaciens diplômés. Les relations commerciales entre les deux groupes sont étroites. Les droguistes fournissent les officines en drogues, en extraits, parfois même en spécialités. Certains pharmaciens font de ces maisons de droguerie les dépositaires des produits qu'ils fabriquent. La pratique des prête-noms est par ailleurs répandue. Certains droguistes financent l'installation de pharmaciens, certains pharmaciens s'associent à des droguistes pour mettre en place des dépôts-ventes de produits. Face à la porosité entre les deux mondes, les sociétés de pharmacie cherchent à faire respecter la loi de germinal. La croissance des entreprises de droguerie comme Menier, qui n'est pas pharmacien, suscite des jalousies. Malgré le succès qu'elle rencontre auprès de la profession, elle est l'objet de contrôles qui visent tout à la fois à assurer la sécurité sanitaire et à rappeler le monopole pharmacien sur le marché du médicament. Cette multiplication des contrôles, cette exigence de qualité ne sont pas pour rien dans le désir déjà évoqué plus haut du fabricant de passer le diplôme de pharmacien.

CHAPITRE VIII

JEAN-ANTOINE-BRUTUS MENIER : UN PERSONNAGE EN QUÊTE DE RECONNAISSANCE SOCIALE ET PROFESSIONNELLE

« La situation prospère de Menier ne pouvait entièrement le satisfaire, car il n'avait pas le diplôme de pharmacien, et il était forcé de se faire en quelque sorte patronner par les hommes qui dirigeaient son laboratoire » nous explique A. Chevallier[486]. E. Soubeiran décrit une situation dans laquelle l'industriel est obligé d'emprunter un titre à un « étranger » pour préparer et vendre des médicaments. Cette fausse position lui répugne et ne lui laisse pas toute tranquillité[487] ». « C'est alors, poursuit-il, qu'il a l'idée de se livrer de nouveau à l'étude de la pharmacie et de se faire recevoir. A l'âge de quarante-trois ans, il ne recula pas devant ce qu'il y avait de pénible pour lui de concilier ses travaux journaliers avec une telle entreprise ». L'un de ses soutiens pour la candidature à la croix de la légion d'honneur en 1844, M. Champanhet, donne une version légèrement différente des raisons qui conduisent J.A.B. Menier à passer ce diplôme: « pharmacien militaire en 1814, M Menier entra alors dans le commerce de droguerie. Appelé successivement à donner de l'équilibre à la maison il se trouva en contravention aux lois et règlements sur la pharmacie, et il se vit en butte à quelques poursuites, alors, à l'âge de 44 ans, on l'a vu s'asseoir sur les bancs, reprendre les études pharmaceutiques, suivre le cours exigé et, malgré plus d'une opposition, subir à son honneur les 4 examens voulus et obtenir le diplôme de pharmacien[488] ». Désirait-il se libérer de la tutelle des pharmaciens auxiliaires dans son entreprise? S'agissait-il de faire pièce à des critiques adressées à son endroit par des membres de la profession jalousant l'expansion de la société? C'est ce que nous allons essayer de saisir.

486 Chevallier (A.), « Notice nécrologique... », *art. cit.*

487 Soubeiran (Eugène), « Notice sur... », *op. cit.*

488 F/12/5209, dossier de demande de Légion d'honneur, Lettre du 5 avril 1844.

A. LA QUÊTE DU DIPLÔME DE PHARMACIEN

Aux cours des mois d'avril et de mai 1838, J.A.B. Menier adresse deux lettres aux professeurs de l'Ecole de pharmacie de Paris afin d'être reçu pharmacien[489]. En cette fin des années 1830, les conditions pour devenir pharmacien sont fixées par la loi de germinal. La profession est loin de constituer un bloc homogène. Par un reste de corporatisme, la loi prévoit que les fils de pharmaciens puissent être reçus de droit à vingt-quatre ans, et par dispense à 23 ans si le ministre le juge convenable. En dehors de cette dynamique héréditaire, on peut devenir pharmacien en suivant des cours dans l'une des écoles de pharmacie du territoire (Paris, Montpellier, Strasbourg). Elles ont « le droit d'examiner et de recevoir, pour toute la France, les élèves qui se destineront à la pratique de cet art ; elles seront de plus chargées d'en enseigner les principes et la théorie dans les cours publics, d'en surveiller l'exercice, d'en dénoncer les abus aux autorités, et d'en étendre les progrès[490] ». Mais on peut aussi choisir d'être reçu « par les jurys établis dans chaque département pour la réception des officiers de santé (10 mars 1803) ». En théorie, les examens proposés par les facultés et par les jurys sont les mêmes. La loi en prévoit trois: deux examens de théorie, dont l'un sur les principes de l'art, et l'autre sur la botanique et l'histoire naturelle des drogues simples; le troisième, de pratique, est censé durer quatre jours, et consiste dans au moins neuf opérations chimiques et pharmaceutiques désignées par les écoles ou les jurys. L'aspirant doit faire lui-même ces opérations ; il doit en décrire les matériaux, les procédés, et les résultats. Malgré ces principes communs, les différences entre les deux voies sont nombreuses. La première nuance de taille est le coût des études. Les élèves des écoles de pharmacie doivent payer une rétribution annuelle pour chaque cours qu'ils veulent suivre. Cette rétribution, dont le maximum est de trente-six francs pour chacun des cours, est fixée pour chaque école par le gouvernement. Le coût des examens varie lui aussi d'un mode de réception l'autre. Les frais d'examen sont fixés à 900 f dans les écoles de pharmacie, à 200 f. pour les jurys. L'obtention du titre de pharmacien au sein d'une école est donc plus coûteuse mais, il paraît aussi, plus prestigieuse. Ainsi, « les élèves qui auront suivi pendant trois ans les cours donnés dans une des écoles de pharmacie, ne seront tenus, pour être reçus, que d'avoir résidé trois années dans ces pharmacies[491] ». Les autres devront avoir exercé pendant au moins huit années leur art dans des pharmacies légalement établies…. L'autre grande différence entre les deux groupes porte sur le lieu

[489] AN, AJ/16/2234, lettre de Jean-Antoine-Brutus Menier aux membres du collège de pharmacie de Paris, 4 mai 1838.
[490] Dorvault (F.L.M.), *L'Officine, ou Répertoire général de pharmacie pratique*, Paris, Labé, 1844, 652 p, p. 500.
[491] *Ibid.*

d'installation. Les pharmaciens reçus par les facultés sont libres de s'installer sur l'ensemble du territoire, quand les seconds n'ont la possibilité que de s'installer dans le département où ils ont passé leur diplôme.

Menier tente de se faire recevoir pharmacien de seconde classe, ce qui suppose d'avoir exercé pendant huit ans en officine. A l'appui de sa demande, il soumet une série de certificats « délivrés par les pharmaciens qui ont dirigé » l'établissement « pour ce qui concerne la partie pharmaceutique ». Les différentes pièces ne sont pas jugées valables par les membres du collège. « Attendu que sur ces certificats, trois entre autres constatant 6 ans 5 mois et 5 jours d'étude ont été donnés à Mr Menier par des pharmaciens prête-noms, demeurant chez lui et à ses gages, et qui par cette raison n'ont pu exercer sur lui aucune autorité et le forcer réellement à remplir les fonctions d'élève en pharmacie, l'Ecole décide que les certificats n'ont aucune valeur à ses yeux et ne peuvent donner à M. Menier le droit de se présenter à subir des examens[492] ». Dans sa réponse, J.A.B. Menier admet que « tous ces certificats réunis sont loin de former les huit années voulues et en font à peine cinq, mais pour parfaire le tems (sic), je compte prendre trois inscriptions, dont la première est déjà en ma possession[493] ». C'est donc un aménagement bien particulier que propose J.A.B. Menier aux membres du collège, qui ne correspond à aucune des dispositions légales comprises dans la loi de germinal. Le stage en officine n'atteint pas trois ans et encore moins huit ans. Quant aux années d'études, Menier se propose de les réduire à un an et demi. « Les 18 mois que je passerai sur les bancs de votre école et l'étude sérieuse à laquelle je compte m'adonner me mettront, je l'espère, en l'état de passer mon premier examen à la fin de l'année prochaine » écrit-il ainsi, avec assurance. La réaction du collège est plus qu'embarrassée. « L'Ecole admet en principe qu'un certificat donné par un pharmacien associé peut être admis, sans vouloir se prononcer en ce moment sur la valeur des autres certificats présentés par M. Menier[494] ». Les échanges épistolaires s'arrêtent là et il n'est pas fait plus ample mention, dans les procès-verbaux de l'Ecole de pharmacie, des suites données aux requêtes de l'industriel.

L'année suivante, le 16 mai 1839, l'industriel adresse un nouveau courrier aux membres de l'école de pharmacie de Paris[495]. A la lettre sont joints un état de ses différents certificats de stage ainsi que ses différentes inscriptions à l'Ecole de pharmacie de Paris. A ces 94 mois et 21 jours de service/formation s'ajoute un certificat de 17 mois de M. Pinel soit, d'après

---

[492] AN, AJ/16/2219, Procès-verbal de la séance de l'Ecole de pharmacie du 21 avril 1838.
[493] AN, AJ/16/2234, lettre de Jean-Antoine-Brutus Menier…, *op. cit.*
[494] AN, AJ/16/2219, Procès-verbal de la séance de l'Ecole de pharmacie du 21 avril 1838.
[495] AN, AJ/16/2231/3, lettre de Jean-Antoine-Brutus Menier aux membres du collège de pharmacie de Paris, 16 mai 1839, N° 262.

les calculs de Menier, un total de 9 ans, trois mois et 11 jours. Menier intégrait ainsi dans son décompte des années de stage en officine! A ces certificats, le droguiste joignait une lettre demandant, de façon quelque peu exceptionnelle, à passer son premier examen pour être reçu pharmacien au début du mois de juin, sans avoir en réalité rempli les conditions nécessaires pour s'y soumettre! Cet arrangement pour le moins curieux est accepté par le collège de pharmacie. On sait en effet par le biais de Chevallier qu'après avoir passé ses examens, qui datent des 11 juin, 26 novembre et 17 et 21 décembre 1839, il obtient le diplôme de pharmacien de seconde classe[496] à la « grande majorité des voix[497] ». L'inventaire après décès de Menier fait état de ce diplôme délivré le 21 décembre 1839 « par les professeurs à l'Ecole de pharmacie de Paris, et les professeurs à l'Ecole de médecine de la même ville, en exécution de la loi du 21 germinal an XI[498] ». Le 12 juin 1840, Menier prête serment « d'exercer son art avec fidélité et probité » devant le préfet de police de Paris. Les 16 et 28 mai 1844, le diplôme obtient respectivement les visas du bureau de la police médicale et du maire du sixième arrondissement.

Assurément, il y a là quelque chose de fascinant que de voir, à l'âge de 43 ans, un homme se remettre à l'étude pour passer son diplôme de pharmacien, alors même que sa réussite industrielle est avérée. Pour A. Chevallier comme pour E. Soubeiran, cette volonté personnelle de Menier de passer le diplôme de pharmacien s'explique par son désir d'indépendance commerciale. On voit, dans cette bourgeoisie montante, l'aspiration à l'indépendance et à la capacité. Il y a, à n'en pas douter, aussi une quête de reconnaissance sociale à travers l'acquisition de ce diplôme, ainsi qu'une volonté de se mettre en conformité avec la loi. N'était-ce pas d'ailleurs l'antienne répétée depuis des années par les pharmaciens? Car, comme nous allons le voir, la force du corporatisme pharmacien dans la capitale n'est pas non plus pour rien dans cette décision.

Un texte, notamment, reflète assez bien la puissance de cet idéal corporatiste, qui ne n'est jamais vraiment estompé malgré la rupture révolutionnaire. Il s'agit d'un projet de société de pharmacie pratique datant de 1835. « Les membres de la société considérant que la préparation et la vente des médicaments composés sont incompatibles, sous bien des rapports, avec tout autre genre de commerce ou d'industrie ; considérant que des droguistes de Paris qui, en vertu d'un diplôme personnel, ou de celui d'un associé ou d'un prête-nom, joignent à leur commerce la vente en détail des

---

[496] Chevallier (A.), « Notice nécrologique… », *art. cit.* On se reportera également aux registres d'examen de la Faculté de pharmacie de Paris conservés aux archives nationales, AN, AJ/16/2271 et 2272.

[497] AN, AJ/16/2272.

[498] AN, MC/ET/XC/721, Inventaire après le décès de Mr Menier, 17 janvier 1854.

médicaments composés, portent à la pharmacie en général le plus grave préjudice, déclarent qu'ils n'admettront dans leur société aucun de ces pharmaciens droguistes, et prennent l'engagement d'honneur, les uns envers les autres, de ne s'approvisionner d'aucun médicament simple ni composé chez ces derniers[499] ». Les années 1830 sont marquées, au sein de la profession, par un mouvement de revendication qui vise à obtenir du pouvoir plus de contrôle et de respect du monopole pharmacien sur le marché du médicament. Cet activisme débouche sur la présentation de mémoires et de pétitions au ministre de l'Instruction publique, mais également au garde des Sceaux (octobre 1840)[500]. Les lois qui régissent la pharmacie sont jugées insuffisantes par certains membres de la profession. On condamne les empiètements des professions étrangères, on dénonce les ambiguïtés de la loi de germinal, notamment par rapport aux droguistes. Pour les pharmaciens, le pouvoir se montre trop laxiste. « Il y a nécessité de faire cesser une pareille incertitude, et de combler une lacune aussi importante ; car les envahissements des professions étrangères sur le domaine de la pharmacie sont tellement nombreux, et nous pourrions en administrer les preuves les plus décisives, que les droits et privilèges, que la loi a entendu réserver aux pharmaciens, ne sont plus qu'un vain mot[501] ».

La décision des membres du collège de pharmacie de recevoir J.A.B. Menier pharmacien est en décalage avec ces discours extrêmement corporatistes. Comment expliquer un tel aménagement? Est-ce lié aux dons que l'industriel accorde à l'école ? Les membres de l'école préfèrent-ils régulariser une situation qui leur paraît peu conforme avec leur vision corporatiste du marché du médicament? Rien n'obligeait en effet Menier, sur un plan juridique, à passer le diplôme de pharmacien. En ce début des années 1840 en tout cas, ce dernier n'est donc plus seulement un droguiste, un négociant en drogue, il peut aussi se targuer d'être pharmacien diplômé. Il s'est mis en conformité avec les attentes de la profession, soucieuse de marquer son territoire, et avec la loi. L'industriel entreprend, dans la foulée, des démarches pour devenir membre de la société de pharmacie.

B. UNE VOLONTE DE RECONNAISSANCE SOCIALE

Au début des années 1840, après avoir obtenu son diplôme de pharmacien, J.A.B. Menier entreprend des démarches pour devenir membre de la Société de pharmacie de Paris. Il ne s'agit pas simplement d'une entreprise de lobbying destinée à permettre au principal fournisseur des

[499] BIUP, Projet de société de pharmacie pratique de Paris, date inconnue, mais postérieur à 1835.
[500] *Journal de pharmacie et de chimie*, décembre 1840, p 524.
[501] *Ibid*, p 664.

officines françaises de se rapprocher des cercles dirigeants de la profession. Il s'agit aussi d'une démarche sociale, dans laquelle le commerçant cherche à se rapprocher de ces notables, une quête d'honorabilité et l'affirmation d'une reconnaissance, en somme.

Les règlements de la Société de pharmacie de Paris sont très largement inspirés de ceux du Collège de pharmacie. Né de la séparation opérée entre épiciers et apothicaires avec l'ordonnance royale de 1777[502], il présente une particularité par rapport à d'autres corporations, il s'est maintenu pendant toute la Révolution. Il n'a ainsi disparu ni en 1791, avec la loi supprimant les communautés, ni en 1793. Les membres du Collège se sont fixé comme objectif de donner à leur art un enseignement de qualité, destiné à l'élite de la profession. La fonction d'enseignement et le rôle corporatif du Collège sont ainsi très liés. Le 20 mars 1796 est créée, dans la foulée, la Société libre des pharmaciens de Paris[503]. « Tous les membres du Collège de pharmacie font automatiquement partie de la société[504] ». Les pharmaciens manifestent déjà très haut leur monopole professionnel. Ce corporatisme est étroitement associé à une forme d'élitisme scientifique et savant. Les lettres de candidature conservées à la bibliothèque de la Faculté de pharmacie de Paris montrent tout d'abord l'importance de la cooptation. Il faut, pour être introduit au sein de la société, être parrainé par au moins deux de ses membres. L'instruction, les travaux savants, les publications entrent également en jeu. Ceci explique mieux pourquoi Menier décide d'adresser, durant l'année 1841, deux notes concernant des travaux, des recherches, qu'il a entrepris personnellement. Le 2 février 1841, il adresse une lettre au président de la Société de pharmacie de Paris au sujet de la farine de moutarde[505]. Comme de nombreuses spécialités, celle-ci est un produit dont l'usage en thérapeutique est assez ancien[506]. Cette pâte est appliquée aux jambes ou même sur la tête pour combattre le sommeil profond des léthargiques. Le sinapisme est un agent thérapeutique répandu qui s'inscrit pleinement dans la médecine des humeurs. Il s'agit, en provoquant une douleur vive sur une partie du corps, d'en chasser une autre située ailleurs. Or, souligne J.A.B Menier, « la médecine se plaint souvent » de l' « inaction » du produit et « la meilleure farine de moutarde ne répond pas toujours à l'effet qu'on en attend[507] ». « Il importe donc d'obtenir de ces précieux agents les effets les plus énergiques et le plus prompt ». S'appuyant

---

502 Dehillerin (Bénédicte), Goubert (Jean-Pierre), « A la conquête… », *art. cit.*, p. 234.

503 Court (Susan), Smeaton (W.A.), « Fourcroy and the journal de la Société des pharmaciens de Paris », *Ambix*, Mars 1979, vol 26, p. 41.

504 *Ibid.*

505 BIUP, Registre 59, lettre du 2 février 1841 au sujet de la farine de moutarde.

506 Sueur (Nicolas), « Les spécialités pharmaceutiques au XIXe siècle : statuts et fondements de l'innovation », *Le Mouvement Social*, 2014/3 n° 248, pp. 27-46.

507 BIUP, Registre 59, lettre du 2 février 1841 au sujet de la farine de moutarde.

sur les travaux publiés par un pharmacien parisien, M. Robinet, Menier suggère de « rendre la farine de moutarde plus énergique en lui enlevant une partie de son huile fixe, huile qui est tout à fait douce et sans saveur marquée ». L'invention, on le voit, est marginale. Pourtant, elle présente de nombreux avantages. Non seulement l'huile grasse enlevée à la farine de moutarde ne produit pas, appliquée sur la peau, la plus légère rubéfaction, mais elle est d'un tiers plus active que la même moutarde non pressée. On obtient « ainsi des sinapismes plus actifs, sinapismes dont on peut au besoin modérer l'action en mêlant à de la farine de moutarde de la farine de lin dans des proportions déterminées[508] ». C'est donc à la fois un produit plus efficace, qui se conserve plus longtemps et qui est plus économique.

Menier prend soin de s'appuyer sur une expérimentation en hôpital avant de faire valoir l'apport de ses recherches auprès de la Société de pharmacie. C'est d'ailleurs Apollinaire Bouchardat (1806-1886), pharmacien en chef de l'Hôtel-Dieu, qui entreprend de faire connaître, dans un article de la gazette des médecins praticiens du 10 janvier 1841, l'efficacité de la farine de moutarde proposée par Menier[509]. Aux yeux de Bouchardat, l'effet du « sinapisme préparé avec de la farine de moutarde privée d'huile fixe se fait vivement sentir 6 à 8 minutes après son application, tandis qu'un sinapisme préparé avec de la farine de moutarde prise à la Pharmacie centrale et qui est de très bonne qualité n'entre en action qu'au bout de 15 à 20 minutes, ce qui présente une différence de temps assez marquée pour être importante dans divers cas[510] ». « Monsieur Bouchardat, partageant l'opinion qui a été émise par M. Robinet, dit qu'il est convaincu que cette pratique de priver la farine de moutarde de son huile fixe, en opérant à froid, doit être généralement adoptée et que les médecins l'approuveront bientôt comme un véritable progrès ». L'habileté de Menier, en mal de légitimité, même s'il a été admis comme pharmacien et qu'il est devenu membre de la Société de pharmacie de Paris, consiste à s'appuyer sur des intermédiaires pour mettre en valeur ses travaux. Dans sa lettre, Menier insiste sur le fait qu'il a lui-même procédé aux essais. Est-ce le cas? Si oui, dans quel cadre? Est-ce dans un laboratoire? Les expérimentations de Bouchardat sont-elles rémunérées par l'entreprise ? On voit en tout cas, dès cette époque, que la recherche est articulée sur des essais menés en hôpital et destinés à éprouver l'efficacité des remèdes. La démarche est à cet égard novatrice.

En dehors de ces notes, Menier publie également deux articles dans le Journal de pharmacie et de chimie, l'un sur la substitution d'un produit sucré

---

[508] *Ibid.*

[509] Notice sur Apollinaire Bouchardat, par Jean Cheymol, Cote D BOU 1 (BIUP). Voir aussi Bouvet (Maurice), « Une grande famille pharmaceutique, les Bouchardat », *Revue d'Histoire de la Pharmacie*, n 115, sept 1946.

[510] BIUP, Registre 59, lettre du 2 février 1841 au sujet de la farine de moutarde.

à la manne, l'autre sur le baume tranquille. Faut-il voir dans ces notes l'amorce de travaux de recherches au sein de la société? Au vrai, ces deux notices sont surtout destinées à combler un manque de légitimité de Menier sur le plan scientifique, dans l'optique d'une candidature au poste de membre de la Société de pharmacie. Cette demande suscite cependant une polémique au sein de la Société, certains questionnant la légitimité de l'industriel à devenir membre de l'association. « Un membre de la Société, écrit Menier, s'est rendu contre moi l'organe d'imputations calomnieuses ; il a attaqué mon honneur, je veux en quelques mots combattre ces imputations et confondre mes calomniateurs[511] ». S'agit-il d'une attaque individuelle? Concerne-t-elle plusieurs membres de la société? Une chose est sûre, malgré son diplôme de pharmacien, Menier continue de rencontrer l'hostilité d'une partie du corps, notamment au sein de la société de pharmacie de Paris. Si les rumeurs semblent le fait de quelques personnes isolées, elles traduisent l'existence d'une méfiance latente du monde de la pharmacie à l'égard du droguiste. Les attaques portent notamment sur sa probité commerciale, avec des accusations de faillite frauduleuse. Ce faisant, ce n'est pas seulement l'industriel qui est attaqué, mais également l'homme et la confiance que l'on peut avoir en lui. On soupçonne également, derrière la demande d'adhésion de Menier une démarche intéressée. « On a dit que je cherchais à devenir membre de votre société pour me servir de ce titre honorable en le fesant (sic) figurer sur les affiches et annonces de mon chocolat, seule publication que j'ai jamais faite ». On ne saurait mieux dire que la demande de Menier dérange. En filigrane transparaît l'hostilité du corps à l'égard d'un « étranger » à la profession, quand bien même il aurait obtenu son diplôme. Ce n'est pas un hasard d'ailleurs si certains, au sein de la société, l'accusent à mots couverts d'avoir fait rédiger des articles par d'autres, questionnant ainsi du même coup ses connaissances scientifiques. Le 31 décembre 1841, J.A.B. Menier écrit à la Société de pharmacie de Paris dans le but de mettre fin aux rumeurs qui circulent sur son compte. Il est finalement reçu. Si l'on en croit Cadet de Gassicourt, Menier établit également, « pour les jeunes gens de sa maison et à ses frais, des cours de chimie et d'histoire naturelle médicale qui sont faits par M. Chevallier[512] ». Ces cours ne se sont pas maintenus très longtemps, en raison de « la mauvaise volonté des élèves qui ne surent pas comprendre les avantages qui leur étaient offerts, et qui se laissèrent aller aux suggestions de la fatigue après une journée de travail, ou à l'attrait de quelques moments de plaisir[513] » (sic). On n'en sait pas plus. En l'état, il semble que ce projet de cours soit demeuré embryonnaire. Parallèlement, il entreprend, dès 1844, des démarches pour obtenir la Légion

[511] BIUP, Registre 59, pièce 57. Lettre de Jean-Antoine-Brutus Menier aux membres de la Société de pharmacie du 31-12- 1841.
[512] *Journal des connaissances médicales pratiques,* Paris, 1854, p. 61
[513] *Ibid.*

d'honneur. Sa demande est appuyée par différentes personnalités comme Dublanc, pharmacien en chef des laboratoires de la Pharmacie centrale des hôpitaux civils, par Le Roy de Saint Arnaud, conseiller d'Etat et maire du XIIe arrondissement, par le préfet de Seine-et-Marne, par sa sœur (la veuve Estavard), par le maire de Noisiel, O. Colin, par le maire du 6e arrondissement, ainsi que par quelques-uns de ses partenaires commerciaux: Champanhet et Belleyene. Cette première tentative se solde par un échec. Il faut attendre le 20 juin 1853 pour que Jean-Antoine-Brutus Menier obtienne le titre de chevalier de l'ordre impérial de la Légion d'honneur[514].

C. D'UN MENIER L'AUTRE : LA PASSATION DE POUVOIR (1849-1853)

A la fin des années 1840, l'entreprise Menier est un acteur incontournable du marché du médicament à Paris et en France. Des éléments montrent que ses activités s'étendent également à l'Europe. Dans le même temps que ses opérations se développent, l'entreprise a diversifié ses activités, ce dont font état les catalogues commerciaux. A la fin des années 1840 et au début des années 1850, cependant, l'état physique de Jean-Antoine-Brutus Menier se dégrade, ce qui ouvre la question de sa succession et de l'avenir de l'entreprise.

Les changements de statut qui interviennent en 1849 sont importants car ils visent à assurer la pérennité familiale de l'entreprise. En dehors de la décision de proroger l'entreprise jusqu'en 1863, les articles quatre à neuf sont modifiés, de façon à assurer les positions d'Emile-Justin Menier. Lors du changement de statut de 1849, Menier cherche à assurer le passage de témoin en désignant son fils comme le prochain gérant de la société. A partir du premier juillet 1851, Emile-Justin Menier devait être « admis de plein droit comme co-gérant de la société, en y appliquant tout son temps et son industrie[515] ». Si son père venait à mourir avant cette date, son fils serait, «dès le moment du décès, par anticipation et de droit, investi de la gérance ». Jean-Antoine-Brutus Menier pouvait se retirer entièrement de la société à partir du premier juillet 1856, auquel cas, M. Menier fils serait seul gérant. Les statuts de 1849 visent ainsi à garantir l'emprise familiale sur la gestion de l'entreprise. Il s'agit par ailleurs d'assurer une passation de pouvoir, une transition aussi douce que possible. La signature sociale continue d'appartenir à Jean-Antoine-Brutus Menier. «Toutefois, M. Menier, père, peut, sous sa responsabilité, donner à M. Menier, fils, une procuration révocable. Cette procuration ne peut s'appliquer qu'à la signature de la

---

514 AN, LH18263.

515 AN, MC-ET-XC-701, prorogation de la société Ménier, 1849.

correspondance, à l'acquit des factures, traites, billets et mandats et autres marchés dont l'importance n'excède pas six mille francs, à l'exclusion des souscriptions, tirages et endos des traites, mandats, billets et autres reconnaissances de dettes nominatifs ou à ordre[516] ». L'objectif est ainsi de permettre à Emile-Justin Menier d'acquérir une expérience dans la gestion de la société, de se familiariser avec la direction de l'entreprise. Emile-Justin Menier peut espérer disposer de la signature sociale, si son père le juge convenable, à partir du premier juillet 1855. Il ne l'aura de droit qu'à partir du premier juillet 1856. La passation de pouvoir est ainsi sécurisée.

De même, il est prévu que si J.A.B. Menier vient à mourir, « avant même que la période de prorogation ait commencé, Emile-Justin Menier, aura encore de droit la signature sociale ». Plus important encore, les statuts de 1849 prévoient une entrée des Menier dans le capital de la commandite. Les héritiers du gérant décédé avaient la faculté de devenir associés commanditaires dans la société pour une mise de 100 000 francs. Ils devaient déclarer leur volonté dans les cinq mois du décès de leur père, verser le montant de leur commandite dans la caisse sociale si elle n'y existait déjà pas en compte courant, et verser en compte courant une somme égale à leur commandite, à titre de compte courant obligé, soit au total 200 000 francs[517]. Le passage de témoin s'opéra cependant plus vite que prévu.

Devenu co-gérant de la société le 1er juillet 1851, à l'âge de 25 ans, Emile-Justin Menier (1826-1881) obtient, huit mois plus tard, le 19 mars 1852, la signature sociale provisoire de l'entreprise, son père ayant été atteint d'une congestion cérébrale suivie d'une paralysie. A la fin de l'année 1853, le 19 décembre, Jean-Antoine-Brutus s'éteint à Passy. Emile-Justin a alors 26 ans. En 1853, cependant, E.J. Menier n'est tout au plus qu'un héritier qui se retrouve placé à la tête de la commandite. Que sait-on au juste de lui jusqu'en 1853, date à laquelle il reprend les rênes de l'entreprise? Il est né à Paris le 18 mai 1826[518]. « Il passe son enfance et fait ses premières études à Noisiel[519]». C'est là que « tout enfant, au milieu de ce centre de production, il semble qu'il ait contracté cette prodigieuse activité, cette entente des affaires qui devaient présider à toute sa vie[520] ». La notice qui lui est consacrée dans l'un des volumes de la Grande encyclopédie souligne, elle aussi, qu'il « passe la plus grande partie de sa jeunesse à Noisiel où il fit ses premières études[521] ». E. Genevoix insiste, quant à lui, sur le rôle de son père

---

516 AN, MC-ET-XC-701, prorogation de la société Ménier, 22, 23, 24 et 25 août 1849.
517 *Ibid.*
518 Archives nationales, **LH/1825/59.**
519 Dreyfus (Camille) (dir), *La grande encyclopédie : inventaire raisonné des sciences, des lettres et des arts*. Tome 23, Paris, H. Lamirault, 1885-1902, p. 651.
520 Lami (E.O.), Tharel (A.), *Dictionnaire encyclopédique et biographique de l'industrie et des arts industriels....* 6, L-O, Paris, Lami, Tharel et Cie, 1881-1891, p. 392.
521 Dreyfus (Camille) (dir), *La grande encyclopédie..., op. cit.*, p. 651.

dans sa formation. Ce dernier, « d'une intelligence rare, et d'autant plus méritoire qu'elle venait du néant (sic), de la position la plus précaire, l'avait formé, dirigé dans le commerce de la droguerie, et en peu d'années avait donné à son esprit la variété des connaissances pratiques, la rectitude et le jugement des affaires[522] ». Il est cependant difficile de savoir à quel moment intervient cette formation. Probablement, le jeune E.J. Menier a-t-il été associé assez tôt aux affaires et à la gestion commerciale de l'entreprise.

La période qui s'étend de 1849 à 1853 est décisive à cet égard, amorçant une forme de passation de pouvoir. Emile-Justin a alors entre 23 et 27 ans. Il entreprend de « fortes études scientifiques[523] ». A la différence de son père, Emile-Justin effectue des études secondaires et passe son baccalauréat. Il suit « durant plusieurs années, les cours de l'Ecole supérieure de pharmacie et du Collège de France[524] ». E. Genevoix rappelle, dans l'Union pharmaceutique, que « son point de départ a été la pharmacie[525] ». Il suit les cours de l'Ecole de pharmacie pendant trois années[526]. Il est reçu pharmacien le 29 mars 1853. De nombreuses nécrologies évoquent une formation en tant que chimiste dans « les laboratoires d'Orfila, de Dumas, de Pelouze, de Balard[527] ». Il aurait donc grandi sous le patronage des figures tutélaires de la chimie française de la première moitié du XIXe siècle. Fidèle à l'héritage de son père, Emile-Justin accorde d'ailleurs une place importante à l'étude de la chimie et aux recherches en laboratoire. Il complète « cette instruction par des voyages d'étude à l'étranger[528] ». Le 2 juillet 1850, Emile-Justin épouse Claire-Henriette-Clémence Gérard, fille de Claire-Elisa Decourchant et de Charles-François-Henri Gérard, l'un des sociétaires de l'entreprise Menier et Cie[529]. Emile-Justin est alors mentionné comme « employé de commerce dans la maison de son père ». Le contrat est placé sous le régime de la communauté des biens. Emile-Justin apporte personnellement en dot quelques habits, hardes, meubles, etc… le tout d'une valeur de 2000 francs, une somme de 3000 francs qui lui est due par la Société, ainsi que ses droits éventuels en tant que gérant futur de la société Menier et Cie. Son père et sa

---

522 Pharmacie centrale de France et maison de droguerie Menier réunies, *L'Union pharmaceutique : journal de la Pharmacie centrale de France : organe des intérêts scientifiques, pratiques et moraux de la profession*, Paris, Pharmacie centrale de France, 1881-12, supplément au Bulletin commercial n° 2, février 1881.
523 Lami (E.O.), Tharel (A.), *Dictionnaire encyclopédique…, op. cit.* p. 392.
524 Dreyfus (Camille) (dir), *La grande encyclopédie…, op. cit.*, p. 651.
525 Pharmacie centrale de France et maison de droguerie Menier réunies, *L'Union pharmaceutique : journal de la Pharmacie centrale de France : organe des intérêts scientifiques, pratiques et moraux de la profession*, Paris, Pharmacie centrale de France, 1881-12, supplément au Bulletin commercial n° 2, février 1881, p. 82.
526 AN/AJ/16/1936.
527 Dreyfus (Camille) (dir), *La grande encyclopédie…, op. cit.*, p. 651.
528 *Ibid.*
529 AN, MC/ET/XLIII/889, contrat de mariage du 2 juillet 1850.

mère lui constituent par ailleurs une dot de 50 000 francs en deniers comptants. De leur côté, les époux Gérard apportent à leur fille une dot, considérable, de 200 000 francs en espèces. Chacune des parties s'accorde à mettre en communauté la somme de 5000 francs pour « former un fonds commun de 10 000 francs ». Entre le mariage du père et celui du fils, on mesure le chemin parcouru par cette bourgeoisie industrielle et commerçante. Cette dot allait être consolidée par l'héritage laissé par J.A.B. Menier.

D. HERITAGE

Le décès de Jean-Antoine-Brutus Menier, le 19 décembre 1853[530], permet de donner un aperçu de l'état des biens de l'industriel et, indirectement, de ce que représente l'entreprise dans sa fortune. Mesurer la richesse de la bourgeoisie fut l'une des grandes tâches de l'histoire sociale des années 1960/1970. « Les déclarations de succession et les inventaires et partages notariés qui suivent les décès permettent dans une large mesure d'évaluer non seulement l'importance des successions, mais aussi la fortune des ménages[531] ». La déclaration de biens du 17 juin 1854 fait état d'un bien immobilier[532]. Il s'agit d'une maison située au numéro 26 de la rue de la Fidélité, d'un revenu de 7 400 F et produisant un capital de 148 000 F. Ainsi, l'enrichissement de J.A.B. Menier se serait traduit par l'acquisition de cette maison mise en location. Pour autant, comme le rappelle A. Daumard, il est nécessaire de compléter l'enregistrement par l'analyse de l'inventaire après décès, plus précis, réalisé par un notaire et qui fournit une idée plus exacte de la fortune. Dans le cas de J.A.B. Menier, nous disposons d'un inventaire après décès[533], ce qui est en soi une information, lorsque l'on sait que « la clientèle des notaires représente un milieu généralement plus aisé que l'ensemble des défunts assujettis à une déclaration après décès[534] ». « La plupart des commerçants (...) quand ils prospèrent, se retirent des affaires et, si leur capital reste du même ordre de grandeur, la vente de leur fonds de commerce et l'abandon des opérations commerciales les conduisent à transformer la structure de leur fortune[535] ». En décembre 1853, J.A.B. Menier s'est retiré des affaires et ne s'occupe plus de la gérance de l'entreprise. Son fils a pris le relais depuis l'année précédente. L'inventaire

[530] ADP, DQ8 2066.

[531] Daumard (Adeline), *Les bourgeois et la bourgeoisie en France,* Paris, Aubier-Montaigne, 1987, p. 85.

[532] ADP, DQ7 10 718, déclaration de biens du 17 juin 1854.

[533] AN, MC/ET/XC/721, Inventaire après le décès de Mr Menier, 17 janvier 1854.

[534] Daumard (Adeline), *La bourgeoisie parisienne de 1815 à 1848*, Paris, Albin Michel, 1996, p. 123.

[535] *Ibid.*, p. 480.

est riche d'informations, mais pose aussi quelques problèmes d'ordre méthodologique, notamment lorsqu'il s'agit d'évaluer précisément la fortune liée à la commandite par actions. Comment considérer, par exemple, l'établissement de la rue Sainte-Croix-de-la-Bretonnerie, siège commercial de la société? Dans le même ordre d'idées, que faire de l'usine de Noisiel? En s'appuyant sur l'inventaire après décès et sur les classifications proposées par A. Daumard[536] et P. Léon[537] on peut parvenir à classer la fortune en différents postes.

Tableau 7. Estimation de la fortune des Menier[538]

IMMEUBLES	Valeur absolue	Valeur relative
Biens personnels Maison rue de la Fidélité Maison de campagne de Passy Terrains/jardins à Passy Maisons de Passy[539]	 112 000 F 80 000 F 25 734 F 13 600 F	
Total	**231 334 F**	22%
Immeubles de la Société Menier et Cie Immeuble rue Sainte-Croix-de-la Bretonnerie Immeuble de Noisiel -acquisition Raison -acquisition Grand Besançon	286 000 F 56 750 F 61 200 F	
Total	**403 950 F**	38%
TOTAL IMMEUBLES	**635 284 F**	60%
VALEURS MOBILIERES		
Prisée du mobilier Passy Sainte-Croix-de-la-Bretonnerie Objets supplémentaires	 26 040,40 F 11 235 F 940 F	
Liquidités	651 F	

536 Daumard (Adeline), *Les bourgeois de Paris..., op. cit.*
537 Léon (Pierre) *et alii*, *Géographie de la fortune..., op.cit.*
538 AN, MC/ET/XC/721, Inventaire après le décès de Mr Menier, 17 janvier 1854.
539 Sur la base des 5% et des loyers.

Compte courant dans la société	380 386,44 F	36%
Créances	1 932,96 F	
Divers[540]	1 684 F	
TOTAL VALEURS MOBILIERES	**422 869,80 F**	40%
ESTIMATION FORTUNE MENIER	**1 058 153,80 F**	**100%**

Approcher la fortune immobilière est essentiel pour mesurer la nature du patrimoine bourgeois, mais son estimation pose problème. Dans le cas de Menier se pose notamment la question de la distinction entre le patrimoine destiné à un usage strictement personnel, comme la maison de campagne de Passy, et les immeubles de la commandite, composante du capital de l'entreprise. L'autre problème concerne l'évaluation des immeubles qui est souvent conjecturale[541], notamment dans les inventaires après décès. « Le seul chiffre de leur revenu est fourni[542] ». Certains historiens comme P. Léon ou A. Daumard ont ainsi imaginé des procédés pour restituer un tableau du patrimoine immobilier, proposant de considérer que le montant des loyers est synonyme d'une capitalisation sur la base de 5% (de la valeur du bien). Dans le même ordre d'idées, il est difficile de tenir compte de l'évolution d'un bien industriel acheté à un moment précis, qui a pu prendre de la valeur ou en perdre au fil des années.

Au total, la fortune du couple s'élève, au décès de Jean-Antoine-Brutus Menier, à un peu plus d'un million de francs. De ce point de vue, le droguiste appartient à la frange supérieure des négociants. « Le niveau de fortune le plus courant se situe entre 50 000 et 500 000 francs, soit 63% environ pour les négociants en activité », note A. Daumard[543]. Menier fait partie de ce groupe des 1% les plus riches évoqués par l'historienne. Entre 1816 et 1854, le couple s'est ainsi enrichi de manière importante. Lors de son mariage, l'apport de Menier s'élevait à 10 600 francs, quand celui de Virginie Pichon était de 9 000 francs, laquelle somme s'accompagne, il est vrai, d'une promesse d'héritage importante de sa belle-mère (17 543 F). Au total, la fortune du couple a été multipliée par 28 en incluant ce dernier héritage. La trajectoire de Menier n'est pas sans rappeler les analyses d'A. Daumard qui a relevé, « dans l'ensemble », un « enrichissement très net des professions économiques[544] ». Au vrai, celui de J.A.B. Menier est à bien des égards exceptionnel si l'on en croit les chiffres. Ce succès s'explique par les efforts, l'énergie, la ténacité, et la volonté du gérant, mais aussi par le capital

540 Nous avons inclus dans cette rubrique les loyers.
541 Léon (Pierre) *et alii*, *Géographie de la fortune et structures sociales….*, *op. cit.*, p. 47.
542 Ibid, p 47.
543 Daumard (Adeline), *La bourgeoisie parisienne ….*, *op. cit.*, p. 77.
544 *Ibid.*, p.108.

de départ. Comparant les biens des différentes composantes de la bourgeoisie entre la Restauration et la monarchie de Juillet, A. Daumard relève que l'enrichissement est d'autant plus marqué que le capital de départ est élevé. J.A.B. Menier, à l'image de la bourgeoisie négociante et industrielle, dispose, au début du Second Empire, d'une fortune immobilière importante, correspondant à près de 60% de sa fortune totale, si l'on additionne le patrimoine industriel et le patrimoine privé[545]. Cependant, à la différence des négociants étudiés par A. Daumard, Menier n'attend pas la retraite pour se lancer dans des placements immobiliers. Les terrains qu'il achète à Passy sont pour partie destinés à la construction de maisons qu'il met ensuite en location. Inversement, les placements mobiliers paraissent plus faibles. Mais surtout, ce qui frappe, c'est l'importance de l'entreprise dans la fortune du droguiste. La valeur des immeubles de la rue Sainte-Croix-de-la-Bretonnerie et de Noisiel (voir tableau plus haut), ainsi que le compte courant détenu par le gérant dans la société, représentent ensemble un peu plus de 70% de la fortune de la communauté. « Les capitaux investis dans l'entreprise sont particulièrement élevés chez les négociants et les manufacturiers (...). Les négociants, même ceux qui étaient relativement âgés, engageaient toute leur fortune dans leur entreprise »[546].

Tableau 8. Estimation de la composition de la fortune de Jean-Antoine-Brutus Menier d'après l'inventaire après décès

Estimation de la fortune Menier	Immeubles	Valeurs mobilières
921 395,84 F	54,7%	45,3%

Le cas de J.A.B. Menier montre que la richesse entretient « des liens étroits avec le profit industriel et commercial[547] ». Comme d'autres négociants, Menier dispose d'un appartement au premier étage de son établissement commercial et industriel au 37 rue Sainte-Croix-de-la-Bretonnerie. Indépendamment de ce logement, les Menier font l'acquisition d'une maison de campagne à Passy, au 19 de la rue Singer. A l'image de la noblesse et de l'aristocratie, la bourgeoisie négociante se plaît à avoir une double résidence. « Posséder une maison de campagne ne caractérisait pas la petite bourgeoisie, même enrichie par le commerce ; non que ces bourgeois parisiens n'aient pas possédé quelques milliers de francs nécessaires pour

[545] *Ibid.*, p.487.
[546] *Ibid.*, p.490.
[547] *Ibid.*, p. 87.

l'achat d'une campagne, mais parce qu'ils donnaient une autre affectation à ces capitaux. C'est aux niveaux supérieurs, parmi les négociants, les fonctionnaires et certaines professions libérales que, sans être la règle, cette habitude était la plus fréquente[548] ». Du fait de l'inventaire mobilier effectué par le notaire, nous pouvons avoir une idée de la configuration de ces différents logements. L'appartement de la rue Sainte-Croix-de-la-Bretonnerie, situé au premier étage, comprend une cuisine, deux offices, une chambre pour les bonnes, une salle à manger, une antichambre, un salon, deux chambres à coucher, deux cabinets de toilette. Si le logement dans l'usine rappelle l'univers de la boutique, le nombre de pièces, la présence d'un salon, montrent que Menier est plus proche des milieux bourgeois que des boutiquiers[549]. La maison de Passy s'élève sur deux étages. Elle dispose d'une cave, de deux offices, d'une cuisine, d'un vestibule, d'une pièce donnant sur le jardin, d'un salon, d'une salle de billard, d'une salle à manger, de sept chambres, disposant pour certaines d'un cabinet de toilette, auxquelles il faut ajouter deux chambres pour les domestiques, les combles, une écurie, une sellerie, une remise ainsi qu'une serre. Plus que d'aisance, on peut parler de richesse. D'autant que Menier a mis également en location une maison à Noisiel pour un loyer annuel de 200F.

La valeur du mobilier de la maison de la rue Sainte-Croix-de-la-Bretonnerie est estimée à 11 235 F. Sous la monarchie de Juillet, rappelle A. Daumard, 64,8% des inventaires mobiliers des négociants se situent entre 3000 et 15000 francs, ce qui place Menier dans la moyenne. Si l'on ajoute à cet inventaire celui de la maison de Passy, la somme avoisine les 37 000 francs, ce qui situe le négociant dans la catégorie des 18,3% des négociants détenant des biens meubles dont la valeur est supérieure à 15 000 francs[550]. A l'image des couches les plus riches, Menier possède des caves bien achalandées et variées: « vin blanc, bordeaux, vin de champagne, vin de nuits, vins ordinaires, château Lafitte.. », pour la cave de la rue Sainte-Croix-de-la-Bretonnerie. L'inventaire de la cave de la maison de Passy est tout aussi impressionnant: « un fût de vin de bordeaux rouge, ordinaire estimé cent vingt francs, un lot de tonneaux, caisses et boiseries prisé quinze francs, environ cinq cents bouteilles vides, prisées trente-cinq francs, un lot de charbon de terre prisé vingt francs, dix bouteilles d'eau-de-vie prisées vingt francs, cinquante bouteilles de vin fin divers partie en vidange, prisés trente francs, sept bouteilles de vin de champagne et cinq autres de vins divers, prisées dix-sept francs, quarante-quatre bouteilles de vin rouge ordinaire prisées trente francs, trente-quatre bouteilles de vin rouge prisées vingt-cinq francs, cent huit bouteilles de vins de bordeaux rouge, prisées quatre-vingt-

[548] *Ibid.*, p. 135.
[549] *Ibid.*, p. 133.
[550] *Ibid.*, p. 126.

cinq francs, trente bouteilles de vins divers partie en vidange, prisées vingt francs, soixante-dix-huit bouteilles de vin rouge prisées quarante francs, cent vingt bouteilles de vin de bordeaux, cachet rouge, prisées cent francs, quarante-deux bouteilles de vins divers partie en vidange prisées vingt francs, cent-quatre-vingts bouteilles de vin de bordeaux ordinaire, prisées 90 francs, etc....[551] ». L'inventaire des pièces de linge révèle une certaine aisance. L'un des placards d'armoire de la maison de Passy comprend ainsi « 18 tabliers bleus, 24 tabliers de femme de chambre en toile, dix autres en calicot, 22 pièces essuie-mains, huit draps le tout en mauvais état, 65 torchons tant bons que mauvais, etc...». Le service de table témoigne lui aussi d'une réelle opulence. La cuisine de la maison de Passy comprend, dans ses rangements, « un bain-marie en cuivre, vingt pièces en cuivre, casseroles à sauter et autres de différentes grandeurs, une petite turbotière en cuivre, une petite poissonnière en fer blanc, un appareil à purée, une cocotte en fonte, vingt et une pièces en fer blanc, pot-au-feu, turbotière, passoire, filtre, casserole, plaquettes, écumoire, cuiller à pot, cuiller à rôti, filtre à café et autres, un bougeoir en cuivre, un étouffoir en tôle, pelles, pincettes, grils, poêles à frire, fours de campagne, pelle à main, soufflet et différents ustensiles de cuisine .... ». Comme dans de nombreux appartements bourgeois l'acajou règne en maître: guéridon, buffet circulaire à dessus de marbre, montre vitrée à dessus de marbre, canapé, fauteuils, chaises, tabouret de piano, table à jouer, couchette, armoire à glace.... Cet enrichissement de la famille Menier est étroitement lié au dynamisme de l'entreprise.

La succession de J.A.B. Menier débouche sur des tensions entre Emile Justin, d'une part, sa mère et sa sœur, d'autre part. Dès 1849, les époux Menier avaient pourtant pris leurs dispositions pour régler la transmission de leur patrimoine à leurs deux enfants[552]. Du fait des « avantages importants » concédés à leur fils, les époux Menier, ainsi que leur fils, avaient procédé, le 26 septembre 1849, à une donation en direction de leur fille, Honorine-Virginie Menier. Cet acte avait été établi un mois après les modifications apportées aux statuts de la société Menier et Cie en octobre 1849. La vie de la société et le patrimoine familial étaient en effet étroitement corrélés. « M et Madame Menier ont trouvé, et M. Menier fils a reconnu, qu'il était juste et équitable au point de vue de l'égalité qui doit régner entre enfants, de faire participer dans une certaine mesure madame Monbro, leur fille et sœur, dans les bénéfices de cette société[553] ». L'acte notarié comprenait également, outre cette donation, une convention passée entre M. et Madame Menier et leur fils. En cas de prédécès de Jean-Antoine-Brutus Menier avant le premier juillet 1856, son épouse et veuve devait toucher « une participation

[551] AN, MC/ET/XC/721, Inventaire après le décès de Mr Menier, 17 janvier 1854.
[552] AN, MC/ET/XC/701, Prorogation de la société Menier et Cie, 22/23/24/25 août 1849.
[553] AN, MC/ET/XC/701, donation par M. et Mme Menier à Mme Monbro, 26/09/1849.

dans les bénéfices attribués à la gérance qui serait alors dévolue à M. Menier fils ». En quoi consistaient donc cette donation et cette convention?

J.A.B. et Marie-Edmée-Virginie Menier avaient fait « avec l'approbation et le consentement de leur fils, Emile-Justin, donation entre vifs à madame Monbro », leur fille, d'un intérêt de 5% à prendre « sur les trois sixièmes des bénéfices nets qui pourraient être annuellement attribués à M. Menier père, en qualité de gérant ; et ce à partir du 1er juillet 1855 jusqu'au premier juillet 1866[554] ». Cet intérêt de 5% devait également être prélevé « sur les trois sixièmes des bénéfices nets qui pourraient être attribués dans la même société à E.J. Menier en sa qualité de gérant, soit à partir du premier juillet 1856, époque à partir de laquelle il devait remplacer son père dans la gérance, soit à partir de l'inventaire commercial qui suivrait le décès de Mr Menier père, si, par suite de cet événement, il était appelé avant le premier juillet 1856 à le remplacer comme gérant ». Il avait par ailleurs été stipulé que, si par suite du décès de J.A.B. Menier avant le premier juillet 1856, E.J. Menier devenait gérant de la société, il devait partager les bénéfices attribués à la gérance par moitié avec sa mère et ce à titre d'indemnités personnelles. Dans ce dernier cas, celle-ci devait contribuer « pour moitié au paiement de l'intérêt de 5% attribué à madame Monbro dans les bénéfices de la gérance, et ce jusqu'au premier juillet 1856 ». A partir de cette date, l'allocation cesserait complètement et elle cesserait de contribuer au paiement de l'intérêt concédé à sa fille. Elle « aurait toujours droit au sixième des bénéfices de la gérance de la société conformément aux dispositions de l'acte de société ». Le montant des successions des deux femmes était donc basé sur les bénéfices réalisés par les deux hommes, le père et le fils, bénéfices eux-mêmes calculés sur la base des inventaires commerciaux de la société Menier et Cie. « Les conditions avaient été acceptées dès l'origine par M. Menier fils comme un arrangement de famille basé sur l'équité la plus scrupuleuse[555] ». Au vrai, il s'agissait surtout de corriger a minima une inégalité de fait entre les hommes et les femmes.

Durant l'année 1853, les relations entre les différents membres de la famille s'étaient dégradées. Le 14 mai 1853, E.J. Menier fit l'objet d'une « sentence arbitrale » à la demande de sa mère, de sa sœur et de son père, signe que, dès cette époque, le nouveau patron de la société n'avait pas l'intention de se conformer aux dispositions testamentaires prises par ses parents. Dans une déclaration écrite, qui figure dans l'inventaire après décès de J.A.B. Menier et qui suit l'examen des statuts de la société, la veuve et la fille de ce dernier s'efforcèrent de défendre leurs droits. Elles s'estimaient lésées, les bénéfices de la gérance ayant été sous-estimés. Aux dires des deux femmes, Jean-Antoine-Brutus Menier, décédé le 19 décembre 1853,

---

[554] AN, MC/ET/XC/721, Inventaire après le décès de Mr Menier, 17 janvier 1854.
[555] AN, MC/ET/XC/701, donation par Mr et Mme Menier à Mme Monbro, 26/09/1849

n'avait pas eu le temps et surtout la possibilité de « vérifier les comptes antérieurs à l'année commerciale, close le 30 juin 1852, ni à plus forte raison les comptes postérieurs[556] ». L'enjeu était donc de taille, car c'était sur ces comptes que « s'établissaient les droits de la communauté et de la succession ». Pour la veuve et sa fille, les chiffres donnés par Emile-Justin Menier concernant les résultats de la société étaient sous-évalués car ils ne comprenaient ni le bilan de l'année commerciale s'étendant de juin 1852 à juin 1853, ni celui s'étalant de juin 1853 à juin 1854. Leur propre succession s'en trouvait donc diminuée. Au compte courant du défunt dans la société établi au 19 décembre 1853, qui s'élevait à la somme de 143 608 francs et 68 centimes, il fallait ajouter celle de 182 951 francs, formant les trois sixièmes des bénéfices qui revenaient à J.A.B. Menier « en sa qualité de gérant », dans les bénéfices constatés par l'inventaire commercial du 30 juin 1853. Les « communautés et successions » avaient également droit « à l'importance totale des trois sixièmes des bénéfices de la maison de commerce pour l'année courante », dont l'exercice devait se clore au 30 juin 1854. M.V.E. Menier et sa fille n'oubliaient pas non plus dans leur calcul le fonds de réserve de la société, dont la moitié appartenait à J.A.B. Menier, et qui par conséquent devait être inclus dans la succession. La somme s'élevait à 53 826,42 francs. Pour E.J. Menier, il n'était pas question de céder aux réclamations de sa mère et de sa sœur[557]. On ne sait malheureusement pas comment l'affaire s'est soldée.

Ainsi, entre 1815/1816, date probable de sa fondation, et 1853, l'entreprise Menier et Cie s'impose comme une grande maison de droguerie, au point de devenir un intermédiaire majeur sur le marché des produits médicamenteux et pharmaceutiques. Assurément, cette réussite doit beaucoup à l'énergie et aux intuitions de son fondateur, Jean-Antoine-Brutus Menier. Celui-ci fait preuve d'un réel dynamisme et réunit les qualités d'un entrepreneur associant créativité, innovation, esprit d'entreprise, prise de risques et possession d'un capital. Cependant, en ce début du Second Empire, le contexte économique et politique a tendance à changer et se traduit par l'émergence de maisons concurrentes.

---

556 AN, MC/ET/XC/721, Inventaire après le décès de Mr Menier, 17 janvier 1854.
557 *Ibid.*

CHAPITRE IX
S'ADAPTER POUR RESISTER : LES ORIENTATIONS D'EMILE-JUSTIN MENIER

La Seconde République et le Second Empire constituent une période d'inflexion sur le plan économique. « On assiste à un changement du mode de fonctionnement de l'économie dans lequel l'industrie manufacturière devient le secteur porteur de l'activité[558] ». La production industrielle serait ainsi passée de l'indice 31,2 en 1840 à 48 en 1870. Dans ce contexte, la maison Menier poursuit sa croissance, elle dont l'activité se situe à l'interface de l'agriculture, du fait des produits sur lesquels elle s'appuie, et de l'industrie, car elle procède à leur transformation. Elle vient ainsi conforter l'image d'un monde industriel pluriel. Si les historiens se sont beaucoup attardés sur certains secteurs comme le textile, la sidérurgie ou le charbon, ils ont moins étudié l'essor de la droguerie-pharmacie, domaine très tôt gagné par des logiques capitalistes. En ce milieu du XIXe siècle, en dehors de Menier, la distribution du médicament est contrôlée par des grossistes comme Boulanger, Dausse et Darasse[559]. Ces maisons ne sont pas seulement parisiennes, elles se développent aussi en province[560]. Si l'entreprise Menier apparaît comme l'entreprise dominante du secteur, elle doit faire face à une concurrence commerciale accrue et à l'émergence d'un capitalisme de type corporatiste porté par les pharmaciens. Ces derniers se montrent, nous l'avons vu, à la fois admiratifs et méfiants à l'égard de ces droguistes, jugés responsables des difficultés commerciales de la profession (car ils vendent à tout le monde), du bas prix des médicaments, de la concurrence déloyale. Face à l'essor de ces intermédiaires du médicament, un pharmacien parisien, François-Laurent-Marie Dorvault, décide de créer une entreprise de droguerie rassemblant tous les pharmaciens de France. Si, pour de nombreux historiens, Emile-Justin Menier est d'abord et avant tout le baron « cacao », il n'en reste pas moins qu'il poursuit jusqu'en 1867 les activités de son père. Malgré l'émergence de maisons concurrentes,

---

[558] Deluermoz (Quentin), *Le crépuscule des révolutions, 1848-1871*, Paris, Seuil, Univers historique, 2012, p. 150.

[559] Faure (Olivier), *Les Français et...*, *op. cit.*, p. 213.

[560] Faure (Olivier), « Les pharmaciens et le ... », *art. cit.*, in Bonah (Christian) Rasmussen (Anne) (dir.), *Histoire et...*, *op. cit.*, p. 73.

structurées autour d'une base corporatiste (A), malgré la multiplication des contrefaçons (B), l'entreprise Menier reste un acteur majeur du marché du médicament (C). Elle dispose de structures et d'assises puissantes qui semblent préfigurer l'entreprise pharmaceutique moderne (D). Toujours en quête d'innovations, Menier s'efforce d'établir des ponts avec la recherche (E).

A. UN CONTEXTE ECONOMIQUE ET INDUSTRIEL PLUS DIFFICILE : L'EMERGENCE DE LA PHARMACIE CENTRALE DE FRANCE

Les années 1850 sont marquées par un contexte économique plus difficile pour la Maison Menier avec l'émergence de grandes maisons de droguerie, parmi lesquelles la Pharmacie centrale de France. L'entreprise est fondée en 1852 par un pharmacien parisien, François-Laurent-Marie Dorvault (1815-1879). Né le 20 janvier 1815 à Saint-Etienne-de-Montluc en Loire-inférieure, il est de vingt ans le cadet de Jean-Antoine-Brutus Menier. Son père, Julien Dorvault, est sabotier[561]. En 1826, année de naissance d'Emile-Justin, le jeune François quitte son village pour se rendre à Nantes où il est placé comme saute-ruisseau chez divers commerçants[562]. C'est là qu'il entre comme employé chez un pharmacien, M Davoust, et qu'il commence l'étude de la pharmacie[563]. En 1830, il est engagé par le fils de ce dernier qui s'est installé à Paris. Puis il se place chez un pharmacien originaire d'Ancenis dans le même temps où il poursuit ses études en pharmacie[564]. Dorvault, tout en travaillant comme apprenti dans différentes officines[565], étudie à la Faculté de pharmacie. Il réussit le concours d'élève interne des hôpitaux civils, poste soumis à une rude concurrence[566]. Le 6 mars 1841, Dorvault obtient son diplôme de pharmacien de première classe, la même année donc que son aîné, Jean-Antoine-Brutus Menier[567]. Par ses origines, F-L-M.

[561] Archives nationales, AJ/16/1924. Dossier d'étudiants de la Faculté de pharmacie de Paris, 1841. Extrait de naissance de Dorvault.

[562] Guitard (Eugène), *Deux siècles de presse au service de la pharmacie et 50 ans de l'Union pharmaceutique, histoire et bibliographie des périodiques intéressant les sciences, la médecine et spécialement la pharmacie en France et à l'étranger,1665-1860 : monographie de l'Union pharmaceutique, organe de la Pharmacie centrale de France, 1860-1912*, Paris, ed. par la PCF, 1913, 316 p, p. 154.

[563] Guitard (Eugène), *Deux siècles…, op. cit.*, citation de Duroziez lors de l'admission de Dorvault à la Société de pharmacie de Paris, 4 décembre 1844.

[564] AN., Série AJ/16.

[565] AN, J/16/1924, Dossier d'étudiant de la Faculté de pharmacie de Paris, 1841.

[566] Faure (Olivier), *Histoire sociale de la médecine (XVIII-XXe siècle)*, Paris, Anthropos, 1994, 272 p., p. 8.

[567] AN., AJ/16/1924, Dossier d'étudiants de la Faculté de pharmacie de Paris, 1841.

Dorvault, comme Menier d'ailleurs, est plutôt dans la norme, confirmant par là le fait que « les pharmaciens sont, pour la plupart, extérieurs à la profession[568] ». Reçu pharmacien, Dorvault s'installe rue de la Feuillade à Paris (n° 7), un quartier huppé, l'un des centres les plus fréquentés de Paris, auprès de la Banque de France[569]. Il décide, en 1844, de transformer son officine en Pharmacie centrale[570] : décision qui suscite l'émoi dans le milieu pharmaceutique parisien[571]. Felix Cadet de Gassicourt exige ainsi la disparition immédiate de l'enseigne et la destruction des étiquettes. L'affaire témoigne de la force du corporatisme dans la capitale. Dorvault se plie à l'injonction et démissionne de la Société de pharmacie de Paris. Trois ans plus tard, il se marie avec Louise Garot, fille de Louis-Felix-Joseph Garot, pharmacien rue Caumartin à Paris[572].

L'Officine, vaste livre s'efforçant de compiler toutes les informations utiles au pharmacien, dont la première édition date de 1844, contribue à asseoir la réputation de Dorvault. Dès sa parution, l'ouvrage connaît « un succès rapide qui fait connaître son auteur et le met en relief[573] ». Il est d'ailleurs salué par Menier qui a participé à sa rédaction. Entre 1845 et 1850, Dorvault participe aux différents rendez-vous au cours desquels la profession se mobilise pour défendre son monopole, à l'image du congrès médical de 1845[574]. C'est à cause de l'échec de ces mobilisations que Dorvault lance un projet de maison centrale des pharmaciens de France. A ses yeux, les pharmaciens doivent se lancer dans des associations commerciales et industrielles pour défendre leur monopole sur le marché du médicament. Celles-ci commencent d'ailleurs à prospérer, à l'image des ententes pour la fabrication des eaux minérales factices.

Depuis le XVIIIe siècle, le commerce des eaux minérales s'est développé[575] et témoigne des logiques industrielles qui s'affirment dans le monde de la santé[576]. D'autres pharmaciens s'entendent pour l'achat de substances en commun[577], sur le modèle des coopératives d'achat. Ces ententes confirment le lien étroit qui existe entre l'essor de l'industrie

---

568 Faure (Olivier), « Les officines pharmaceutiques françaises.... », *art. cit.*, p. 674.
569 Lefranc (Edmond), « Discours aux obsèques de Dorvault », *Union pharmaceutique*, février 1879.
570 Guitard (Eugène), *Deux siècles…*, *op. cit.*, p 160.
571 Boussel (Patrice), *Dorvault, sa vie son œuvre*, Paris, Editions de la porte verte, 1979, p 30-32.
572 AN, ET/XVI/1174, Contrat de mariage 15 juillet 1847, Etude de maître Beaufeu.
573 Buchet (Charles), Charles Sellier, *La Pharmacie…*, *op.cit.*, p. 149.
574 Léonard (Jacques), *Les médecins de l'ouest au XIXe siècle, Paris*, Champion, 1978, 3 vol, 1750+CCLCII pages, p 788.
575 Faure (Olivier), *Histoire sociale…*, *op.cit.*, p. 31.
576 *Ibid.*, p 201.
577 AG de la PCF, 1852.

pharmaceutique et la naissance d'un marché du médicament[578]. Des expériences tentées dans d'autres pays européens retiennent l'attention de Dorvault, comme les pharmaciens d'Anvers qui ont « établi un dépôt où ils trouvent tous les objets rares ou peu demandés », ce qui leur procure « des avantages incontestables[579] ». La Grande-Bretagne avec « l'Apothecary Hall de Londres, fondé par quelques pharmaciens anglais, est un établissement très important ». Quant aux « maisons de drogueries et de produits chimiques » françaises, elles font d'excellentes affaires. « Si des associations partielles ont donné de » « tels résultats, que ne doit-on pas attendre de l'association générale ! [580] » proposée par Dorvault.

L'appel de Dorvault à la création d'une société est soutenu par un comité rassemblant des pharmaciens de la France entière. Reposant sur un contrat liant F.-L.-M. Dorvault, pharmacien, à titre de directeur, et tous les pharmaciens qui adhéreraient aux statuts de la société et souscriraient des actions, la Pharmacie centrale de France apparaît comme une entreprise originale, au croisement de la société de personnes et de capitaux. Se proposant de résister à l'emprise des grandes maisons de droguerie sur le marché du médicament, Dorvault bâtit une coopérative appuyée sur des fondements corporatistes. A ses yeux, la maison Menier est un modèle, une entreprise tout à la fois redoutée et admirée: disposant du « laboratoire le plus important de Paris », elle est « capable de réduire 500 kg de belladone fraîche le jour même[581] ». « Entrée le matin, elle est d'abord broyée sous une meule verticale mue par la vapeur pour en extraire le suc ; celui-ci est déféqué, filtré, et enfin évaporé dans le vide ; le soir c'est un extrait ». Modèles mais aussi rivales, ces entreprises menacent, à terme, de contrôler l'ensemble du marché du médicament. On voit ainsi «de plus en plus les pharmaciens demander les produits pharmaceutiques d'une préparation pénible ou difficile à la droguerie en gros[582] ». Ces maisons fournissent par ailleurs en médicaments les « médecins, vétérinaires, communautés religieuses, et les guérisseurs de toute espèce », favorisant ainsi « le parasitisme pharmaceutique ». Ce n'est donc plus seulement le contrôle du commerce de médicaments en gros qui est en question, mais également la défense du monopole de la pharmacie sur la vente de médicaments au détail.

L'industrialisation accroît ainsi chez certains pharmaciens le sentiment à la fois d'une crise de la pharmacie, d'une dépendance accrue, et la crainte croissante d'une perte d'identité professionnelle. Face à ces « symptômes de

---

578 Faure (Olivier), *Les Français et..., op. cit.*, p. 211.

579 AG de la PCF, 1852.

580 *Ibid.*

581 Dorvault (F.L.M.), « Voyage à l'exposition pharmaceutique de Londres », nov-déc 1851, p. 43.

582 Projet de création de la Pharmacie centrale de France, 1852.

décadence » Dorvault pointe l'urgence « d'ouvrir une nouvelle voie de salut pour la profession ». La coopérative est conçue comme une arme de guerre contre ces droguistes-industriels qui asservissent la profession, parmi lesquels la maison Menier. La PCF (Pharmacie centrale de France) n'admet comme actionnaire-coopérateur que des pharmaciens diplômés. Pour Dorvault, l'association capitaliste peut être un levier puissant à condition de s'appuyer sur un point déterminé, autrement dit sur le diplôme. La Pharmacie centrale est ainsi conçue comme une arme industrielle au service du pharmacien d'officine, elle doit permettre la suppression des intermédiaires de la pharmacie, notamment les grossistes, souvent assimilés, non sans dédain, à des droguistes. En posant le diplôme comme préalable à l'actionnariat, Dorvault montre qu'il n'est en aucune façon question de découpler diplôme et capital, dans le commerce du détail comme dans la grande industrie. Le diplôme garantit ainsi l'unité et la solidarité des associés rassemblés autour d'un projet commun: la défense de la pharmacie. La rhétorique dorvaultienne en ferait presque oublier que la plupart des droguistes sont en réalité des pharmaciens. J.A.B. Menier, quoique tardivement, comme, d'ailleurs, Dausse, Rigollot, ou Adrian, a son diplôme de pharmacien. Dorvault ne peut l'ignorer et joue habilement sur cette fibre corporatiste pour rallier les pharmaciens autour de sa coopérative de distribution. Le corporatisme devient ainsi un élément de promotion d'une entreprise qui poursuit les mêmes buts que ses rivales: le contrôle de la distribution du médicament. Au moyen de la coopération, Dorvault cherche à obtenir une baisse substantielle sur les prix de vente des spécialités ou des remèdes simples. Avant d'être une coopérative de distribution, la PCF est en effet une coopérative d'achat. Lancée à hauteur d'un million de francs, la Pharmacie centrale est une entreprise considérable pour le secteur de la droguerie. Elle marque une rupture dans sa forme, elle est en effet très éloignée de ce capitalisme familial sur lequel les historiens se sont longuement arrêtés. Ici, la profession s'est substituée à la famille.

Tableau 9. Tableau sur la répartition du capital dans la PCF (1852)

Nombre d'actions	Souscripteurs	% des souscripteurs	Part dans le capital
1	186	52,5%	22%
2	100	28,2%	24%
3	13	3,7%	5%
4	29	8%	14%
5	7	2%	4%
6	7	2%	5%
8	3	1%	3%
10	7	2%	8%
25	1	0,3%	3%
100	1	0,3%	12%

En 1852, 418 500 francs sont souscrits et la firme rassemble 354 actionnaires. Sachant que la France compte alors environ 4000 pharmaciens (1847[583]), cela représente presque 9% du corps pharmaceutique. La PCF reflète ce capitalisme des couches nouvelles. Le choix de la forme collective apparaît comme une nécessité tout à la fois économique et sociale. Pour importants qu'ils puissent être, les revenus de l'officine ne permettent pas à un pharmacien de se lancer, seul, dans une dynamique industrielle à grande échelle. Le capitalisme impose à ces couches sociales, l'association. C'est un rival de taille qu'Emile-Justin Menier doit affronter en ce début du Second Empire.

B. LES CHOCOLATS MENIER FACE AUX CONTREFACONS

Pour ce qui est du chocolat, E. Justin doit également affronter un certain nombre de problèmes. La campagne publicitaire des années 1830 a fait du produit un véritable succès, lequel suscite des convoitises de la part de nombreux fabricants.

[583] Faure (Olivier), « Les pharmaciens et le ... », *art. cit.*, in Bonah (Christian) Rasmussen (Anne) (dir.), *Histoire et...*, *op. cit.*, p. 69.

Illustration 11. Publicité insérée dans le journal Le Tintamarre[584]

Afin de lutter contre la contrefaçon, la maison Menier fait insérer des avis dans les journaux pour rappeler au public comment elle peut identifier ses chocolats.

AVIS. — CHOCOLAT MÉNIER.

Le CHOCOLAT MÉNIER, comme tout produit avantageusement connu, a excité la cupidité des contrefacteurs; sa forme particulière, ses enveloppes, ont été copiées, et les médailles dont il est revêtu ont été remplacées par des dessins auxquels on s'est efforcé de donner la même apparence. Je dois prémunir le public contre cette fraude. Mon nom est sur les tablettes du CHOCOLAT MÉNIER aussi bien que sur les étiquettes, et l'effigie des médailles qui y figurent est le fac-simile de celles qui m'ont été décernées à trois reprises différentes par le ROI et la SOCIÉTÉ D'ENCOURAGEMENT. Ces récompenses honorables m'autorisent à faire distinguer le CHOCOLAT MÉNIER de tous les autres. L'heureuse combinaison des appareils que je possède dans mon usine de Noisiel, et l'économie d'un moteur hydraulique, m'ont mis à même de donner à cette fabrication un développement qu'elle n'avait jamais atteint. Ce CHOCOLAT, par le seul fait de ses qualités et de son prix modéré, obtient aujourd'hui un débit annuel de plus de 500 milliers, et s'est acquis une réputation méritée. — Dépôt principal, passage Choiseul, 24, et chez MM. les pharmaciens et épiciers de Paris et de toute la France.

Parallèlement, l'entreprise poursuit son effort de promotion du chocolat à travers les pages des journaux. Elle cible certaines périodes clés pour stimuler les ventes, comme la fin ou le début d'année. Le chocolat peut être un « cadeau tout à la fois suave au goût et nécessaire à la santé, c'est réunir l'utile dulci du vieil Horace et prendre au sérieux les vœux du premier de l'an[585] ». Voilà une détox avant l'heure, mais à base de chocolat! « Le chocolat-Menier est cosmopolite » apprend-on dans la Gazette du bâtiment. « Il fait déjeuner tous les peuples dans une même communion: le czar et l'empereur du Mogol, le roi de Lahore et la reine Pomarée». La réclame mise ainsi sur le fait que le chocolat est goûté par les puissants pour séduire le reste de la population. Expansion coloniale oblige, la figure d'Abdel-Kader est mobilisée. « Un de nos amis, officier en Afrique, nous a raconté qu'à la suite de la bataille d'Isly il avait trouvé vingt tablettes de chocolat-Ménier dans la tente du farouche Abdel-Kader. « Pas si farouche! s'écriait notre ami.-Pas si bédouin! reprit un soldat.» (sic)

Afin que le chocolat Menier soit immédiatement reconnu et identifié par le public, le fabricant le dote d'un certain nombre de signes distinctifs (enveloppe, étiquette, forme du produit). Le 2 août 1849, la société dépose, au secrétariat du conseil des prud'hommes de Paris, le modèle de sa tablette et de son enveloppe afin de s'en attribuer la propriété pendant cinq ans[586]. Il s'agit d'« une boîte en bois de hêtre, fermée et arrêtée à l'aide d'une ficelle faisant croix et entourant ladite boîte, cachetée avec de la cire rouge sans empreinte, contenant les modèles pour la forme de sept tablettes de chocolat, chacune de six divisions semi-sphériques, sur chacune desquelles six il existe une lettre

---

[584] BNF, *Le Tintamarre : critique de la réclame, satire des puffistes : journal d'industrie, de littérature, de musique, de modes et de théâtres*, Paris, 1845-11-16.

[585] *Gazette du bâtiment : journal hebdomadaire, industriel, artistique, littéraire*, Paris, 1847-01-24.

[586] *Journal des tribunaux de commerce*, Paris, Videcoq, 1854, p. 92.

incrustée et dont les six forment le nom de Menier[587] ». Le chocolat de chaque tablette est recouvert d'une feuille d'étain et d'un papier. Il s'agit d'empêcher les imitations du produit et la concurrence qui lui est faite. Malgré ces précautions, le chocolat Menier est copié ou contrefait. En 1853/1854, peu après le décès de son père, Emile-Justin lance une offensive juridique contre différentes maisons de commerce auxquelles il reproche d'imiter ses produits. Les jugements rendus par les tribunaux de commerce montrent que le produit est devenu familier des consommateurs. Ainsi, le tribunal de commerce de Chartres admet que les chocolats Menier sont « connus dans le commerce à certains signes caractéristiques servant à les distinguer des produits des autres fabricants[588] ». L'entreprise a adopté « un moulage par division de tasses demi-cylindriques, l'usage d'un papier jaune clair pour envelopper les chocolats d'une certaine qualité, et, en outre, l'application d'étiquettes rectangulaires sur papier blanc, avec dessins reproduisant les empreintes des médailles obtenues[589] ». Il en va de même du tribunal de commerce d'Orléans: Menier et Cie sont « avantageusement connus depuis longtemps, dans le commerce et dans le public, pour la vente de leur chocolat, qualité fine, santé, en tablettes à six divisions semi-sphériques, sous enveloppe de papier jaune, revêtue d'une étiquette rectangulaire[590] ».

Certains fabricants n'hésitent pas à imiter tout à la fois la forme semi-cylindrique des chocolats, la disposition rectangulaire des étiquettes, et la couleur des enveloppes. Dès 1852, un certain Krettly est ainsi condamné pour avoir imité la division semi-sphérique des produits Menier ainsi que les étiquettes de son concurrent[591]. A Chartres, un certain Besnier reconnaît, lors de son procès (1853), qu'il a « adopté la même forme des tablettes, des enveloppes de même couleur, et des étiquettes sinon semblables, du moins assez combinées pour que les acheteurs puissent s'y méprendre[592] ». D'autres se montrent plus astucieux à l'image de Pelletier, fabricant de chocolat à Paris (1854). Ce dernier, tout en adoptant les mêmes enveloppes et étiquettes que Menier, ruse en omettant de faire « apparaître son nom sur les étiquettes » et en présentant des « médailles dont il ne laisse apercevoir que les trois dernières lettres, ier, de Pelletier, qui sont les mêmes que dans Menier[593] ».

Face à ces contrefaçons Menier entreprend une bataille juridique. Mais comment défendre un produit qui n'est protégé par aucun brevet d'invention et

---

587 Logre (Bernard), Messence (Gérard), *Chocolat Menier…, op.cit.*, p. 21.
588 *Journal des tribunaux de commerce, op. cit.*, p. 398.
589 *Ibid.*
590 *Ibid.*, p. 92.
591 *Mémorial du commerce et de l'industrie : répertoire universel, théorique et pratique, législatif et judiciaire de la science commerciale : recueil mensuel... : doctrine et jurisprudence*, 1862, p. 233.
592 *Journal des tribunaux de commerce*, Paris, Videcoq, 1854, p. 398.
593 *Ibid.*

aucune marque? Pour le tribunal de commerce d'Orléans, chargé de juger le contentieux entre la maison Menier et cie et les maisons Courette et Louit frères et cie, la marque de fabrique déposée en 1849 auprès du conseil des prud'hommes de Paris n'a aucune valeur juridique. Il est en effet « impossible de reconnaître dans leur modèle un dessin de fabrique, celui-ci s'appliquant spécialement aux tissus ou aux papiers peints[594] ». Quant à la forme semi-sphérique de la tablette, elle « pouvait tout au plus devenir la matière d'un brevet utile de perfectionnement, si on lui reconnaissait un caractère d'utilité... ». Mais surtout, le tribunal relève que l'entreprise Menier et cie s'est servie « de cette forme avant de la déposer », ce qui, aux termes de la loi, l'a fait tomber dans le domaine public ». La cour impériale de Paris rappelle quant à elle, dans le litige qui oppose cette fois-ci Menier à Pelletier, que la reproduction ou l'imitation de la forme de certains produits ne « peut constituer ni contrefaçon ni usurpation des marques de fabrique, lorsque le réclamant ne n'est pas assuré le droit de s'en servir par un brevet d'invention ou un dépôt régulier[595] ». Pour la justice il est clair que la division des produits sous une forme semi-cylindrique, l'emploi d'un papier jaune clair, ou l'usage d'une étiquette rectangulaire ne peuvent relever d'un quelconque droit de propriété. Pourtant, Menier obtient gain de cause dans la plupart des affaires évoquées.

Ce ne sont pas sur les marques et les brevets que s'appuie la justice, mais plutôt sur la notion de loyauté commerciale. « Le commerce n'est possible qu'autant qu'il est pratiqué loyalement » rappelle ainsi la Cour impériale d'Orléans aux sieurs Courette et Louit frères qui ont fait appel du jugement[596]. « La concurrence ne peut être juste, ne peut être favorisée qu'autant qu'elle repose elle-même sur des bases honnêtes ». Il faut donc réprimer les « fraudes déloyales qui consistent, à l'aide de petits moyens, d'imitations puériles, à détourner la clientèle de son cours naturel, en donnant à certains produits une apparence extérieure qui ne leur appartient pas, afin de les faire passer dans le commerce pour d'autres produits, qui ont obtenu une vogue que les leurs ne peuvent atteindre ». Ce que reproche la justice à ces fabricants c'est d'avoir cherché à imiter le chocolat Menier sous toutes ses formes. « L'imitation de l'enveloppe, l'imitation de l'étiquette, l'imitation de la forme sont autant de signes caractéristiques qui servent à faire reconnaître qu'une intention mauvaise a présidé à cette réunion de circonstances, que le hasard ne peut certainement produire ». Le tribunal de commerce de la Seine fait la même analyse dans le litige qui oppose Menier à Chomeau. Il résulte de l'emploi simultané fait par ce dernier de la forme semi-cylindrique des tablettes, du papier jaune pour les enveloppes, et de l'étiquette rectangulaire, similaire à

---

[594] *Ibid.*, p 92.
[595] *Ibid.*, p. 334
[596] *Ibid.*, p. 94.

celle de Menier, une imitation intentionnelle susceptible de faire confusion avec les produits de Menier[597].

Ces jugements et ces appréciations des tribunaux sont évidemment subjectifs car la loi ne dit rien à ce sujet. Lorsque le tribunal civil de la Seine présidé par M. de Belleyme, par ailleurs associé dans la société Menier et Cie, condamne un certain Abraham à 2000 fr de dommages et intérêts pour avoir copié les produits de Menier, il le fait au nom de l'article 1382 du Code Napoléon[598]. Que dit cet article? « Tout fait quelconque de l'homme qui cause à autrui un dommage, oblige celui par la faute duquel il est arrivé, à le réparer[599] ». C'est donc au nom de la loyauté commerciale que ces différents fabricants sont condamnés à des amendes d'ailleurs variables s'étalant de 200 à 2000 fr! Ces batailles juridiques s'apparentent à des batailles commerciales dans lesquelles il s'agit à la fois de faire respecter ses droits, mais aussi d'écarter la concurrence, surtout quand elle s'accompagne de pratiques déloyales. Les victoires juridiques peuvent d'ailleurs s'accompagner de la publication du rendu du jugement dans les journaux, discréditant ainsi le contrefacteur. C'est ce qui se passe aux termes du procès entre Menier et les sieurs Courette et Louit[600].

Illustration 12. Publicité pour le chocolat Menier parue dans le Journal le Tintamarre[601]

Malgré les victoires remportées par Menier devant les tribunaux, les contrefaçons se poursuivent. Ce type de publicité est généralement accompagné d'un avis dans lequel on rappelle la supériorité du chocolat Menier sur celui des maisons concurrentes. Se diffuse ainsi l'idée que les autres chocolats ne seraient que de pâles imitations.

[597] *Ibid.*, p. 90.
[598] *Ibid.*, p. 91.
[599] *Code Napoléon*, Paris, imprimerie impériale, 1810, p. 251.
[600] *Journal des débats politiques et littéraires*, jeudi 18 mai 1854.
[601] BNF, *Le Tintamarre : critique de la réclame, satire des puffistes : journal d'industrie, de littérature, de musique, de modes et de théâtres*, Paris, 1857-07-12.

Illustration 13. Publicité pour la marque du chocolat Menier parue dans le Figaro en 1863[602]

Afin de résister aux contrefaçons l'entreprise met au point une « contre-étiquette » destinée à permettre de reconnaître le véritable chocolat Menier.

Malgré l'émergence de maisons comme la Pharmacie centrale de France, en dépit de la multiplication des contrefaçons, l'entreprise Menier continue de jouer un rôle majeur dans le secteur de la droguerie-pharmacie.

C. MENIER ET CIE : UN INTERMEDIAIRE MAJEUR DANS LA CHAÎNE DU MEDICAMENT EN FRANCE

Difficile de mesurer le poids de l'entreprise sur le marché du médicament en l'absence de bilans et de comptabilité. Fondateur, en 1852, de la Pharmacie centrale de France, François-Laurent-Marie Dorvault mentionne l'exemple d'une « maison qui fait à elle seule pour 8 millions d'affaires par

[602] BNF, *Le Figaro*, 29/10/1863.

an[603] ». Il y a de fortes chances pour que le fondateur de la PCF ait pensé à la maison Menier, entreprise tout à la fois redoutée et admirée. Ce chiffre nous en apprend plus sur ce que représente l'entreprise aux yeux des pharmaciens que sur son poids réel. L'inventaire après décès de J.A.B. Menier fournit quelques renseignements partiels sur la vie économique de l'entreprise. Lors du partage de la succession de Jean-Antoine-Brutus Menier, ses ayants droits, sa femme et sa fille notamment, mentionnent une somme de 182 951 francs « formant, déduction faite du sixième des bénéfices porté à la réserve conformément à la délibération du 26 janvier 1853, les 3 sixièmes (la moitié) des bénéfices de l'entreprise qui doivent lui revenir en sa qualité de gérant[604] ». A partir de ces éléments, on peut donc supposer que les bénéfices réalisés par l'entreprise Menier et Cie pour l'année commerciale 1852-1853 ont été de 365 902 francs, ce qui est loin d'être négligeable. Certes, cela ne nous renseigne pas sur le chiffre d'affaires de l'entreprise, mais cela montre que l'on a affaire à une société dynamique. Ainsi, à supposer que ces bénéfices représentent 5% du chiffre d'affaires, on parvient à un volume de 7 318 040 f. « Déjà riche industriel au décès de son père en 1853, M. Emile-Justin Menier a décuplé les affaires de sa maison. Ses opérations roulent sur un fonds annuel de dix millions[605] » peut-on lire dans une lettre de Le Roy de Saint-Arnaud en 1860. Ces données approximatives sont à prendre avec précaution. Elles disent cependant combien l'entreprise paraît importante aux yeux des contemporains. Une autre lettre, tirée du même dossier, mentionne un chiffre d'affaires de près de 8 millions de francs par an[606].

Emile-Justin Menier poursuit l'activité de sous-traitant pharmaceutique pour le compte des pharmaciens que menait son père. C'est ce dont témoigne le catalogue commercial de 1854, avec l'apparition d'une rubrique consacrée aux préparations pharmaceutiques. Sous ce nom, rappelle le fabricant, « nous avons inscrit tous les médicaments officinaux, simples mélanges qui ne rentrent pas dans la classe des corps à composition élémentaire bien définie (...). Tous ces médicaments sont préparés dans notre laboratoire suivant les formules et procédés du codex français, qui nous sert de règle invariable[607] ». Les pharmaciens s'évitent ainsi, en s'adressant à Menier, des préparations fastidieuses qui peuvent parfois se révéler fort longues. Pour fabriquer l'élixir de Garus, un produit alors en vogue, les auteurs du codex de 1837 recommandent l'emploi de huit substances (aloès succotrin, myrrhe, safran, cannelle, girofle, noix muscade, alcool, eau de fleur d'oranger) qu'il faut laisser macérer pendant deux jours, faire chauffer au bain-marie, avant d'y

603 Projet de création de la PCF, 1852.

604 AN, MC/ET/XC 721, Inventaire après le décès de Mr Menier, 17 janvier 1854.

605 AN, F/12/5209, Lettre de Le Roy de Saint-Arnaud, 26 décembre 1860.

606 AN, F/12/5209, Lettre du préfet de police, 26 janvier 1861.

607 Menier & Cie, pharmaciens-droguistes, *Prix courant général 1854*, Paris, Plon frères, 1854.

ajouter du sirop de capillaire. Autre produit à succès, l'eau de mélisse. Pour celle-ci, le codex mentionne là encore huit substances (mélisse fraîche en fleur, zestes de citron, cannelle, girofle, muscade, coriandre, racine sèche d'angélique, alcool) qu'il faut laisser macérer quatre jours. Si l'on ajoute à ces questions de préparations celles relatives à la conservation, au stockage et à la multiplication des produits, on peut comprendre que le pharmacien ait décidé de se tourner vers d'autres fournisseurs. Ce faisant, c'est bien à un déplacement de la préparation du médicament des laboratoires officinaux vers les laboratoires de grandes entreprises comme Menier auquel on assiste dès la première moitié du XIXe siècle. Il ne s'agit pas simplement d'une étape de la préparation, comme la pulvérisation, mais bien du médicament dans sa totalité. Les appareils dont dispose l'entreprise lui permettent, dès cette époque, de fournir les officines en médicaments prêts à être vendus. C'est le cas, par exemple, de cette « presse hydraulique d'une grande puissance » qui la « met à même de préparer certaines huiles médicinales que l'on trouve rarement pures dans le commerce[608] ».

Menier est ainsi en mesure de livrer, si l'on en croit le catalogue de 1854, une quarantaine d'huiles différentes. Il faut, de ce point de vue, garder un certain recul lorsque le droguiste affirme respecter les recettes et les formules du codex. E.J. Menier tient surtout compte de la réalité du marché. Avec deux éditions dans la première moitié du XIXe siècle (1818, 1837), le codex devient vite obsolète et donne une vision tronquée du commerce des médicaments. Si on retrouve dans le codex de 1837 une partie des préparations pharmaceutiques proposée par Menier, une majorité n'y figure pas et se distingue mal des spécialités pharmaceutiques. La comparaison de certaines listes de produits est à cet égard éclairante. Si le codex mentionne une vingtaine d'emplâtres, le catalogue Menier de 1854 en recense une quarantaine. Les six élixirs du codex passent au nombre de dix-sept dans le catalogue de l'entreprise. Quant aux électuaires, ils passent de sept à près de dix-huit. La pharmacie officinale est difficilement en mesure de faire face à cette inflation de préparations, dont les compositions lui sont d'ailleurs parfois inconnues.

Ce déplacement des activités de fabrication de l'officine vers les grandes entreprises concerne également les poudres et les extraits, plus particulièrement les extraits préparés dans le vide[609]. L'extrait est le produit de l'évaporation jusqu'en consistance molle, ferme ou sèche, d'un suc ou d'une solution obtenue avec une substance végétale ou animale, et un

---

[608] Maison centrale de droguerie Menier et Cie, *Prix courant général de 1845*, Paris, imprimerie Schneider et Langrand, 1845.

[609] Chevalier (Michel) (dir.), *Rapports des membres de la section française du jury international sur l'ensemble de l'exposition.* Tome premier, Exposition universelle de Londres de 1862, Paris, N. Chaix, 1862-1864, p. 264.

véhicule vaporisable, tel que l'eau, l'alcool, l'éther, ou plus rarement le vin[610]. Les extraits sont une quête relativement ancienne de la pharmacie, remontant au XVIe siècle, qui débouche d'ailleurs sur l'isolement d'un certain nombre de principes actifs au début du XIXe siècle. Ils occupent une place de choix dans la pharmacie. Le codex de 1837 en recense plus d'une centaine, chacun nécessitant un mode de préparation particulier. L'idée de préparer les extraits dans le vide remonte aux années 1810. « Les pharmaciens ont été frappés depuis longtemps par les inconvénients qui résultent de l'accès de l'air pendant l'évaporation des solutions médicamenteuses » note A. Wurtz, rapporteur de la section III de l'exposition universelle de 1862 portant sur les produits pharmaceutiques[611]. A ses yeux, les britanniques sont à la pointe dans ce domaine. Ainsi, en 1818 ? un brevet est pris en Angleterre pour un appareil propre à effectuer cette opération dans le vide. En 1832, la maison Allen et Hanbury commence à préparer des extraits selon cette méthode. A partir des années 1840, J.A.B. Menier décide de se lancer dans la fabrication de ces produits. L'entreprise établit « un appareil à évaporer dans le vide » qui lui permet de proposer à la vente une centaine de substances. « C'est à l'aide de cette méthode que nous avons obtenu cette belle collection d'extraits qu'on a remarquée sous notre nom à l'exposition des produits de l'industrie en 1844 ». En 1854, la maison Menier est en mesure de fabriquer près de 300 extraits différents!!!

Les pharmaciens sont d'autant plus enclins à s'en remettre aux droguistes qu'ils doivent affronter un certain nombre de problèmes dont celui du manque d'apprentis. La production de l'entreprise Menier est destinée à combler ce vide. « L'ordonnance qui a rendu obligatoire le baccalauréat ès-lettres, en diminuant le nombre d'élèves, a créé pour les pharmaciens de nouveaux embarras, et, pour un grand nombre, l'impossibilité de préparer chez eux les médicaments officinaux. Nous avons prévenu cet inconvénient en mettant à leur disposition un approvisionnement complet de médicaments

---

610 Codex, *pharmacopée française*, Paris, Béchet jeune, 1837.

611 Après des études de théologie, A. Wurtz s'oriente vers la médecine. En 1839, il se rend à Paris et est nommé chef des travaux chimiques à la Faculté de pharmacie de Paris. Il devient docteur en médecine en 1843. Après quelques mois dans le laboratoire de Balard à Paris, il se rend chez Liebig à Giessen. En 1844, à son retour d'Allemagne, et sur la recommandation de Liebig, Dumas le reçoit dans son laboratoire de la rue Cuvier. En 1849, il réalise la découverte des ammoniaques composées qui le rend célèbre. Il passe l'agrégation et est choisi comme professeur agrégé de la Faculté de pharmacie de Paris en 1847. C'est en 1853 qu'il succède à Dumas à la chaire de chimie. Armand Gautier, « Charles-Adolphe Würtz, ses travaux, son enseignement, son école : Faculté de médecine de Paris, leçon inaugurale du cours de chimie », Paris, *Société des deux revues*, 1884. On consultera également *l'Union pharmaceutique,* 1884/12 (A12,N12), p 252-255.

composés dignes de toute leur confiance[612]». Du reste, la gestion des laboratoires de la maison Menier n'est-elle pas aux mains de pharmaciens diplômés? Pourquoi, dès lors, ne leur ferait-on pas confiance?

E.J. Menier n'est pas le seul à adopter cette stratégie. En France, Grandval, pharmacien à l'hôpital de Reims, conçoit un appareil dans lequel le vide est produit par la condensation, au moyen d'un jet d'eau froide. Lors de son voyage pharmaceutique à l'exposition universelle de Londres, le futur fondateur de la PCF, Dorvault, se montre impressionné par les produits pharmaceutiques de ce dernier[613]. Les extraits pharmaceutiques préparés au moyen de cette méthode suscitent l'admiration et les éloges de Dorvault, ce dernier évoquant une «petite révolution dans cette forme médicamenteuse ». «Qui reconnaîtrait, sous la forme de grains brillants ou de paillettes micacées, fauves, jaunes, rouges, brun clair, légères, semi-transparentes, la substance de nos anciens, très pesants, très noirs et très amorphes extraits »? Dorvault se montre ainsi sensible aux innovations formelles accomplies dans le domaine de la galénique. « Le pissenlit a une odeur bien fugace, bien difficile à déterminer, eh bien! L'extrait de pissenlit préparé par M Grandval, mis sur la langue, s'y fond en faisant éprouver ce sentiment de fraîcheur et d'amertume à la fois, qui caractérise la saveur de cette chicoracée[614] ». Ils présentent néanmoins des inconvénients, ils sont fort « hygrométriques » note Dorvault. Ce déplacement croissant des procès de préparation du laboratoire officinal vers l'industrie n'est pas sans susciter des craintes, accompagnées de regret. « Il est à peine désirable que la préparation industrielle des extraits reçoive une grande extension et devienne la règle, si l'on se place du point de vue des intérêts de la profession, et surtout de la responsabilité du pharmacien, qui ne peut être sûr d'un tel médicament que lorsqu'il l'a préparé lui-même » note de ce point de vue A. Wurtz.

Pour autant, l'industrialisation et la mécanisation de la production ne se traduisent pas nécessairement par la fin de l'officine, bien au contraire. Dès 1845, l'entreprise Menier propose en effet aux pharmaciens qui le souhaitent de construire un appareil à évaporer dans le vide. « Si quelques-uns d'entre eux désiraient établir dans leur officine un système du même genre, nous sommes en mesure de faire confectionner des appareils semblables pour satisfaire leurs demandes[615] ». Il en va de même des eaux minérales ou gazeuses. Menier n'hésite pas, dans son catalogue, à proposer aux

[612] Maison centrale de droguerie Menier et Cie, *Prix courant général de 1845*, Paris, imprimerie Schneider et Langrand, 1845.
[613] Dorvault (F.L.M.), *Voyage à l'exposition universelle de Londres*, nov-déc 1851, p. 42.
[614] *Ibid.*, p. 42.
[615] Maison centrale de droguerie Menier et Cie, *Prix courant général*, Paris, imprimerie Schneider et Langrand, 1845, p. 6.

pharmaciens des machines pour fabriquer les eaux minérales factices. Tout au long du XIXe siècle les eaux minérales naturelles connaissent un certain succès (Balaruc, Barèges, Cauterets...). Considérées comme des médicaments (Codex, 1837), elles sont destinées à être consommées ou à être employées pour l'entretien de la peau, du corps. Elles demeurent rares, chères, et sont parfois éloignées des lieux de consommation. « La difficulté que l'on éprouve à se les procurer et les altérations qu'elles sont sujettes à subir dans les dépôts où on les conserve ont fait naître l'idée de les reproduire artificiellement[616]». Certains fabricants se lancent ainsi dans la conception de ces eaux industrielles qui s'efforcent d'imiter la composition des premières. Dans la première moitié du XIXe siècle, deux établissements parisiens, l'établissement des gobelins et celui du gros-caillou, avec lesquels Menier a passé un contrat, s'en sont fait une spécialité. Le codex se montre partagé sur la qualité de ces eaux factices, qui méritent à cet égard bien leur nom. « L'état actuel de la science ne permet pas d'arriver à une imitation fidèle de l'eau de la plupart des sources naturelles[617] ». Cela n'empêche pas les auteurs de proposer un certain nombre de formules destinées à imiter les eaux naturelles.

La vogue que rencontrent ces produits pousse certains pharmaciens à équiper leur laboratoire d'un matériel permettant leur fabrication, comme en témoignent les catalogues de Menier. « Nous avons donné quelque étendue au chapitre concernant l'appareil à fabriquer les eaux minérales, en nous appuyant sur ce motif, que dans beaucoup de localités il serait quelquefois plus avantageux aux pharmaciens de fabriquer eux-mêmes, que de faire venir à grands frais les eaux gazeuses des villes voisines. Pour qu'à cet égard le défaut de renseignements n'arrêtât pas la réalisation de leur projet, nous avons mis nos correspondants à même de s'éclairer sur la nature de l'appareil[618] ». Le catalogue de 1854 comprend ainsi plusieurs types d'appareils destinés à la pharmacie d'officine (appareil de Savaresse, appareil de Gaffard). Dans les années 1840-1850, la fabrication des eaux gazeuses rencontre un certain succès. N'ayant au départ qu'une « application médicale », elles entrent dans la « consommation comme boisson usuelle, et l'agrément qu'on y trouve en a répandu considérablement l'usage[619] ».

A côté des produits officiels ou autorisés, qui figurent dans le codex, la thérapeutique s'enrichit, on l'a vu, de nombreux remèdes que l'on peut qualifier de « secrets », puisque leur formule n'a pas été publiée. Ceux-là se

---

[616] Codex, *pharmacopée française*, Paris, Béchet jeune, 1837, p. 184.

[617] *Ibid.*

[618] Maison centrale de droguerie Menier et Cie, *Prix courant général*, Paris, imprimerie Schneider et Langrand, 1845, p. 12.

[619] Menier & Cie, pharmaciens-droguistes. *Prix courant général 1854*, Paris, Plon frères, 1854, p. 181.

confondent avec les spécialités. Dès 1834, cette gamme de produits bénéficie d'une place à part dans le catalogue de l'entreprise sous le titre médicaments et objets spéciaux des pharmaciens de Paris, signe du rôle actif que joue la capitale dans ce mouvement. Entre les années 1830 et le début des années 1850, cette branche commerciale ne cesse de s'étendre. Regroupées sur deux pages dans le catalogue de 1834, ces spécialités en occupent plus de vingt dans celui de 1854. Incontestablement, sans en être nécessairement à l'origine, l'émergence de maisons de droguerie comme Menier accompagne ce mouvement de spécialisation,. Comme le fabricant le reconnaît lui-même ces produits « prennent une importance marquée dans le détail de certaines pharmacies[620] ». Voici le baume acoustique de Paul Gage contre la surdité et les douleurs d'oreille, les biscuits purgatifs de Lepelletier, les bonbons de Malthe contre le mal de mer, les capsules gélatineuses au baume de copahu, les cigarettes de belladone de Collas... la liste est longue de ces produits, théoriquement interdits, qui sont vendus dans le commerce. Certains rencontrent un public, d'autres disparaissent aussi vite qu'ils sont apparus. Les pharmaciens spécialistes voient dans les maisons de gros comme Menier un moyen de diffuser leurs produits à une plus grande échelle. Il ne s'agit plus simplement de viser la clientèle parisienne, mais d'accéder au marché national. Médecins, pharmaciens et consommateurs se montrent par ailleurs attirés par ces nouveautés.

De ce point de vue, la maison Menier joue clairement un rôle d'intermédiaire et accompagne le mouvement de spécialisation. « Pour être bien servi, le pharmacien des départements doit être au courant de toutes les innovations qu'enfante l'activité parisienne, se mettre en rapport avec les fabricants eux-mêmes, et rechercher, parmi eux, celui qui offre le plus d'avantages, et dans le prix et dans la qualité de ses produits. On comprend toute la difficulté d'arriver à un semblable résultat, pour ceux qui, éloignés du centre de l'industrie, ne reçoivent de communication du grand mouvement de la capitale, que par une publicité souvent trompeuse[621] ». Assurément, le droguiste fait allusion pour partie à ces spécialités diffusées par voie publicitaire. Le 31 mars 1860, il crée, « conjointement avec un certain Laville, une société en participation pour la fabrication et l'exploitation de la liqueur et des pilules antigoutteuses formulées sous le nom dudit Laville tant en France qu'à l'étranger[622] ». La société mobilise en réalité trois parties: le dénommé Laville, qui apporte la formule, Menier, qui apporte des capitaux, et un certain Accault, qui intervient dans la fabrication et la vente des produits. Ce produit est un remède secret ou une spécialité

---

[620] Menier & Cie, pharmaciens-droguistes. *Prix courant général 1854*, Paris, Plon frères, 1854, p. 84.

[621] Maison centrale de droguerie Menier et Cie, *Prix courant général*, Paris, imprimerie Schneider et Langrand, 1845, p. 4.

[622] Cour d'appel de Paris, *Bulletin de la Cour impériale de Paris*, 1868, p. 877.

dans le sens où il n'a obtenu aucune reconnaissance officielle et ne figure donc pas dans le codex de 1866, même si ces pilules « sont préparées d'après la formule d'un docteur en médecine, laquelle formule a été publiée par Laville lui-même et dans les livres de médecine les plus accrédités, notamment dans les annuaires de Bouchardat de 1862 et le formulaire magistral de ce professeur paru en 1864». Ces productions sont élaborées à l'avance pour être vendues comme remèdes officinaux. Malgré leur caractère illégal, ces spécialités sont commercialisées et se révèlent lucratives. « L'exploitation à l'étranger entre pour près des trois quarts dans l'exploitation totale » du produit[623]. Entre la date de constitution de la société et 1867, Laville encaisse des « bénéfices considérables ».

Faut-il pour autant parler dès cette époque d'une complète transformation de l'officine qui serait devenue un simple comptoir de vente de médicaments, le pharmacien n'étant plus qu'un simple intermédiaire sur le marché? S'il n'est pas permis d'être aussi affirmatif, à tout le moins peut-on parler d'une orientation affirmée. « Il n'est pas douteux que dans une foule de cas cette tendance ne puisse produire de bons résultats ; mais, dans d'autres cas, on doit la regretter, notamment lorsqu'il s'agit de l'exploitation industrielle de certaines spécialités[624] » note à cet égard M. Chevalier. Au milieu des années 1850, la maison Menier et cie s'affirme donc avant tout comme un fabricant de produits pharmaceutiques de premier plan. Elle y occupe une « place brillante[625]», si l'on en croit les comptes rendus des observateurs de l'exposition industrielle de 1855. Au milieu des années 1850 elle est en mesure de fabriquer « tous les produits chimiques en général que demandent la pharmacie, les arts et les travaux de laboratoire[626]». L'entreprise dispose d'une fabrique de produits chimiques, située probablement à cette date à Noisiel, et à la tête de laquelle on trouve un certain M Bouquet[627] « de l'Ecole des mines, dont tous les chimistes connaissent le nom[628]». On retrouve «en visitant les magasins de M. Menier, tous les produits chimiques qui brillent dans ses flacons»: «morphine, pipérine en cristaux « de toute beauté », mannite, rhéine, thébaïne, urée, sesquichlorure de carbone, etc ». Pour renforcer l'influence de l'entreprise, son rayonnement, Emile-Justin s'attache à perfectionner l'appareil productif, les infrastructures, suivant là l'héritage de son père.

---

623 *Ibid.*
624 Chevalier (Michel) (dir.), *Rapports des…, op. cit.*, p. 263.
625 « Les arts chimiques à l'Exposition universelle de 1855 », Extrait du "Globe industriel et artistique", 1856, p. 340.
626 *Ibid.*, p. 341.
627 Ancien directeur de la fabrique Pelletier et Berthemot.
628 « Les arts chimiques… », *art. cit.*.

D. LES STRUCTURES DE L'ENTREPRISE

« Si, lorsqu'on visite cette belle usine de Noisiel et cette véritable cité qu'on appelle modestement la maison d'expédition de Paris, on est saisi d'étonnement et d'admiration devant l'ordre et la régularité que M. Menier père a su introduire dans ses vastes établissements, on n'est pas moins frappé des importantes transformations qu'y opère depuis trois ans M. Menier fils. Cet habile industriel a pensé que le poids d'un nom tel que le sien était lourd à porter, et qu'il fallait, pour le maintenir à sa véritable place, c'est-à-dire au premier rang, un courage et une ardeur juvénile: aussi est-ce plaisir de voir, à Noisiel, toutes les brillantes innovations introduites dans l'usine par le nouveau propriétaire. Ici, ce sont de lourdes et épaisses transmissions de mouvements, d'énormes engrenages qui disparaissent pour faire place à de légers axes horizontaux, à de petits pignons qui font autant de besogne en tenant dix fois moins de place; là, c'est un moteur nouveau dont l'auteur, un mécanicien de génie, a eu le bonheur de rencontrer en M. Menier un homme qui comprît sa valeur et acceptât ses découvertes avant même qu'elles eussent reçu la sanction de l'expérience[629]». On l'aura compris à la lecture de ce compte rendu de l'exposition industrielle de 1855, E.J. Menier n'est pas qu'un héritier. Il s'attache à consolider l'appareil productif de ces deux ensembles. Parallèlement, il décide, à partir du début des années 1860, de développer une autre usine en plein cœur de cet espace en pleine croissance qu'est la plaine Saint-Denis.

Si l'on en croit une lettre de Le Roy de Saint-Arnaud datant de 1860, le siège de l'entreprise Menier, situé rue Sainte-Croix-de-la-Bretonnerie, est un établissement qui « occupe trois cents ouvriers[630] ». C'est beaucoup si l'on s'en tient à la structure moyenne des entreprises françaises à la même époque. « A la fin du siècle, encore 90% des patrons parisiens ont moins de dix salariés et plus de la moitié d'entre eux ne travaillent qu'avec un seul ouvrier. En 1896, les entreprises de plus de cent salariés ne représentent que 0,5% des entreprises de la capitale[631]». « En France, dans les industries chimiques et la construction mécanique, de très petites entreprises l'emportent également » note P. Verley. « Sur plus de 400 établissements recensés par l'enquête des années 1840, pour la chimie, 18 seulement emploient plus de 100 ouvriers, dont 6 plus de 200[632] ». Quant à l'usine de Noisiel, fierté de la famille, elle donne, toujours d'après Saint-Arnaud, du travail à deux cents familles[633] »,

---

[629] « Les arts chimiques… », *art. cit.*

[630] AN, F/12/5209, lettre de Le Roy de Saint-Arnaud au ministre de l'Agriculture, 26 décembre 1860.

[631] Fureix (Emmanuel), Jarrige (François), *La modernité…, op.cit.*, p. 78-79.

[632] Chauveau (Sophie), « Le statut légal…», *art. cit.*, in Bonah (Christian) Rasmussen (Anne) (dir.), *Histoire et…, op. cit.*, p. 62.

[633] AN, F/12/5209, lettre de Le Roy de Saint-Arnaud au ministre de l'agriculture, 26 décembre 1860.

chiffre quelque peu évasif qui ne permet pas d'avoir une idée précise du nombre d'ouvriers.

Emile-Justin poursuit les efforts de mécanisation amorcés par son père. « Il refait presque entièrement l'usine de Noisiel et la reconstruit sans interrompre le travail courant[634]». Il s'attache à introduire de nouvelles machines, de nouveaux équipements[635], qui permettent d'accroître la fabrication. Le rapport s'ouvre d'ailleurs sur un éloge des « grandes industries ». Leur étude permet à la société de « passer en revue tous les perfectionnements obtenus par les manufacturiers au moyen de longs tâtonnements et d'améliorations incessantes[636] ». L'usine dispose alors de deux turbines Girard, de 60 chevaux chacune, qui fonctionnent dix mois de l'année et mettent en mouvement les machines. Pendant les deux mois où les eaux sont insuffisantes, deux machines à vapeur, également de la force de 60 chevaux chacune, se substituent aux turbines. Elles sont à balancier « avec détente variable et condensation[637] ». En 1868, l'usine s'équipe par ailleurs de machines frigorifiques.

Illustration 14. Turbines Girard[638]

La roue motrice à palettes est remplacée par deux roues à hélice de Girard de 60 chevaux de force chacune. Le travail de ces roues est plus régulier. Il n'est plus influencé par les hautes et basses eaux[639].

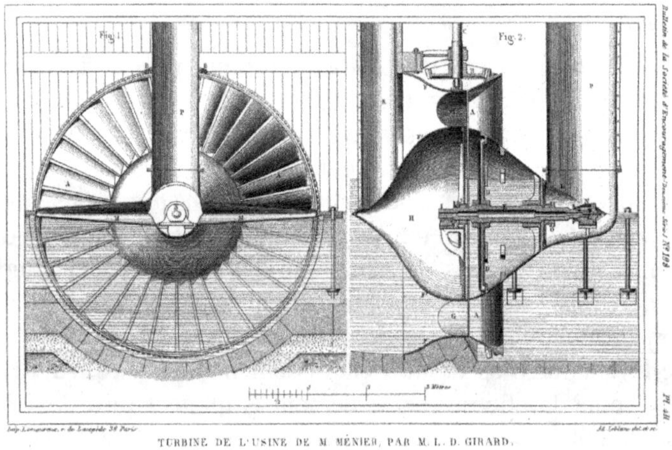

[634] Turgan (Julien), *Les grandes usines de France…*, *op. cit.*, T 7, p. 114.
[635] Cartier (Caroline), Jantzen (Hélène), Valentin (Marc), Richard (Michel), Fortin (Philippe), *La chocolaterie…*, *op. cit.*
[636] Tresca et Duschene, « Rapport sur…. », *art. cit.*, p. 321.
[637] *Ibid*, p. 322.
[638] CNUM, Conservatoire numérique des arts et métiers, http://cnum.cnam.fr, Tresca et Duschene, « Rapport sur…. », *art. cit.*, p. 411.
[639] Turgan (Julien), *Les grandes usines de France…*, *op. cit.*, T 7, p. 115.

La croissance de l'usine de Noisiel accompagne le développement de la bourgade de Noisiel qui voit sa population plus que doubler en trente ans. Les archives du recensement montrent qu'entre 1836 et 1866 le personnel ne cesse d'augmenter. Il passe de 8 en 1836 à 69 en 1866[640]. Mais, surtout, l'aire de recrutement s'étend beaucoup plus loin. D'après Julien Turgan, la seule usine de Noisiel comprend ainsi près de 200 ouvriers et 125 ouvrières, soit 325 employés[641]. En 1853, au décès de Jean-Antoine-Brutus Menier, tout laisse penser que l'usine est un espace polyvalent. Ainsi, au début des années 1850 Emile-Justin y monte une fabrique de produits chimiques[642]. Mais que comprendre exactement par cette désignation? S'agit-il d'une usine destinée à la fabrication des spécialités? Des alcaloïdes? Difficile de répondre. Tout au plus peut-on dire que l'usine n'est pas entièrement dévolue au chocolat. Ce point est du reste confirmé par d'autres sources. Payen, dans son compte rendu de l'exposition universelle de 1855, note que Menier « pourrait améliorer la qualité de ses produits en évitant tout broyage de fer sur fer, et en isolant plus complètement les ateliers de fabrication du chocolat, de l'usine de pulvérisation des matières pharmaceutiques, dont quelques émanations peuvent parfois altérer l'arôme délicat du chocolat »[643].

Illustration 15. Usine de Noisiel, vue d'aval (1860)[644]

Dans les années 1850 E.J. Menier entreprend de reconstruire le moulin de Noisiel. Il double notamment le bâtiment élevé par son père sur la Marne.

[640] Cf. supra chapitre 5, tableau 5.
[641] *Ibid.*, p. 127.
[642] AN, F/12/5209, Lettre du préfet de police, 26 janvier 1861.
[643] *Exposition universelle de 1855*. Rapports du jury mixte international publiés sous la dir. de S.A.I. le Prince Napoléon, président de la commission impériale, Paris, Imprimerie impériale, 1856, p. 652.
[644] BNF, Menier (Emile-Justin), *Catalogue commercial ou prix courant général...* 5e édition 1860, Paris, impr. de H. Plon, 1860, 672 p.

Illustration 16. Usine de Noisiel, vue en amont (1860)[645]

Vers 1860/1861, Emile-Justin Menier procède à l'achat de différents terrains dans la plaine Saint-Denis, signe que, dès cette date, il songe à établir une annexe de la société sur cet emplacement[646]. La construction de cette usine témoigne de la volonté d'Emile-Justin de poser sa marque sur l'entreprise. Il fait appel, pour l'occasion, à un architecte, Jules Saulnier (1817-1881). Ce dernier est surtout resté célèbre, avec l'ingénieur Jules Logre, pour la construction « de l'usine de chocolat à Noisiel, en 1871-1872, (…) qui introduit un nouveau mode d'utilisation du métal: le mur en pan de fer à remplissage de briques[647]». Dans la première moitié du XIXe siècle, certains industriels commencent en effet à attacher de l'importance aux bâtiments usiniers. La construction d'usine, note D. Woronoff, commence à devenir un métier à part entière à partir des années 1820/1830[648]. Certains entrepreneurs accordent de l'importance à l'architecture d'ensemble des espaces usiniers qu'ils souhaitent vaste et lumineuse, notamment dans le textile. En ayant recours au service d'un architecte, E. J. Menier se montre tout autant soucieux de l'enveloppe, de l'apparence des bâtiments industriels que de l'usine en elle-même. « Plus heureux que bien d'autres, M. Saulnier avait le champ libre dans la construction de l'usine Menier, à Saint-Denis, sauf toutefois, bien

---

645 BNF, *Ibid.*

646 AN, MC/ET/XVI/1306, acte du 9 septembre 1869, vente par Mr et Mme Menier à la société Dorvault et Cie.

647 Hamon (Françoise), Universalis, « **INDUSTRIELLE** ARCHITECTURE », *Encyclopædia Universalis* [en ligne], consulté le 11 février 2016. URL : http://www.universalis-edu.com/encyclopedie/architecture-industrielle/

648 Woronoff (Denis), *Histoire de…, op. cit.*, p. 247.

entendu, sous le rapport de la dépense dont le chiffre était limité[649] ». Commencé en 1862, l'édifice est achevé en 1864.

Une série d'articles tirés de la Gazette de l'architecture nous renseigne sur les différents travaux entrepris. «En parcourant cette vaste usine, en visitant les uns après les autres les divers bâtiments qu'elle renferme, on est frappé de la façon dont chacun d'eux a été étudié en vue de sa destination. Employant la pierre, le moellon, la brique, le bois ou le métal suivant les cas, suivant les besoins à satisfaire, l'architecte a su trouver, à chaque pas, dans l'emploi raisonné de ces matériaux, une disposition ingénieuse, un motif original[650]». L'usage de ce type de matériaux n'est pas nouveau. En Angleterre, le métal apparaît pour la première fois dans l'usine au « textile mill » de Derby, en 1792.

Illustration 17. Coupe transversale de l'usine de Saint-Denis[651]

Illustration 18. Plan de l'usine de Saint-Denis[652]

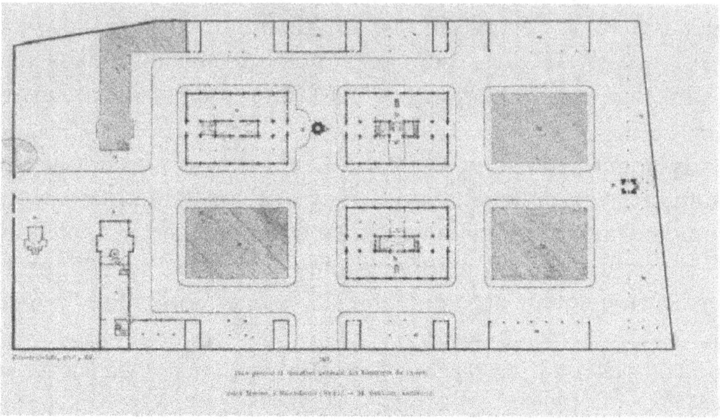

[649] BNF, de Baudot (Anatole), « Usine Ménier à Saint-Denis », *Gazette des architectes et du bâtiment*, 1865, 3ème année n° 12, pp. 177-182.
[650] *Ibid.*
[651] BNF, Coupe transversale de l'usine de Saint-Denis ; Gazette des architectes et du bâtiment, 1865, 3ème année n° 12, p. 179.
[652] BNF, Plan de l'usine de Saint-Denis *Gazette des architectes et du bâtiment*, 1865, 3ème année n° 12, p. 179.

Au centre de l'usine, dans la coupe longitudinale, on aperçoit la cheminée (K). Il s'agit de « l'un des points essentiels du programme et une des parties qui, par son importance, demandait le plus de soins[653] ». La masse est construite en briques, la pierre n'est employée que pour le socle et les parties de couronnement. Les surfaces extérieures sont décorées à l'aide de briques de différentes couleurs et d'incrustations d'ardoises. La cheminée doit avoir à la fois un « aspect monumental et une forme agréable[654] ». Au pied de cette cheminée se trouve placée la machine à vapeur (M) abritée par une halle vitrée. Elle communique de façon souterraine avec les générateurs (H). Placés sous le sol ces derniers sont reliés, « d'une part, avec la cheminée par les conduits de fumée, et de l'autre, avec la machine[655] ». J. Saulnier, sans doute à la demande d'E.J. Menier, accorde là aussi une certaine importance au bâtiment.

L'espace usinier est composé de pavillons (D) ; le premier, situé à gauche en avant de la machine, abrite la pilerie. Le terme, on l'a vu, désigne à la fois un appareil et l'endroit où se trouvent, dans une usine, tous les appareils à piler[656]. L'architecte, redoutant les trépidations causées par la transmission de mouvement des machines, a adopté, pour ce pavillon, un système de planchers en bois. Les deux autres pavillons sont des laboratoires. Ces trois pavillons sont semblables, à l'exception de quelques dispositions intérieures. Chacun d'eux possède au centre une petite cour de service. Les pavillons des laboratoires ne possèdent des planchers que dans la partie du milieu, les laboratoires sont installés aux deux extrémités et profitent de la hauteur totale. Un escalier spécial conduisant à l'étage a été établi dans la cour qu'il divise en deux petites parties. La charpente est en fer, la couverture en tuiles. A chaque extrémité des pavillons, on distingue des grandes cheminées. L'usine comprend une loge pour le concierge, installée dans un bâtiment spécial. « La loge proprement dite, c'est-à-dire la pièce dans laquelle se tient constamment une personne qui surveille les entrées et les sorties, occupe une place relativement assez importante et offre une disposition toute particulière bien en rapport avec sa destination. Grâce à la configuration de cette pièce, à la position des baies et à leur importance comme étendue, la surveillance est rendue facile et même tout naturellement obligatoire[657] ». Au premier étage se trouve le logement du concierge. L'usine comprend également une

---

[653] De Baudot (Anatole), « Usine Ménier à Saint-Denis », cheminée, Gazette des architectes et du bâtiment, 1865, 3ème année n° 19, pp. 293-295.
[654] *Ibid.*, p. 293.
[655] *Ibid,* n° 22, p. 340
[656] Laboulaye (Charles), *Dictionnaire des Arts et manufactures, de l'agriculture, des mines, ect... : description des procédés de l'industrie française et étrangère*, Paris, Librairie du dictionnaire des arts et manufactures, 1870-1873. Ci-dessous un exemple de machine à piler manuel. Il s'agit de la machine à bras perfectionnée de Dulac.
[657] De Baudot (Anatole), « Usine Ménier à Saint-Denis, loge du concierge », *Gazette des architectes et du bâtiment*, 1865, 3ème année n° 23, p. 358.

maison d'habitation. Au rez-de-chaussée se trouvent des bureaux. Le premier étage est destiné au directeur de l'usine. Les deux étages supérieurs, dont un sous les combles, sont affectés aux divers employés[658].

Illustration 19 Façade principale d'un pavillon de l'usine de Saint-Denis[659]

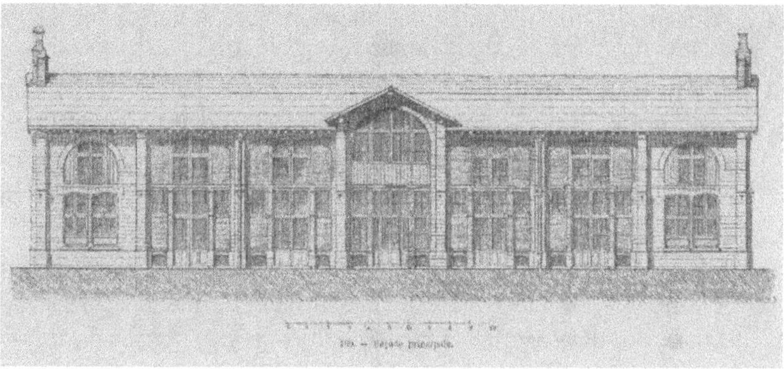

La croissance de la main-d'œuvre s'accompagne de l'émergence d'une politique philanthropique, en particulier à Noisiel. Emile-Justin se montre soucieux du sort des ouvriers des différents établissements qui composent l'entreprise. Il est ainsi fidèle à l'héritage paternel. « Menier a pour ses employés la plus grande bienveillance » note A. Chevallier à propos de Jean-Antoine-Brutus[660]. F. Cadet de Gassicourt rappelle, quant à lui, que « Ménier avait dans le caractère une grande bienveillance et dans le cœur une grande bonté. Il a créé dans sa maison une infirmerie, où ses employés, s'ils tombaient malades, recevaient les visites d'un médecin, les médicaments et tous les soins que leur position réclamait. Pour encourager l'ordre, la prévoyance, et l'économie, chacun de ses employés, depuis le plus humble, était appelé à mettre ses épargnes dans la maison de commerce qui lui en payait 6 p. 100 d'intérêt[661] ». On ne faisait pas en vain appel à sa bienfaisance; à l'occasion, il savait aller au-devant du malheur. Un certain nombre d'entre eux prononcent des discours lors de la nomination de ce dernier dans l'ordre de la Légion d'honneur, qui « démontrent qu'il avait trouvé en eux des appréciateurs de son mérite et des cœurs reconnaissants[662] ».

---

[658] De Baudot (Anatole), « Usine Ménier à Saint-Denis, maison d'habitation », *Gazette des architectes et du bâtiment*, 1866, 4ème année n° 6, p. 84.

[659] BNF, Façade principale d'un pavillon de l'usine de Saint-Denis. *Gazette des architectes et du bâtiment*, 1865, 3ème année n° 12, p. 181.

[660] Chevallier (A.), « Notice nécrologique… », *art. cit.*

[661] *Journal des connaissances médicales pratiques*, 1854, p. 61.

[662] Chevallier (A.), « Notice nécrologique… », *art. cit.*

Le fils va cependant plus loin que le père dans ce domaine, ce que ne cessent de rappeler certaines notices qui lui sont consacrées. « Profondément pénétré de l'impérieuse nécessité d'améliorer la situation de la classe ouvrière, il fut un serviteur dévoué de la cause que nous défendons nous-mêmes avec passion, et il chercha avec la plus rare sollicitude, à concilier les intérêts du capital et du travail. C'est dans ce but qu'il crée, dans ses établissements, devenus institutions philanthropiques, des cités ouvrières, des écoles, des magasins d'approvisionnement[663] ». Cherchant à obtenir le titre de chevalier de la Légion d'honneur pour Emile-Justin Menier, Le Roy de Saint-Arnaud mentionne, parmi les œuvres pleines d' « intelligence et d'ardeur » accomplies par ce dernier, « la fondation d'une société de secours mutuel pour sa maison servant dans la maladie, et la vieillesse[664] ». L'administration ne s'y montre du reste pas insensible qui évoque à plusieurs reprises cette « caisse de secours pour les ouvriers et les employés[665] ». Une autre missive précise que celle-ci est réservée aux ouvriers et employés « dans le besoin[666] ». Quand a-t-elle été mise en place? Quelle est son étendue? Difficile de savoir. S'agit-il d'un geste symbolique destiné à satisfaire les vœux de l'empereur, très sensible à la question sociale, et obtenir une reconnaissance symbolique? On peut en douter. Les préoccupations de Menier d'installer une école dans ses établissements de Noisiel témoigne du souci de respecter les dispositions de la loi du 22 mars 1841, notamment pour ce qui concerne l'accueil des 12-16 ans.

Ces ambitions sociales s'inscrivent dans un contexte général d'essor des systèmes de protection et de prévoyance en Europe. La faiblesse des résultats obtenus par les caisses d'épargne engage certains notables en France à encourager, sur le modèle anglais, des caisses de retraite, de prévoyance ou de secours[667]. Même si leur efficacité progresse beaucoup moins vite qu'en Angleterre ou en Belgique, elles se développent. Dans certains services de l'Etat, des retraites sont déjà versées aux ouvriers qui travaillent dans les arsenaux, dans la marine, ou encore aux fonctionnaires[668]. Tout comme Menier, d'autres compagnies adoptent un mode de prélèvement obligatoire pour alimenter une caisse de retraite à l'image de la Compagnie des chemins de fer de Rouen. Les Compagnies des mines de Loire ont également cherché à mettre en place un système de caisse de secours. Dès 1817, un projet de caisse de prévoyance des mineurs de Rive-de-Gier est imaginé, qui est financé par le concours de l'Etat, des exploitants, des

[663] Lami (E.O.), Tharel (A.), *Dictionnaire encyclopédique..., op. cit.*, 6, L-O, p. 392.
[664] AN, F/12/5209, Lettre de Le Roy de Saint-Arnaud, 26 décembre 1860.
[665] AN/F/12/5209, Lettre du 29 mai 1861, ministère de l'Agriculture et des Travaux publics.
[666] AN/F/12/5209, Lettre du préfet de police au ministre de l'Agriculture, 26 janvier 1861.
[667] Démier (Francis), *Histoire des politiques sociales*, Paris, Seuil, 1996, p. 23.
[668] *Ibid*, p. 25.

redevanciers et des ouvriers[669]. Pierre Guillaume note à cet égard qu'il ne reçoit aucun embryon d'application. Progressivement, les compagnies se dotent de caisses de secours approvisionnées par des retenues sur salaire. Cela facilite la fixation, et d'une certaine manière la dépendance des ouvriers car si ceux-ci décident de partir ils renoncent aux versements antérieurs. « Dans les premières sociétés de secours mutuels, on joint la retraite à l'assurance contre la maladie. » Dans ces cas-là, la « gestion s'avère difficile[670] ».

Dans une lettre datée du 19 décembre 1866 adressée au juge de paix de Lagny, E.J. Menier se félicite de la politique sociale qu'il a mise en œuvre à Noisiel. A ses yeux, aucun doute, l'absence de grèves, de coalitions, de «murmures ou de plaintes contre ses décisions» s'explique par l'organisation de l'usine[671]. «J'attribue l'harmonie qui a toujours régné à la fabrique de Noisiel à son organisation même, qui réserve à l'ancienneté les places de chef d'atelier et de chefs d'équipe, et par suite, les augmentations de salaire. Il s'est établi ainsi une hiérarchie fondée sur les droits auxquels chacun peut prétendre: il y a respect de l'autorité parce qu'elle paraît à chaque ouvrier légitimement acquise[672] ». Un autre élément expliquait aussi selon lui l'absence de contestations: « les soins gratuits donnés aux malades, les secours en cas d'accident, l'établissement d'une caisse d'épargne », ainsi que « la sollicitude du chef de fabrique qui ne leur a jamais fait défaut dans leur malheur de famille[673] ».Tout cela avait « habitué les ouvriers et ouvrières à tenir à honneur d'être sous le patronage de l'établissement ».

Signe de l'intérêt des élites pour les politiques sociales en faveur des ouvriers et des employés, un nouvel ordre de récompenses est créé à l'occasion de l'exposition universelle de 1867. Il est « en faveur des personnes, des établissements ou des localités qui, par une organisation ou des institutions spéciales, ont développé la bonne harmonie entre tous ceux qui coopèrent aux mêmes travaux, et ont assuré aux ouvriers le bien-être matériel, moral et intellectuel[674] ». On retrouve là la main de l'Empereur, soucieux de concilier progrès économique, croissance, et amélioration du sort des plus faibles et des plus fragiles. « A l'imprévoyance, au dénuement

---

669 Pierre Guillaume, *La Compagnie des mines de Loire (1845-1854)*, Mémoire de thèse, Clermont-Ferrand, 1964, 385 p., p. 148.
670 *Ibid.*
671 Richard (Michel), *Dynastie patronale et ville usine, les industriels chocolatiers Menier et Noisiel 1867-1960*, mémoire de DEA sous la direction de Michèle Perrot, Paris IV, 1988, Annexe.
672 *Ibid.*
673 *Ibid.*
674 Chevalier (Michel), *Exposition universelle de 1867 à Paris. Rapports du jury international*, T 1, Groupe 1, Classe 1 à 5. Rapport du jury spécial, Paris, Imprimerie administrative de Paul Dupont, 1868, p 362.

s'opposent les caisses d'épargne, de retraite, les subventions de toutes sortes, les primes, tendant à rehausser le salaire et la condition de l'ouvrier[675] ». Ces préoccupations sociales ne sont pas dénuées d'un arrière-plan moral et politique. Il faut insuffler aux ouvriers un certain nombre de principes leur permettant d'améliorer leur condition, l'objectif final étant de créer « l'harmonie entre patrons et ouvriers ». Le compte rendu de l'exposition montre qu'un certain nombre d'entreprises françaises cherchent, dès cette époque, à mettre en place des systèmes de prévoyance (compagnie des verreries et cristallerie de Baccarat, Forges de Mr Bouillon à Larivière, près de Limoges, etc....). L'entreprise Menier a été jugée digne d'être mentionnée dans le rapport pour la gestion de la fabrique de Noisiel-sur-Marne. Il n'est alors fait aucune mention d'une quelconque caisse de retraite ou de secours. Les auteurs évoquent une « administration paternelle dont la sollicitude généreuse se manifeste sous des formes diverses et a développé d'une manière remarquable, dans la population ouvrière, le bien-être ainsi que les habitudes de régularité et de stabilité[676] ».

Dans son étude sur les grandes usines en France publiée en 1870, Julien Turgan revient sur un certain nombre de dispositions mises en œuvre à Noisiel sans donner cependant de véritables repères chronologiques[677]. Menier s'occupe d'assurer le logement et la nourriture des ouvriers, dont le nombre croissant dépasse de beaucoup les ressources du village de Noisiel. Cette initiative est rendue nécessaire par le fait que les ouvriers viennent de plus en plus loin et ne peuvent rentrer quotidiennement chez eux. Le nomadisme et l'instabilité de la main-d'œuvre préoccupent par ailleurs de plus en plus les autorités et les entrepreneurs[678]. Menier n'est pas un cas à part de ce point de vue. On assiste ainsi à un phénomène de concentration de la main-d'œuvre à proximité de l'usine. L'industriel procède ainsi à la construction de « maisons avec dortoir pour les célibataires et, pour les ménages, d'autres maisons avec logements composés de deux belles pièces et d'une cuisine[679] ». Ces logements sont « comptés aux ouvriers mariés, à raison de 100 à 120 francs par an, suivant leur importance[680] ». Pour les ouvriers célibataires, un réfectoire commun est aménagé. L'industriel a passé un contrat avec un entrepreneur qui se charge de la nourriture, à raison de 30 francs par mois et par homme. Pour les ouvriers mariés ou qui préfèrent apporter leur nourriture, il existe un autre réfectoire servant aussi de salle de repos, qui dispose d'un fourneau à réchauffer les aliments, de tables et de sièges. Menier cherche également à favoriser l'instruction de son personnel.

---

675 *Ibid.*
676 *Ibid.*, p. 520.
677 Turgan (Julien), *Les grandes usines de France*..., *op. cit.*, T 7.
678 Woronoff (Denis), *Histoire de*..., *op. cit.*, p. 197.
679 Turgan (Julien), *Les grandes usines de France*..., *op. cit*, T 7, p. 126.
680 *Ibid.*

Une salle de réunion munie d'une bibliothèque sert en effet de classe pour les cours d'adultes faits par un instituteur. Les pauses sont courtes, et, au premier son de la cloche, la moitié du personnel va prendre son repas et revient une heure après remplacer l'autre moitié qui sort à son tour, « de sorte que le travail n'est jamais interrompu[681] ». On peut supposer que ces initiatives sont mises en œuvre après 1866, probablement entre 1867 et 1870. L'industriel se préoccupe également de développer la recherche.

E. L'ENTREPRISE MENIER ET CIE: UN LIEU DE RECHERCHES ET D'INNOVATIONS ?

La plupart des notices consacrées à E.J. Menier mettent en avant ses liens avec la chimie. On se plaît ainsi à rappeler, à de nombreuses reprises, qu'il a reçu les cours des plus grands chimistes de la capitale. Signe de son intérêt pour la science et la recherche, Emile-Justin fonde, en 1859, un prix de 500 francs décerné chaque année à l'Ecole supérieure de pharmacie, sous le nom de Prix Menier[682]. Il réfléchit également, au début des années 1860, à l'établissement d'une école pratique de chimie. Faisant le constat que les formations en laboratoire sont difficiles d'accès, E. J. Menier imagine « de créer une école spéciale entièrement consacrée à la chimie pratique, où l'enseignement serait fait en mettant aux mains de l'élève la cornue et la balance, en le conduisant pas à pas depuis la préparation de l'hydrogène jusqu'à l'étude des matières colorantes et des produits organiques les plus délicats[683] ». Cette réflexion n'est pas seulement le fait d'E.J. Menier, elle traverse les milieux industriels, notamment la société industrielle de Mulhouse. Afin de stimuler ce projet, Menier propose aux « industriels et aux commerçants intéressés aux progrès de l'art chimique une souscription spéciale pour fonder cette école de chimie pratique ». Si cette proposition rencontre quelque sympathie il s'engage à verser la somme de vingt-cinq mille francs. Cette initiative est relayée par quelques journaux, notamment l'Avenir commercial et le Moniteur scientifique du docteur Quesneville. On voit ainsi qu'il « existe des liens directs et nombreux entre développement industriel et développement scientifique[684] ». Lorsque le ministre de l'Instruction publique décide de créer un laboratoire gratuit de chimie pratique au Muséum et d'en confier la direction à M Fremy, E.J. Menier

---

681 *Ibid.*, p. 127.

682 Vapereau (Gustave), *Dictionnaire universel des contemporains : contenant toutes les personnes notables de la France et des pays étrangers,* 1880, p. 1274.

683 Le Perdriel (Charles), *Du Passé, du présent et de l'avenir de la pharmacie*, Paris, V. Masson et fils, 1862, p. 14.

684 Pickstone (John V.), « Révolutions analytiques et synthèses du modernisme », in Pestre (Dominique) (dir), *Histoire des sciences...*, p. 37.

décide d'abandonner son projet et de mettre la somme de 10 000 francs à disposition du projet.

Il concourt, en 1864, à l'organisation des cours de chimie pratique du Muséum[685]. « Tous les pharmaciens se rappellent l'appui que M. Menier était toujours prêt à leur donner; ses laboratoires, ses réactifs les plus coûteux étaient à la disposition des chercheurs[686] ». N'est-il pas représenté, sur le monument qui fait aujourd'hui face à la mairie de Noisiel, assis à sa table de travail avec, à ses pieds, une cornue? (Illustration 20)

Illustration 20. Monument consacré à E.J. Menier, Noisiel[687]

Emile-Justin Menier se montre ainsi soucieux de développer la chimie appliquée. Les études anglo-saxonnes[688] et françaises sur le monde pharmaceutique ont mis l'accent sur le rôle du laboratoire dans la dynamique de croissance des entreprises. Catherine Arnaud a très bien montré comment A. Guilliermond a prospéré grâce à ses activités de production et de recherches développées au sein de son laboratoire. Pour S. Chauveau, la naissance de la grande entreprise pharmaceutique est marquée par l'émergence de la firme laboratoire. Dans le cas de l'entreprise Menier, l'existence d'un laboratoire est évoquée pour la première fois dans le catalogue à prix courant de 1845. A cette date, il fonctionne depuis quelques années. Mais qu'entendre exactement par ce terme? S'agit-il d'un lieu de fabrication, de préparation des produits, au sens où on l'entend dans le terme

---

685 Vapereau (Gustave), *Dictionnaire…, op. cit.*, p. 1274.

686 Lami (E.O.), Tharel (A.), *Dictionnaire encyclopédique…, op. cit*, 6, L-O, p. 392.

687 Photographie Nicolas Sueur, monument consacré à Emile-Justin Menier devant la mairie de Noisiel.

688 Voir travaux de Jonathan Liebenau.

laboratoire officinal? S'agit-il d'un lieu de recherche, ce qui est son sens le plus courant actuellement? S'agit-il d'un lieu de contrôle des produits?

Les sources mentionnent, dès le milieu des années 1840, l'existence d'un laboratoire où « sont fabriquées en grand les préparations pharmaceutiques[689]». La vapeur y est utilisée comme moyen général de chauffage. De nombreux conduits en cuivre permettent de la diriger à volonté, tantôt dans les étuves, tantôt sous les bassines à double fond où s'opère la cuite des sirops et des emplâtres, tantôt dans des réservoirs où l'on échauffe jusqu'à l'ébullition des quantités d'eau considérables. Ce laboratoire est d'abord un lieu de préparation des produits et s'apparente à une super officine. Ce système permet de gagner en efficacité et en rapidité. « On y trouve par ailleurs l'avantage immense, de ne jamais élever la température de manière à altérer les produits. Au moment opportun, la fermeture d'un robinet supprime tout contact entre la source de chaleur et la préparation médicinale[690] ».

Au milieu des années 1850, Emile-Justin Menier a procédé à quelques aménagements. Si la vapeur est toujours utilisée comme moyen de chauffage, elle est également employée pour mettre en mouvement une machine de plusieurs chevaux. Une partie du travail de préparation des médicaments est ainsi mécanisée et permet de « produire tout le travail qui n'a pas besoin de l'intelligence de l'homme[691] ». La machine peut tout à la fois broyer les plantes fraîches sous l'action des meules, triturer l'onguent mercuriel, moudre les amandes pour fabriquer l'huile, et enfin opérer le vide dans le grand appareil à évaporer les extraits ». Non sans fierté, Emile-Justin Menier rappelle qu'il a « organisé un laboratoire pourvu de tous les instruments, de toutes les machines qui peuvent contribuer à la perfection des produits ». Mais le laboratoire n'est pas seulement un lieu de préparation et de fabrication des produits, une cuisine si on veut, c'est aussi un lieu de contrôle et d'analyse: «renseignements sur les préparations nouvelles, procédés spéciaux, analyse des produits, reconnaissance des falsifications, nous sommes en mesure de répondre à toutes les demandes et de fournir toutes les indications sur la partie scientifique de notre profession[692]», peut-on lire dans le catalogue commercial de 1854. L'entreprise cherchait à montrer à sa clientèle qu'elle se préoccupait de la qualité des produits qu'elle commercialisait. Au milieu des années 1850, l'entreprise Menier s'est ainsi dotée d'un laboratoire d'analyse et de contrôle.

---

689 Maison centrale de droguerie Menier et Cie, *Prix courant général*, Paris, imprimerie Schneider et Langrand, 1845, p. 6.

690 *Ibid.*

691 Menier & C.ie, pharmaciens-droguistes. Prix courant général 1854, Paris, Plon frères, 1854, p. 6.

692 *Ibid.*

L'essor des activités de laboratoire au sein des firmes tient d'abord à une exigence de qualité dont l'industrialisation est porteuse. La diversité des produits, la diversité des fabricants imposent rapidement à des entreprises en gros comme la maison Menier d'établir des procédures de contrôle. Ce point est d'autant plus vital que la peur de l'empoisonnement, de l'erreur en pharmacie est très largement partagée par le corps professionnel, alors que celui-ci s'adresse de plus en plus à des sous-traitants pour des produits qu'il devrait, en théorie, fabriquer lui-même. En l'occurrence, s'il en va de l'avenir du pharmacien, il en va aussi de la réputation de la firme et de sa pérennité commerciale. Pour S. Chauveau, l'existence d'un laboratoire de contrôle dans une entreprise est clairement symbolique du passage à l'industrie. « Il faut garantir aux médecins et pharmaciens la qualité, la non-toxicité et la stabilité des préparations[693] ». E.J. Menier comprend que le laboratoire est une nécessité, car il permet d'examiner des produits que les pharmaciens d'officine ne sont plus forcément capables de vérifier dans leur laboratoire. Le développement de ces structures s'inscrit dans un contexte particulier avec l'extension du concept de « sécurité sanitaire[694] », auquel participent les producteurs, pharmaciens et industriels. Ces derniers sont les « promoteurs d'un contrôle des produits pour de multiples raisons ». Ils sont « soucieux en particulier de la qualité des produits ».

Cette idée de qualité est à l'origine de ces « pratiques d'essais et de mesures justificatifs[695] » et du développement de ces laboratoires de contrôle comme celui de la maison Menier. Ce type de structure participe, selon S. Chauveau, de l'invention et/ou de la recomposition des « procédures inspirées par les méthodes analytiques du laboratoire ». De ce point de vue, la maison Menier n'est pas la seule à développer ce type de contrôle[696]. Elle se situe dans le prolongement de l'école de chimie analytique de Lavoisier qui a souligné l'importance de titrer les solutions, mais aussi de Fourcroy[697]. Gay-Lussac lui aussi a développé les techniques de titrage au cours de ses activités chez Saint-Gobain pour garantir la qualité des produits et fidéliser la clientèle[698]. En défendant cette qualité des produits à travers la mise en place de ce laboratoire, Emile-Justin Menier prend d'une certaine façon acte des critiques qui lui ont été adressées, à lui et à la profession, au sujet du manque de connaissances et de compétences des droguistes. En montrant

[693] Chauveau (Sophie), *L'invention pharmaceutique. La pharmacie française entre l'Etat et la société au XXe siècle*, Paris, Sanofi-Synthelabo, coll Les empêcheurs de penser en rond, 1999, p. 121.
[694] Chauveau (Sophie), « Genèse de la sécurité… », art. cit., p. 88.
[695] *Ibid.*
[696] Cayez (Pierre), *Rhône-Poulenc 1875-1975 : contribution à l'étude d'un groupe industriel*, Paris, Colin-Masson, 1996, p. 18.
[697] Bensaude-Vincent (Catherine), Stengers (Isabelle), *Histoire de la chimie*, Paris, La Découverte, 1993, p. 141.
[698] *Ibid.*, pp. 141-142.

que la maison Menier est en mesure de contrôler les produits qu'elle réceptionne, il s'agit aussi de faire pièce à un discours ultra-corporatiste qui voit dans le diplôme et le monopole des pharmaciens le seul rempart contre l'insécurité sanitaire. Il s'agit aussi de répondre à une véritable angoisse du corps qui craint d'acheter des produits de mauvaise qualité. Le but du laboratoire est de vérifier la qualité des produits, de détecter les fraudes et les falsifications possibles dans les substances achetées, mais aussi préparées.

Des revues comme le Répertoire de Pharmacie se font les relais de cette angoisse de la profession face aux risques de falsification. « En France, les mauvaises drogues peuvent librement entrer sans qu'aucun contrôle ne soit établi, augmentant ainsi les risques d'empoisonnement. Un examen préalable par des experts très éclairés rendrait au commerce français de très grands services »[699], à l'image de ce qui se fait aux Etats-Unis. Dans le cadre d'une firme comme Menier, qui achète une partie de ses produits à l'étranger, un laboratoire de contrôle est donc fondamental. Le développement des procédures de contrôle du médicament est étroitement lié au mouvement d'internationalisation du marché du médicament. Il est indispensable de s'assurer de la qualité des produits que l'on peut acheter de seconde main. Dans le prolongement de son père, Emile-Justin Menier a ainsi accordé une certaine importance au laboratoire. « Dans le vaste cabinet de la rue Sainte-Croix-de-la Bretonnerie, on innove tous les jours, on crée tous les matins (...). Son laboratoire est une de ses préoccupations favorites, et il n'épargne aucune dépense pour le mettre aux avant-postes de la science[700] ». Ce passage élogieux extrait du discours prononcé par Emile Genevoix, alors gérant de la Pharmacie centrale de France et ancien condisciple d'Emile-Justin Menier, rappelle l'importance accordée par ce dernier à ce lieu de contrôle et de recherche.

Témoin de ces efforts accomplis par l'entreprise dans le domaine de la chimie: Jean-Paul Rigollot. Né à Saint-Étienne, probablement fils d'un médecin, Jean-Paul Rigollot fait ses études à la Faculté de pharmacie de Paris où il obtient son diplôme de pharmacien de première classe, vers 1840. Ce passage par Paris le met peut-être en contact avec l'élite de la pharmacie française, déjà soucieuse de concilier science et industrie. L'apprentissage en officine lui permet de s'initier au laboratoire. Il réussit par ailleurs le concours d'entrée à l'internat des hôpitaux, concours réputé difficile[701]. Ce

---

[699] Répertoire de pharmacie, janvier 1849.

[700] Pharmacie centrale de France et maison de droguerie Menier réunies, *L'Union pharmaceutique : journal de la Pharmacie centrale de France : organe des intérêts scientifiques, pratiques et moraux de la profession*, Paris, Pharmacie centrale de France, 1881-12, supplément au Bulletin commercial n° 2, février 1881, p. 82.

[701] Sueur (Nicolas), « Les spécialités pharmaceutiques au XIXe siècle : statuts et fondements de l'innovation »,
Le Mouvement Social, 2014/3 n° 248, pp. 27-46

passage par le milieu hospitalier le sensibilise probablement au rôle grandissant des médicaments dans la thérapeutique. Confronté aux médecins mais également aux malades, il saisit lui aussi les exigences croissantes de ces deux acteurs de la chaîne du médicament pour des produits régulièrement dosés, fournis en quantité, et de qualité constante. Une fois le diplôme obtenu, Rigollot s'installe à Saint-Étienne. L'installation comme pharmacien le met en possession d'un laboratoire. Il engloutit le produit de la vente de sa pharmacie dans ses recherches, s'occupant alors de la résolution de divers problèmes industriels très éloignés de la pharmacie, comme la mise au point d'un régulateur à gaz ou d'un appareil avertisseur pouvant prévenir des coups de grisou. L'importance du secteur minier dans la région le pousse à trouver des réponses à une demande de l'environnement industriel immédiat. Ses inventions ne trouvent malheureusement aucun acheteur. C'est alors qu'il devient, probablement au début des années 1860, chef du personnel de la maison Menier à Paris. Rigollot bénéficie ainsi d'un cadre technique et matériel favorable qui lui permet de mettre au point son sinapisme à base de moutarde. Si Emile-Justin Menier apparaît à bien des égards comme un héritier, il marque aussi de son empreinte la vie de l'entreprise. Sous sa direction, le laboratoire change d'envergure. Les fonctions de recherche, notamment, se développent. « Pendant plusieurs années, des recherches très dispendieuses y ont été poursuivies pour la fabrication artificielle de la quinine et de la morphine. Notre illustre Berthelot peut en témoigner, ainsi que tous les pharmaciens qui ont eu le bonheur d'admirer la splendide exhibition d'alcaloïdes dont Menier a honoré la France à l'exposition de 1867[702]. Et de fait, Menier avait pensé doter du monopole de leur fabrication la France, elle qui a eu le glorieux monopole de leur découverte[703] ».

Le XIXe siècle apparaît comme le siècle de la chimie, marqué notamment par l'émergence des alcalis. Le mot alcali ou alkali vient de l'arabe. Il désignait le carbonate de soude que les Arabes retiraient des cendres d'une plante, appelée par eux kali. La syllabe al indique le cas qu'ils faisaient du sel. Au début du XIXe siècle, les alcalis se divisent en deux classes: «les alcalis minéraux et les alcalis végétaux ou organiques, appelés encore alcaloïdes, bases végétales, et dont les principaux sont la morphine, ou alcali de l'opium; la quinine, ou alcali de quinquina; la strychnine, ou alcali de la

---

[702] Il s'agit en fait de l'exposition de 1862. En 1867, la conversion de Menier au chocolat est totale semble-t-il.

[703] Pharmacie centrale de France et maison de droguerie Menier réunies, *L'Union pharmaceutique : journal de la Pharmacie centrale de France : organe des intérêts scientifiques, pratiques et moraux de la profession*, Paris, Pharmacie centrale de France, 1881-12, supplément au Bulletin commercial n° 2, février 1881, p. 82.

noix vomique; l'émétine, ou alcali de l'ipécacuanha, etc...[704] ». Les noms de Derosne (qui repère dès 1803 une substance dans l'opium), Pelletier et Caventou (1818: strychnine; 1820: quinine) sont associés à la découverte de nombreux alcaloïdes naturels. Progressivement, les chimistes cherchent, à l'image de ce qu'entreprend Menier, à fabriquer des alcaloïdes. Dès les années 1820, certaines entreprises françaises se lancent dans l'exploitation industrielle des alcaloïdes naturels. C'est le cas de la maison Armet de Lisle qui, depuis 1829, prépare industriellement le sulfate de quinine dont il livre au commerce des quantités considérables. Au début des années 1860, la maison « épuise annuellement 300 000 kilogrammes d'écorce de quinquina. Sa fabrication mensuelle atteint 900 kilogrammes de sulfate de quinine, dont les deux tiers sont exportés dans tous les pays[705] ». L'Allemagne compte, quant à elle, plusieurs établissements fabriquant ce médicament, comme la maison Zimmer de Francfort. Celle-ci s'est lancée dans la fabrication de produits dérivés du quinquina (combinaisons de quinine, de cinchonine, de quinidine, de cinchonidine). Selon certains, les entreprises chimiques ou pharmaceutiques sont les seules à même de pouvoir travailler sur ce type de produits qui nécessitent du temps, un laboratoire, un personnel compétent, des investissements.

Dans la première moitié du XIXe siècle, la consommation de quinquina tend à augmenter en Europe. Dès cette époque certains observateurs pointent les dangers de la déforestation dans les cordillères sud-américaines, zone dont est originaire la plante. C'est le cas de Weddell qui insiste sur la nécessité qu'il y a à tenter la culture du quinquina dans d'autres régions car il prévoit sa disparition à brève échéance[706]. La demande croissante pour le quinquina pousse ainsi les puissances européennes impérialistes comme les Pays-Bas, la Grande-Bretagne ou la France à développer des cultures de quinquina. En Indonésie, à Java, les Néerlandais cultivent ainsi différentes espèces. Les plants sont reproduits par germination ou par bouture. Lorsque les jeunes arbres ont « acquis un certain développement, on les transplante dans les bois pour les préserver contre les vents et les animaux[707] ». Les Britanniques décident eux aussi, au début des années 1860, d'introduire la culture des quinquinas dans les Indes orientales. Pour ce faire, les Britanniques font venir 25 000 plants de Bolivie qu'ils transplantent littéralement sur les pentes de l'Himalaya. A. Wurtz évoque à cet égard un processus de « naturalisation » des quinquinas en Inde, qui n'est pas sans rappeler l'impérialisme écologique évoqué par A. Crosby. Le mouvement de

---

[704] Dorvault (F.L.M.), *L'Officine, ou Répertoire général de pharmacie pratique...*, Paris, Labé, 1844, p. 137.
[705] Chevalier (Michel) (dir.), *Rapports des..., op. cit.*, p. 239.
[706] *La Quinzaine coloniale : organe de l'Union coloniale française*, Paris, A. Challamel, 28 septembre 1907, p. 780.
[707] Chevalier (Michel) (dir.), *Rapports des..., op. cit.*, p. 261.

médicamentalisation des sociétés européennes au XIXe siècle et la découverte des alcaloïdes accompagnent ainsi le processus d'exploitation et de mise en valeur des territoires colonisés. Grâce aux efforts de l'Inde et des Pays-Bas, note ainsi A. Wurtz, « il est permis d'espérer que l'approvisionnement des écorces de quinquina, un instant menacé par les dévastations des forêts du Nouveau Monde, pourra être assuré, dans un certain avenir, et que, jusqu'au moment où la science aura découvert le moyen de former la quinine artificiellement, ce précieux médicament ne fera pas défaut[708] ». La France n'est pas en reste. Plusieurs tentatives d'implantation sont entreprises en Algérie en 1850, 1866 et 1868, mais les plants sont balayés par la sécheresse, le sirocco ou encore le froid. On tente également une acclimatation à La Réunion, où le docteur Vinson, médecin de l'hôpital de Saint-Denis, cherche, dès le milieu des années 1860, à introduire et à acclimater les Cinchona sur l'île[709].

Les historiens ayant travaillé sur Menier ont beaucoup insisté sur la collaboration entre l'industriel et Marcelin Berthelot (1827-1907), symbole des liens entre l'industrie pharmaceutique et la recherche. « Au seuil de ces années 60, M. Berthelot, qui n'a pas encore trente-cinq ans, a déjà jeté les bases solides de sa réussite scientifique et sociale. Il a, depuis plusieurs années, un laboratoire bien équipé à sa disposition ; même s'il n'en est pas encore le chef attitré, il s'est fait connaître par plusieurs découvertes[710] ». Marcelin Berthelot a en effet un parcours brillant. Bachelier ès lettres en 1846, licencié ès sciences en 1849, il entre, la même année, dans le laboratoire d'enseignement pratique de chimie de Jules Pelouze (1807-1867). Il publie le résultat de ses premiers travaux en 1850. En 1851, lorsque Balard (1802-1876) succède à Pelouze, il choisit Berthelot comme préparateur. En avril 1854, ce dernier soutient sa thèse de doctorat ès sciences et s'inscrit parallèlement à l'Ecole supérieure de pharmacie. Quatre ans plus tard, il soutient sa thèse de doctorat en pharmacie et devient ainsi pharmacien de première classe. Cette thèse porte sur l'étude de sucres analogues au sucre de canne et n'est pas sans rappeler les problématiques de l'entreprise Menier. Berthelot isole et caractérise deux nouveaux produits naturels: le tréhalose et le mélèzitose. En 1859 est créée à l'Ecole de pharmacie de Paris la première chaire de chimie organique (décret impérial du 2 décembre 1859). Celle-ci est attribuée à Berthelot qui ne dispose pas alors d'un véritable laboratoire. Il poursuit ses recherches au Collège de France[711].

[708] *Ibid.*, p. 262.
[709] *La Quinzaine coloniale : organe de l'Union coloniale française*, Paris, A. Challamel, 28 septembre 1907, p. 782.
[710] Jacques (Jean), *Berthelot, autopsie d'un mythe*, Paris, Belin, 1987, p. 51.
[711] *Ibid.*, p. 49.

Marcelin Berthelot devient un consultant de l'entreprise à partir d'octobre 1860[712]. « Les conseils que Berthelot prodigue à cette société lui rapportent 6 000 F par an, le double de son salaire de professeur ». Pour Jean Jacques, peu tendre à l'égard du chimiste, « sa contribution aux bonnes affaires de la maison se situe plus sur le plan de la publicité que sur celui de la production industrielle ». Un carnet de notes conservé dans les armoires du Collège de France nous renseigne, quoique de façon sommaire, sur la nature des relations entre le savant et l'entreprise. Il débute à la date du 26 octobre 1860 et s'achève le 23 mai 1862[713]. Les premières expériences ou essais portent sur des mélanges à partir du goudron de houille, ainsi qu'à des croisements entre les « alcalis de l'opium » et la méconine ou la narcotine. En date du 23 novembre 1860, le chimiste cherche à préparer de la strychnine avec de la noix vomique.

Illustration 21. Préparation de la strychnine avec de la noix vomique[714]

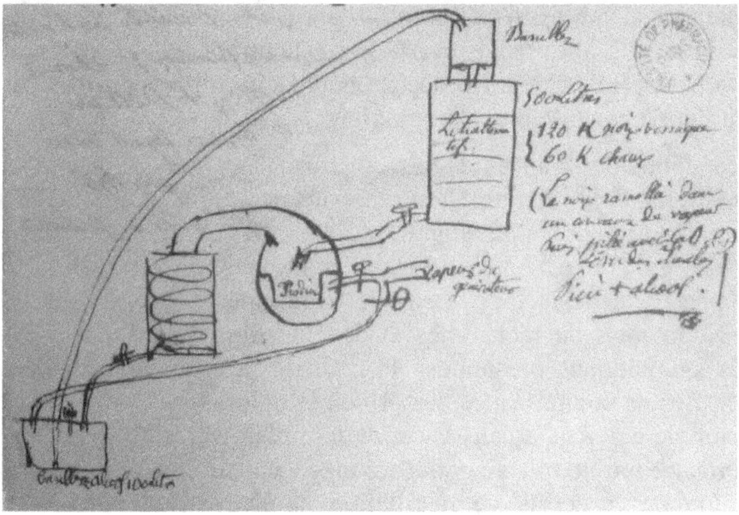

Certaines de ces notes s'apparentent à des lettres ou des recommandations, qui ont été adressées par Berthelot à Menier, c'est le cas pour celle en date du 5 février 1861. Le savant est alors consulté par l'industriel au sujet de la fabrication du bleu de quinoléine et sur son prix de revient. La quinoléine est extraite pour la première fois par F. Runge en 1834 du goudron de houille dans lequel elle est présente. Peu de temps après, en

[712] *Ibid.*, p. 52.
[713] BIUP, Les notes de Marcelin Berthelot sur ses travaux et recherches à Noisiel de 1860 à 1864, Paris, Reboul et fils, 1933. L'exemplaire conservé au CNAM a semble-t-il disparu.
[714] *Ibid,* photographie Nicolas Sueur.

1842, Charles-Frédéric Gerhardt obtient, par distillation alcaline de la quinine, une huile incolore qu'il appelle d'abord Chinoilin (huile de quinine), puis Chinolein. Des industriels sollicitent Menier pour fabriquer ce produit à partir de matières premières différentes. En s'adressant à Berthelot, Menier cherche l'avis d'un expert sur l'opportunité commerciale et scientifique de ce partenariat. Pour le savant, si la fabrication du bleu de quinoléine n'offre pas de « difficultés spéciales », elle « représente une main-d'œuvre longue et compliquée qui prend pour points de départ des matières premières d'un prix élevé, telles que la cinchonine et l'iode[715]». «Ce prix peut-il être abaissé?» s'interroge Berthelot tout en s'adressant en fait à Menier. «Peut-être les industriels auxquels vous faites allusion ont-ils déjà trouvé quelques modifications heureuses et propres à augmenter le rendement. Dans le cas où vous seriez en rapport suffisamment étroit avec eux, il serait nécessaire de leur demander des renseignements sur ce point et sur toutes les modifications que l'usage a dû leur faire apporter au procédé Williams. En toute hypothèse, il est indispensable de leur demander les objets suivants avant d'entreprendre aucun essai nouveau ». Pour M. Berthelot, « il est nécessaire de demander aux industriels (...) des échantillons de leurs produits et l'indication sincère de leurs procédés actuels et surtout du prix auquel ils consentiraient à payer le bleu de quinoléine ».

En ce début des années 1860, on voit donc que la spécialisation de l'entreprise dans le domaine du chocolat est loin d'être acquise. Les questions de Menier relativement au bleu de quinoléine montrent que l'industriel est ouvert aux travaux contemporains sur les colorants synthétiques[716]. Le développement des colorants « récupère et récapitule plusieurs domaines de recherches et développements ». La fabrication des colorants synthétiques présuppose la maîtrise des techniques d'impression sur les étoffes, la connaissance des principes colorants extraits des végétaux, la diffusion de ces acquis dans le cadre de sociétés savantes ou d'institutions de recherche. Surtout, elle s'appuie sur un énorme effort d'investigation dans le domaine des produits de distillation de la houille: découverte de la naphtaline (1820), de l'anthracène (1832), du phénol (1834), du benzène, etc...[717].

En 1861, l'entreprise dépose deux brevets, l'un pour la préparation d'une matière dite inaline (juin 1861)[718], l'autre pour la fabrication de matières tinctoriales dérivées de celle-ci. « Nous avons cherché si d'autres produits

---

715 *Ibid.*

716 Bensaude Vincent (Bernadette), Stengers (Isabelle), *Histoire de la chimie*, Paris, la Découverte, p. 231.

717 *Ibid.*, pp. 231-232.

718 Archives INPI, http://bases-brevets19e.inpi.fr/Thot/FrmFicheDoc.asp ? idfiche=0195856&refFiche=0115900

que l'aniline ne seraient pas susceptibles de donner naissance par leur transformation à des substances tinctoriales. A la suite de longues recherches, nous avons découvert qu'à côté de l'aniline et de ses congénères (comidine, tolmidine et..) se rangeait une série de composés qu'on pourrait confondre au premier abord avec l'aniline et ses congénères mais qui en diffèrent par les caractères les plus tranchés ». Les laboratoires Menier sont parvenus, probablement d'ailleurs avec l'aide de M. Berthelot, à obtenir une « nouvelle substance dérivée de la benzine », à savoir « l'inaline ». Le nom est bien évidemment choisi en référence à l'aniline, dont elle est d'ailleurs l'anagramme. « Contrairement à toutes les idées admises dans la science et dans l'industrie », l'inaline n'est pas identique à l'aniline dérivée de l'indigo[719]. Si « l'aniline dérivée de l'indigo donne de la fuchsine, cela tient au mode de préparation de la nitrobenzine ». On peut, « en opérant avec l'acide azotique ou avec l'acide azotique additionné d'acide chlorhydrique ou azoteux, et dans des conditions de température convenable, obtenir à volonté une substance donnant le violet, le bleu, l'aniline donnant le rouge ». Le deuxième brevet, en date du 19 août 1861, dérive du premier. Menier rappelle que l'entreprise réserve l'application de l'inaline à la préparation des matières bleues et violettes qui en dérivent. Au-delà, il s'agit d'assurer au mieux le droit de propriété sur l'utilisation de ce nouveau produit.

Grâce aux travaux de Berthelot, Menier parvient à exposer, dans le cadre de l'exposition industrielle de Londres de 1862, « un bel échantillon de bleu de quinoléine[720] ». On voit ainsi que l'entreprise s'intéresse à la conception des colorants synthétiques. Progressivement, ces colorants concurrencent les colorants naturels dérivés de la cochenille ou de l'indigo. L'histoire de ces produits « commence à Londres en 1856[721] » quand, en essayant de faire la synthèse de la quinine, William Henry Perkin, assistant de Hofmann au Royal College of chemistry de Londres, met au point son mauve pour colorer la soie qu'il baptise aniline purple. Il cherche à le développer à une échelle industrielle. Le produit trouve des débouchés en France. A la fin des années 1850, les industriels français cherchent à rivaliser avec les Britanniques, dans le domaine des colorants, comme en témoigne leur nombre à l'exposition universelle de Londres en 1862. Dès 1859, Verguin découvre un procédé permettant de fabriquer le rouge d'aniline. Les industriels Renard et Frères, de Lyon, brevettent le procédé (8 avril 1859) et commercialisent ce rouge fuchsia qui donne d'ailleurs son nom à la société: la Fuchsine[722].

---

[719] *Ibid.*
[720] Chevalier (Michel) (dir.), *Rapports des…, op. cit.*, p 304.
[721] Bensaude-Vincent (Catherine), Stengers (Isabelle), *Histoire de…*, p. 232.
[722] *Ibid.*, p. 233

Ces découvertes stimulent la recherche et poussent les savants à rechercher d'autres procédés de fabrication. Ainsi, on parvient à fabriquer le rouge d'aniline avec du nitrate mercurique (procédé Gerber-Keller, 1859[723]), de l'acide arsénique (1860), du nitrate de plomb.... Dans le prolongement de ces travaux à partir de l'aniline, certains cherchent à en obtenir du bleu[724]. Girard et Delaire parviennent ainsi à obtenir une matière colorante bleue à partir de la fuchsine. Jules Persoz et Salvetat conçoivent, quant à eux, un produit qu'ils appellent le « bleu de Paris », sans pour autant réussir à déboucher sur une fabrication industrielle[725]. Le goudron de houille fournit par ailleurs, indépendamment de l'aniline et de l'acide phénique, d'autres produits avec lesquels on forme des matières colorantes. Parmi ces matières, il y a celles qui dérivent de la quinoléine et de la naphtaline[726]. Dans les premiers mois de 1860, MM. Guinon, Marnas et Bonnet, auxquels on doit la découverte de la pourpre française, parviennent à identifier une matière colorante bleue, l'azuline, qui dérive du phénol. Mais « la plus belle est le bleu de quinoléine qui a été découvert par Mr Greville Williams[727]». La quinoléine peut être extraite du goudron de houille ou bien être obtenue en distillant la cinchonine avec la potasse caustique. Le produit exposé par Menier et Berthelot à l'exposition de 1862 « a été nommé cyanine, et se représente sous forme de magnifiques cristaux d'un bleu pourpre. Ces matières colorantes dérivées de la quinoléine présentent un grand éclat, mais malheureusement elles n'offrent aucune solidité, circonstance qui a fait renoncer à leur emploi[728] ». L'entreprise Menier ne semble pas avoir poussé plus loin les expériences.

Surtout, M. Berthelot participe, pour le compte de la maison Menier, à des recherches sur les alcaloïdes naturels. L'entreprise présente ainsi, lors de l'exposition de 1862, des alcaloïdes extraits de l'opium et des strychnos. « La France était autrefois tributaire de l'Allemagne et de l'Angleterre » dans ce domaine, souligne A. Wurtz. « Il n'en est plus ainsi aujourd'hui, grâce aux efforts de M. Menier, qui fabrique maintenant en grandes masses la morphine, la codéine, la strychnine, etc.[729] ». La morphine, comme la codéine d'ailleurs, est extraite de l'opium. Toutes deux sont utilisées comme calmants. Employée en pilules, en dissolution (avec de l'alcool), ou en sirop, la codéine « procure, dit-on, aux malades un sommeil doux et paisible qui

723 Chevalier (Michel) (dir.), *Rapports des…, op. cit.*, p. 203.
724 Chevalier (Michel) (dir.), *Rapports des…, op. cit..*, p. 279.
725 *Ibid.*, p. 298
726 *Ibid.*, p. 280.
727 *Ibid.*, p. 303.
728 *Ibid.*, p. 304.
729 *Ibid.*, p. 263.

n'est pas suivi de pesanteur de tête[730] ». L'intérêt porté par des droguistes comme E.J. Menier à ce type de produits est contemporain des préoccupations accrues des médecins à l'égard de la douleur des malades[731]. Les premiers travaux sur la morphine datent de 1803. Ils sont entrepris par Derosne qui publie le fruit de ses recherches dans les Annales de chimie. En 1816 Sertuerner parvient à isoler le principe actif de l'opium, la morphine. Les travaux se multiplient et les chimistes identifient pas moins de onze substances dans l'opium. Tous les grands chimistes de l'époque, Orfila, Pelletier, Caventou, Vauquelin, Thénard, ainsi que les pharmaciens entreprennent de vérifier la composition de l'opium et les quantités de morphine qui y sont contenues[732]. La morphine, note Roselyne Rey, « commence sa carrière thérapeutique par une malheureuse célébrité (empoisonnement en 1823), et fait son apparition simultanément dans les traités de thérapeutique et de médecine légale». L'ouvrage de Bally, en 1828, constitue à cet égard un apport décisif. « Alliant la rigueur de l'analyse chimique à une vaste pratique médicale en milieu hospitalier portant sur 700 à 800 malades, il est à même d'en préciser les doses, les effets sur les différents systèmes, les indications, note les problèmes d'accoutumance[733] ».

Il peut sembler étonnant de trouver, dans la liste des produits exposés par l'entreprise Menier, la strychnine, connue pour être un poison violent. C'est un alcaloïde découvert en 1818 par Pelletier et Caventou[734]. Extraite de la noix vomique au terme d'une opération complexe, elle fait partie de ce que Dorvault appelle les médicaments tétaniques. Elle est employée « avec beaucoup de succès contre les paralysies qui ne dépendent pas de lésions organiques incurables, contre l'amaurose ou encore contre l'épilepsie. Le plus souvent, on l'administre par la méthode endermique ou en pilules ». Elle est également employée « en collyre, en pommade et en liniment[735] ». La recherche des principes actifs des plantes nécessite du temps. Elle suppose aussi des opérations complexes que les pharmaciens n'ont pas les moyens de conduire. On préfère donc s'en remettre de plus en plus à des industriels comme Menier.

Les années 1850/1860 sont ainsi marquées par une accentuation du déplacement de la fabrication de l'officine vers les grandes entreprises chimiques. C'est ce que note d'ailleurs Adolphe Wurtz. « L'exposition des produits plus spécialement destinés à l'usage médical n'a pas révélé un

[730] Dorvault (F.L.M.), *L'Officine, ou Répertoire général de pharmacie pratique*, Paris, Labé , 1855, p. 215.
[731] Rey (Roselyne), *Histoire de la douleur*, Paris, ed La Découverte, 1993, p 175.
[732] *Ibid.*, p. 177.
[733] *Ibid.*, p. 178.
[734] Dorvault (F.L.M.), *L'Officine, ou Répertoire général de pharmacie pratique*, Paris, Labé , 1855, p. 573.
[735] *Ibid.*

progrès qu'on pût considérer comme notable dans la partie pratique de la pharmacie[736] ». « Sans doute, quelques substances nouvelles ont pris rang parmi les médicaments employés, des perfectionnements ont été introduits dans les procédés propres à préparer ou à conserver divers produits, la fabrication régulière et industrielle de certaines substances, telles que les alcaloïdes, a pris un développement nouveau ; mais on chercherait vainement, parmi tant d'objets exposés à Londres, la trace d'une découverte vraiment importante pour la pharmacie ». Mais ce qui frappe surtout A. Wurtz, « c'est la substitution de plus en plus complète de l'industrie à la pharmacie proprement dite, dans la préparation de certains médicaments. Ainsi, les alcaloïdes, tels que la quinine, la morphine, la strychnine et d'autres médicaments, tels que le chloroforme, les composés du mercure, etc..., sont préparés sur une grande échelle par des fabricants de produits chimiques ». Pour A. Wurtz, cette évolution n'est pas à regretter, elle est même souhaitable tant pour « la régularité des procédés, la bonne qualité des préparations et l'économie de la production ». L'industrie est, en tout point, supérieure à l'officine. « Quel pharmacien pourrait obtenir, en opérant sur de petites quantités, des cristaux de strychnine ou de morphine aussi volumineux et aussi purs que ceux qui ont été exposés par M. Menier? » interroge-t-il. L'essor des alcaloïdes est contemporain de ce mouvement d'industrialisation que connaît le secteur pharmaceutique. « On peut dire qu'aujourd'hui les alcaloïdes ne sont préparés qu'exceptionnellement dans les officines[737] ».

Ainsi, en ce début des années 1860, les grandes maisons de droguerie comme Menier disposent de moyens conséquents pour financer des laboratoires destinés, dans un premier temps, au contrôle des produits, puis à la recherche et à l'innovation. E.J. Menier n'hésite pas à s'offrir les services de collaborateurs prestigieux. De plus en plus, la préparation des médicaments mais également la chimie deviennent l'apanage de ces sociétés. Néanmoins, malgré son dynamisme propre, l'entreprise Menier doit faire face à celui de ses concurrents, et notamment à celui de la Pharmacie centrale de France, qui s'impose de plus en plus comme un intermédiaire majeur du médicament et des drogues en France.

---

[736] Chevalier (Michel) (dir.), *Rapports des..., op. cit.*, p. 238.
[737] *Ibid.*, p. 263.

CHAPITRE X

DE LA DROGUERIE EN GROS VERS LE CHOCOLAT

« Les années 1850 furent celles d'un grand essor économique de la France » rappelle l'historien E. Anceau[738]. Entre 1853 et 1869, Emile-Justin Menier oriente progressivement l'entreprise vers la seule fabrication du chocolat. Le produit se diffuse au sein des sociétés européennes, suscitant l'intérêt d'un certain nombre d'industriels, parmi lesquels Menier (A). Ce dernier déserte progressivement le terrain de la droguerie médicinale et de la chimie, d'autant qu'il fait face à la concurrence croissante de la Pharmacie centrale de France, qui tend à renforcer son influence sur le marché du médicament et des drogues (B). Au début des années 1860, les deux chefs d'entreprise que sont Menier et Dorvault s'affrontent sur leur vision respective de l'organisation du secteur pharmaceutique, sur fond de rivalités économiques et industrielles (C). A la fin des années 1860, Menier décide de céder la branche droguerie à la Pharmacie centrale de France (1867-1869) (D). En 1869, l'usine de Noisiel est entièrement tournée vers la fabrication du chocolat. A la veille de la guerre de 1870, le paysage industriel de la droguerie pharmaceutique se trouve ainsi profondément recomposé.

A. <u>SPECIALISATION ET EXPANSION</u>

On a vu que le choix de fabriquer du chocolat n'appartenait pas à Emile-Justin Menier, mais à Jean-Antoine-Brutus. Pour autant, c'est bien sous la direction du fils que l'entreprise tend à se spécialiser dans ce seul secteur. Les publications, nombreuses, insistent, dès la seconde moitié du XIXe siècle, sur la rupture qu'introduit Menier dans le domaine du chocolat. « A l'époque où M. Menier père fonda cette fabrique (1825) (Noisiel), l'industrie chocolatière était morcelée, c'est-à-dire que chaque confiseur, épicier ou pharmacien, fabriquait chez lui, à l'aide d'un ouvrier qu'il faisait venir périodiquement, la quantité de chocolat nécessaire à son débit. Nul d'entre eux ne songeait à propager la consommation de son produit au-delà de sa clientèle. La fabrication à bras d'homme était pénible et coûteuse ; d'un autre

[738] Anceau (Eric), *Napoléon III, Un Saint-Simon à cheval*, Paris, Tallandier, 2008, p. 349.

côté, le cacao qui arrivait en France n'était que d'une qualité médiocre; on ne recevait en abondance que celui venant de nos colonies, les bonnes espèces de la Côte-Ferme (Venezuela),du Nicaragua, de Guatemala et du Mexique, étaient portées en Espagne, et ce pays avait le monopole du bon chocolat, ainsi que la réputation de le faire supérieur à celui de la production française. C'était le temps où la classe riche seule faisait usage du chocolat ; il fallait un cas de maladie pour le voir introduit dans l'alimentation[739] ». Menier aurait donc révolutionné l'industrie du chocolat à tous les niveaux: dans la qualité, dans la production, dans la vente, dans la mécanisation…

Entre la fin des années 1830 et le début des années 1850, les quantités de chocolat qui sortent de l'usine de Noisiel croissent progressivement, au même titre que le chiffre d'affaires. Une inflexion se produit à la fin de la Seconde République qui correspond en réalité à la passation de pouvoir entre le père et le fils. Entre 1851/1852 et les années 1860, la production passe de 441 195 kg à 2 400 000 kg, soit 200 000 kg par mois ou 8000 kg par jour[740], ce qui représente une multiplication par 5. Le chiffre d'affaires serait donc passé de 1 323 585 F à près de 7, 2 millions de francs[741]. On voit que la fin des années 1850 correspond à un tournant. Si l'on en croit J. Turgan, la consommation de cacao s'élève, en France, à 3 107 523 kg en 1853. En 1852-1853, l'usine de Noisiel produit 583 249 kg, ce qui équivaut à 18,7% de la production nationale. On voit donc que la maison Menier est un producteur important, mais qu'elle n'est pas le seul. Dix années plus tard, en 1863, la consommation de chocolat s'élève à 5 513 000 kg. A cette date, l'usine de Noisiel produit près de 2 000 968 kg, ce qui représente alors 36% de la consommation nationale. La fabrication du chocolat s'industrialise. Les volumes de production augmentent. Dès 1853, donc, la maison Menier réalise un chiffre d'affaires près de 4,5 fois supérieur à celui de l'une des plus anciennes fabriques de chocolat de la capitale. Au milieu des années 1860, ce rapport est de 1 à 9.

[739] *Grand album des célébrités industrielles contemporaines*, Paris, Kugelman, vol 2, 1862, np.
[740] *Ibid.*
[741] Voir également supra les estimations.

Figure 2. Production de chocolat en kilogrammes à l'usine de Noisiel, ainsi qu'une estimation du chiffre d'affaires lié à sa vente

Ces données sont sujettes à caution. Le prix du chocolat est estimé à 3 F le kilogramme pour toute la période, que ce soit en 1849/1850 ou en 1867-1868. On voit que les quantités produites augmentent progressivement. Nous avons introduit au début du diagramme l'année 1839 au cours de laquelle la production s'élevait à 450 kg par jour, ce qui représente à l'année 164 250 kg.

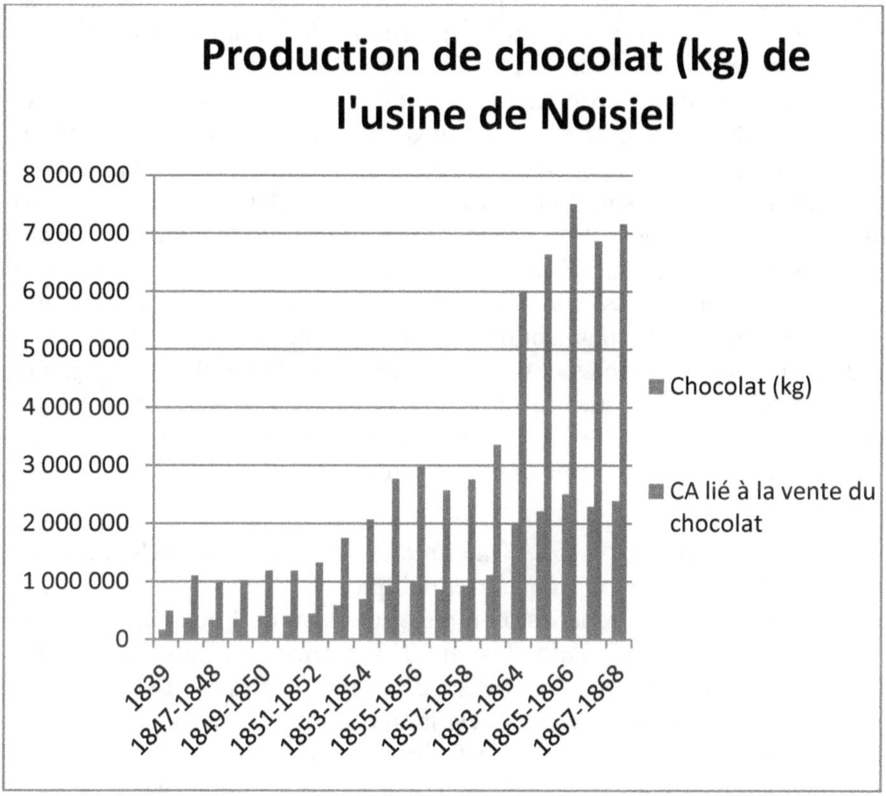

Dans la première moitié du XIXe siècle, le chocolat tend à se diffuser au sein de la population, à la fois comme aliment, comme produit de confort et comme médicament. Pour les rapporteurs de l'exposition de 1855, il dispose d'un « éminent pouvoir nutritif[742] ». Signe de cette expansion et de l'intérêt porté au produit, s'élabore alors une histoire du chocolat reprise à foison dans les brochures éditées par les maisons de commerce de l'époque[743]. On y

[742] Exposition universelle de 1855. Rapports du jury mixte international publiés sous la dir. de S.A.I. le Prince Napoléon, président de la commission impériale, Paris, Imprimerie impériale, 1856, p. 651.

[743] Mangin (Arthur), *Le cacao…, op. cit.*, Choquart, *Chocolaterie impériale…. Aux consommateurs de chocolat et de thé, histoire de ces deux aliments*, Paris, Walder, 1867, p 10.

met généralement en avant le rôle de Cortès, puis celui d'Anne d'Autriche, « passionnée pour les fleurs et les parfums » qui ne « peut se passer d'un aliment aussi délicat[744] ». Le chocolat se range ainsi parmi les produits raffinés, il est le symbole du luxe, de l'élégance et de l'exotisme, l'incarnation du bon goût. Cette histoire naissante du chocolat nous en apprend moins sur le produit en lui-même, que sur ce que les fabricants souhaitent mettre en avant afin de séduire le grand public. Entre la Restauration et le milieu du Second Empire, le produit se diffuse. « Dans un même salon, si l'on en croit les manuels de savoir-vivre, il convient d'avoir un service à thé et un service à tisane distincts, un service à café, un service à chocolat, un service à liqueurs, un service à vin, un service à eau… l'idéal étant pour les boissons chaudes d'avoir à chaque fois le sucrier correspondant », rappelle M. Charpy[745]. Il n'est plus seulement l'apanage des classes aisées. En réalité, la qualité du produit varie en fonction du budget. « Si les personnes jouissant d'une certaine aisance parviennent aujourd'hui facilement, ainsi que nos administrations publiques, à se procurer des produits agréables, salubres et de composition constante, il n'en est pas tout à fait de même de la classe la plus nombreuse (…). A son égard, les abus persistent en grande partie ; pour satisfaire (…) à son désir de bon marché, quelques manufacturiers préparent à son usage des produits dits chocolats sans nom[746] ».

Le succès du produit suscite l'intérêt de nombreux industriels. Le secteur du chocolat n'est pas moins concurrentiel que celui de la droguerie. On voit émerger de grandes entreprises, non pas seulement en France mais aussi en Europe (Van Houten aux Pays-Bas en 1828, Suchard en Suisse en 1824)[747]. En France, on trouve, aux côtés de petits artisans, des industriels relativement importants avec lesquels la maison Menier doit compter[748]. En 1850 est ainsi créée la Compagnie Coloniale dont l'établissement est situé entre le bois de Boulogne et l'arc de triomphe de l'Etoile, rue Lesueur. En 1853, Eugène Pelletier décide, avec son frère Auguste, de donner un nouvel élan à l'entreprise fondée par leur père en créant la Compagnie française des thés et des chocolats. La société s'inspire des equitable pionneers de Rochdale et des banques populaires de Schultz Delitsh[749]. Prenant le contrepied de la stratégie publicitaire de Menier, Pelletier décide d'associer

---

[744] Choquart (C.), *Chocolaterie impériale…, op. cit.*, p. 10.

[745] Charpy (Manuel), *Le théâtre des objets. Espaces privés, culture matérielle et identité bourgeoise*, Paris, 1830-1914, sous la direction de Jean-Luc Pinol, professeur à l'ENS Lyon, 2010 – Doctorat d'histoire contemporaine de l'Université François Rabelais de Tours, p. 206.

[746] *Exposition universelle de 1855,* Rapports du…., *op. cit.*, p. 651.

[747] Huetz de Lemps (Alain), « Boissons coloniales et essor du sucre », in Flandrin (Jean-Louis), Montanari (Massimo), *Histoire de l'alimentation…., op. cit.* , p. 634.

[748] Belfort de la Rocque, *Guide pratique de la fabrication…, op. cit.*, p. 115.

[749] Turgan (Julien), *Les grandes usines de France…, op. cit.*, T 14, p. 5.

les débitants de chocolat à son entreprise. La compagnie française est fondée au capital de 1 500 000 francs divisé en 3000 actions de 500 francs[750]. On distingue deux types d'actions. Celles de la première catégorie, au nombre de 1 400, peuvent être souscrites par n'importe quelle personne. Les secondes, au nombre de 1 600, ne peuvent être souscrites que par des marchands-débitants de chocolat. En 1854, ils sont au nombre de 300. Leur nombre passe à 1000 en 1861, puis à 1 500 en 1869. A titre de comparaison, on sait, par l'intermédiaire de J. Turgan, que la maison Pelletier fabrique, en 1819, 100 livres de chocolat par jour, soit 450 grammes ou 0, 450 kg, ce qui représente à l'année 164, 5 kg. En 1839, la même maison écoule 400 livres de chocolat par jour, ce qui équivaut à une production annuelle de 657 kg. La même année, la maison Menier est déjà en mesure d'écouler 450 kg par jour....

Figure 3. Chiffres d'affaires de la Compagnie française des thés et chocolats, ex-maison Pelletier[751]

DATES	CA
1853	300 000 F
1854	454 000 F
1865	660 000 F
1867	1 200 000 F
1868	1 250 000 F
1870	2 000 000 F

En dehors de ces entreprises, on peut aussi mentionner la maison Devinck, dont la « fabrication est importante et croissante[752] ». Les catalogues d'exposition industrielle révèlent la diversité des fabricants. La production du chocolat s'industrialise. La maison Borel et Kohler, récompensée d'une médaille de première classe à l'exposition de 1855, procède à une «fabrication considérable dans une vaste usine » située à Paris

[750] *Ibid.*, p. 6.
[751] *Ibid.*, p. 8.
[752] *Exposition universelle de 1855,* Rapports du…., *op. cit.,* p. 652.

ou à la Villette[753]. Guérin-Boutron, récompensée d'une médaille de seconde classe, possède « deux usines, parfaitement montées et administrées, produisant par jour 2000 kilogrammes de chocolat d'une ténuité et d'une qualité irréprochables ». Ibled, installé à Paris et lui aussi récompensé d'une médaille de seconde classe, fabrique à une grande échelle dans « deux usines[754]». Queruel, installé à Passy, prépare, annuellement, près de « 200 000 kilogrammes de chocolats de différentes sortes ». A côté de ces fabrications à grande échelle existent de nombreux ateliers.

Signe de la concurrence féroce que se livrent ces fabricants de chocolat, les années 1840/1860 voient fleurir les brochures qui reprennent toutes le même format, à quelques nuances près. Elles retracent l'histoire du chocolat, ses propriétés hygiéniques, ainsi que les meilleurs modes de préparation[755]. On y découvre l'histoire de la plante et de ses usages, le qualificatif « d'aliment divin » que lui décerne Linné (Théobroma), les différentes variétés de cacao. Ces brochures ont clairement une dimension à la fois pédagogique et commerciale. Il s'agit de faire connaître le produit et la substance au grand public. L'entreprise Menier est peut-être celle qui porte l'ambiguïté à son paroxysme. Ainsi, l'œuvre d'Arthur Mangin consacrée entièrement au chocolat débute par une préface en forme d'hommage à E.J. Menier et se termine par une évocation des procédés de fabrication du chocolat qui recoupe une description de l'usine de Noisiel[756]. Parallèlement à cette entreprise de vulgarisation, les fabricants cherchent, sous couvert de donner aux lecteurs des conseils sur la meilleure façon de préparer une tasse de thé ou de chocolat, à prouver la supériorité des produits de l'entreprise sur ceux des concurrents. On met en avant le goût, la couleur, l'arôme, le soin apporté à la fabrication. Ecoutons C. Choquart, fournisseur de la Maison impériale, évoquer son Chocolat Impérial: «les cacaos qui le composent sont choisis parmi les caraques les plus doux et les plus aromatiques ; ils ont longuement séjourné au séchoir avant d'être livrés au brûloir, et la torréfaction la plus légère suffit pour développer leur parfum. De là cette couleur d'un brun presque pourpré, d'une nuance si franche et si vive qu'on ne trouve pas chez les autres. La vanille la plus fine y mêle son plus riche parfum ; la fabrication longue, minutieuse, faite avec des appareils spécialement perfectionnés est surveillée par moi avec un soin extrême que l'on reconnaît en voyant le grain si fin et l'homogénéité parfaite de la pâte. Son odeur appétissante annonce, déjà, toute sa délicatesse ; mangé sec, il imprègne le palais d'arômes que le goût n'oublie pas. Son usage réconforte,

[753] *Ibid.*
[754] *Ibid.*
[755] Dettwiller, *Le Chocolat*, Paris, Delafontaine et Dettwiller, 1859 ; Compagnie Coloniale, *Du chocolat et de…, op. cit.* ; Choquart (C.), *Chocolaterie impériale… op. cit.*
[756] Mangin (Arthur), *Le cacao…, op. cit.*

fortifie promptement les personnes les plus languissantes»[757]. Choix des produits, qualité des procédés de fabrication, perfection des machines, surveillance du fabricant, goût, odeur, C. Choquart joue sur tous les tableaux pour vanter les mérites de son produit. Il met également en avant sa qualité de fournisseur de la Maison impériale ainsi que les récompenses obtenues. « Le jour de Solférino, quelques tablettes » n'ont-elles pas suffi à nourrir l'Empereur? ». La Compagnie coloniale rappelle, quant à elle, qu'elle a été fondée « dans le but de donner au chocolat, considéré au point de vue de l'hygiène et de la santé, toutes les propriétés bienfaisantes dont ce précieux aliment est susceptible »[758]. Elle s'appuie sur « l'autorité de plusieurs hommes qui se sont fait un nom célèbre dans la médecine, la botanique, l'histoire naturelle, ou même dans la gastronomie »[759]. A grands coups de citations, il s'agit d'emporter l'adhésion du public et de le convaincre que le chocolat est un produit « nourrissant », qui « contribue à réparer d'une manière très prompte les forces abattues ». La Compagnie Coloniale elle-même insiste essentiellement sur les vertus du bon chocolat (celui qu'elle produit bien entendu) comme aliment pour les « estomacs paresseux, délicats, fatigués ou malades, une nourriture fortifiante et d'une digestion très facile »[760]. Il est conseillé « aux deux extrémités de la vie », pour les enfants mais également pour les vieillards, ainsi que pour les femmes. Celles qui « tiennent à la conservation de leur santé et de leur fraîcheur (sic) doivent adopter exclusivement le chocolat pour leur déjeuner ». Le chocolat est à la fois une « nourriture agréable » et « salutaire »[761]. On voit ainsi que le chocolat se situe au croisement de l'alimentaire et du thérapeutique dans cette gamme de produits que l'on peut qualifier d'entretien. Afin d'emporter l'adhésion du public, on n'hésite pas à ouvrir les portes de l'entreprise à des médecins. C'est le choix qui est fait par la Compagnie Coloniale.

[757] Choquart (C.), *Chocolaterie impériale…, op. cit.*, p. 37.
[758] Compagnie Coloniale, *Du chocolat et de…, op. cit.*, p. 14.
[759] *Ibid.*, p. 5.
[760] *Ibid.*, p. 8.
[761] *Ibid.*, p. 9.

Illustration 22. Extrait de la brochure éditée par la Compagnie coloniale (1861)[762]

Afin de se démarquer des concurrents, les fabricants n'hésitent pas à ouvrir leurs portes à des médecins pour attester de la qualité de leurs produits.

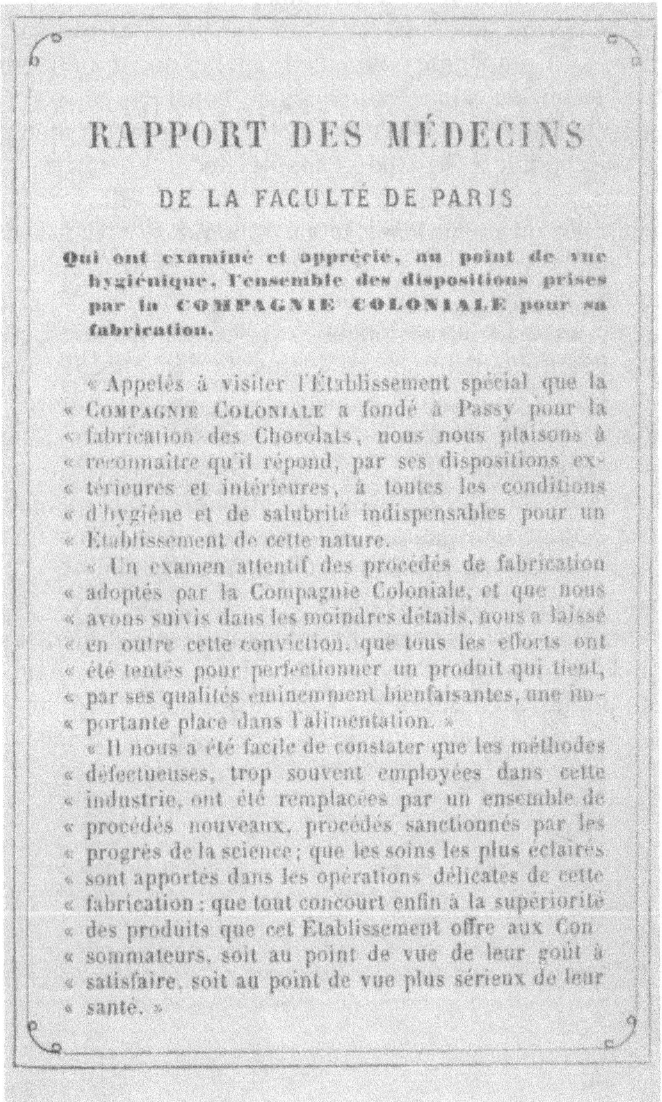

RAPPORT DES MÉDECINS

DE LA FACULTÉ DE PARIS

Qui ont examiné et apprécié, au point de vue hygiénique, l'ensemble des dispositions prises par la COMPAGNIE COLONIALE pour sa fabrication.

« Appelés à visiter l'Établissement spécial que la « COMPAGNIE COLONIALE a fondé à Passy pour la « fabrication des Chocolats, nous nous plaisons à « reconnaître qu'il répond, par ses dispositions ex- « térieures et intérieures, à toutes les conditions « d'hygiène et de salubrité indispensables pour un « Etablissement de cette nature.

« Un examen attentif des procédés de fabrication « adoptés par la Compagnie Coloniale, et que nous « avons suivis dans les moindres détails, nous a laissé « en outre cette conviction, que tous les efforts ont « été tentés pour perfectionner un produit qui tient, « par ses qualités éminemment bienfaisantes, une im- « portante place dans l'alimentation. »

« Il nous a été facile de constater que les méthodes « défectueuses, trop souvent employées dans cette « industrie, ont été remplacées par un ensemble de « procédés nouveaux, procédés sanctionnés par les « progrès de la science ; que les soins les plus éclairés « sont apportés dans les opérations délicates de cette « fabrication ; que tout concourt enfin à la supériorité « des produits que cet Etablissement offre aux Con « sommateurs, soit au point de vue de leur goût à « satisfaire, soit au point de vue plus sérieux de leur « santé. »

[762] BNF, *Ibid.*,p. 20.

La maison Detwiller insiste également sur les vertus thérapeutiques du chocolat. « Ses principes aromatiques stimulent, sans les fatiguer, les estomacs les plus faibles, les plus délicats (…). Il fortifie l'estomac, répare d'une manière très prompte les forces abattues ; stomachique, pectoral et de facile digestion (…), il convient aux tempéraments faibles, aux convalescents, aux vieillards, à ceux qui se livrent aux exercices violents, et à tous ceux qui se consacrent aux travaux assidus de l'esprit, à l'homme de lettres, au savant, à l'artiste, au voyageur et à l'homme sédentaire[763] », bref, à tout le monde. La médecine, apprend-on, prescrit le chocolat pour éloigner « l'hypocondrie et les affections mélancoliques[764] ». Impuissante face aux maladies infectieuses, la médecine déplace son intérêt vers des produits destinés à prévenir les maladies. Le chocolat, comme d'ailleurs le thé et le café, peut fortifier les organismes et empêcher la phtisie, les affections scrofuleuses, les maladies dermiques. Le chocolat est par ailleurs utilisé dans la cosmétique naissante. Le beurre de cacao agit « sur la peau d'une manière salutaire et efficace[765]». Ces brochures comprennent également des recettes pour guider le consommateur dans l'emploi du produit. La gamme des chocolats proposée par ces entreprises est variée. Aux côtés des chocolats de santé, fournissant « un excellent aliment qui nourrit et fortifie[766] », on trouve des chocolats vanillés dont « l'action stimulante provoque l'appétit et rend la digestion plus facile ». La Compagnie Coloniale propose, outre ces chocolats de santé et vanillés, des petites boîtes de chocolat de poche et de voyage ainsi que des croquettes de chocolat en étuis. La plupart des fabricants ne se contentent pas de produire du chocolat, ils développent également des activités de confiserie, proposent des dragées, du thé. Dans l'ensemble, toutes ces brochures rappellent la supériorité du chocolat fabriqué au moyen de machines et en usine sur le chocolat artisanal. La perfection du produit ne peut « s'obtenir que dans une fabrication en grand, à la suite d'études, de tâtonnements, de sacrifices[767] ». Ces brochures cherchent à imposer l'idée qu'il n'y a de chocolat parfait que celui qui sort de l'usine, la sophistication et la falsification étant l'apanage des « chocolats sans noms », fabriqués de façon artisanale. L'étendue des fraudes oblige les industriels du secteur à plus de transparence. Il est ainsi intéressant de constater que les brochures publiées par certains fabricants à destination des consommateurs décrivent assez longuement les différents types de chocolat, les procédés de fabrication, les étapes, les machines employées.

---

763 Dettwiller, *Le Chocolat…*, op. cit., p. 18.
764 *Ibid.*, p. 20.
765 *Ibid.*
766 *Ibid.*, p. 37.
767 *Ibid.*, p. 73.

Ces brochures cherchent également à diffuser des manières de consommer. On conseille ainsi le chocolat pour le déjeuner. « Pris à l'eau ou au lait, le chocolat est le meilleur, le plus simple et le moins coûteux des déjeuners[768] ». Aux gourmands (ou à ceux qui ont plus d'argent), Brillat-Savarin conseille, dans sa Physiologie du bon goût, de terminer un repas copieux par une « ample tasse de bon chocolat[769] ». Il est également consommé « à l'heure matinale où l'estomac est encore affadi et presque fatigué par le long repos de la nuit ; ses arômes réveillent l'appétit, fortifient l'organisme entier et laissent au cerveau la lucidité et l'activité nécessaires pour vaquer aux occupations ou aux travaux importants qui remplissent d'ordinaire cette première partie de la journée[770] ». La dimension alimentaire croise ainsi la dimension thérapeutique et hygiénique. Le chocolat demeure en effet un produit de santé si l'on en croit les brochures de la Compagnie Coloniale, l'une des plus importantes fabriques de chocolat[771].

Illustration 23. Publicité de la Compagnie française des chocolats (1867)[772]

A la suite de Menier les grandes maisons développent des publicités dans lesquelles elles mettent en avant, à l'image ici de la Compagnie française, les récompenses obtenues ainsi que la marque.

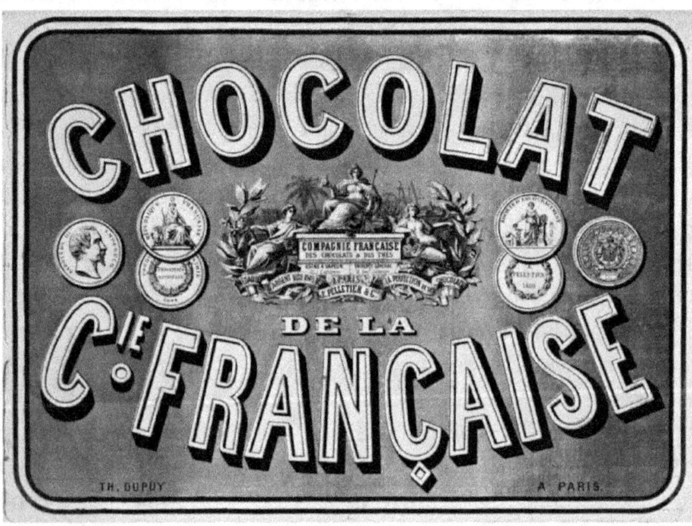

768 Choquart (C.), *Chocolaterie impériale…*, *op. cit.*, p. 39.
769 *Ibid.*, p. 13.
770 *Ibid.*, p. 39.
771 Compagnie Coloniale, *Du chocolat et de son influence sur la santé*, Paris, Cie coloniale, 1861.
772 BNF, Chocolat de la Compagnie Française. Le Pelletier & Cie : la perfection des chocolats, Th. Dupuy, Paris, 1867.

Ces publications sont aussi l'occasion de dénoncer les falsificateurs et ceux qui vendent à vil prix[773]. La figure du fabricant peu scrupuleux sert de repoussoir[774]. « Pour que le chocolat vienne en aide à l'hygiène, pour qu'il profite réellement à la santé (...), il faut qu'il n'entre dans sa composition que des matières premières de bonne qualité, et que sa préparation soit l'objet des plus grands soins[775] » rappelle ainsi la Compagnie Coloniale. Les chocolats livrés au public « à des prix qui descendent jusqu'à la moitié de la valeur même des matières premières qui entreraient dans leur composition s'ils étaient loyalement préparés », ne sauraient être de bons chocolats. Se donne ainsi à voir, en creux, la guerre des prix que se livrent les industriels pour conquérir un marché qui, bien qu'en expansion, demeure tout de même étroit. On n'hésite d'ailleurs pas à attaquer les produits des concurrents. C'est ce que fait la Compagnie Coloniale qui rappelle que les « qualifications de surfins et d'extra fins » adoptées par certaines entreprises (on aura reconnu ici Menier) ne désignent en réalité que des chocolats de « qualité inférieure[776] ». En ces années 1850/1860, la maison Menier et Cie doit donc affronter une concurrence importante.

---

[773] Compagnie Coloniale, *Du chocolat et de…*, *op. cit.*.

[774] Picot, *Guide du consommateur de chocolat et de thé, suivi de conseils pour préparer du café parfait*, Paris, Picot, 1845 ; Compagnie Coloniale, *Du chocolat et de…*, *op. cit.*, Choquart (C.), *Chocolaterie impériale…*, *op. cit.*

[775] Compagnie Coloniale, *Du chocolat et de…*, *op. cit*, p. 10.

[776] Compagnie Coloniale, *Du chocolat et de…*, *op. cit*, p. 15.

Illustration 24. Marques de fabrique de la Compagnie Coloniale[777]

Les entreprises se livrent une concurrence féroce. La marque apposée sur le produit est censée garantir, aux yeux du consommateur, la véritable identité du fabricant. Il s'agit ainsi de combattre la contrefaçon et la concurrence des autres maisons. Les brochures visent également à mobiliser la vigilance des consommateurs sur l'identité des produits qu'ils achètent. « Depuis la fondation de la Compagnie Coloniale pour la fabrication du chocolat, un grand nombre d'établissements se sont formés »[778]. L'entreprise attire ainsi l'attention de ses clients sur le fait que ses produits comportent « imprimés sur leurs enveloppes, la signature VINIT et Cie, ainsi que les mots: Compagnie Coloniale ».

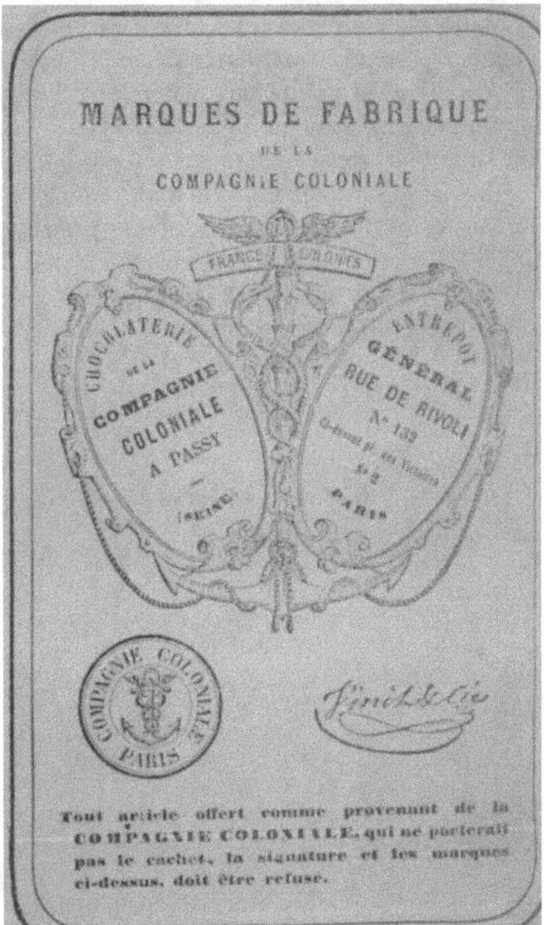

Afin de consolider ses positions sur le marché, Emile-Justin se montre soucieux de perfectionner l'équipement de l'usine. Dans les années 1850, la mécanisation du secteur progresse. Les fabricants présentent, lors des expositions, les nouvelles machines qu'ils viennent de mettre au point, à

[777] BNF, *Ibid,* non paginé.
[778] *Ibid.*, p. 21.

l'image d'Hermann qui constitue un bon exemple de la porosité entre les secteurs du médicament et de l'alimentation. Lors de l'exposition industrielle de 1849, ce dernier présente un mélangeur destiné à la préparation du chocolat, une machine à pulvériser destinée à la fabrication des poudres vénéneuses, ainsi qu'une machine qui vise à broyer les couleurs[779]. En dehors d'Hermann, d'autres fabricants s'affirment, comme Devinck qui conçoit un torréfacteur à cacao ainsi qu'une machine à peser et à mouler le chocolat ou Pelletier (moulin à broyer le chocolat, machine à peser les tablettes). Les archives de l'INPI (Institut national de la propriété industrielle) ont gardé la trace de quelques brevets déposés par l'industriel. Ces documents sont précieux car ils permettent de mieux connaître le matériel qui équipe ces usines. Le 16 novembre 1857, l'industriel fait ainsi enregistrer, par l'intermédiaire de son notaire, un brevet d'invention concernant une machine à broyer le cacao dans la fabrication du chocolat[780].

Illustration 25. Machine à broyer le cacao, 1857[781]

Le cacao à broyer est versé dans une trémie E, au fond de laquelle est fixé un tuyau F. Celui-ci se termine, à sa partie inférieure, par un manchon ou rondelle en fonte G, susceptible de glisser de haut en bas sous l'action de deux vis bb. Le fer du moule M se termine par un cône f, qui pénètre dans le tuyau F, sans toutefois le toucher et laisse ainsi une ouverture annulaire par laquelle le cacao peut s'échapper ; la douille G, en montant ou en s'abaissant, agrandit ou rétrécit cette ouverture et peut même la fermer complètement en venant s'appuyer sur le cône f, on peut ainsi proportionner convenablement, suivant sa qualité, la quantité de cacao à broyer. Le cône de l'arbre est sillonné par des cannelures, qui réduisent déjà, en les concassant, les plus gros fragments de cacao. Celui-ci, au sortir du tuyau F, tombe dans l'oeillard de la meule B, et est conduit entre les deux meules, qui le broient complètement pendant son passage du centre à la circonférence, et cela, sans qu'il soit nécessaire d'employer dans les meules les cercles métalliques L,L, qui sont communément en usage et que nous avons représentés sur les meules A' et B' fig 5 et fig 6, telles qu'on les fait aujourd'hui. Cette paire de meules est semblable aux meules à blé : l'une gisante A, l'autre mobile B, en pierre meulière, de la Ferté ou autre; la meule B, au lieu d'être simplement cerclée en fer, comme cela se pratique pour les meules à blé, afin de maintenir ensemble les pierres qui forment lesdites meules, se trouve enchâssée dans une cuvette en fonte C. Les deux meules, sur leur face travaillante, sont sillonnées par des cannelures, divergeant du centre. Ces cannelures vont en s'élargissant du centre à la circonférence, où chacune d'elles présente une ouverture triangulaire d'environ 40 millimètres de largeur. La meule gisante A joint exactement l'arbre M, la meule mobile B laisse autour de l'arbre un espace de 0,20 cm pour donner passage au cacao broyé. Le mouvement de rotation est donné à la

[779] *Exposition nationale de Paris de 1849*, *Rapport…*, *op. cit.*
[780] Archives INPI, 1BB34412, brevet pour une machine à broyer le chocolat, 16 novembre 1857.
[781] *Ibid.*

meule supérieure par une transmission de mouvement disposée au-dessous du plancher, sur lequel la machine repose. Le pivot du fer de meule repose dans une crapaudine H, mobile à volonté et supportée sur un levier I, fixé d'une part à la chasse J et de l'autre à une tringle K filetée ; au moyen du volant V à la main de l'ouvrier, celui-ci peut soulever ou abaisser la meule B et la rapprocher ainsi plus ou moins de la meule gisante, de sorte que les deux meules, quand on le veut, peuvent même se joindre exactement. La meule A est fixée dans une cuvette en fonte M', dans laquelle tombe la matière broyée pour s'écouler par l'orifice en N. La cuvette M est supportée elle-même sur un socle au piédestal évidé. Au moyen de vis de calage gg, on peut donner à la meule A une position parfaitement horizontale[782].

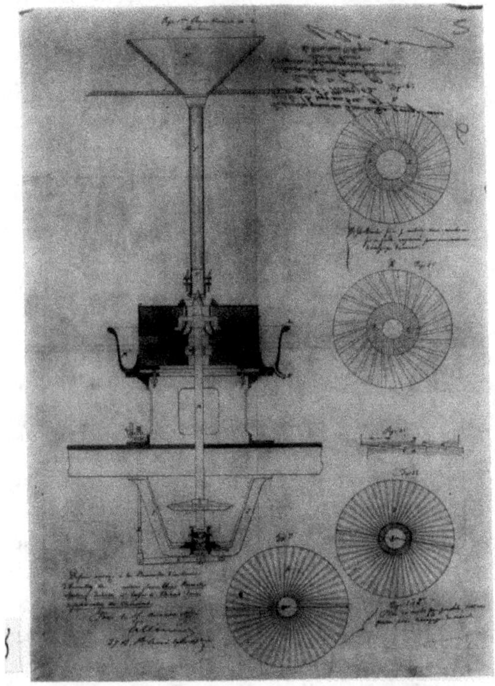

[782] *Ibid.*

Illustration 26. Machine à broyer le cacao (1857)[783]

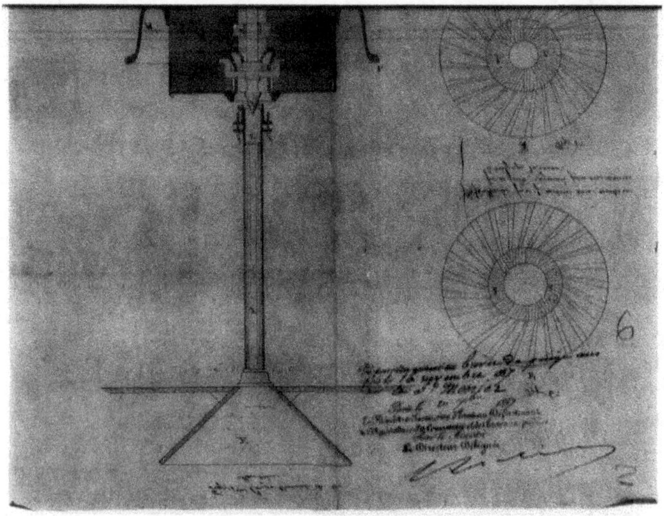

Le 16 octobre 1858, Menier dépose un autre brevet pour une machine à empaqueter le chocolat[784].

Illustration 27. Machine à empaqueter le chocolat et d'autres produits

L'appareil enveloppe mécaniquement les tablettes de chocolat, colle les enveloppes et place dessus et en dessous de la tablette enveloppée la marque du fabricant. L'appareil est également applicable pour envelopper les savons et autres articles de commerce.

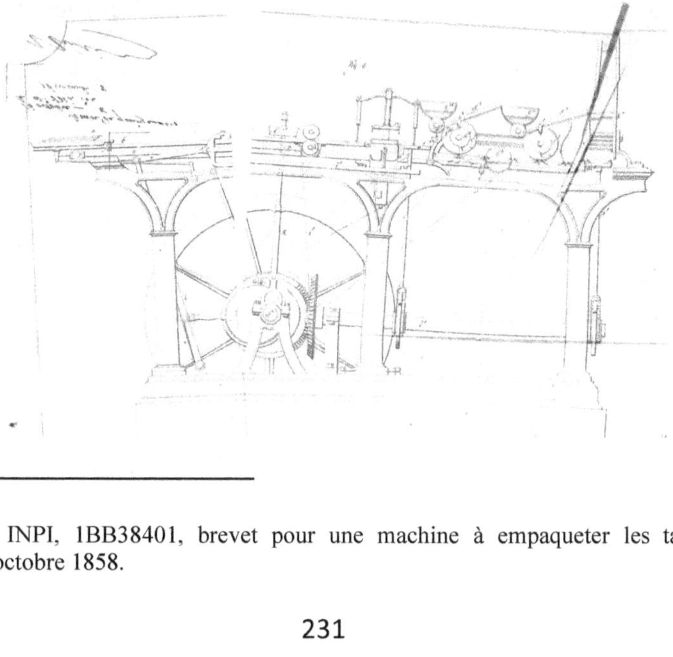

783 *Ibid.*

784 Archives INPI, 1BB38401, brevet pour une machine à empaqueter les tablettes de chocolat, 16 octobre 1858.

Cette spécialisation dans le domaine du chocolat s'accompagne, pour reprendre l'expression de Catherine Jarrige, d'une politique de concentration verticale quasi parfaite[785]. Emile-Justin cherche en effet, à partir des années 1860, à sécuriser ses approvisionnements en provenance d'Amérique. Sur ce continent, on « rencontre les cacaoyers soit sauvages, soit cultivés, depuis le Sud de la Louisiane jusqu'au Nord du Brésil ; mais la qualité des fèves décroît aux deux confins de sa région. Ce n'est que dans les pays humides et étouffants de la zone intertropicale que ces différentes variétés prennent leur développement[786] ». On distingue plusieurs zones de production dynamiques. La province du Para, au Brésil, fournit le cacao dit Maragnan. Les régions de Bahia, jusqu'aux environs de Rio de Janeiro, en exportent également. Plus au Nord, la Guyane hollandaise en fournit sous le nom de Surinam. On trouve également, parmi les principales zones de production, les Antilles, Cuba, Porto Rico, Haïti et la Martinique. Le Vénézuela renferme lui aussi des « plantations très bien conduites par les Basques émigrés[787] ». Ils cultivent, dans « les provinces de Cumana et de Caracas, des cacaos dits de côtes fermes ou caraques ». Un peu plus à l'ouest, il faut aussi compter avec le Pérou, le Chili et l'Equateur. Les Etats d'Amérique centrale comme le Guatemala ou le Nicaragua en produisent aussi. En dehors du continent américain, le cacao est cultivé à Java, en Indonésie, ainsi qu'à Manille, aux Philippines.

C'est au Nicaragua que Menier décide d'investir. Il s'agit de ne plus être dépendant des cours du cacao et de maîtriser ainsi la culture et la production en amont. « Mr Menier, voulant assurer à son usine de Noisiel la matière première prise à son origine, recueillie dans les conditions les plus favorables et à l'abri de toute fluctuation commerciale, a eu l'heureuse idée de créer, à 20 kilomètres de la côte sud-ouest du lac Nicaragua et à 60 kilomètres de l'océan Pacifique, au centre même de l'isthme américain, une immense culture de cacaoyers[788] ». En 1862, l'entreprise prend possession du Valle Menier entre Mandaime et Rivas. Il s'agit d'une hacienda de 1500 hectares. « Au moment de la prise de possession, il avait 52 000 pieds de cacaoyers (...), et, depuis lors, on en a planté encore 122 000 » notent Tresca et Duchesne en 1869. En 1865, à peine trois ans après l'acquisition du Valle, l'entreprise achète la plantation de cacaoyers San-Emilio (35 000 à 40 000 pieds) à Tortugas. Il s'agit d'une contrée voisine de la frontière qui sépare le Nicaragua du Costa Rica. La plantation, située sur les bords du lac Nicaragua, comprend 6000 hectares de terre vierge[789]. A la fin des années 1860, Menier envisage de porter le nombre de plants à 900 000 pieds, signe

---

785 Jarrige (Catherine), *L'industrie chocolatière..., op. cit.*.
786 Turgan (Julien), *Les grandes usines de France..., op. cit*, T 7, p. 101.
787 *Ibid*, p. 103.
788 Tresca et Duschene, « Rapport sur.... », *art. cit.*, p. 323.
789 *Ibid.*

de l'expansion que connaît le produit en Europe et dans le monde, mais signe avant tout du dynamisme de l'entreprise.

Illustration 28. Le Valle Menier[790]

Le Valle est situé à 20 kilomètres de la côte sud-ouest du lac Nicaragua et à 60 km de l'océan Pacifique, non loin du tracé que suivra un jour le canal des deux océans. Les terrains sont entourés par le Rio Medina[791]

LE VALLE-MENIER.

L'expansion industrielle et capitaliste de certaines entreprises occidentales, à l'image de la société Menier et Cie, s'accompagne d'un mouvement de colonisation et de mise en valeur de nouvelles terres. L'installation de Menier au Nicaragua est, pour partie, liée au projet de canal interocéanique qui agite, à ce moment-là, certains milieux d'affaires. Emile-Justin nomme, comme directeur de la plantation, Schiffman, ancien employé de la maison de la rue Sainte-Croix-de-la-Bretonnerie, « ayant reçu l'ordre de ne rien épargner pour exploiter ce sol fertile mais presque inculte ». Les travaux ont été conséquents et ont nécessité des investissements importants puisque, selon Turgan, il a fallu « puiser largement dans la caisse de la maison de Paris ». Il a été nécessaire de défricher la forêt, d'arracher les pierres, de tailler les troncs, de niveler le sol, de planter les cacaoyers, de développer l'irrigation, car l'arbre exige à la fois de la chaleur et de l'humidité. Des arbres sont plantés entre chacun des cacaoyers pour les abriter du soleil et du vent. Les madéras négras, sortes de mimosas à feuilles fines, tamisent les rayons du soleil et protègent les cacaoyers du soleil. Des haies de mangotiers et de bananiers à larges feuilles entourent les cacaoyères et les préservent du vent. Sous la plume de J. Turgan, on voit, parfois, poindre la supériorité occidentale. « Il a fallu ainsi montrer l'énergie que le

[790] CNUM, Conservatoire numérique des arts et métiers, http://cnum.cnam.fr, Le Valle Menier. Turgan (Julien), *Les grandes usines de France, tableau de l'industrie française au XIXe siècle, Tome 7, Paris, Michel Lévy frères, 1870*, p. 104.
[791] *Ibid.*

Français développe devant les difficultés[792] ». Quant aux travailleurs, « bien qu'il soit difficile de réunir et de conserver les mozos indisciplinés », ce sont près de 312 ouvriers qui s'affairent sur la plantation pour la rendre viable[793]. C'est une véritable petite ville que décrit J. Turgan qui dispose de sa scierie, pour débiter les troncs en planches, de ses fours, pour fabriquer la chaux ou les pains de maïs pour la nourriture des ouvriers.

Grâce à ces terrains, Menier parvient, à la fin des années 1860, à récolter 28 à 30 000 kilogrammes de cacao, ce qui demeure insuffisant pour être complètement autonome. L'entreprise est donc obligée de s'approvisionner dans d'autres lieux (Brésil, Martinique). Afin de rentabiliser les investissements, on cherche à augmenter les plants. Le régisseur, Schiffman, pratique ainsi le repiquage. On plante, à quarante centimètres de distance et deux par deux, les graines de cacaoyer. On coupe la tige qui prend le moins vite, on laisse arriver l'autre à cinquante centimètres de hauteur, on enlève cette dernière avec sa motte et on la porte à une place qui lui est destinée définitivement[794]. Les cacaos arrivent en France en sacs de 80 kg, les caraques en fanègues espagnoles de 50 kg[795]. Pour fabriquer son chocolat, Menier procède à des mélanges des différents cacaos suivant les années. Il y ajoute du sucre mis dans la proportion de 42 à 46%. Celui-ci est composé pour 1/3 de sucre candi Martinique et pour 2/3 de sucre de betterave candi n° 3. Le choix du sucre martiniquais tient à des aspects techniques. Celui-ci étant plus gras que le sucre de betterave, cela facilite les opérations relatives au pesage de la pâte.

Du fait de ces mélanges, de la complexité de la composition du chocolat Menier, vendu dans le commerce sous différentes formes, du coût du transport, du prix de la main-d'œuvre, ou encore des droits de douane, il n'est pas évident de parvenir à obtenir une estimation des marges dégagées par l'entreprise. Tout au plus peut-on tenter une approche. D'après Tresca et Duchesne, le prix des cacaos du Sud du Brésil et de Bahia approche, en 1869, les 1,50 F les 100 kg. Le prix courant général de 1860 nous apprend que le chocolat Menier est vendu au pharmacien 1,80 F le demi-kilo, et au consommateur 2 F, soit entre 3,60 F et 4 F le kilo. Les 100 kilogrammes de chocolat une fois transformés, mélangés, préparés et mis sous enveloppes sont ainsi vendus entre 360 F et 400 F les 100 kg en France, ce qui laisse penser que la marge était effectivement très importante. En 1869, Tresca et Duchesne mentionnent des prix légèrement inférieurs. Menier livre alors son chocolat au commerce en gros à 3fr le kilo, et au détail à 3 fr 60, ce qui situe la fourchette entre 300 et 360 F le quintal. « Dans ces limites, il y a un

---

[792] *Ibid.*, p. 106.
[793] Turgan (Julien), *Les grandes usines de France…*, *op. cit.*, T 7.
[794] *Ibid.*, p. 107.
[795] Tresca et Duschene, « Rapport sur…. », *art. cit.*, p. 324.

bénéfice suffisant pour le fabricant et pour le marchand détaillant[796]». Menier ne se contente cependant pas de produire du chocolat: «cafés, indigo, coton, caoutchouc y sont cultivés en grand[797]». Néanmoins, le début des années 1860 marque un processus de spécialisation accrue de l'entreprise dans le chocolat.

Parallèlement, l'industriel se préoccupe des approvisionnements en sucre. En 1865 il fait ainsi l'acquisition de la sucrerie de Roye dans la Somme[798]. La ville compte par ailleurs deux autres établissements de ce type, fabricant le sucre à partir des betteraves. Menier participe également à la création de sucreries en Seine-et-Marne, à Villenoy et à Lizy-sur-Ourcq[799]. Une section du laboratoire de chimie de l'usine de Noisiel se préoccupe de la qualité des betteraves, de leur teneur en sucre. Menier se penche également sur la question du développement de procédés de conservation par le froid (1868), pour lequel l'industriel dépose un brevet[800]. Entre la fin du XVIIe siècle et le début du XVIIIe siècle, quelques savants s'intéressent à la manière de conserver les aliments. C'est cependant à Nicolas Appert que l'on doit « d'avoir approfondi l'idée de mettre en boîte les aliments[801] ». Le XIXe siècle voit se développer l'industrie de la conserve[802]. On sait depuis longtemps que le froid est un agent naturel de conservation. Vers la fin des années 1860, l'entreprise profite ainsi des basses températures de l'hiver pour amener des betteraves à 2 ou 3 degrés, puis celles-ci sont placées dans des silos creusés dans le sol. C'est ce que Menier appelle « le froid artificiel » qui permet de conserver les betteraves à basse température jusqu'à complet épuisement de l'approvisionnement. Ce système de conservation présente néanmoins des limites. Les silos garantissent la racine contre la gelée, mais ils ne la protègent pas contre la pourriture et la germination. Ces deux phénomènes qui transforment et absorbent la matière sucrée.

Afin d'améliorer le système de conservation des silos, Menier imagine des édifices en maçonnerie « à parois parfaitement étanches et isolantes au point de vue du froid. Autant que possible, ils doivent être voûtés et ensevelis profondément dans le sol ; cette condition toutefois n'est pas absolument rigoureuse » et il faut se « conformer aux facilités que le sol

---

796 Tresca et Duschene, « Rapport sur.... », *art. cit.*, p. 324.

797 Napoléon Gallois, *Les Curiosités de l'exposition maritime internationale du Havre*, Paris, E. Dentu, 1868.

798 Logre (Bernard), Messence (Gérard), *Chocolat Menier..., op.cit.*, p. 51.

799 *Ibid.*

800 Archives INPI, 1BB83384, Brevet déposé le 1er décembre 1868.

801 Pedrocco (Giorgio), « L'industrie alimentaire et les nouvelles techniques de conservation », in Flandrin (Jean-Louis), Montanari (Massimo), *Histoire de..., op. cit.*, p. 785.

802 *Ibid*, p. 784.

permet d'exercer[803] ». Les silos en question communiquent avec une cheminée dans leur partie supérieure, ainsi qu'avec des conduits communiquant avec l'atmosphère dans leur partie inférieure. «En déterminant un appel dans la cheminée lorsque la température intérieure est suffisamment froide, on arrive à faire descendre peu à peu la température de la masse et à l'amener à un point voisin de zéro ». Il ne s'agit pas seulement de refroidir les betteraves, mais de les dessécher. « Un moyen efficace de prévenir la pourriture est de retirer aux substances organiques l'excès d'eau qu'elles peuvent contenir ». Menier fait également installer une ventilation froide et artificielle à l'intérieur des silos afin de « neutraliser la chaleur qui se dégage du sol ou des parois », ou « de suppléer aux irrégularités que produisent les hivers ».

Ce brevet est complété par un autre en mars 1869[804]. Ayant remarqué que le froid suspend et retarde la pousse des plantes, Menier décide de déposer un brevet visant à maintenir les betteraves à des températures voisines de zéro, en toutes saisons, afin d'en contrôler la floraison et d'en obtenir toute l'année. Pendant la première moitié du siècle on cherche des procédés pour développer le froid artificiel à l'image de Charles Tellier (1828-1913)[805]. Les travaux de ce dernier intéressent vivement E.J. Menier qui lui commande une « machine à circulation continue d'ammoniaque et d'eau, avec courant de liquide incongelable pour conduire au loin le froid[806] ». La machine n'est pas livrée car C. Tellier perd le procès qui l'oppose à un certain Carré qui revendique l'antériorité de son brevet d'invention. « La première visite » de C. Tellier, à sa sortie de prison est pour E. J. Menier[807]. Visite de « reconnaissance » à l'égard d'un homme qui l'a soutenu lors du litige qui l'a opposé à Carré, mais visite intéressée également puisqu'il s'agit d'obtenir un soutien financier pour poursuivre ses recherches. Si l'on en croit C. Tellier, le chocolatier propose de mettre à sa disposition une somme de 20 000 francs. En 1868, Menier lui achète une machine à liquéfaction de l'ammoniaque par compression mécanique[808].

L'entreprise se dote par ailleurs d'une flotte pour acheminer le chocolat d'Amérique en Europe avec notamment le Noisiel et le Belem. Le premier est un brick de 153 tonneaux, construit à Honfleur en 1860, et armé par Masurier le Jeune du Havre. Le second est un brick de 187 tonneaux,

---

[803] Archives INPI, 1BB83384, Brevet déposé le 1er décembre 1868.
[804] Archives INPI, 1BB83384, Addition au brevet déposé le 1er décembre 1868, 3 mars 1869.
[805] Pedrocco (Giorgio), « L'industrie alimentaire ....», *art. cit.* in Flandrin (Jean-Louis), Montanari (Massimo), *Histoire de..., op. cit.*, p. 792.
[806] Tellier (Charles), *Histoire d'une invention moderne, le frigorifique*, Paris, Delagrave, 1910, p.35.
[807] *Ibid.*, p. 34.
[808] *Ibid.*, p 35.

construit au Havre en 1854[809]. Ces bateaux traversent l'Atlantique en cinq à six semaines, mais restent parfois plusieurs semaines à quai avant de retrouver un chargement. Cette spécialisation dans le chocolat est liée à la montée en puissance de la concurrence dans le secteur de la droguerie.

B. LA MONTEE EN PUISSANCE DE LA PHARMACIE CENTRALE DE FRANCE

Le 14 août 1855, la Pharmacie centrale de France se transforme en société en commandite par actions. Le siège de la société est fixé à Paris, 23 rue des Marais-Saint-Germain. Cette transformation s'accompagne d'un accroissement du capital. Afin de consolider financièrement et professionnellement sa société, Dorvault a massivement recours à des émissions d'actions. A sa fondation, la société repose sur un capital de un million de francs divisé en 2000 actions de 500 francs. Cette première émission s'achève en 1858. En 1859, la direction décide de procéder à une seconde émission. Achevée en 1864, cette seconde souscription a beaucoup de succès et porte le capital de la PCF à 3 millions de francs. En 1865, une modification des statuts gonfle artificiellement le fonds social de la commandite à 5 millions de francs. Cette augmentation de capital se matérialise par une troisième émission lancée en 1867. En l'espace de treize ans, la firme voit ainsi son capital multiplié par cinq. Cette croissance par financement externe est d'abord guidée par une logique industrielle et commerciale. L'émission de 1859 permet d'acquérir l'hôtel des ducs d'Aumont en plein cœur du Marais[810]. L'entreprise espère ainsi «s'organiser sur une plus vaste échelle et développer une fabrication d'une manière conforme à ses besoins[811]». Grâce à cet apport, la PCF peut par ailleurs entreprendre de grandes opérations commerciales à l'étranger. Les résultats de la PCF, les bénéfices qu'elle génère, les dividendes qu'elle est en mesure de distribuer permettent à la société de drainer l'épargne de la pharmacie française. Parallèlement à cette croissance du capital, l'entreprise connaît une augmentation importante de son chiffre d'affaires. Entre 1852 et 1879, celui-ci passe de quatre cent mille francs à un peu plus de sept millions. Cette croissance exponentielle du chiffre d'affaires met en évidence le succès commercial de l'entreprise. A bien des égards, cela témoigne de la réussite de l'aventure conduite par Dorvault.

---

809 Marrey (Bernard), *Un capitalisme idéal*, Paris, Clancier-Guénaud, 1984, p. 57.
810 AG de la PCF, 1858.
811 AG de la PCF, 1859.

Tableau 10. Chiffre d'affaires de la Pharmacie centrale de France, 1852-1879[812]

Années	En francs	Indice
1853 (août)	400 000	100
Fin 1853	728 000	182
1854	1 300 000	325
1855	1 500 000	375
1856	1 600 000	400
1857	2 000 000	500
1858	2 500 000	625
1859	2 468 000	617
1860	2 600 000	650
1861	2 560 000 / 2 600 000	640
1862	2 700 000	675
1863	3 000 000	750
1864	3 500 000	875
1865	>3 500 000	>875
1866	4 000 000	1000
1867	Inconnu	
1868	Inconnu	
1869	> 7 000 000	1750

Malgré les incertitudes qui entourent les chiffres, ceux-ci témoignent du succès commercial de l'entreprise. Le chiffre d'affaires de la pharmacie française est estimé à 60 millions de francs au milieu des années 1860[813]. Avec quatre millions de francs en 1865-1866, la Pharmacie centrale représenterait 6,6% du marché. On voit que la coopérative connaît une phase

[812] Les données proviennent des différents comptes rendus d'assemblée générale des actionnaires de la PCF.
[813] Faure (Olivier), *Les Français…*, *op. cit.*, p. 224.

de croissance relativement soutenue entre 1852 et 1866 : la guerre de 1870-1871 contribuant à freiner l'activité de l'entreprise[814]. Au début des années 1860, la coopérative fournit déjà quelques établissements hospitaliers[815] français ainsi que des prisons, en produits et en matériel pharmaceutiques. La décennie 1860 a été une période faste pour la Pharmacie centrale. Le chiffre de ses opérations augmente, dans le même temps où les demandes des pays étrangers lui arrivent de plus en plus nombreuses. En 1868, la Pharmacie centrale obtient « la fourniture principale des médicaments pour la marine de l'Etat, et en partie celle de l'armée[816] ». Le commerce de gros ne représente cependant qu'une partie des activités de la coopérative. Au milieu des années 1850, la moyenne des commandes adressées à la PCF ne dépasse pas 50 francs[817]. Ce chiffre, rapporté à un chiffre d'affaires, situé entre 1 300 000 francs et 1 400 000 francs, porte le nombre de ces commandes à 280 000 sur une année[818]. Au cours de l'exercice 1856-1857, la firme écoule pour 1 600 000 francs de produits. Le nombre de ses clients est d'environ 2000[819]. Ceci nous indique des commandes au montant moyen de 800 francs, chiffre qui varie en fonction des clients. On sait par ailleurs que les pharmaciens sont au nombre de 4000 en 1847 et 6000 en 1867[820]. Dans l'estimation la plus basse, la coopérative a donc rallié la clientèle du tiers des pharmaciens de France comme clients, dans la fourchette la plus haute c'est la moitié des pharmaciens qui a pu intégrer l'aire de chalandise de la Pharmacie centrale.

Tout comme la maison Menier, la Pharmacie centrale de France développe des stratégies commerciales afin de consolider sa place sur le marché du médicament. Elle développe notamment sa propre marque de fabrique (1853). « Nous voulons, et c'est un point sur lequel nous insistons, que le cachet de l'association, apposé sur un produit, soit, pour le pharmacien, une garantie absolue de bonne qualité[821]». L'industrialisation s'accompagne ainsi de la mise en place d'une « stratégie de la marque[822] ». « Il est utile en effet que le nouvel établissement pharmaceutique ait un moyen de faire distinguer facilement ses produits, d'adopter en un mot un signe d'une valeur analogue à ce que dans le commerce et dans l'industrie on nomme une marque de fabrique, signe qui constitue une véritable propriété

[814] AG de la PCF, 1872.
[815] AG de la PCF, 1862.
[816] AG de la PCF, 1868.
[817] AG de la PCF, 1854.
[818] *Ibid.*
[819] AG de la PCF, 1857.
[820] Faure (Olivier), « Les pharmaciens et le … », *art. cit.*, in Bonah (Christian) Rasmussen (Anne) (dir.), *Histoire et…*, *op. cit.*, p. 69.
[821] Projet de création de la PCF, 1852.
[822] Karpik (Lucien), *Les avocats. Entre l'Etat, le public et le marché, XIII-XXe siècle*, Paris, Gallimard, 1995, p. 260.

pour celui qui l'adopte en même temps qu'une garantie pour celui qui achète sous son couvert[823] ». Le cachet peut désormais s'identifier à une marque immédiatement reconnaissable qui permet à la clientèle de distinguer les produits de la PCF des produits d'autres maisons.

Illustration 29. Cachet de la Pharmacie centrale de France

L'entreprise se dote d'un emblème, « qui satisfait à la fois l'esprit et les yeux»: « le personnage représente la pharmacie s'appuyant d'une main sur un livre, symbole de la science, et de l'autre sur le caducée, symbole du commerce. Elle est entourée de tous les objets qui font la matière des études pharmaceutiques: appareils de chimie ; puis animaux, végétaux, minéraux, de manière à exprimer la devise in his tribus versantur, si fort affectionnée des anciens pharmaciens. Elle a, en outre, le coude appuyé sur les armes de Paris, pour rappeler que le siège de l'association est dans cette ville. Enfin, devant elle, est une colonne, supportant le serpent et le o d'Esculape. La Pharmacie centrale, en amenant autant que possible l'unité dynamique dans les médicaments, fera beaucoup pour le progrès de la thérapeutique. Il est donc bon de sacrifier au dieu de la médecine[824]». On reprend ainsi des symboles importants de la médecine et de la pharmacie qui s'enracinent à la fois dans l'Antiquité, celle des dieux, mais également dans la modernité, celle du laboratoire. La pharmacie, trônant au centre, n'est pas sans évoquer d'autres allégories féminines contemporaines comme la République. Le choix des symboles n'est pas anodin et cherche à établir une forme de légitimité scientifique, professionnelle, morale et nationale. Par ces multiples références, Dorvault espère convaincre les corps médical et pharmaceutique de la supériorité de ses produits.

Cette stratégie de communication est fondamentale dans un marché aussi concurrentiel. La loi du 23 juin 1857 sur les marques de fabrique, qui permet de protéger la spécialité pharmaceutique, ne fait qu'entériner une stratégie développée par les industriels de la pharmacie dans la première moitié du XIXe siècle. D'après le texte « la marque accompagnant le remède

---

[823] AG de la PCF, 1853.
[824] *Ibid.*

ne doit pas en être la dénomination nécessaire, elle ne doit pas en rappeler la composition chimique, la provenance géographique et les effets thérapeutiques[825] ». La législation permet ainsi aux pharmaciens de protéger les formules qu'ils mettent au point contre d'éventuelles copies. Surtout, le développement de ces marques traduit les mutations dont la pharmacie est l'objet. Le pharmacien préparateur s'efface derrière le développement de ces cachets qui renvoient à quelques grandes maisons de droguerie comme la Pharmacie centrale de France ou la maison Menier. L'essor des marques est contemporain, dans le secteur pharmaceutique, de la disparition du brevet (loi du 5 juillet 1844). En réalité, elles se substituent à celui-ci et garantissent à l'industriel la propriété du produit qu'il commercialise. Certains fabricants vont même jusqu'à constituer des sociétés de marque permettant de réunir leurs capitaux pour lancer leurs entreprises[826]. La coopérative cherche à tirer parti de la « réputation de son cachet[827]» pour s'étendre. Celui-ci « inspire généralement toute confiance aux inspecteurs chargés de la visite des officines [828]», ce qui confirme les analyses de S. Chauveau sur le fait que « l'étiquette et la marque permettent d'individualiser le produit et de le rendre aisément reconnaissable auprès des malades et des médecins[829] ». Si la marque participe indéniablement de la construction d'une « image scientifique[830] » du médicament, elle jouit aussi, dans le cas de la PCF, d'une dimension morale et professionnelle très importante. L'industrialisation et la spécialisation croissantes ont un impact décisif sur l'évolution du marché du médicament au cours du XIXe siècle. Le milieu du siècle apparaît à cet égard comme un moment charnière. Significative de cette nouvelle donne, la loi du 23 juin 1857 déplace le droit de propriété de la formule à la marque de fabrique. Le dessin ou le nom deviennent gage de qualité. Asseoir la réputation d'une firme passe par la diffusion de sa marque auprès du public ou le rachat d'autres marques. Image et concentration marchent ainsi de concert dans le secteur du médicament, à tel point que la marque prend parfois le pas sur l'innovation. Les grandes entreprises du médicament comme la PCF jouent sur l'ambiguïté entre marque, diplôme et qualité, précisément au moment où les pharmaciens d'officine se voient dessaisis de la réalité de la préparation.

En dehors de la marque, la PCF développe un réseau de factoreries et de succursales afin d'assurer la diffusion de ses produits sur l'ensemble du

---

[825] Chauveau (Sophie), *L'invention pharmaceutique…*, *op. cit.*, p. 28.
[826] Chauveau (Sophie), « le statut légal…», *art. cit.*, in Bonah (Christian) Rasmussen (Anne) (dir.), *Histoire et…*, *op. cit.*, p. 90.
[827] AG de la PCF, 1869.
[828] AG de la PCF, 1872.
[829] Chauveau (Sophie), « Genèse de la sécurité sanitaire… », art. cit., p. 97.
[830] Chauveau (Sophie), « Le statut légal…», *art. cit.*, in Bonah (Christian) Rasmussen (Anne) (dir.), *Histoire et…*, *op. cit.*, p. 90.

territoire. Ce faisant, elle se démarque de son concurrent majeur, la maison Menier. La première succursale à ouvrir est celle de Lyon, en 1853. Elle est le fruit de la fusion entre la Pharmacie centrale et la Pharmacie centrale de l'Est. Elle doit permettre de desservir les pharmaciens de l'Est. Le choix de Lyon s'explique par le fait que la ville rayonne « au loin ; ses transactions et ses débouchés sont considérables[831] ». En 1856, afin d'étendre et de renforcer ses positions sur la ville rhodanienne, la Pharmacie centrale rachète la maison Bruny. Il s'agit de « l'une des plus fortes maisons de droguerie de Lyon ; celle précisément qui fait la concurrence la plus directe[832]» à la Pharmacie centrale sur la place. En rachetant cette entreprise, Dorvault élimine donc un ennemi de poids, ce qui peut lui permettre de conforter ses positions commerciales. En 1869, une nouvelle maison est rachetée: la maison Couturier[833]. Outre le matériel et les marchandises, Couturier cède une succursale à Marseille. La ville « est, après Paris, la première ville de France pour le commerce[834]». En ouvrant ce comptoir marseillais, l'objectif est d'accroître les rapports de la Pharmacie centrale avec l'Algérie et toutes les côtes de la Méditerranée. Dans une approche très saint-simonienne, on évoque l'ouverture prochaine du canal de l'isthme de Suez qui va mettre la ville en rapport avec l'Extrême-Orient, et lui créer une position exceptionnelle. La création de cette succursale s'inscrit dans une stratégie d'ouverture en direction de la Méditerranée et des colonies. Marseille était « appelée à devenir le grand entrepôt des Indes». Le choix de cette implantation paraît d'autant plus opportun qu'il se produit au moment où Dorvault vient « de s'entendre avec les premières maisons de France pour constituer une représentation collective dans l'Extrême-Orient, afin de créer dans les parages jusqu'à présent presqu'exclusivement inféodés aux Anglais, des débouchés au commerce français ». Si cette stratégie réussit, le « comptoir de Marseille sera appelé à rendre, soit comme expéditeur direct, soit comme simple transitaire, de grands services à la maison mère[835] ».

Outre les succursales, la PCF possède des factoreries. A la différence des succursales, elles ne peuvent faire d'achat par elles-mêmes. Dès 1853, on installe des factoreries à Bordeaux, Nantes, Rouen et Toulouse. En 1860, c'est au tour de Strasbourg, Bayonne et Lille. L'année suivante c'est Rennes. Ces factoreries « n'ont rien en magasin[836]». Il s'agit de permettre aux pharmaciens de pouvoir recevoir des envois collectifs, d'éviter ainsi une partie des frais d'emballage et de réduire beaucoup ceux de transport, pour d'autres de se procurer à des conditions plus avantageuses les produits du

---

[831] Archives de la PCF, Lettre circulaire aux pharmaciens de l'Est, 1853.
[832] AG de la PCF, 1857.
[833] AG de la PCF, 1869.
[834] *Ibid.*
[835] *Ibid.*
[836] AG de la PCF, 1853.

pays. Ces établissements sont implantés dans un contexte de concurrence effrénée. « La promotion des produits se révèle indispensable dans un contexte très concurrentiel. Auprès du public, il faut défendre une marque[837]». Ces factoreries doivent permettre à la PCF de quadriller le territoire. Les circonscriptions peuvent être relativement vastes. Ainsi, la circonscription de la factorerie de Rouen comprend, outre la Seine-Inférieure, les départements du Calvados et de l'Eure[838]. La factorerie à Strasbourg doit desservir les départements de l'Est, en particulier les départements frontaliers (Bas-Rhin, Haut-Rhin, Meurthe-et-Moselle et Vosges) mais aussi les pays frontaliers comme la Suisse et l'Allemagne rhénane[839]. La factorerie de Rennes couvre, quant à elle, à peu près toute la Bretagne[840].

Ces factoreries sont administrées par des gérants qui apparaissent comme des représentants directs de la maison mère. Ils ont « pour mission de collecter les commandes auprès des pharmaciens de leurs circonscriptions, de les adresser une fois la semaine, de recevoir les expéditions et de les faire distribuer[841]». Les représentants de la PCF en province se déplacent dans leur circonscription. Ils sont chargés de visiter les pharmaciens[842] et de collecter les commandes. L'objectif de la PCF est de parvenir à créer ainsi un réseau d'officines dépositaires des produits de la coopérative et d'étendre ce réseau. Peut-être surveillent-ils également «les stocks et font-ils connaître aux responsables du laboratoire les réactions des pharmaciens d'officine et de la clientèle[843] » par rapport aux nouveaux produits. Parallèlement à ces stratégies de quadrillage du territoire, la PCF, tout comme la maison Menier, s'intéresse aux expositions.

A l'image de la maison Menier, la Pharmacie centrale de France participe à plusieurs reprises à des expositions universelles. « En pénétrant dans l'édifice colossal élevé pour abriter l'exposition, dans cet immense bazar, où, pour la première fois, se trouvent réunis dans leur diversité les produits du monde entier, on est tout d'abord frappé d'une sorte de vertige par cette masse d'objets luxueux, artistiques, bien propres, en un mot, à saisir l'esprit d'étonnement[844] ». Dorvault relate, dans ce passage extrait de l'Union médicale, son voyage pharmaceutique à l'exposition universelle de Londres. Admiratif à l'égard de l'événement, il n'hésite pas à écrire que c'est « là que

---

[837] Chauveau (Sophie), *L'invention pharmaceutique…*, *op. cit.*, p. 217.
[838] Lettre circulaire adressée aux sociétaires du 15 avril 1862.
[839] Lettre circulaire adressée aux sociétaires de la PCF, 1er janvier 1860.
[840] AG de la PCF, 1861.
[841] AG de la PCF, 1853.
[842] Lettre de Dorvault du 15 avril 1862 annonçant la nomination de Letellier.
[843] Chauveau (Sophie), *L'invention pharmaceutique…*, *op. cit.*, p. 126.
[844] Dorvault (F.L.M.), *Voyage pharmaceutique à l'exposition universelle de Londres*, nov-déc. 1851.

chaque peuple apprend ce qui lui manque, où il peut le trouver, et ce qu'il peut donner en échange ». « Relégués dans des pièces éloignées », les produits pharmaceutiques ne « séduisent pas les yeux par leur éclat, n'impressionnent pas toujours agréablement le sens de l'odorat par leurs émanations ». Ils « n'attirent que peu le regard » de celui qui « s'est écarté et comme fourvoyé loin des choses éblouissantes ». Non sans quelques regrets aux accents patriotiques, Dorvault regrette l'absence des produits chimiques français.

Tableau 11. Participation de la PCF aux expositions universelles entre 1852 et 1879

Date	Nature	Lieu	
1855	Exposition	Paris	Médaille d'honneur
1859		Toulouse	Médaille d'or
1859		Bordeaux	
1860		New York	
1861		Paris	
1861		Meaux	
1862		Londres	
1865		Paris	
1865		Porto	Médaille d'or
1865		Bordeaux	Médaille d'or
1865		Dublin	Médaille d'or
1866		Paris	
1867		Paris	2 médailles d'or
1868		Le Havre	Médaille d'or
1875		Paris	Diplôme d'honneur
1878		Paris	Médaille d'or

On dénombre seize participations de la centrale à des expositions entre 1852 et 1879. On note cependant des déséquilibres. Ainsi, durant la seule année 1865, la firme participe à quatre expositions, puis elle enchaîne sur Paris et le Havre. L'année 1870 marque clairement une rupture. En effet, pendant près de sept ans, la centrale est absente des compétitions industrielles ; la seconde partie des années 1870 marquant un regain. Douze de ces participations ont lieu sur le territoire national (75%), ce qui laisse une faible place aux concours étrangers. Pour une entreprise qui cherche à exporter ses produits, cela peut sembler étonnant. « Les frais de déplacement, les difficultés de transport ou la crainte des contrefaçons[845] » sont des éléments qui entrent en ligne de compte pour expliquer les réticences des industriels à participer à des expositions étrangères et privilégier les manifestations nationales.

La Pharmacie centrale participe également aux expositions régionales. On ne va pas seulement à ces manifestations pour concourir et se faire connaître, mais également pour observer les produits des concurrents et les attentes des consommateurs. « Pour la première fois dans une exposition des produits de l'industrie humaine, les arts et les sciences diverses qui ont pour objet direct la conservation de la santé et de la vie des hommes ont vu leur place marquée à part dans une classification méthodique qui ne sera pas le moindre honneur de l'exposition universelle. L'hygiène, la médecine et la chirurgie, la pharmacie, l'anatomie humaine et comparée, la vétérinaire, constituées en une classe spéciale, occupent un rang digne de leur importance[846] ». L'exposition universelle de 1855 témoigne de la place prise par la santé dans la société, de « la supériorité des produits qui peuvent, entre les mains de l'hygiéniste ou du médecin, être avantageusement appliqués à l'homme sain ou malade[847] ». Les expositions universelles eurent une importance considérable, non seulement sur un plan scientifique mais aussi sur un plan commercial. Se faire remarquer par le jury peut accroître, nous l'avons déjà dit, la notoriété d'une firme au niveau national mais également européen. Les jurys sont composés de praticiens mais aussi de personnalités du monde scientifique. L'obtention d'un prix ou d'une médaille dans ce type d'exposition équivaut à une reconnaissance scientifique, elle valide la qualité supérieure des produits proposés par la firme. Elle peut lui ouvrir de nombreux marchés et de nombreuses portes auprès des praticiens bien sûr, mais également auprès des administrations ou des hôpitaux.

Dans son étude sur l'industrie française au XIXe siècle, parue en 1878, Noël Régnier revient sur la prestation de l'industrie pharmaceutique française lors de l'exposition de 1855. « Incontestablement supérieure par le niveau supérieur d'instruction de ses adeptes », la « pharmacie française montre les produits de MM. Dorvault, Robiquet, Boyveau et Pelletier[848] ». Compétition pacifique entre grandes nations industrielles, l'exposition universelle est aussi l'occasion pour les entreprises d'accéder à une certaine

845 *Ibid.*
846 AN, ADXIXd-9, Rapport du jury mixte de l'exposition universelle de 1855.
847 *Ibid.*
848 AN, Régnier (Noël), *L'industrie française au XIXe siècle*, Paris, Le Sault, 1878, In 4, p. 375-376, NUMM-5553741.

notoriété. « En s'y présentant, rappelle le rapporteur de la PCF, ce n'est pas une récompense ordinaire, une médaille quelconque qu'elle ambitionne, c'est beaucoup moins ou beaucoup plus ; c'est en effet une simple mention spéciale qui constate son organisation, son importance pharmaceutique, la moralité, la fécondité de son but, en même temps que nos efforts dans une voie aujourd'hui si en progrès, la coopération[849] ». Les expositions sont fondamentales pour les fabricants et les industriels. Elles sont l'occasion de se mesurer à des concurrents étrangers, dans le même domaine, elles peuvent fournir des éléments de comparaison sur l'état de perfectionnement de certains produits, sur les innovations. Elles permettent également aux firmes de se faire remarquer à plus d'un titre: par les organisateurs, par les visiteurs, par les autorités, par les membres du jury. Elles donnent en effet lieu à des remises de prix qui renforcent la visibilité de la firme sur le marché. L'essor de ces manifestations est contemporain du développement des marques. « L'attribution de prix, de médailles consacre à la fois la qualité des réalisations et leur degré d'innovation, elle est un élément important de la réussite économique » note ainsi Michèle Ruffat[850]. En 1859, la PCF s'installe rue de Jouy en plein cœur du quartier des droguistes. Cette acquisition s'accompagne d'un notable investissement en biens immobiliers, mais également en équipements. Trois éléments symbolisent aux yeux de la direction l'entrée dans une nouvelle ère: la machine à vapeur, le générateur de vapeur et la cheminée.

La présence de la machine à vapeur montre que, dès les années 1860, la pharmacie est entrée dans l'ère de la mécanisation et de la standardisation. La force mécanique qu'elle génère est transmise par un ensemble de courroies qui traversent l'espace usinier et meuvent différentes machines. La présence d'un tel appareil accompagne le mouvement de concentration des ouvriers et de la fabrication dans un seul et même espace: l'usine. La machine à vapeur incite « à rendre le travail continu, sans pause ni perte de temps[851]». Elle impose généralement des coûts fixes élevés avec la présence d'un mécanicien chauffeur à plein temps. Très souvent, « la conversion des sites ou la création de nouvelles usines incitent à l'emploi de la vapeur[852]». Il s'agit clairement de produire plus. Une partie de la vapeur est utilisée au chauffage des appareils à double fond. Elle alimente également le rez-de-chaussée et le premier étage où elle est utilisée dans les laboratoires de pharmacie, de chimie et de confiserie. L'autre partie de la vapeur sortant du générateur est utilisée au chauffage des étuves d'en haut et d'en bas. Après avoir circulé, elle arrive dans un réservoir distinct d'où elle est reprise et

---

[849] AG de la PCF, 1867.
[850] Ruffat (Michèle), *Synthelabo*, *op.cit.*, p. 15.
[851] Verley (Patrick), *Entreprises et…*, *op. cit.*, p. 44.
[852] Woronoff (Denis), *Histoire de…*, *op. cit.*, p. 204.

renvoyée dans le générateur. Cela permet d'économiser du charbon[853] dont les prix ont tendance à flamber « dès qu'on s'éloigne des centres de production[854] ». La haute cheminée apparaît très souvent comme le symbole de l'industrialisation. Fonctionnelle, elle permet d' « enlever la fumée du générateur et celle des fourneaux partiels, les vapeurs provenant des évaporations des bassines et des étuves, les gaz incommodes[855]. » On trouve en effet au pied de cette cheminée, à la cave, « un laboratoire muni d'un fourneau pour la préparation des produits très odorants et les attaques des métaux ». D'après la direction, « les gaz, emportés par l'énorme tirage de la haute cheminée, n'incommodent ni les opérateurs, ni les voisins ». L'hygiène, la pureté de l'air commandent l'organisation de l'usine, en particulier dans la droguerie. L'attitude de l'entreprise témoigne aussi du mépris des industriels pour l'environnement proche. Pourtant, une réglementation existe[856] qui remonte au Premier Empire. Ainsi, le décret impérial de 1810[857] « prévoit que toutes les manufactures dégageant une odeur insalubre (entendons nuisible à la santé) ou incommode (entendons désagréable) doivent, avant ouverture, se munir d'une permission de l'administration. Les odeurs étant alors considérées comme vecteurs des miasmes, c'est d'elles et d'elles seules que l'on se soucie[858] ».

Si l'on s'en tient à la nomenclature de 1810, les activités de la PCF relèvent de la deuxième ou de la troisième classe dont la distinction « apparaît sibylline[859] ». Les établissements de ces deux classes sont autorisés à rester à proximité des habitations et dans les deux cas ils ne doivent pas incommoder les voisins. La seule différence réside dans l'enquête préalable à laquelle est soumise la deuxième classe. Rien n'indique, dans les sources, que l'entreprise ait déposé une demande auprès des autorités pour procéder à ces aménagements. La montée en puissance de l'hygiénisme au cours du siècle modifie cependant progressivement la donne. L'industrie pharmaceutique, lorsqu'elle s'efforce de couvrir tout le champ de la droguerie comme la Pharmacie centrale, se caractérise par une démultiplication des ateliers qui constituent autant de lieux de production spécifiques avec leurs ouvriers, leurs machines. Chacun des bâtiments de la maison de Paris comprend en effet toute une série de petits ateliers ou laboratoires, très proches les uns des autres.

[853] AG de la PCF, 1861.
[854] Woronoff (Denis), *Histoire de…, op. cit.*, p. 202.
[855] AG de la PCF, 1861.
[856] Massard-Guilbaud (Geneviève), *Histoire de la pollution industrielle en France (1789-1914)*, Paris, EHESS, 2010, p. 268.
[857] *Ibid*, p. 40.
[858] Massard-Guilbaud (Geneviève), « La régulation des nuisances industrielles urbaines (1800-1940) », *Vingtième siècle*, p. 55, oct-déc 1999.
[859] *Ibid*, p. 43.

Ainsi, à la suite de la pilerie, dans une pièce distincte, se situent la chocolaterie, avec ses machines spéciales (broyeuses, mélangeuses, tapoteuses, etc….), et ses annexes comme le rafraîchissoir, situé à la cave, ou le brûloir et le vannoir (premier étage). Les noms des ateliers correspondent le plus souvent à des machines mises au point et perfectionnées au cours du XIXe siècle afin de répondre aux exigences d'une production de masse. Cette organisation et ces appareils ne sont pas sans rappeler l'usine Menier de Noisiel qui constitue, on le voit, une référence. Le premier étage de la maison de Paris abrite également la pastillerie avec son étuve. L'atelier comprend une machine pour la fabrication en grand des pastilles, signe que la mécanisation accompagne étroitement le mouvement d'industrialisation du secteur. La maison de Paris abrite également une confiserie qui fabrique des produits aussi variés que les confitures, gelées, compotes, marmelades, fruits confits et glacés, dragées, pralines, nougats, pastilles. On y trouve une bassine mécanique pour la dragéification des pilules et les préparations en grand des anis et semen contra couverts. Cette confiserie dispose également d'un agitateur mécanique pour la préparation des pâtes. Enfin, on débouche sur l'atelier où se confectionnent les capsules médicinales, les pilules, les emplâtres en magdaléons, et, à la suite, la chambre à sublimation du Calomel[860]. La maison de Paris dispose ainsi d'autant d'ateliers qu'il y a de spécialités ou de formes pharmaceutiques. La production est pour partie mécanisée, même si la main-d'œuvre manuelle continue de jouer un rôle essentiel.

La mécanisation « transforme peu à peu les conditions traditionnelles de travail et d'existence des hommes[861] ». Elle permet, dans le cas de la pharmacie, de produire plus vite, à meilleur marché et d'amorcer un mouvement de standardisation de la fabrication des drogues. Surtout, les machines sont très souvent à l'origine de nouveaux produits. Ceci est particulièrement net dans le cas de l'industrie pharmaceutique où la nouveauté est souvent le fruit d'un nouveau procédé de fabrication. Le préparateur d'officine cède ainsi la place à d'immenses usines qui fabriquent en grand. La galénique ou « mise en forme du médicament[862] » tend à s'industrialiser et ce, au grand désarroi d'une partie de la profession qui ne maîtrise plus la production. L'industrialisation, même dans un cadre coopératif, se révèle finalement paradoxale. Elle répond, certes, aux besoins de l'officine, mais elle contribue également à la transformation du métier de pharmacien. Ce dernier se trouve cantonné dans une activité de commerçant et non plus de préparateur.

---

[860] *Ibid.*

[861] Daumas (Maurice), *Histoire générale des techniques*, Paris, PUF, 1978, p. 173.

[862] Rasmussen (Anne), « Préparer, produire, présenter …. », art. cit. in Bonah (Christian), Rasmussen (Anne), *Histoire…, op. cit….*,p. 159.

Le rachat de l'hôtel des ducs d'Aumont offre à la maison Dorvault l'opportunité de centraliser la production pharmaceutique française. Avec cette opération commerciale et industrielle, Dorvault frappe un grand coup, révélant aussi par là les ambitions du groupe. En 1862, la PCF reçoit la visite du ministre de l'Agriculture, du Commerce et de l'Industrie de l'Empereur: Jean-Baptiste Dumas. « L'ensemble de ce que je viens de voir, aurait dit celui-ci, donne, à la Pharmacie centrale des pharmaciens, le cachet d'une véritable institution, d'où, assurément, il sortira quelque chose et pour la profession qui l'a fondée, et pour le pays[863] ». L'inspecteur délégué par l'administration municipale se montre lui aussi vivement impressionné par l'établissement: « nous avons vu l'établissement modèle le plus grand, le plus spacieux, le mieux distribué pour l'écoulement de plusieurs millions de drogueries, qui se rencontre (...) tout cela est garni de haut en bas de marchandises, tout cela est grandiose. » De telles descriptions montrent à ceux qui ne peuvent se déplacer que leur argent a permis de construire quelque chose de grand. La PCF est véritablement « la Mecque » de la pharmacie[864] ». La PCF cherche à incarner la profession. Elle agit comme un opérateur sociologique, constructeur d'une identité professionnelle. Avec l'acquisition de cette usine, les pharmaciens acquièrent une visibilité dans le monde de la droguerie. L'usine de la rue de Jouy marque non seulement la réussite de la coopérative pharmaceutique (l'union des pharmaciens de France), mais elle symbolise aussi la réussite de la logique industrielle au service de la pharmacie. Pour Dorvault, il s'agit d'installer « grandement et dignement [865]» la profession. L'hôtel n'est rien d'autre, aux yeux de son fondateur, que la matérialisation de la nouvelle identité du pharmacien: une profession s'appuyant sur l'industrie, mais qui conserve une identité scientifique forte, une formation solide et qui continue à préparer une partie de ses produits. L'achat de l'hôtel manifeste l'enterrement des idéaux défendus par Dorvault lors de la création de la coopérative. La défense de l'officine et du pharmacien préparateur paraît lointaine. Avec ses laboratoires, ses multiples services, son personnel, la Pharmacie centrale supplée désormais aux besoins de l'officine. Sur ce point, la création du musée (1862) peut être lourde de sens qui signifie aussi que l'identité scientifique est de ces choses que l'on peut désormais admirer comme une antiquité. La centrale acte ainsi la lente transition du pharmacien préparateur vers le pharmacien commerçant.

---

[863] AG de la PCF, 1862.
[864] *Ibid.*
[865] Circulaire de la PCF, 18 juillet 1859.

Illustration 30. Vue des bâtiments de la Pharmacie centrale de France, hôtel d'Aumont ; rue de Jouy[866]

Sur cette lithographie les immeubles se découpent dans la perspective. Il s'agit de montrer l'ancrage spatial et social des pharmaciens coopérateurs en plein cœur de la capitale. Si on la compare au plan de 1859, on peut mesurer les changements apportés au bâti. On retrouve, au premier plan, l'entrée, avec la cour principale. Les jardins qui occupaient l'arrière de l'Hôtel ont pratiquement disparu. Ils ont cédé la place à une cour fermée, au cœur de laquelle apparaît la cheminée. Dans chacune des deux cours, au fond, on distingue des voitures tirées par des chevaux. La dernière cour abrite une machine à vapeur à balancier, de la force moyenne de vingt chevaux construite sur le modèle de celle de la Monnaie à Paris. Cette dernière a été imaginée par Chéret en 1861[867]. Elle se compose d'un volant (dont la jante est garnie de cuir) monté à l'extrémité de la vis et de deux plateaux verticaux, fixés sur l'arbre horizontal de commande par poulies folle et fixe, qui appuient séparément sur le volant qu'elles entraînent à volonté dans un sens ou dans l'autre. Une haute cheminée, de 38 m (115 pieds), domine la cour et l'ensemble de l'hôtel-usine. Au milieu de ces deux objets se trouve le générateur de vapeur. Le lithographe prend ici le soin de placer ces trois éléments. Le générateur de vapeur, d'un système nouveau demi-tubulaire, que l'on distingue derrière la rotonde, est le moteur général des divers appareils que l'on retrouve dans les laboratoires. Enchâssé en terre au niveau des caves des laboratoires, il est abrité par un toit vitré porté sur une balustrade en briques saillantes au-dessus du sol[868]. La cheminée crachant de la fumée symbolise à la fois l'activité de l'entreprise et sa puissance. Destinée à évacuer les fumées ou gaz incommodes, elle montre l'importance de l'activité industrielle en plein cœur de Paris au milieu du XIXe siècle mais aussi le mépris pour le voisinage. La grande cour de l'hôtel symbolise à elle seule l'entrée de la Pharmacie centrale dans une nouvelle dimension: celle de la grande industrie.

[866] La lithographie est tirée des comptes rendus d'assemblée générale de la PCF. On peut la retrouver dans les catalogues de l'entreprise.
[867] Daumas (Maurice), *Histoire générale…, op. cit.*, p. 153.
[868] AG de la PCF, 1861

PHARMACIE CENTRALE (Vue extérieure de l'ensemble des bâtiments)

C. REFORMER LA PHARMACIE : LE CHOC DORVAULT/ MENIER (1862)

Dans le courant de l'année 1862 parut le rapport des membres de la section française du jury international sur l'ensemble de l'exposition de Londres sous la direction de M. Chevalier. Adolphe Wurtz avait été chargé de traiter les alcaloïdes, extraits et substances diverses, Emile-Justin Menier s'occupait, quant à lui, des substances et produits médicinaux naturels, ou drogues simples[869]. Ce dernier rapport allait déclencher une longue polémique au sein du corps pharmaceutique. « Réservant les questions scientifiques et médicales qu'il serait hors de propos de faire intervenir dans un concours industriel, nous envisagerons les médicaments comme objets d'industrie ou de commerce seulement », rappelait E.J. Menier. Opter pour cet angle commercial et le faire savoir participaient d'une stratégie délibérée. Ce qui comptait, aux yeux de l'industriel, était moins la dimension scientifique, autrement dit thérapeutique ou innovante des produits, que leur atout commercial. Menier procédait ensuite à une analyse comparative de l'Angleterre et de la France. Il s'étonnait du faible nombre des pharmaciens français présents aux expositions universelles. Il notait également qu'il s'agissait toujours des « mêmes individualités[870] ». Menier attribuait « ce faible essor industriel des pharmaciens français à la barrière que leur imposait le codex (…) qui entravait leur esprit d'invention et les rendait immobiles au milieu du mouvement qui animait les professions commerciales et industrielles libres[871] ». Il mettait également l'accent sur les avantages que présentait selon lui la pharmacie anglaise libre, sans « codex obligatoire », ce qui lui assurait sa prospérité. «Le pharmacien n'est pas dans la condition d'un fabricant jouissant de toute son indépendance, écrivait le droguiste parisien. Son initiative personnelle dans l'invention et le perfectionnement de ses produits est limitée par les règlements imposés à sa profession ; la loi a fixé et le mode d'opération et la composition rigoureuse que doit avoir le médicament ; tout est prévu, défini par le guide qui lui a été donné, le codex. D'où il suit que les produits de chaque pharmacien sortent pour ainsi dire du même moule, et qu'il serait sans intérêt de les présenter aux concours des expositions, où l'on ne peut attirer à soi les récompenses que par un mérite d'exécution dépendant du talent individuel. Cette position du fabricant ne devant en rien innover dans sa profession sans l'approbation d'un corps académique, et ne se dirigeant que par des règles invariables et communes à tous ses confrères, entrave l'esprit d'invention et le rend passif au milieu du mouvement qui anime les professions libres ». E.J. Menier attaquait ainsi la loi de germinal, le codex, les contrôles... Il poursuivait en soulignant l'inutilité des efforts de la profession pour défendre son monopole. Puis, il vantait les mérites de la pharmacie anglaise.

La plupart des auteurs ayant travaillé sur E.J. Menier ont bien rappelé qu'il était un « libre-échangiste convaincu[872] ». En 1854, ce dernier adresse ainsi une lettre-pétition au ministre de l'Agriculture, du Commerce et des Travaux Publics pour lui demander de baisser un peu plus encore les droits

---

[869] Chevalier (Michel) (dir.), *Rapports des…, op. cit.*
[870] *Union pharmaceutique*, mars 1863.
[871] *Ibid.*
[872] M. Berthelot, Hartwig Derenbourg, F.C. Dreyfus, *La grande encyclopédie : inventaire raisonné des sciences, des lettres et des arts*, A. Giry, 1885-1902, p. 651.

de douane sur le cacao. Les 15 à 20 francs de dégrèvement sur le tarif actuel de 55 francs ne sont pas suffisants, il « faudrait réduire totalement les droits de douane » et passer à 10 fr[873]. En bon libre-échangiste, Menier articulait son argumentation sur la notion de bien public. « L'exemption des droits sur le cacao abaisserait immédiatement de 20 à 25% le prix du chocolat et nous serions les premiers à donner l'exemple de cette mesure. De cette diminution notable il résulterait, nous n'en doutons pas, une consommation plus que double de cette substance alimentaire dont la composition représente parties égales de sucre et de cacao[874] ». Non seulement cela permettrait aux entreprises françaises de résister sur les marchés étrangers, mais cela permettrait aussi aux « classes laborieuses » d'accéder à cet « aliment salutaire et hygiénique ». Ce penchant pour le libre-échangisme est noté par ses contemporains. E.J. Menier mena « en faveur de ses idées une vive et infatigable campagne, protesta en 1855 contre les octrois, fonda en 1869 la Ligue pour la défense de la liberté commerciale et plus tard, en 1878, la Ligue pour la défense des intérêts des consommateurs et des contribuables[875] ».

Ce rapport de 1862 n'était donc guère surprenant, mais il fit d'autant plus de bruit qu'il s'agissait d'une commission désignée par les plus hautes autorités du pays. Les pharmaciens pouvaient donc légitimement penser qu'une telle analyse avait l'assentiment du pouvoir. Au reste, le ton de Menier concordait avec les perspectives libérales tracées par M. Chevalier dans le même ouvrage. « Un des bienfaits de la révolution française a été de rendre libre l'exercice des professions, en ce sens que chacun a le droit de choisir celle qui lui plaît, sous un très petit nombre de réserves restrictives. Les règlements de fabrication proprement dits, qui dataient de Colbert, ont de même été abrogés. Le libre exercice des professions présente pourtant encore des desiderata. Il y a un immense service à rendre à la liberté du travail: c'est de supprimer toutes les entraves établies par des règlements excessifs, qui tendent à enchaîner les facultés de l'homme industrieux. Lorsque, dans sa mémorable lettre du 5 janvier 1860, l'Empereur signalait le système ultra-réglementaire, qui s'est tant donné carrière en France, comme un des abus dont il importait de délivrer le pays, il proclamait une vérité dont (sic) les administrations diverses, centrales et locales, ne sauraient trop avoir présente à l'esprit, et que, cependant, elles aiment à oublier[876] ». Il n'y avait aucune ambiguïté. Le rapport se plaçait dans la perspective du libéralisme le plus chevronné. Quiconque défendait un tant soit peu la réglementation des

[874] AN/F 12/6166.
[875] M. Berthelot, Hartwig Derenbourg, F.C. Dreyfus, *La grande encyclopédie…, op. cit.*, p. 651.
[876] *Rapports des membres de la section française du jury international sur l'ensemble de l'exposition universelle de Londres*, 1862, Tome 1er, chapitre IV.

professions, la nécessité des diplômes, pouvait légitimement craindre pour son métier et son identité. L'introduction se poursuivait par une apologie du régime anglo-saxon. « Les Anglais ménagent beaucoup plus la liberté et sont beaucoup moins prompts à la sacrifier. Quand un fait criant se produit, le premier mouvement des Français est la réprobation, l'indignation même ; mais ce n'est pas en faisant une brèche à la liberté du travail qu'ils cherchent le remède: ils préfèrent l'attendre de la fermeté de la raison publique et de l'ascendant qu'exerce l'opinion[877]». Il fallait donc procéder rapidement à une refonte des règles et libéraliser le marché du travail.

L'Union pharmaceutique, l'organe de la Pharmacie centrale de France, prit clairement parti contre Menier, soulignant, dans un article de mars 1863, les avantages du codex et d'une réglementation en matière de produits pharmaceutiques. « Le codex, rappelait-on, a toujours été l'œuvre des sommités médicales et pharmaceutiques du pays, (...) jamais le codex n'a été un obstacle ni aux progrès ni à l'initiative du corps pharmaceutique[878]». La disparition du codex signifiait clairement, aux yeux de l'Union, l'entrée dans l'ère de l'anarchie pharmaceutique. L'opposition entre les deux camps s'inscrivait également sur fond d'affrontements entre egos nationaux. L'Union rappelait ainsi que les produits français n'étaient pas de moindre valeur que les produits outre-Manche, distinguant d'ailleurs deux classes de pharmaciens français parmi les exposants. « Le plus grand nombre n'avaient d'autre but que d'obtenir une marque distinctive, mention honorable ou médaille, dans des travaux qui étaient en quelque sorte tombés dans le domaine public ». « C'était un moyen de propagande industrielle». « Le plus petit nombre, quant à lui, (...) ne voudrait exposer que des produits dont la découverte est un progrès et dont l'utilité est manifeste. Les premiers étaient surtout des commerçants, des droguistes, des fabricants de produits chimiques ; les seconds étaient des hommes de science et d'étude pour lesquels la question commerciale était secondaire. Telle était la ligne de démarcation qui séparait profondément la pharmacie française de la pharmacie anglaise ». A cet égard, Menier était surtout présenté comme « un négociant avant d'être pharmacien ». Derrière la polémique se dessinaient la question de l'identité professionnelle de la pharmacie et les deux voies qui semblaient pour beaucoup divergentes, entre le commerce d'un côté et la science de l'autre. Au vrai, cette opposition droguiste/négociant et pharmacien/scientifique était quelque peu artificielle.

Plus que tout, la comparaison entre le modèle français et le modèle anglais à l'avantage des seconds allait choquer bon nombre de pharmaciens. Pour Menier, en effet, « la santé générale ne perdait rien à la liberté commerciale de la pharmacie, puisque la vie moyenne était sensiblement la

---

[877] *Rapports des membres de* ... Tome 1er, 1862.
[878] *Union pharmaceutique*, mars 1863.

même dans ces deux pays. Si huit mille pharmaciens prospéraient en Angleterre, tandis que 5 400 végétaient en France, cela prouvait qu'il se faisait en Angleterre une plus grande consommation de médicaments qu'en France[879]». Guérin, l'auteur de l'article paru dans l'Union Pharmaceutique, terminait sous la forme d'un avertissement. « Conservons donc précieusement notre position, chèrement acquise par des travaux longs et arides, et au lieu de demander au pouvoir son abolition, tâchons d'obtenir des garanties et de nous entendre sur des moyens plus efficaces pour la faire respecter». Au fil de la polémique, les alliances se tissaient par voie d'articles. Dans le Répertoire de pharmacie de juin 1863, un autre pharmacien, Léon Eschol, apportait son soutien à Guérin[880]. Il pointait le danger de la liberté pharmaceutique telle qu'elle était préconisée par des hommes comme Menier. « Est-ce que le pharmacien serait par hasard assimilé au mécanicien, au tisseur, au fabricant de meubles, etc…? -dans ces honorables professions chacun peut agir à sa guise, inventer et fabriquer des engrenages… (…) qu'arriverait-il si dans une ville on préparait le sirop de pavots blancs, par exemple, à telle dose d'extrait par once, tandis que dans une autre ville on doserait d'une manière différente?[881]» Pour beaucoup, la défense de la liberté pharmaceutique ne pouvait que déstabiliser les fondements scientifiques de la profession.

Menier exprimait en réalité une opinion partagée par de nombreux pharmaciens. Il ne faudrait pas imaginer une bipolarisation Menier/pharmaciens de France, bien au contraire. La fin des années 1850 et le début des années 1860 virent d'ailleurs les affrontements internes à la profession se multiplier. Ces divisions se greffaient sur les discussions autour de la naissance d'une association des pharmaciens de France, projet soutenu notamment par Dorvault. Ce dernier rêvait de faire de sa coopérative le pivot d'une Union professionnelle des pharmaciens de France. La constitution d'une « union commerciale, confraternelle, prévoyante et scientifique » était un « rêve de jeunesse[882]». « La Pharmacie centrale de France » devait devenir « le centre de ralliement de toute la profession », elle « dirigerait les efforts de tous, (…) les porterait vers le but tant désiré, le salut et l'honorabilité de la profession[883] ». La direction de la centrale comptait d'ailleurs sur les multiples sociétaires de la PCF pour stimuler l'esprit d'association. « Vous tous qui m'écoutez (…) réunissez-vous, (…) foulez aux pieds les rivalités qui n'engendrent rien de bon, étouffez ce sot amour-propre (…), aimez-vous, aidez-vous suivant les préceptes du divin maître, et la pharmacie, notre mère commune, sera relevée aux yeux de

[879] *Ibid.*
[880] *Répertoire de pharmacie*, juin 1863.
[881] *Ibid.*
[882] AG de la PCF, 1856.
[883] *Ibid.*

tous ». La PCF n'était pas seulement une société commerciale, elle était animée par une utopie coopérative. Le fait d'être sociétaire de la Pharmacie centrale ne donnait pas simplement accès à un droit, celui de percevoir des dividendes, il était aussi synonyme de devoir, celui de promouvoir l'esprit d'association. Dès 1859, la PCF évoqua la nécessité d'une Association générale des pharmaciens[884]. Le contexte était propice à la création d'une telle association. «Aucune loi ne s'y oppose» et « l'intérêt public bien compris la sollicite ». Les pharmaciens ne pouvaient rester désunis alors que leurs rivaux de toujours, « les médecins », « venaient d'en établir une comprenant la France entière[885] ». Le gouvernement, de son côté, « favorisait hautement cette tendance ». D'autres pays européens étaient animés par cette fièvre associative comme l'Allemagne où « les pharmaciens s'étaient constitués, depuis longtemps, en deux sociétés, l'une dans le Nord, l'autre dans le Midi, qui comprenaient presque tous les titulaires d'officine de cette contrée [886]». Quant à « la Société de pharmacie de la Grande-Bretagne», elle comptait « plus de deux mille» membres. Enfin, d'autres professions faisaient aussi preuve de dynamisme comme les notaires ou les avoués.

Les comptes rendus de la PCF n'avaient de cesse de condamner ces pharmaciens qui se tenaient en dehors de l' « association[887] » : «à côté de la raison et de la conscience », l'homme « a ses passions et sa faiblesse qu'il ne parvient pas souvent à maîtriser: la lâche envie, la soif ardente du lucre qui ose tout pour se satisfaire, le froid égoïsme qui compte pour rien les misères des autres, la triste apathie qui se résigne honteusement, et qui n'a même pas le courage d'un effort». Il ne fait guère de doute que, pour Dorvault, la PCF constituait véritablement l'essence de l'association. A cet égard, le projet d'union générale imaginé par la Pharmacie centrale a pu légitimement faire craindre à beaucoup le rétablissement d'une forme de corporatisme bon teint, habillé de libéralisme, mais qui agirait comme une instance disciplinaire, réprimant, pourchassant ceux qui ne se plieraient pas aux règles établies. L'objectif était de fédérer les douze à quinze sociétés de pharmacie qui existaient en France et qui « n'avaient aucune relation, aucune solidarité entre elles[888]». L'objectif de la Pharmacie centrale était d'établir un système d'association à la fois scientifique, pratique et professionnel entre les pharmaciens de tous les points de France, dans lesquels seraient fusionnées les institutions déjà existantes.

En 1858, les congrès de pharmacie débutèrent dans une atmosphère de méfiance. D'emblée, la coupure fut nette entre ce que l'on appelait la

---

[884] AG de la PCF, 1859.
[885] *Ibid.*
[886] AG de la PCF, 1858.
[887] AG de la PCF, 1859.
[888] AG de la PCF, 1858.

pharmacie provinciale et la société de prévoyance des pharmaciens de la Seine. Celle-ci avait délégué Favrot pour la représenter. «La plus grande circonspection m'était commandée par la position de la pharmacie parisienne devant la pharmacie de province [889]» avoua plus tard ce dernier. Cette appréhension devait être confirmée « dans une réunion officieuse qui précéda la séance », au cours de laquelle Favrot « vit que la tendance des délégués était tout opposée au libre exercice de la pharmacie qu'il avait pour mission de défendre[890]». Favrot avait alors averti que « si ces réunions (...) devaient amener la désunion au lieu de la confraternité, il se retirerait[891]» et la société de prévoyance de la Seine avec lui. Les sociétés de province souhaitaient que « le pharmacien ne sortît jamais des limites que le codex lui imposait[892]». Les désaccords portaient en particulier sur la question des spécialités. Le conflit devait cependant se cristalliser autour d'un sujet qui paraissait, au premier abord, périphérique, mais qui masquait en fait les oppositions irréductibles des deux camps quant aux évolutions de la profession: les chambres syndicales. Lors du congrès de Bordeaux (1859), la société de l'Est et celle de Lyon et du Rhône avaient soumis à l'examen de quelques sociétés l'opportunité de créer des chambres syndicales de pharmacie. Cette question des chambres pharmaceutiques départementales n'était pas neuve. Dans une brochure de mai 1851 parue dans l'Union médicale, Dorvault avait longuement insisté sur la réorganisation de la pharmacie qui passait selon lui par la création de ces chambres. Elles pouvaient « remplir des tâches d'intérêt public » comme les « statistiques hydrologiques, minéralogiques (...) des expertises chimico-légales, des arbitrages, la visite et l'essai des substances alimentaires, etc[893] », mais également des fonctions de surveillance.

La Société de prévoyance de la Seine était radicalement opposée à cette idée. Pour Fumouze, l'un des plus importants spécialistes de la capitale, la chambre syndicale était « une espèce de tribunal disciplinaire, institué pour juger les infractions aux règlements d'une corporation et aux devoirs imposés à ses membres ». « La liberté absolue qui règne dans l'industrie », poursuivait-il « et qui a donné lieu à la concurrence la plus effrénée, a fait penser aux bons esprits (...) qu'une autorité syndicale pourrait exercer dans cette sphère une action salutaire ». Les chambres pharmaceutiques étaient synonymes de syndicats, lesquels symbolisaient, aux yeux de la société de prévoyance des pharmaciens de la Seine, l'âge des corporatismes. Ce refus portait en germe les affrontements futurs. Il traduisait plus fondamentalement une opposition quant à l'approche du métier et de

[889] *PV de la Société de prévoyance des pharmaciens de la Seine*, mars 1858.
[890] *Ibid.*, mars 1861.
[891] *Ibid.*
[892] *Ibid.*, mars 1858.
[893] *L'Union médicale*, mai 1851.

l'identité professionnelle du pharmacien. « Tous les bons esprits admettent aujourd'hui la dualité du pharmacien, soulignait ainsi Fumouze. C'est un homme de science, c'est aussi un commerçant. (...) La pharmacie est pleinement un art libéral, qui ne saurait être avantageusement soumis aux obligations imposées à des officiers ministériels[894]». Ce que souhaitait en fait la Société de prévoyance de la Seine c'était la liberté dans l'exercice du métier, c'est-à-dire la possibilité pour le pharmacien de commercer les produits qu'il désirait, position qui finalement n'était guère éloignée de celle de Menier. Pour la société d'émulation et de prévoyance de l'Est[895], les chambres syndicales pouvaient au contraire permettre de protéger la profession. La société de l'Est se battait pour « une représentation qui » appartînt « en propre » à la pharmacie, elle voulait « à la fois l'égide qui inspire la sécurité et la puissance qui impose le respect[896] ».

La question des chambres pharmaceutiques se doublait d'un sujet plus politique sur le mode de fonctionnement des congrès[897]. Ces derniers rassemblaient des pharmaciens venus de la France entière, parmi lesquels certains étaient présents à titre individuel et d'autres à titre de délégués, pour le compte d'autres sociétés pharmaceutiques. Au cours des premières réunions, les scrutins accordèrent autant de poids aux différents participants. Lors du congrès de Bordeaux de 1859[898], le vote en faveur des chambres l'emporta ainsi très largement. La Société de prévoyance des pharmaciens de la Seine ne tarda pas à questionner la légitimité des urnes. «Quelles sont ces sociétés qui prétendent ainsi nous imposer leur vote ? (...) elles ne représentent qu'une imperceptible minorité car les 15 sociétés qui forment avec nous le congrès comptent à peine 250 pharmaciens, c'est-à-dire un peu plus de la moitié de la société de prévoyance de la Seine[899] ? ». Les divisions du corps débouchèrent sur une intense bataille de lobbying auprès du gouvernement.

Une brochure rédigée par des membres de la Société de prévoyance de la pharmacie de la Seine mit le feu aux poudres. Marcotte, Fournier, Labélonye, Lévêque, Plateau reprenaient, dans un compte rendu détaillé, les différentes objections qu'ils faisaient au régime des chambres syndicales. Habilement, la commission commençait son rapport par l'argument qui pesait sans doute le moins, à savoir qu'une telle demande n'aboutirait jamais». Surtout, « si le gouvernement se décide à cette création, il instituera, comme en Belgique, des chambres médicales et pharmaceutiques

894 *Procès-verbal de la Société de prévoyance des pharmaciens de la Seine*, mars 1859.
895 *Procès-verbal de la Société d'émulation et de prévoyance des pharmaciens de l'st*, mai 1859.
896 *Ibid.*
897 *Procès-verbal de la Société de prévoyance des pharmaciens de la Seine*, mars 1859.
898 *Procès-verbal de la Société de prévoyance des pharmaciens de la Seine*, mars 1860.
899 *Ibid.*

composées pour les deux tiers de médecins et chirurgiens, d'un tiers de pharmaciens, ce qui nous mettra dans la dépendance complète d'une majorité de médecins». Enfin, la commission craignait que ces « chambres, armées d'un pouvoir disciplinaire contre les pharmaciens, ne devinssent un danger permanent pour la grande majorité d'entre eux ». Le rapport se terminait sur une admonestation. « Tant que nous serons une profession libre, accessible à tous, nous croyons que toutes les entraves nouvelles apportées à l'exercice de la pharmacie, déjà régie par une législation assez sévère, lui seront éminemment funestes[900] ». Ce que voulaient en réalité les représentants de la pharmacie parisienne c'était, selon le mot de l'un d'entre eux, Marcotte, « la liberté dans la loi». «Notre drapeau porte pour devise: liberté et confraternité! Nos adversaires demandent des restrictions et des entraves, en inscrivant sur leur bannière : défiance et répression! Nous ne portons pas les mêmes couleurs ; nous marchons dans l'avenir, ils reculent dans le passé[901]». Le débat s'envenima, ce qui n'empêcha pas la société de prévoyance d'être elle-même divisée quant à l'attitude à avoir face aux congrès. D'aucuns pensèrent, comme Fumouze, qu'il fallait réintégrer ces assises de la pharmacie et parvenir à la réconciliation si désirable de Paris et de la province[902].

L'idée de cette association générale fut accueillie favorablement par certaines sociétés comme celle de la Marne. Ce projet n'eut cependant pas la faveur du gouvernement qui rejeta, en 1861, le projet d'association régionale des pharmaciens du Sud-Ouest. La société de la Marne abandonna du même coup son projet d'association régionale[903]. « Le gouvernement semble peu disposé à encourager les associations qui tendent à réunir les membres d'une profession tout entière, dans la crainte sans doute d'y voir une sorte de retour vers les anciennes corporations et une reconstitution des vieilles habitudes des professions privilégiées. (...) c'est un fait qui nous force à diriger provisoirement nos vues d'un autre côté[904]». L'union suggéra de créer une association générale, dans un cadre plus restreint, autour des sociétés « de prévoyance et de secours mutuels », à l'image de « l'Association générale des médecins de France[905] ». En vérité, le gouvernement n'était pas le seul responsable du retard pris par la naissance d'une association des pharmaciens de France. L'association générale se heurtait aussi à l'absence de la principale organisation professionnelle de France: la Société de prévoyance des pharmaciens de la Seine. Depuis le vote de la résolution Labélonye (qui décida du boycott des congrès par cette même société), du 28

[900] *Ibid.*
[901] *Procès-verbal de la Société de prévoyance des pharmaciens de la Seine*, 1861.
[902] *Procès-verbal de la Société de prévoyance des pharmaciens de la Seine*, mars 1861.
[903] *Procès-verbal du Cercle pharmaceutique de la Marne*, 1861, BIUP.
[904] *Union pharmaceutique*, avril 1860.
[905] *Ibid.*

mars 1860, la société avait cessé d'envoyer des délégués aux congrès pharmaceutiques[906]. Les querelles sur les questions de représentativité masquaient des tensions plus lourdes sur les évolutions rencontrées par la profession. La fondation de l'association masquait en effet une lutte entre les tenants de l'adaptation et ceux qui restaient plus réticents à l'égard de l'industrialisation.

La PCF n'échappait pas à ces clivages. Elle tenta cependant de relancer le projet d'association générale alors que la polémique autour des propos de Menier agitait la profession. « La Pharmacie centrale nous convie à une association générale de la Pharmacie française. A des hommes d'intelligence et de savoir, les seules satisfactions matérielles ne suffisent pas ; la Pharmacie centrale veut nous unir tous pour la protection de nos intérêts, non seulement pécuniaires, mais encore professionnels, moraux et scientifiques[907]». Cette Association générale des pharmaciens de France allait buter sur les dissensions qui traversaient le corps professionnel. Alors que les relations semblaient s'apaiser[908], la polémique reprit de plus belle à l'occasion de la publication du rapport des membres de la section française sur l'exposition universelle de Londres (1862)[909].

Menier reçut en effet le soutien de nombreux membres de la société de prévoyance de la Seine comme Emile Genevoix[910]. « Cette loi (...), il faut l'avouer, ne sauvegarde pas complètement nos intérêts, même par son texte ; et, comme loi protectrice inexécutée, elle est un leurre, car elle promet ce qu'elle ne donne pas. Comme loi prohibitive, si, d'une main, elle accorde au citoyen français des garanties pour sa santé, de l'autre, elle attente à son droit d'homme libre en lui défendant de se soigner dans la plénitude de sa liberté[911] ». Genevoix attaquait violemment la loi de germinal, législation surannée, qui enserrait les pharmaciens dans « les mailles d'une servitude incessante d'une responsabilité monstrueuse, d'obligations ridicules, sous le prétexte qu'elle nous assure un monopole. Quelle compensation! Un monopole dérisoire, qui n'est qu'un mythe[912] ». La polémique enfla et prit d'autant plus d'ampleur que la rumeur sembla confirmer la préparation d'un projet de loi allant dans le sens des tenants du libéralisme[913].

Dans le même temps, un mémoire envoyé au ministre de l'Agriculture et du Commerce par une commission de la société de prévoyance de la Seine,

---

906 *Assemblée de la Société de prévoyance des pharmaciens de la Seine,* 4 avril 1870.
907 AG de la PCF, 1862.
908 *Bulletin des travaux de la Société de pharmacie de Bordeaux*, 1862.
909 AG de la PCF, 1865.
910 *Union pharmaceutique*, avril 1863.
911 *Ibid.*
912 *Ibid.*
913 *Bulletin des travaux de la Société de pharmacie de Bordeaux*, 1863.

et composée de personnalités comme « Vée père, Schaueffèle, Fumouze, Favrot, Labélonye, Fournier, Marcotte[914] », fit l'effet d'une bombe sur le corps pharmaceutique. Les auteurs rappelaient qu'en Angleterre et aux Etats-Unis, « terres classiques de liberté », la pharmacie était régie par le droit commun. Aucune loi n'en entravait l'exercice ; le diplôme lui-même était bénévole et ne constituait pas un droit». Pourtant, soulignaient les auteurs du mémoire, dans les « deux pays, la pharmacie était très prospère », et ce alors que « le nombre des pharmaciens, par rapport à la population, était deux ou trois fois plus considérable qu'en France[915] ». Ce passage déclencha les polémiques les plus fortes et pour cause, on faisait l'apologie du libéralisme dans le domaine pharmaceutique. Les auteurs pointèrent du doigt les contraintes qu'imposait la loi au commerce des médicaments. Ainsi, « une préparation qui se trouvait dans tous les formulaires et pharmacopées, mais qui n'était pas inscrite au codex, était considérée comme remède secret et poursuivie comme tel[916] ».

Plus important encore, le mémoire relevait l'absence d'innovation dans l'industrie pharmaceutique française. « Le pharmacien n'est pas dans la condition d'un fabricant jouissant de toute son indépendance... Cette position d'un fabricant ne devant rien innover sans l'approbation d'un corps académique, qui, ne se dirigeant que par des règles invariables... entrave l'esprit d'invention et le recul passif au milieu du mouvement qui anime les professions libres ». Les auteurs remettaient même en question l'article 32 de la loi de germinal, lequel obligeait les pharmaciens à disposer d'une ordonnance médicale pour prescrire. Il s'agissait là d'« une atteinte grave à la liberté individuelle[917] ». La préférence des auteurs allait vers un système qui favorisait « la liberté du pharmacien sous la garantie du diplôme[918]». Loin de présenter un front uni, la Société de prévoyance des pharmaciens de la Seine se divisa sur la question. Boudet, Guibourt, Poggiale, Gobley, Dubail, Blondeau, Schaueffele, Buignet, Lebaigue, Desnoix firent connaître, au moyen d'un mémoire, leur désaccord avec la ligne corporatiste libérale de leurs confrères.

La polémique se poursuivit durant toute l'année 1863. Menier répondit, dans une brochure à ses contradicteurs, que « c'est à tort que l'on avait vu, dans son rapport sur les produits médicinaux à l'exposition de Londres, son désir de voir la pharmacie libre en France, et qu'il demande seulement la liberté du pharmacien[919]». Il en alla de même de Genevoix qui précisa qu'il

---

[914] *Procès-verbal de la Société de prévoyance des pharmaciens de la Seine*, avril 1863.
[915] *Procès-verbal de la Société pharmaceutique de la Marne*, 1863.
[916] *Ibid.*
[917] *Ibid.*
[918] Procès-verbal de la Société de prévoyance des pharmaciens de la Seine, mars 1863.
[919] *Union pharmaceutique*, août 1863.

« serait injuste de demander la liberté illimitée de la pharmacie en France ; la santé et l'intérêt public s'y opposaient[920]». Le lobbying des deux parties auprès du pouvoir gagnait en intensité. Dans le courant de l'année 1863, le ministre reçut les membres de la commission nommés par le congrès de Poitiers[921]. Il n'était plus question ici de chambres syndicales, il était question de réforme de la profession. Dans ce lobbying la Pharmacie centrale apporta un soutien discret à la pharmacie départementale, prêtant par exemple l'une des salles de l'entreprise à la commission qui devait rencontrer le ministre de l'Agriculture, du Commerce, et des Travaux Publics. La commission était composée de Malapert, Malbranche, Dessort, Maury, Boudard et Poirier. Tel que rapporté par Poirier, l'entretien laissa surtout transparaître le scepticisme du ministre quant à une quelconque réforme au vu des divisions de la profession à ce sujet[922]. Les personnalités du monde pharmaceutique entrèrent elles aussi dans la polémique comme Bussy, directeur de l'Ecole supérieure de pharmacie de Paris qui, dans le discours de rentrée de l'école le 11 novembre 1863, se prononça contre la liberté pharmaceutique.

La polémique versa progressivement dans la surenchère, tous les arguments étant bons pour discréditer l'autre camp[923]. La bataille devint alors bataille de la représentativité, chacun disputant à l'autre le rôle de représentant du corps pharmaceutique, chacun taxant l'autre de ne représenter que la minorité du corps, se posant ainsi comme la voix de la majorité. En réalité, les différences étaient minces entre les deux camps, ce que Genevoix rappela subtilement: «la seule barrière qui nous sépare de quelques confrères des départements est l'attaque contre les spécialités[924]». Pour l'auteur, il fallait respecter « tous les errements honnêtes. Ce respect est le secret de » la « prospérité parce qu'il n'apprend que la fraternité et jamais la haine». La différence entre la société de prévoyance et les sociétés départementales était en fait une différence de vue par rapport à une réalité quotidienne. Si les premiers optaient pour la tolérance et ce qu'il serait convenu d'appeler le laisser-faire, les seconds se cantonnaient à une approche strictement légaliste au nom de la santé publique. Fumouze rappela ainsi aux dissidents leur prise de position antérieure sur le sujet. Raymond, Guibourt, Vuaflart, Desrone, Garot, Hernandez, Thuboeuf, Villemensens, Toutain avaient voté pour cette tolérance. « Dès 1833, les plus ombrageux de nos confrères, ceux qui se disaient les plus soucieux de la dignité professionnelle, sanctionnaient la marche ascendante de la spécialité». Et

[920] PV de la Société de prévoyance des pharmaciens de la Seine, mars 1863.
[921] *Union pharmaceutique*, octobre 1863.
[922] *Union pharmaceutique*, septembre 1863.
[923] *Union pharmaceutique*, décembre 1863.
[924] *Procès-verbal de la Société de prévoyance des pharmaciens de la Seine*, 1863.

d'ajouter: «Je vois dans cette assemblée l'un des signataires du PV, qu'il nous dise ce qu'il pense aujourd'hui! Personne ne répond»[925].

Ces débats sur la liberté montrent surtout les incertitudes de la profession quant à la dynamique d'industrialisation, y compris au sein de la Société de prévoyance. Celle-ci était loin de constituer un bloc homogène. C'est ce dont témoignent les discussions qui suivirent l'assemblée générale de la Société. Si Blondeau voulait la suppression de l'annonce, Labélonye affirmait « qu'il se contenterait volontiers d'une publicité purement médicale (à l'attention des médecins) ». Dans le même temps, « il aimait trop, pour sa part, la liberté –il en appréciait trop les avantages -pour s'associer à une demande de mesures restrictives –dût-il en profiter-ce n'était jamais lui qui contribuerait à mettre des entraves à ses jeunes confrères». Comment pourrait-on d'ailleurs songer à « interdire à la presse le droit d'apprécier la valeur d'un remède, « quand elle abordait et discutait tous les jours les questions politiques, sociales et religieuses les plus ardues, surtout en présence de tendances si manifestes du gouvernement vers la liberté commerciale » ? [926]

Chaque camp s'efforça de constituer son projet de loi en vue de le déposer auprès du ministre. Face aux « libéraux » se tenait le camp des « régulationnistes ». En janvier 1864, la société de prévoyance de Paris nomma une commission dirigée par Boudet afin d'établir les « vœux de la pharmacie[927] ». Suite au congrès de Toulouse, un mémoire fut également envoyé au ministre du Commerce[928]. On y retrouvait comme signataires de nombreux représentants de la pharmacie départementale : Barbet, professeur à l'Ecole préparatoire de médecine et de pharmacie de Bordeaux ; Abel Poirier, secrétaire général de la société pharmaceutique de la Vienne ; Malebranche, président de la Société de pharmacie de Rouen ; Maury ; secrétaire général de la Société des pharmaciens de l'Est ; Cazac, secrétaire général de la Société de pharmacie de Toulouse ; Malapert, professeur à l'Ecole de pharmacie, président honoraire de la Société de pharmacie de Poitiers ; Boudart, président de la Société de pharmacie de la Nièvre ; Timbal-Lagrave, président de la Société de Haute-Garonne. Les mémoires en tout genre se multiplièrent dans lesquels on tentait d'en appeler aux sentiments personnels des gouvernants. Magnes-Lahrens, dans son mémoire sur l'art de guérir aux prises avec la liberté commerciale, s'adressait ainsi à Victor Duruy et Adolphe Laugier cherchant à les influencer[929]. La Société de prévoyance de la Seine, quant à elle, apprécia peu que sa consoeur parisienne s'exprimât au nom de la pharmacie française: «Nos vœux sont-ils

925 *Ibid.*
926 *Ibid.*
927 *Procès-verbal de la Société de prévoyance des pharmaciens de la Seine,* 13 avril 1854.
928 *Union pharmaceutique*, mars 1864.
929 *Ibid.*

ceux de la société de pharmacie? Où est l'adhésion des sociétés -entre autres de celle du Nord, le département le plus populeux après la Seine- qui ont refusé de se faire enregistrer après le congrès de Toulouse?[930]» Cette question de la liberté pharmaceutique fut une nouvelle fois au cœur de la séance de 1864 du conseil de la Société de prévoyance des pharmaciens de la Seine. Genevoix cherchait l'apaisement, se défendant d'avoir jamais prôné ce que ses adversaires appelaient la liberté pharmaceutique. « Nous n'avons jamais demandé le régime anglais pour la pharmacie française»... Ainsi, « le diplôme exigé du médecin, du pharmacien, de l'avocat, du professeur, est une mesure d'hygiène morale qui profite aux masses et ennoblit une nation en y élevant le niveau intellectuel ». Il était évident que le diplôme était au fondement de l'identité professionnelle et scientifique du pharmacien. « Vous avez juré une guerre mortelle à la spécialité » concluait Genevoix à l'adresse de ses confrères, « et votre polémique, démentant votre cœur, nous en sommes convaincus, se résume à cette triste pensée: Périsse notre profession, plutôt que notre ressentiment![931]»

Des personnalités extérieures à la pharmacie s'invitèrent dans le débat à l'image d'Arthur Maugin[932], économiste politique, qui, « dans une brochure, devenue fameuse par son excentricité même, se faisait le champion à outrance de la liberté illimitée, proclamant entre autres sophismes, comme un droit imprescriptible, celui de recourir aux empiriques, aux rebouteurs, aux somnambules[933]». D'après le secrétaire de la Société de la Marne, cette brochure concluait « à la liberté absolue de la pharmacie, c'est-à-dire à la liberté pour tous de préparer et vendre tout médicament, sans diplôme, sans codex, de les annoncer chacun sous sa responsabilité, c'est-à-dire à la suppression des pharmaciens[934] ». De telles positions ne pouvaient que radicaliser les positions de chaque camp.

Dorvault entra dans la polémique en 1864[935]. La décision de rompre le silence n'a guère été facile pour une entreprise qui préférait de loin la concorde aux dissensions[936]. La Pharmacie centrale de France était d'abord une coopérative. Une prise de participation trop tranchée risquait de lui aliéner une partie du corps ce qui, par contrecoup, pouvait nuire aux intérêts commerciaux de la firme. Le milieu des années 1860 constitua cependant un moment particulier, marqué par la crainte de voir triompher une loi mettant fin au monopole pharmacien sur le médicament. La loi « sera-t-elle faite

930 *Procès-verbal de la Société de prévoyance des pharmaciens de la Seine*, 13 avril 1864.
931 *Ibid.*
932 *PV de la société pharmaceutique de la Marne*, 31 octobre 1864. La Société d'économie politique est fondée en 1842.
933 AG de la PCF, 1865.
934 *Ibid.*
935 AG de la PCF, 1864.
936 AG de la PCF, 1865.

d'après les inspirations des ennemis de la Pharmacie, des parasites qui depuis longtemps ont tenté d'accomplir sa ruine? Telle est la question que chacun s'adresse avec anxiété». « Il s'agit pour elle d'être ou ne pas être, to be or not to be. Le vieil édifice pharmaceutique, sapé dans sa base, rongé par le termite, va-t-il s'écrouler? Que surgira-t-il à sa place?[937]» Décidant de sortir de son mutisme, Dorvault choisit de s'exprimer dans l'Union pharmaceutique[938] en adoptant une voie médiane.

« Rejeter la pharmacie dans le commerce général serait aussi sensé que de renvoyer la chirurgie chez les rebouteurs. (…) Le malade est un mineur qui devient facilement la proie des charlatans et des empiriques: In corpore insano mens insana ». La défense du monopole pharmacien était donc un impératif de santé publique: « Rendre la pharmacie libre, c'est compromettre la santé publique, l'exposer à la plus triste exploitation; c'est décréter un retour au temps d'ignorance, c'est faire le sacrifice des connaissances longuement et chèrement acquises[939]». Le spécialisme devait être maîtrisé, mais il ne fallait pas perdre de vue qu'il était d'abord l'expression du malaise de la pharmacie. Il pouvait être combattu par plusieurs mesures, comme la limitation de la profession ainsi que des prix des médicaments. «Chacun pose, à la quatrième page des journaux, sa spécialité bonne ou mauvaise. C'est une course aux clochers, un torrent auquel les plus forts même ne peuvent résister », pire, aux yeux de Dorvault, ces nouveautés médicales apparaissaient comme « une nouvelle hydre de Lerne ». Le directeur de la PCF avait conscience que la spécialisation était un mouvement difficile à combattre. Ce faisant, il se montrait compréhensif et tendait vers une voie médiane. A l'image des têtes de l'hydre, la spécialité et l'annonce n'auraient de cesse de repousser une fois coupées: «Croit-on que les progrès de la civilisation détruiront d'eux-mêmes ces turpitudes? Ce n'est pas dans cette direction qu'il faut s'attendre à voir les choses s'améliorer ». Condamner en bloc la spécialité n'était pas une bonne chose car cela revenait à freiner le processus d'innovation et pouvait priver la pharmacie et… la santé publique de certaines thérapeutiques.

Dorvault adoptait sur l'annonce le même regard nuancé. « La suppression de l'annonce serait-elle un remède efficace au mal ; est-elle possible? Nous le pensons. Luttons-nous contre un courant irrésistible de l'époque? Pour répondre de suite à cette dernière proposition, nous dirons: oui, nous lutterions en vain contre le courant si nous ne tenions compte des temps ; mais il n'en est rien ; nous voulons le progrès et ne combattons que le faux progrès, que son dévergondage, que ce qui le vicie et le compromet». « Nous n'avons point pour la publicité la même aversion que beaucoup d'entre

---

937 *Ibid.*
938 *Union pharmaceutique*, mars 1865.
939 *Ibid.*

nous » écrivait-il juste après. Treize années de direction à la tête de l'une des plus grosses entreprises de droguerie du pays avaient indéniablement eu un impact sur Dorvault. Celui-ci était prêt à accepter l'annonce pourvu qu'elle fût morale. Il acceptait d'ailleurs le maintien des annonces « dans les pays où elles étaient permises ». « L'annonce pourrait faire perdre à notre pays le bénéfice de 5 ou 6 millions de médicaments spéciaux que les pharmaciens exportaient à l'étranger. Bien que 5 ou 6 millions ne fussent pas une somme bien lourde dans le chiffre des affaires d'exportation française, nous n'en demanderions nullement la radiation[940]» admettait ainsi Dorvault. Si donc la pharmacie avait besoin d'être encadrée sur le plan légal, il fallait qu'elle s'appliquât d'une façon plus souple dans certaines situations, notamment pour ce qui était des pharmaciens.

Le discours moral et professionnel du fondateur de la PCF avait sensiblement évolué entre 1852 et 1865. Conçue pour sauver le pharmacien préparateur, la coopérative de Dorvault était devenue un véritable mastodonte industriel et commercial. Confrontée à des impératifs de croissance, à la nécessité de produire plus et d'augmenter ses ventes, l'entreprise acceptait le bien-fondé de la réclame et des spécialités. Elle n'était plus là pour assurer le maintien d'une activité de préparation dans les officines, elle était là pour écouler ses stocks, les pharmaciens devenant des déposants de ses produits. A cet égard, il était de première importance que ces derniers se battent sur le plan commercial pour défendre leur monopole de la vente de médicaments au détail. Si l'identité scientifique occupait une si grande place dans les discours tenus par les membres de la PCF, c'est parce qu'elle devait conforter les compétences et les positions du pharmacien commerçant face à des concurrents qui cherchaient à lui contester cette hégémonie. Le débat entre la pharmacie départementale et la pharmacie parisienne ne révélait pas tant la fracture qui existait au sein de la profession que la proximité des deux camps. Nonobstant, en effet, l'épineuse question des spécialités, les pratiques commerciales tant décriées au début du siècle étaient dans les faits nettement enracinées au sein de la profession.

D. 1867-1869: LA CESSION DES ACTIVITES DE DROGUERIE A LA PHARMACIE CENTRALE DE FRANCE

« Depuis une quinzaine de jours, il se chuchotait que deux maisons rivales, quoique amies, allaient s'entendre, non pour diminuer leurs prix, mais pour réunir leurs intérêts et leur forces. Ce qui se mijotait vient de se réaliser, et une double circulaire nous apprend, en effet, que M. Menier a

[940] *Ibid.*

vendu à M. Dorvault et Cie sa maison de droguerie médicinale et qu'à partir du 1er octobre 1867, les affaires, quoique continuées jusqu'à la fin de l'année, rue Sainte-Croix-de-la-Bretonnerie, 37, seront faites pour le compte de la maison Dorvault et Cie, et que tout le matériel et les produits seront transportés rue de Jouy[941] ». C'est par ces lignes que le Moniteur scientifique annonçait, dans son numéro daté du premier octobre 1867, la cession de la branche de droguerie de la maison Menier à la PCF. L'auteur de l'article, le docteur Quesneville, se livrait ensuite à une comparaison des deux industriels, « si différents par leur nature ». «L'un est grand et généreux, l'autre est méticuleux et parcimonieux ; l'un est négociant et prompt en affaires, l'autre est marchandeur et fatigant ; enfin, l'un a l'ambition de représenter les intérêts internationaux des quatre parties du monde, tandis que l'autre ne rêve qu'aux intérêts professionnels et égoïstes de la pharmacie[942] ». Assurément, la comparaison n'était guère en faveur de Dorvault, que le docteur Quesneville ne semblait guère porter en estime.

Le 23 septembre 1867, la Pharmacie centrale de France réalise « l'acte le plus considérable depuis sa fondation[943] », en rachetant la branche pharmaceutique de la maison Menier et l'usine de Saint-Denis. De nombreuses lithographies et des photographies nous renseignent sur l'organisation de cet espace usinier et nous permettent de mieux saisir ce que l'on appelle l'industrialisation du médicament au XIXe siècle. Au vrai, l'accord de septembre 1867 ne porte pas seulement sur la vente de l'usine, il s'agit d'une entente commerciale beaucoup plus large entre les deux géants de la droguerie. Menier vendait à Dorvault « la clientèle de son usine de droguerie, de préparations pharmaceutiques et de produits chimiques et annexes », exception faite du chocolat Menier dont il conservait la propriété[944]. Il cédait l'usine de « Saint-Denis pour la préparation des produits chimiques, pharmaceutiques et pour l'entrepôt de marchandises », ainsi que « les marchandises de toute nature existant tant dans les magasins de la rue Sainte-Croix-de-la-Bretonnerie qu'à l'usine ».

Les deux industriels nouaient par ailleurs une entente commerciale qui visait à se partager le marché du chocolat et de la droguerie. Menier s'engageait à vendre son chocolat à la Pharmacie centrale moyennant une remise de 10%, à laquelle il fallait ajouter des « réfactions de port » ainsi qu'une remise exceptionnelle de 4% à titre de bonification annuelle. Cette dernière remise était faite sous la condition que la Pharmacie centrale en bénéficierait seule et ne pourrait en faire profiter les dépositaires ou les

---

941 BNF, moteur de recherche gallica, Le moniteur scientifique, 01/10/1867.
942 *Ibid.*
943 AG de la PCF, 1868.
944 Musée Menier, archives remises à nous par M. Valentin, dossier de conciliation Menier/Dorvault, avril 1876.

consommateurs. Pour tirer avantage de ces remises, la PCF s'engageait à remettre régulièrement le détail de ses expéditions de chocolat Menier. L'accord paraissait quelque peu biaisé de ce point de vue car, si Menier continuait de son côté à vendre des chocolats moins cher, il y avait des chances pour que sa clientèle lui restât fidèle. La PCF se trouvait en effet bloquée par la clause lui interdisant de répercuter une partie des rabais que lui accordait Menier. Il aurait fallu s'entendre sur un prix minimal pour le chocolat. La Pharmacie centrale, quant à elle, continuait de vendre sa propre marque de chocolat, mais la fabrication en était confiée à M. Menier « d'après la formule qui lui en serait donnée et en compte à demi ». M. Menier rachetait d'ailleurs les machines existant rue de Jouy. Non seulement Menier récupérait les procédés de fabrication de la Pharmacie centrale de France, mais en plus il partageait la moitié des bénéfices tirés de leur vente.

En outre, Menier s'engageait à renvoyer vers la Pharmacie centrale « toutes les demandes de chocolat accompagnées de demandes de droguerie provenant de pharmaciens et non de droguistes et épiciers ». Dans ces deux derniers, cas Menier devait renvoyer à la Pharmacie centrale les commandes de droguerie uniquement. Il s'agissait donc en partie d'un partage du marché, Menier se spécialisant dans le chocolat et Dorvault s'orientant plutôt vers la droguerie. Ce faisant, la PCF immobilisait un actif important quand Menier dégageait des moyens conséquents pour le développement de Noisiel. « M. Menier voulant se livrer exclusivement à l'exploitation de son importante usine de Noisiel, aujourd'hui spécialement consacrée à la fabrication du chocolat », avait décidé de se séparer de sa maison de commerce pharmaceutique[945].

Il n'abandonnait pas toute participation au sein de l'entreprise lui demeurant lié par un intérêt important. La fusion fut l'aboutissement de démarches entreprises de longue date, pratiquement dès 1865[946]. Le traité d'acquisition passé le 1 er octobre 1867 prit exécution le 1er janvier 1868. Elle donna naissance à la Pharmacie centrale de France et la maison centrale de droguerie Menier réunies sous la raison sociale Dorvault et Cie. Les deux parties s'étaient entendues pour désigner des experts qui avaient la charge d'évaluer pour certains le matériel des différents établissements, et pour d'autres la valeur des bâtiments. Une première estimation fixa la valeur du matériel des différentes usines reprises par Dorvault à 673 687, 50 F. Ce dernier jugea le prix trop élevé. Une nouvelle expertise ramena le montant à 640 089, 17 F soit 633 688, 01 F pour le matériel de l'usine de Saint-Denis, 14 188, 76 F pour celui de la rue Sainte-Croix-de-la-Bretonnerie, déduction

[945] AG de la PCF, 1867.
[946] AG de la PCF, 1865.

faite du matériel de la rue de Jouy estimé à 7 787, 60 F[947]. Malgré cette baisse, Dorvault refusa de ratifier la sentence arbitrale. Il fallait ajouter à cette estimation du matériel celle des bâtiments qui s'élevait à un peu plus d'un million de francs, somme elle aussi contestée par Dorvault. L'ensemble représentait une valeur de 1.690. 000 F[948].

Une question subsiste: pourquoi Menier, alors qu'il vient de construire et d'aménager l'usine de Saint-Denis, décide de se séparer de cette structure? Rappelons que les terrains sont acquis 5 ans plus tôt à peine. Pourquoi donc un tel revirement? Dans tous les cas, la fusion fait « sensation dans le monde pharmaceutique[949] », donnant une prépondérance indiscutable à la centrale. Ce rachat apparaissait comme la démonstration de force du modèle coopératif. Rassemblés, les pharmaciens étaient décidément plus forts. La fusion devait agir comme une sorte d'épiphanie aux yeux de toute la pharmacie. A cet égard, on peut parler à la fois d'une œuvre de communication publicitaire et d'une opération commerciale. Elle installe la PCF sur « le commerce international des médicaments par l'importance de ses capitaux et de son organisation[950]». Dorvault renforce ainsi l'aura de la marque et la réputation de la firme sur le marché du médicament. Les affaires de la Maison Menier « dans les pays lointains montent à un chiffre important[951]». «Aujourd'hui, la Pharmacie centrale, doublée de la Maison Menier, est bien réellement sans conteste la première maison de commerce pharmaceutique du monde[952]» souligne avec fierté Dorvault.

La fusion dote également la PCF d'une usine importante située à Saint-Denis, avenue de Paris, près du canal de Saint-Denis. Celle-ci se compose d'un terrain de 2 hectares 70, de divers bâtiments (en pierres, moellons, fer et pans de bois notamment): un hangar ouvert servant de magasin avec petit atelier, une écurie, une remise et grenier, un beffroi, deux autres hangars ouverts et élevés sur poteaux et couverts en tuiles, un bâtiment servant de laboratoire, un bâtiment servant de magasin, un bâtiment servant d'atelier pour les drogues, un autre hangar servant de laboratoire, deux autres bâtiments servant de magasins, un bâtiment d'habitation dans lequel se trouvent les bureaux, un laboratoire pour la fabrication des sirops et entrepôt, enfin un bâtiment à l'usage du concierge. La PCF rachète également une partie du matériel (machines, cuves, bassines, outillage), le tout pour

---

[947] Musée Menier, archives remises à nous par M. Valentin, Pièces relatives à l'estimation du matériel et du mobilier de l'usine de Saint-Denis cédée à MM Dorvault et Cie par M. Menier, sentence du 2 juillet 1868.
[948] *Ibid.*
[949] AG de la PCF, 1868.
[950] AG de la PCF, 1867.
[951] *Ibid.*
[952] AG de la PCF, 1868.

800 000 francs[953]. Parallèlement, les services de la maison Menier, situés rue Sainte-Croix-de-la-Bretonnerie, sont réunis à ceux de la rue de Jouy. La PCF conserve le personnel de la maison Menier afin, notamment, de rassurer la clientèle[954]. Avec cette annexion, Dorvault cherche à appliquer le programme originel de 1852: la fabrication en grand de tous les produits[955]. L'usine «est si vaste qu'elle peut recevoir toutes les nouvelles appropriations qu'on voudra[956]». Elle peut notamment « recevoir l'installation d'immenses ateliers de conditionnement et fournir en quantité des produits annexes[957]». A Paris, comme à la fabrique de Courbevoie (qui arrive en fin de bail), les installations sont insuffisantes. L'usine établie à Saint-Denis par Menier met la PCF «en possession des laboratoires les plus vastes et les mieux agencés qui existaient[958]». La Pharmacie centrale n'est pas la seule firme parisienne à s'installer à Saint-Denis. Un mouvement de déconcentration amène en banlieue des secteurs traditionnels rejetés à la périphérie pour cause de nuisance-cuirs et peaux et déchets urbains- ainsi que la nouvelle industrie lourde. Dès 1859, la banlieue proche compte de nombreux établissements dépassant plus de 50 ouvriers. «L'industrialisation inaugure ainsi un mouvement de fond centrifuge ». Si le besoin d'espace constitue le facteur principal pour expliquer ce déplacement[959], s'y ajoutent également des raisons fiscales. L'usine dispose en effet de vastes magasins pour les réserves de marchandises, d'où l'on peut « faire les expéditions hors barrière des substances sujettes à l'octroi». Quant au coût du foncier, il ne semble pas avoir été pris en ligne de compte dans la question du déménagement.

La réussite de cette opération marquait, comme nous l'avons déjà rappelé, le triomphe du projet coopératif et de la soif d'expansion de Dorvault. « Le traité d'acquisition passé à partir du 1 er octobre 1867» prit « date d'exécution d'emménagement et d'installation à la centrale au 1er janvier 1868[960]». Il posait la firme « d'une façon tout exceptionnelle dans le commerce général des médicaments[961]». Par ce rachat, la PCF confirmait ses visées monopolistiques sur la pharmacie française et au-delà. Après six mois d'exercice, même si « la fusion n'était pas encore définitivement réglée

---

953 Archives de la PCF, conservation des hypothèques, état des transcriptions acquisitives survenues à toutes dates jusqu'à ce jour concernant tous les immeubles situés dans la commune de Saint-Denis, du chef de la société dite Pharmacie centrale de France, 11 mai 1946.

954 AG de la PCF, 1868.

955 AG de la PCF, 1867.

956 AG de la PCF, 1869.

957 *Ibid.*

958 AG de la PCF, 1867.

959 *Ibid.*

960 AG de la PCF, 1868.

961 AG de la PCF, 1869.

comme accord[962]», elle était « un fait accompli ». « Les services continués temporairement rue Sainte-Croix-de-la-Bretonnerie » furent « réunis à ceux de la rue de Jouy[963] ». On assura la clientèle que « le même personnel aussi qui les servait rue Sainte-Croix les servirait rue de Jouy[964]». « Le cercle des opérations », affirma sans ambages Dorvault aux sociétaires, pouvait être étendu par la puissance du capital et la réputation du cachet de l'entreprise.

La fusion ne fit cependant pas l'unanimité. Certains sociétaires craignaient visiblement « que l'acquisition de l'usine de Saint-Denis ne portât à entreprendre la fabrication des produits chimiques de l'industrie, ce qui entraînerait à des installations coûteuses et à des conséquences qu'on ne saurait prévoir », craintes que Dorvault tenta de dissiper[965].

Avec cette annexion, Dorvault cherchait ainsi à appliquer le programme originel de 1852, la fabrication en grand de tous les produits[966]. Le rachat de l'usine intervenait comme la démonstration de force du modèle coopératif sur l'individualisme. Groupés, rassemblés, les pharmaciens étaient décidément plus forts. « La Pharmacie centrale devait amener l'extension de la partie commerciale de la pharmacie en ce qu'elle avait de compatible avec le bon sens professionnel, par la vente de produits en ressortissant». Les chiffres tendraient à confirmer la justesse de cette stratégie. D'après les données dont nous disposons, nous savons que, si le chiffre d'affaires de la Pharmacie centrale s'élève à 4 millions de francs en 1866, il est supérieur à 7 millions en 1869. En 1876, il dépasse les 8 millions de francs. La centrale avait donc su rallier les « nombreux clients et amis » de la maison Menier « dans la Pharmacie. » A « titre de sociétaires ou de clients », les pharmaciens chercheraient à « faire partie de la Grande Maison des Pharmaciens[967]». Le rachat de l'usine devait agir comme une sorte d'épiphanie aux yeux de toute la pharmacie. La fusion allait poser la firme sur « le commerce international des médicaments par l'importance de ses capitaux et de son organisation ».

L'usine de Saint-Denis n'était pas seulement le gage d'une domination de la PCF sur le commerce de droguerie français, c'était aussi une possible expansion à l'international. Dorvault renforçait ainsi l'aura de la marque et la réputation de la firme sur le marché du médicament. « La maison Ménier s'était toujours recommandée par l'excellente qualité de sa droguerie » écrivit alors Dorvault, « ses poudres ont depuis longtemps une réputation universelle, ses produits pharmaceutiques et chimiques sont reconnus

---

962 AG de la PCF, 1868.
963 Lettre circulaire adressée aux actionnaires, 1868.
964 AG de la PCF, 1868.
965 AG de la PCF, 1869.
966 AG de la PCF, 1867.
967 *Ibid.*

irréprochables ». En rachetant la maison Menier, Dorvault rachetait sa clientèle, sa réputation, des produits de qualité. Par ailleurs, les affaires de celle-ci « dans les pays lointains montaient à un chiffre important[968] ». « Aujourd'hui, la Pharmacie centrale, doublée de la Maison Menier, est bien réellement sans conteste la première maison de commerce pharmaceutique du monde[969] » soulignait avec fierté Dorvault.

Ainsi, la Pharmacie centrale excentrait une partie de ses activités. Elle conservait l'hôtel de la rue de Jouy dans lequel elle maintenait une partie de ses activités et bien entendu la direction. Comme nous l'avons souligné, la Pharmacie centrale n'était pas la seule firme parisienne à s'installer à Saint-Denis. A cet égard, « la plaine Saint-Denis est déjà très attractive. Ces déplacements se font par contiguïté[970] ».

Illustration 31. Usine de Saint-Denis (vers 1878)[971] dans la perspective de l'exposition universelle de 1878

Le rachat de l'usine s'expliquait par un problème de stockage des substances. Les entrepôts de Menier paraissaient mieux adaptés aux besoins de l'entreprise. Aux yeux des administrateurs de la Pharmacie centrale, les années 1867-1869 marquaient incontestablement le franchissement d'une étape. Pour ce qui est de Menier, à compter de l'année 1869, l'usine de Noisiel devient définitivement une chocolaterie[972]. Entre 1852 et la fin des années 1860, Emile-Justin Menier procède ainsi à une réorientation des activités de l'usine et de l'entreprise.

---

[968] *Ibid.*
[969] AG de la PCF, 1868.
[970] Woronoff (Denis), *Histoire de l'industrie…, op.cit.*, .
[971] Archives de la Pharmacie centrale de France, la Voulte-sur-Rhône.
[972] Tresca et Duschene, « Rapport sur.... », *art. cit.*.

E. NOISIEL: UNE USINE POUR LE CHOCOLAT

La spécialisation de l'usine de Noisiel dans la seule fabrication du chocolat est acquise avant 1867. Emile-Justin Menier a souhaité faire du site de l'usine de la plaine Saint-Denis un espace dévolu à la chimie et de Noisiel un lieu orienté vers la seule fabrication du chocolat. Vers la fin des années 1860 le chocolat est encore un produit de luxe, « tandis que le café et le tabac sont répandus partout ». « Cet aliment est encore nouveau pour un grand nombre de personnes[973] ». Et pour cause, le sucre, qui entre pour une grande partie dans sa composition, est d'un prix élevé. Des chimistes s'intéressent néanmoins aux propriétés alimentaires du produit, à sa dimension nutritive, à l'image de Payen, qui « démontre qu'il contient deux fois plus de matières azotées que la farine de froment, vingt-cinq fois plus de matières grasses et surtout un arôme agréable[974] ». « Dans les départements limitrophes de l'Espagne et dans quelques parties de la Provence », note J. Turgan, les moissonneurs l'utilisent pour tremper leur soupe et les ouvriers en mangent avec une ration de pain à l'heure du déjeuner[975]. Dans le reste de la France il est « encore à l'état de bonbon rare ». La production de chocolat ne cesse de croître. Les catalogues fournissent à ce niveau quelques informations.

En dehors des catalogues commerciaux et des comptes rendus d'exposition universelle, plusieurs sources nous renseignent sur la structure de Noisiel en cette fin du Second Empire. Nous disposons d'un compte rendu de la société d'encouragement pour l'industrie, daté de 1869, qui nous permet de mieux saisir les changements opérés par Emile-Justin. Tout comme son père quelques années plus tôt, celui-ci demande à la société de « visiter sa belle usine de Noisiel[976] ». On perçoit tous les enjeux d'une telle visite qui obéit à des motivations d'ordre tout à la fois commercial, technique et scientifique. La visite est faite en présence d'E.J. Menier, « disposé à montrer tous les détails de sa fabrique en pleine activité[977] ». De part et d'autre, il s'agit de promouvoir les réalisations industrielles. Les membres du comité des arts mécaniques avouent du reste avoir « accueilli avec faveur la demande » de Menier. La même année, J. Turgan s'attache à son tour, dans son ouvrage sur les grandes usines de France, à décrire l'usine de Noisiel, « fabrique du chocolat Menier[978] ». « En nous dirigeant vers Noisiel », écrit ce dernier, « nous étions sous l'empire d'une certaine prévention que comprendront naturellement tous les Parisiens habitués à

[973] Turgan (Julien), *Les grandes usines de France…*, *op. cit.*, T 7, p. 99.
[974] *Ibid.*, p. 100.
[975] *Ibid.*, p. 99.
[976] Tresca et Duschene, « Rapport sur…. », *art. cit.*
[977] *Ibid.*
[978] Turgan (Julien), *Les grandes usines de France…*, *op. cit.*, T 7, p. 98.

considérer le chocolat comme un aliment de luxe, pour la préparation duquel une petite machine à vapeur d'un ou de deux chevaux au plus semblait déjà une prétention exagérée. Nous avions bien vu le développement des bureaux de la rue Sainte-Croix-de-la-Bretonnerie (...), mais en descendant la petite route qui conduit de Torcy à Noisiel, nous étions loin de nous attendre à trouver, en arrivant au but de notre voyage, une usine d'une telle importance[979]». L'auteur soigne son introduction et fait en sorte de découvrir l'usine en même temps que le lecteur. Il y a là un effet de style qui n'enlève rien au fait que l'usine Menier est la plus importante du secteur pour l'époque, quand la plupart des fabricants se contentent d'une petite machine dans un atelier et le produisent de façon artisanale.

Illustration 32. L'usine de Noisiel[980]

Sur la rive gauche de la Marne s'étendent, en amont et en aval, de chaque côté d'une grande cour carrée, des bâtiments en brique et en pierre. Entre ces bâtiments et l'eau se répètent symétriquement aussi, deux longues galeries vitrées. Au milieu de ces galeries se dresse une haute cheminée qui dessert les générateurs de vapeur. Face à l'entrée de l'usine, on voit un pont qui conduit au corps de bâtiment le plus ancien, élevé sur la Marne. Trois piles le soutiennent. La surface « couverte représente plus d'un hectare ; en additionnant les différents étages d'ateliers et de caves, on voit que la fabrique occupe près de trois hectares de superficie ». «Il est impossible à première vue de se rendre compte du genre d'industrie auquel tous ces bâtiments doivent être consacrés ; mais dès l'entrée dans la cour, l'odeur caractéristique du produit vous surprend et vous pénètre, il ne peut rester aucun doute, c'est bien de chocolat qu'il s'agit» écrit J. Turgan[981].

[979] Turgan (Julien), *Les grandes usines de France...*, *op. cit.*, T 7, p. 99.
[980] CNUM, Conservatoire numérique des arts et métiers, http://cnum.cnam.fr, *Ibid.*, p. 127
[981] Turgan (Julien), *Les grandes usines de France...*, *op. cit.*, T 7, p. 120-121.

Illustration 33. Publication de l'entreprise Menier (1870)[982]

L'entreprise obtient une médaille d'or de la société d'encouragement (1870), récompense qu'elle s'empresse de mettre en valeur à travers une publication.

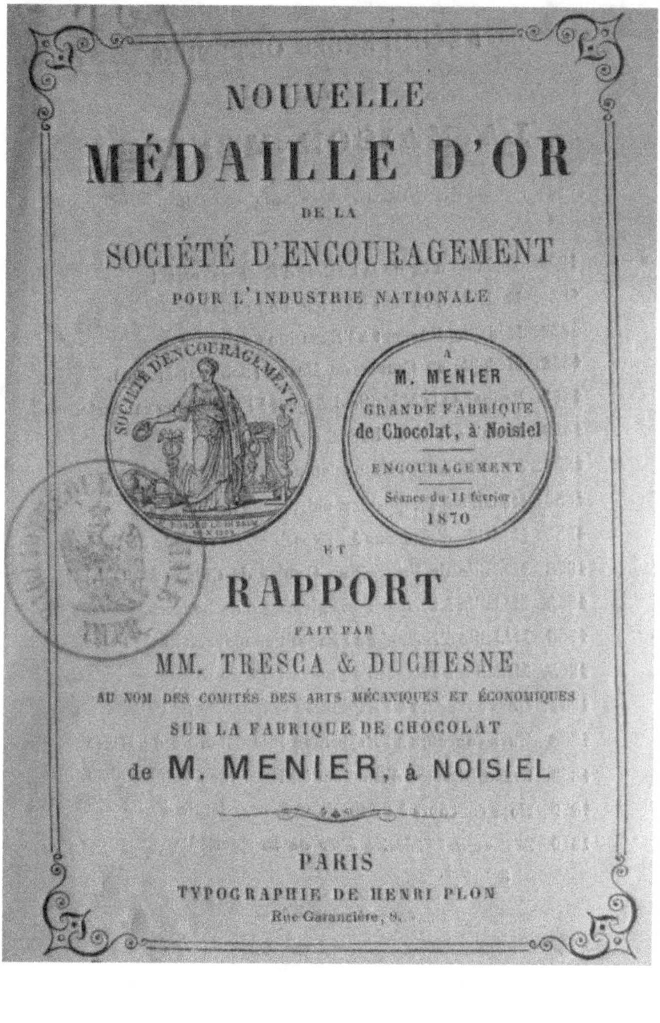

[982] Photographie Nicolas Sueur.

Illustration 34. Fabrique de chocolat Menier, Noisiel-sur-Marne[983]

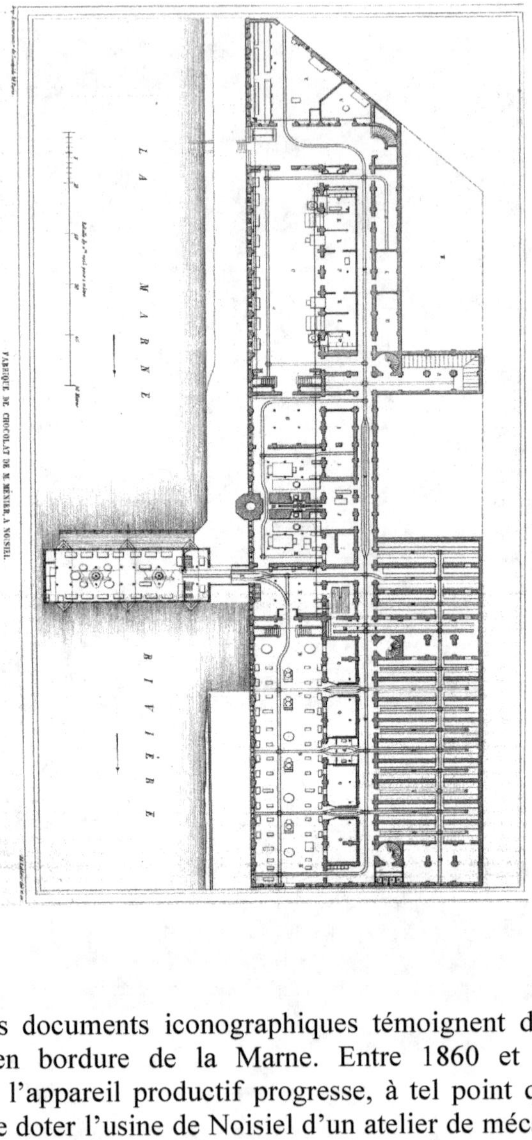

Les différents documents iconographiques témoignent de l'importance des bâtiments en bordure de la Marne. Entre 1860 et 1868/1869, la mécanisation de l'appareil productif progresse, à tel point qu'Emile-Justin Menier décide de doter l'usine de Noisiel d'un atelier de mécaniciens pour y faire les réparations et également la construction des machines. C'est ce que révèle une comparaison entre le descriptif de l'usine de Noisiel, réalisé par Arthur Mangin en 1860, et le tableau qu'en dresse J. Turgan à la fin des années 1860. L'opération de triage, qui suit l'arrivée des sacs de cacao à

[983]CNUM, Conservatoire numérique des arts et métiers, http://cnum.cnam.fr, Tresca et Duschene, « Rapport sur.... », *art. cit.*, p. 412.

l'usine, continue, pour partie, à être effectuée de façon manuelle dans « les ateliers d'amont[984] ». Toutes les graines déformées, avariées, piquées par les insectes, les morceaux de bois, les pierres ou d'autres matières impures sont mis de côté, ce qui représente environ 4 à 5% du volume[985]. En 1869, cependant, deux époudreurs viennent compléter l'activité des ouvrières[986]. Ces machines sont directement issues des progrès accomplis dans le domaine de la meunerie pour le nettoyage des grains. Dès les débuts du XVIIIe siècle, on cherche en effet à imaginer des machines permettant de faciliter le travail des paysans.

Illustration 35. Coupe d'un époudreur[987]

Malgré les nombreuses descriptions de l'usine dans différentes revues spécialisées, aucune ne propose d'images de ces époudreurs. L'illustration suivante est tirée d'un livre de la seconde moitié du XIXe siècle. Les appareils de l'usine de Noisiel sont plus complexes, mais la coupe suivante offre l'avantage de donner une idée de la nature de l'appareil. L'instrument est encastré dans un bâti en fonte. Chez Menier, les amandes de cacao arrivent dans l'entonnoir (Trémie, F) au moyen d'une chaîne à godets. « A l'intérieur de cette trémie se trouve un cylindre métallique, perforé à la manière d'une râpe, qui opère un premier nettoyage pendant le mouvement de rotation qui conduit les fèves dans un entonnoir demi-sphérique[988] ». Dans l'appareil ci-dessous, les fèves tombent dans le compartiment supérieur de la caisse (K). Là, les amandes sont « empoignées » par le courant d'air qui les débarrasse des matières étrangères comme la terre, les végétaux, les débris organiques, etc.... Les « poussières, beaucoup plus légères que les amandes, tourbillonnent pendant quelques instants sous l'influence du courant d'air (arrivant de la pièce V) dans le compartiment supérieur, puis, finalement, sont expulsées par le conduit ménagé à la partie supérieure de la paroi[989]». Les bonnes amandes glissent le long de la séparation S et vont dans la partie inférieure de l'époudreur (G). Chez Menier, les graines passent dans un deuxième cylindre rotatif qui permet de trier les graines en fonction de leur taille[990].

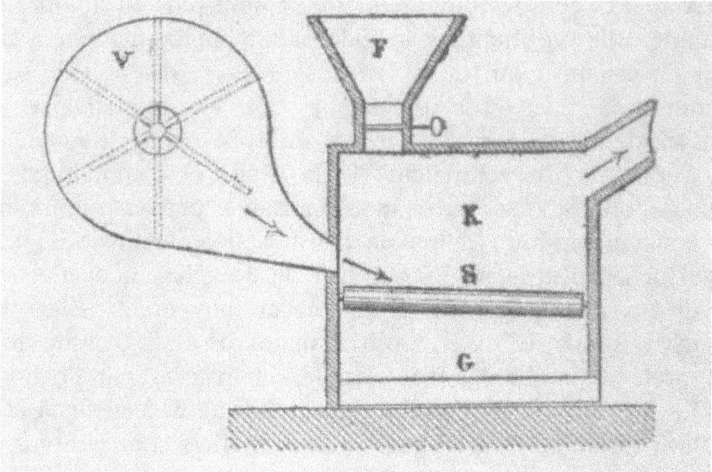

[984] Turgan (Julien), *Les grandes usines de France...*, *op. cit.*, T 7, p. 99.
[985] Tresca et Duschene, « Rapport sur.... », *art. cit.*, p. 325.
[986] *Ibid.*
[987] BNF, Belfort de la Rocque, *Guide pratique de la fabrication...*, *op. cit.*, p. 118.
[988] Tresca et Duschene, « Rapport sur.... », *art. cit.*, p. 325.
[989] Belfort de la Rocque, *Guide pratique de la fabrication...*, *op. cit.*, p. 119.
[990] Tresca et Duschene, « Rapport sur.... », *art. cit.*, p. 325.

Illustration 36. Machine à vanner ou à concasser le cacao[991]

Le tarare est un appareil qui sert au nettoyage des céréales. Il permet à la fois de débarrasser celles-ci des impuretés et de les trier par grosseur. Si l'on en croit Belfort de la Rocque, c'est ce type d'appareil qui est employé dans l'industrie chocolatière.

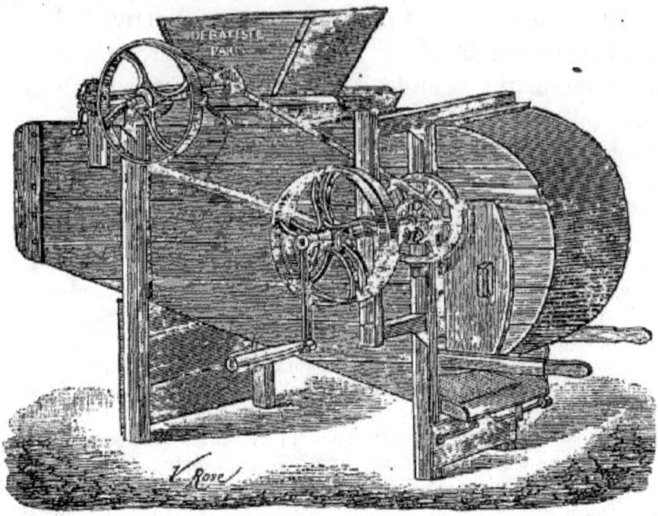

Chez Menier, le cacao sort des trieuses divisé par grosseur et débarrassé en théorie des corps étrangers qui peuvent s'y trouver mêlés. Il passe de nouveau sous les yeux des ouvrières, qui ne sont plus au nombre de trente mais soixante. Elles vérifient les amandes à la main, de manière à enlever ce qui aurait pu échapper au travail des machines[992]. Il s'agit de séparer les bonnes graines de celles qui sont vertes, piquées, ou de mauvaise qualité, et d'enlever les derniers débris de pierres, de bois, ou de fragments qui ont échappé à l'action du ventilateur[993]. Le triage et l'époudrage sont des opérations importantes car des amandes malsaines peuvent communiquer un mauvais goût au produit. Malgré la mécanisation de l'usine, sur laquelle Tresca et Duchesne insistent longuement, le travail manuel n'est donc pas absent. Ces ouvrières gagnent 2 fr par jour en moyenne[994]. Elles travaillent dans des ateliers qui, si l'on en croit les membres de la commission, « sont d'une propreté remarquable, bien ventilés et éclairés par de nombreuses fenêtres. En hiver, ils sont chauffés par des tuyaux de vapeur et éclairés, le soir, par de nombreux becs de gaz[995] ». Ces ateliers sont pourvus d'eau en abondance, afin de pouvoir exiger des ouvrières la plus grande propreté[996].

---

[991] BNF, E. O Lami, A. Tharel, *Dictionnaire encyclopédique et biographique de l'industrie et des arts*, Lami Tharel et Cie, Paris, 1881-1891, 8 vol, vol 3, C, p. 341.
[992] Tresca et Duschene, « Rapport sur.... », *art. cit.*, p. 325.
[993] Belfort de la Rocque, *Guide pratique de la fabrication....*, *op. cit.*, p. 119.
[994] Tresca et Duschene, « Rapport sur.... », *art. cit.*, p. 323
[995] Tresca et Duschene, « Rapport sur.... », *art. cit.*, p. 325.
[996] *Ibid.*

Contigu à l'atelier du triage se trouve l'atelier des brûloirs, qui mesure 44 mètres de longueur, 11 mètres de largeur et 7,60 mètres de hauteur. Les brûloirs sont destinés à torréfier le chocolat.

Illustration 37. Brûloir[997]

Tout comme pour les époudreurs, nous ne disposons pas d'images du matériel présent à l'usine de Noisiel. L'atelier dispose de 12 broches. En 1860, si l'on en croit A. Mangin, leur nombre était de 6[998]. L'expansion de l'usine s'accompagne d'un effort significatif en matière de mécanisation. Ce sont des cylindres en tôle dans lesquels on met environ 35 kg de cacao. Ces broches sont placées au-dessus d'un fourneau chauffé au coke et tournent pendant environ 40 minutes[999]. L'illustration ci-dessous peut donner une idée de ce qu'est un brûloir. M désigne ici le four en briques. A l'intérieur, on a ménagé une cavité (C) dans laquelle peuvent être disposées une ou plusieurs broches disposées parallèlement. Les grains sont disposés dans le tambour T. Celui-ci repose sur deux fourches dont les pieds pénètrent dans une rainure en fer creusée dans une espèce de rail (E). Grâce à ce rail, l'ouvrier peut tirer la poignée qui termine l'axe du tambour, et qui sert également à lui imprimer un mouvement de rotation, afin de renouveler les surfaces des amandes soumises à la torréfaction. Le feu pénètre dans la chambre de grillage (C) par un conduit (O). Les produits de la combustion sont éliminés par une cheminée d'appel (S). La durée du brûlage est d'environ 45 minutes. En dehors des broches, l'usine de Noisiel dispose d'un brûloir mis au point par Imbert. Il consiste en une série de 24 tubes disposés sur quatre rangées, soit six tubes par rangée. Le cacao, reçu dans une trémie, passe peu à peu dans ces tubes et y est soumis à l'action de la chaleur dégagée par le fourneau placé au bas de l'appareil. Cet appareil offre un intérêt plus grand car les grains de cacao sont brûlés isolément et prêts en 5 ou 6 minutes.

[997] BNF, Belfort de la Rocque, *Guide pratique de la fabrication...., op. cit.*, p. 122.
[998] Mangin (Arthur), *Le cacao..., op. cit.*, p. 143.
[999] Tresca et Duschene, « Rapport sur.... », *art. cit.*, p. 326.

Illustration 38. Lithographie de V. Rose. Torréfaction, division et triage des cacaos de la compagnie française[1000]

Si, pour l'entreprise Menier, nous disposons de nombreuses vues des bâtiments de l'usine de Noisiel, il n'en va pas de même des intérieurs. Les lithographies réalisées dans les années 1880 pour d'autres fabricants de chocolat peuvent donner une idée des machines et de la réalité du travail dans ces usines dédiées au chocolat. Au premier plan à gauche, on distingue les amandes de chocolat dans des caisses. Au second plan à droite, il s'agit probablement d'une série d'époudreurs ou de tarares mécaniques. On distingue les axes qui actionnent la machine sur la gauche. Au troisième plan, légèrement sur la gauche des tarares, on voit des cases dans lesquelles le cacao est probablement laissé au repos, peut-être après avoir été soumis à l'action des brûloirs qui s'alignent au fond de l'atelier.

TORRÉFACTION, DIVISION ET TRIAGE DES CACAOS DE LA COMPAGNIE FRANÇAISE.

[1000] CNUM, Conservatoire numérique des arts et métiers, http://cnum.cnam.fr, Turgan (Julien), *Les grandes usines de France…*, *op. cit.*, T 14, p. 6.

Une fois achevée l'opération du grillage, il s'agit d'ôter l'enveloppe des amandes. A Noisiel, le cacao brûlé est mis en tas au milieu de l'atelier pour ressuer, et c'est là que d'autres ouvriers le prennent, pendant qu'il est encore chaud, pour le mettre dans les décortiqueurs concasseurs. Là encore, le matériel a évolué entre 1860 et 1869. A. Maugin évoque en effet l'utilisation d'une machine dans laquelle le cacao est soumis à l'action de battoirs qui, en frappant les graines, brisent les cosses. Le produit est ensuite entraîné dans des ventilateurs « où l'action de l'air, combinée avec un mouvement analogue à celui qu'on imprime aux vans pour vanner le blé, chasse les cosses brisées au dehors[1001] ». Ces cosses ne sont du reste pas perdues puisqu'elles sont vendues en Hollande et aux îles Britanniques. En Irlande, les cosses de cacao, « moulues et bouillies longtemps avec de l'eau ou du lait, donnent une sorte d'extrait brun » qui peut apparaître comme un succédané du chocolat[1002].

[1001] Mangin (Arthur), *Le cacao…*, *op. cit.*, p. 143

[1002] *Ibid.*, p. 144.

Illustration 39. Décortiqueur concasseur type Weldon[1003]

A Noisiel, le cacao descend entre deux surfaces coniques, dont l'une est garnie de pointes très peu espacées. L'un des cônes est animé d'un mouvement de rotation, et force ainsi les fèves, qui se promènent entre les pointes très peu espacées, à être tout à la fois décortiquées et concassées. Nous n'avons pas d'illustration de cet appareil, mais il semble se rapprocher du moulin de type Weldon représenté ci-dessous. C'est un appareil encastré dans un bâti en fonte (E). La partie supérieure du bâti est traversé en son milieu d'un axe en fonte (A). Celui-ci reçoit un mouvement de rotation à l'aide d'une manivelle. La partie M, en fonte, déborde en collerette et forme une sorte de réservoir dans lequel on met les amandes à décortiquer. Au fond de cette pièce tourne un cône qui porte à sa surface des saillies et des rainures qui peuvent se rapprocher ou s'éloigner, à volonté, des parois de la partie inférieure du réservoir (M) dans lequel on met les amandes à décortiquer. Lorsqu'on imprime un mouvement de rotation à l'arbre A, les gouttières CC dans lesquelles glissent les amandes viennent présenter leur surface aux cannelures de la partie inférieure et fixe de M. Les pellicules sont ainsi déchirées et l'intérieur de l'amande est broyé en morceaux.

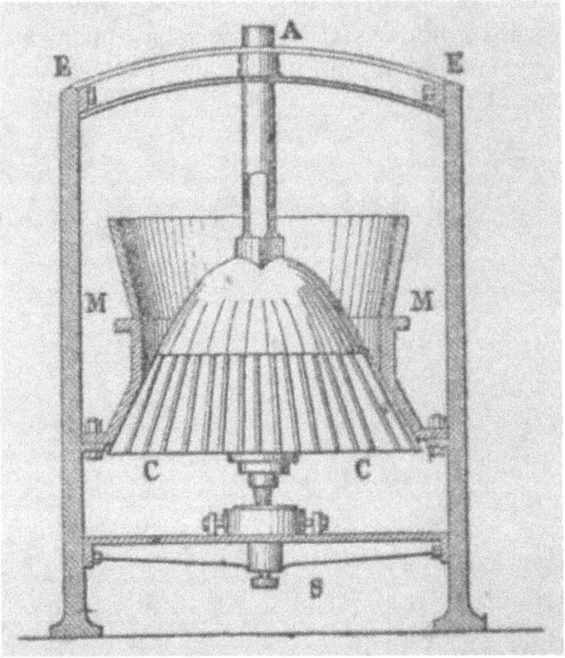

Le produit de la machine arrive dans un cylindre qui le conduit jusqu'au bas de l'appareil, où il est repris de nouveau par une autre chaîne à godets, et amené dans trois cylindres horizontaux en tôle faisant office de trieurs, dans lesquels six ventilateurs sont chargés d'expulser les coques et tous les débris plus légers que l'amande. C'est après le concassage et ce premier nettoyage que l'amande est envoyée dans le tarare aspirateur ou tarare américain afin d'enlever les scories[1004]. Un nouveau triage à la main complète les soins qu'exige la première préparation de la matière première[1005].

[1003] BNF, L. Belfort de la Rocque, *Guide pratique de la fabrication du chocolat*, Paris, B.Tignol, bibliothèque des actualités industrielles, non daté, p. 130.
[1004] Tresca et Duschene, « Rapport sur.... », *art. cit.*, p. 326
[1005] Tresca et Duschene, « Rapport sur.... », *art. cit.*, p. 327.

Illustration 40. Tarare américain

Ce type de machine vient de la meunerie. Elle est destinée à faciliter le nettoyage du blé. Connue en Europe depuis longtemps elle est améliorée par un américain, un certain Childs. Comme pour les autres machines évoquées, nous ne disposons pas d'illustration d'époque concernant l'usine de Noisiel. La figure ci-dessus est plus tardive, elle date des années 1890[1006]. « Tous les constructeurs ont adopté ce tarare, dit américain ; et chacun a apporté à cette construction ses idées personnelles ». Le principe ne varie guère. Le blé tombe dans le conduit d'aspiration. Les grains de faible densité, c'est-à-dire de mauvaise qualité, sont enlevés par un courant d'air qui va de bas en haut. Si certains grains, avariés, légers, sont entraînés avec les bons grains plus lourds, une seconde aspiration, plus énergique, détermine ensuite leur séparation.

L'amande, ainsi épurée, est portée dans l'atelier de broyage placé à cheval sur le bras de la Marne[1007]. Les matières sont envoyées à l'atelier de broyage dans des wagons circulant sur des voies de fer ; on les mélange d'abord à la pelle puis on commence le broyage avant toute addition de sucre. La question du broyage du chocolat et de son mélange avec le sucre préoccupe, pendant toute la première moitié du XIXe siècle, les fabricants. Au début du siècle, la fabrication du chocolat se fait entièrement à bras d'hommes[1008]. Le cacao et le sucre sont broyés dans un mortier à l'aide d'un

[1006] BNF, *Revue technique de l'exposition universelle de 1889*, vol 13, dixième partie, Arts industriels, Paris, E. Bernard et Cie, 1893, p. 460.
[1007] Tresca et Duschene, « Rapport sur.... », *art. cit.*, p. 327.
[1008] Lami (E.O.), Tharel (A.), *Dictionnaire encyclopédique..., op. cit.*, p. 337.

pilon. Le produit obtenu est ensuite étendu sur une pierre placée à terre et l'ouvrier achève le broyage en promenant sur la pâte, avec un mouvement alternatif, un rouleau en marbre jusqu'à ce que l'écrasage soit parfait. La pâte, ramollie par un chauffage modéré, est ensuite transformée en boudins et roulée dans une feuille. L'une des premières améliorations réalisée est de placer la pierre sur une table, de façon à ce que l'ouvrier puisse travailler debout. On produit alors 12 à 15 livres de chocolat par jour, soit un peu moins de 6 à 7,5 kg. En une cinquantaine d'années, l'opération de broyage du chocolat accomplit des progrès décisifs. Vers 1830, Antiq, déjà évoqué, imagine une broyeuse formée d'une aire en granit, inclinée du centre vers la circonférence. Trois galets coniques mobiles autour d'axes fixés à un arbre central animé d'un mouvement de rotation tournent sur l'aire. D'autres constructeurs comme Mélinand et Debatiste imaginent à leur tour des machines pour améliorer la productivité. Vers 1839, Hermann a l'idée d'appliquer au broyage du chocolat les machines qu'il construit pour le broyage des couleurs. Ces machines sont formées de trois cylindres en fonte animés de mouvements d'inégale rapidité. La fonte donnant un goût désagréable au chocolat, Hermann la remplace par le granit. Menier adopte assez vite ces découvertes et ces nouveaux procédés dans son usine de Noisiel.

Les ateliers de broyage occupent un bâtiment à cinq étages, qui est le plus ancien de l'usine, et qui servait autrefois de moulin (voir supra illustration. n° 32). Au rez-de-chaussée, on trouve différents services dont le tire-sac, le monte-bassine, les pompes d'alimentation, l'atelier pour le travail des moules et des cylindres en granit ainsi que les transmissions mécaniques. Au premier étage se trouve l'atelier pour le broyage du cacao et la pâte de chocolat. Au deuxième étage, on trouve la chambre de transmissions mécaniques ainsi que les trémies à cacao pour l'alimentation des appareils du dessous. Au troisième, il y a un autre atelier de broyage. Au quatrième et dernier étage se trouvent un dernier atelier de broyage et de tamisage du sucre, les trémies à cacao pour l'alimentation des moulins de l'étage inférieur ainsi que les réservoirs d'eau. Au-dessous de ce bâtiment sur la Marne se trouvent les deux turbines Girard mentionnées précédemment. Dans un premier temps, les amandes sont moulues, c'est-à-dire réduites en poudre grossière dans une sorte de moulin à poivre[1009]. Une fois moulu, le cacao est porté vers les broyeuses. Il est monté mécaniquement à l'étage supérieur, puis est versé dans des trémies dont il redescend par un tube métallique sur une meule en granit enchâssée dans une cuvette de fonte polie et surmontée d'une autre meule tournante, qui détermine le premier broyage préparatoire et amène déjà la matière à l'état d'une pâte grasse et fluide que

---

[1009] Mangin (Arthur), *Le cacao…*, *op. cit.*, p. 144.

l'on recueille dans la cuvette[1010]. Au moyen d'une ouverture convenable, cette pâte est reçue dans une bassine pour être ensuite portée dans un broyeur composé de trois cylindres horizontaux tournant à des vitesses différentes et en sens contraires.

Illustration 41. Broyeurs à trois cylindres Hermann

La machine à broyer le chocolat Hermann se compose de trois cylindres en granit fixés sur des axes en fer. Le premier modèle remonte à 1839. De nombreuses fabriques de chocolat se mettent à adopter ces machines. Hermann est également le premier à substituer les cylindres de granit à ceux en métal, qui donnent un mauvais goût au chocolat[1011]. La maison Menier en fait fabriquer des répliques dans son atelier de mécanique de l'usine de Noisiel. L'industriel est l'un des premiers à les adopter[1012].

[1010] Tresca et Duschene, « Rapport sur.... », *art. cit.*, p. 327.

[1011] BNF, Augustin Gosselin (Augustin), *Manuel des chocolatiers traitant de la partie pratique des appareils en usage et de la confection des bonbons à base de chocolat, et sa protestation contre la publication incomplète de son rapport sur l'industrie chocolatière de l'Exposition universelle de 1867....* 1869, p. 25.

[1012] *Ibid.*, p. 17.

Illustration 42. Lithographie de Victor Rose représentant les ateliers de broyage des chocolats de la Compagnie française dans les années 1880[1013]

Nous ne disposons pas de vue des ateliers de l'usine de Noisiel. Cette lithographie peut toutefois donner un aperçu d'une entreprise rivale. On voit que la production est mécanisée. Une première rangée de machines apparaît à droite. Il s'agit des broyeurs. La deuxième rangée est composée d'une série de mélangeurs. On voit également l'importance de la main-d'œuvre.

[1013] CNUM, Conservatoire numérique des arts et métiers, http://cnum.cnam.fr, Lithographie de Victor Rose représentant les ateliers de broyage des chocolats de la Compagnie française dans les années 1880 Turgan (Julien), *Les grandes usines de France…*, *op. cit.*, T 14, pp. 2-3.

Illustration 43. Lithographie de l'atelier des mélangeurs et broyeurs de la Compagnie Coloniale. Elle date de la fin des années 1870[1014]

Les mélangeurs sont à droite de la lithographie. C'est dans ces appareils que le chocolat est mélangé au sucre. Le mélangeur se compose d'une table tournante en granit et de deux galets également en granit. Lorsque le cacao a été convenablement écrasé, on ajoute peu à peu le sucre pilé. La pâte est ensuite placée dans les trémies des broyeurs que l'on distingue à gauche de la lithographie. Ces cylindres des broyeurs sont animés d'une vitesse inégale. Au centre, on distingue des tables de travail où des ouvriers s'affairent avec des spatules sur le chocolat.

FABRIQUE DE CHOCOLAT DE LA COMPAGNIE COLONIALE, RUE LESUEUR, A PARIS.

[1014] CNUM, Conservatoire numérique des arts et métiers, http://cnum.cnam.fr, Turgan (Julien), *Les grandes usines de France…*, *op. cit.*, T 13, pp. 8-9.

Cette opération est continuée ensuite dans des appareils semblables dont les cylindres sont toutefois plus rapprochés pour obtenir un broyage parfait et définitif[1015]. La pâte est alors propre à la préparation du chocolat, c'est-à-dire à son mélange avec le sucre.

Illustration 44. Mélangeur à table tournante en granit, mélangeur-triturateur (modèle Hermann)[1016]

A Noisiel, un mélangeur, composé d'une vaste cuvette, dont le fond est en granit, et dans laquelle se meuvent deux meules tournantes à axe horizontal, reçoit d'abord la pâte, puis le sucre, par fractionnements pesés à l'avance. C'est ce mélangeur qui forme le chocolat à l'état brut[1017]. Il s'agit d'une machine à deux galets qui exigent ici le concours d'un moteur. Le sucre y est mêlé au cacao. Ce modèle de mélangeur-triturateur conçu par Hermann est adopté assez tôt à l'usine de Noisiel. Si l'on en croit A. Gosselin, ouvrier mécanicien, la machine d'Hermann fait la preuve de sa supériorité sur celle d'un autre fabricant (Debatiste) lors de l'exposition de 1867. Le mélangeur Hermann produit 70,50 kg en 48 minutes quand le mélangeur Debatiste en produit seulement 35,25 kg en 1 heure et 8 minutes. L'appareil se diffuse dans de nombreuses fabriques de chocolat. « Il rend un double service à cette industrie, tant à cause de la perfection du travail qu'il produit que parce qu'il remplace définitivement les mortiers à pilons, si incommodes dans les villes par leur bruit[1018] ».

[1015] Tresca et Duschene, « Rapport sur.... », *art. cit.*, p. 327.

[1016] Augustin Gosselin, *Manuel des chocolatiers traitant de la partie pratique des appareils en usage et de la confection des bonbons à base de chocolat, et sa protestation contre la publication incomplète de son rapport sur l'industrie chocolatière de l'Exposition universelle de 1867*.... 1869, p. 16.

[1017] Tresca et Duschene, « Rapport sur.... », *art. cit.*, p. 327.

[1018] Rapport du jury central sur les produits de l'agriculture et de l'industrie exposés en 1849, Paris, Imprimerie nationale, 1850.

Avant d'être amené à l'état d'homogénéité qu'exige une bonne fabrication, ce chocolat est passé successivement dans cinq broyeuses à trois cylindres, la dernière étant qualifiée de finisseuse, bien qu'avant de quitter l'atelier la pâte soit encore soumise à l'action d'une dernière broyeuse à quatre troncs de cône en granit, roulant sur une table de la même substance, enchâssée dans une autre table en fonte[1019]. Dans leur ensemble, les appareils de préparation de la pâte comprennent 11 moulins, 29 broyeurs à cylindres, 4 mélangeurs et 4 broyeuses à cônes tronqués. Un étage tout entier de l'usine de Noisiel est exclusivement occupé par les organes de transmission placés ainsi dans les meilleures conditions pour mettre les ouvriers à l'abri de tout accident.

Le chocolat en pâte est ensuite conduit dans l'atelier de dressage. En 1860, le dressage et le pesage du chocolat sont encore effectués à Paris, rue Sainte-Croix-de-la-Bretonnerie. Ce n'est plus le cas en 1869/1870. Cette opération a lieu dans les « bâtiments d'aval[1020] » de l'usine de Noisiel.

Illustration 45. Boudineuse[1021]

La boudineuse est utilisée pour le dressage du chocolat. Après avoir été ramolli, le chocolat est porté sur une grande table en marbre, en bois ou en granit, maintenue tiède par des chaufferettes placées dessous ; la pâte est battue sur cette table par des ouvriers puis introduite dans la boudineuse. Celle-ci est employée pour expulser les bulles d'air emprisonnées dans sa masse. Elle se compose d'une trémie métallique au fond de laquelle on trouve une vis animée d'un mouvement de rotation par l'intermédiaire d'une poulie que l'on distingue à gauche de l'image. Le chocolat est poussé dans un espace tronc-conique, il en sort sous la forme d'un boudin. Celui-ci est coupé en morceaux d'un poids de 250 grammes à l'aide d'un couteau placé à l'orifice de la boudineuse. Une balance permet de peser les morceaux de chocolat. Dans les années 1850, les fabricants conçoivent des machines pour peser les tablettes. Il s'agit d'augmenter la vitesse de travail et « d'éviter le contact des mains des ouvriers » avec le produit[1022].

[1019] Tresca et Duschene, « Rapport sur.... », *art. cit.*, p. 327.
[1020] Turgan (Julien), *Les grandes usines de France…*, *op. cit.*, T 7, p. 99.
[1021] BNF, E. O Lami, A. Tharel, *Dictionnaire encyclopédique et biographique de l'industrie et des arts*, Lami Tharel et Cie, Paris, 1881-1891, 8 vol, vol 3, p. 344.
[1022] Rapport du jury central sur les produits de l'agriculture et de l'industrie exposés en 1849, Paris, Imprimerie nationale, 1850.

Il est pris au bas de la chaîne à plateaux qui dessert tout le bâtiment du broyage, et conduit sur des wagons dans des étuves maintenues continuellement à une température de 30 à 32 degrés environ. La pâte est retirée, après un séjour plus ou moins prolongé, pour être versée dans un malaxeur à trois meules de granit, agissant rapidement et ramenant incessamment la pâte sous ces meules, au moyen de couteaux convenablement disposés. Au bout de quelques minutes, la pâte est retirée soit pour être pesée à la main, soit pour être livrée à la peseuse mécanique[1023]. Dans le premier cas, des ouvriers qui ont des cadres remplis de moules vides en fer blanc les portent devant un ouvrier qui pèse exactement ½ kilo de pâte et la remet dans chaque moule. Cette manipulation qualifiée d' « ancienne » par les membres de la commission aurait besoin, selon eux, d'être modifiée. « Pour un produit aussi susceptible que le chocolat, il faut, autant que possible, éviter le contact de la main, surtout lorsque la pâte est encore molle[1024] ». Un autre moyen existe qui est la pesée mécanique. L'appareil se compose d'un cylindre à enveloppe de vapeur, traversé par une palette hélicoïde ou vis sans fin qui fait descendre la pâte dans des vides laissés par des pistons roulant sur un plan incliné ; une noix comprime cette pâte qui, reçue sur un plateau tournant, est divisée en petits pains de 125 ou 250 grammes, sous la forme des anciens biscuits, dont le nom leur est resté. Dans son mouvement, le plateau conduit ces biscuits près d'une caisse qui les fait glisser sur une table ronde en fonte polie tournant en sens inverse du plateau. Au fur et à mesure des pesées, les biscuits ou les boudins sont placés dans un moule présentant ses divisions demi-cylindriques et portant la marque de fabrique. Trente moules, ainsi garnis et posés sur une planche, sont ensuite placés sur une tapoteuse mécanique et secoués de manière à rendre la surface de la pâte parfaitement unie et à faire disparaître les bulles d'air interposées.

1023 Tresca et Duschene, « Rapport sur.... », *art. cit.*, p. 328.
1024 *Ibid.*

Illustration 46. Les tapoteuses[1025]

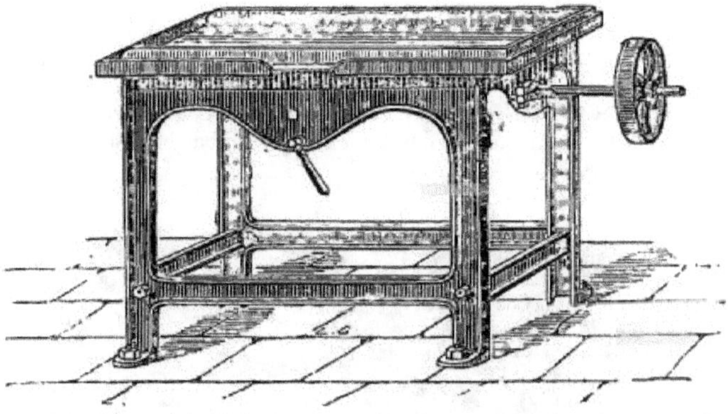

Fig. 207. — *Machine à dresser et tapoter les tablettes de chocolat.*

Enfin, on imprime à nouveau la marque de fabrique sur la face libre. Le service de l'atelier de dressage comprend 3 malaxeurs, 3 peseurs mécaniques, 6 boudineuses et 24 tapoteuses. Le sol de cet atelier, qui a 52 mètres de longueur sur 11 mètres de largeur, est entièrement recouvert de tôle cannelée. Le chocolat passe ensuite au rafraîchissoir, c'est-à-dire dans les caves. Les planches garnies de moules sont placées sur des wagonnets qui sont conduits, au moyen de rails en fer, dans un sous-sol froid, divisé en salles nombreuses, où il y a des tables en marbre blanc, sur lesquelles on dépose les moules. On les retire au bout de trois heures sous forme de tablettes froides et dures, bonnes enfin à être enveloppées. En été, les plaques de marbre sont avantageusement remplacées, pendant les grandes chaleurs, par des plaques de métal sous lesquelles on fait passer un courant d'eau froide[1026].

[1025] BNF, E. O Lami, A. Tharel, *Dictionnaire encyclopédique et biographique de l'industrie et des arts*, Lami Tharel et Cie, Paris, 1881-1891, 8 vol, p. 344.
[1026] Tresca et Duschene, « Rapport sur.... », *art. cit.*, p. 328.

Illustration 47. Coupe de l'atelier de dressage et du refroidissoir de la Compagnie française des chocolats et des thés[1027]

A gauche, on distingue l'opération de moulage qui s'effectue grâce à des machines dites tapoteuses. La pâte est placée dans divers moules en fer blanc divisés en six ou sept compartiments. Les tapoteuses sont soumises à une trépidation mécanique énergique. La pâte prend ainsi la forme exacte des moules. Les tablettes sont alors portées avec les moules qui les contiennent sur les tables en marbre du refroidisseur. On voit, en plein milieu de la lithographie, un ouvrier se charger de cette opération.

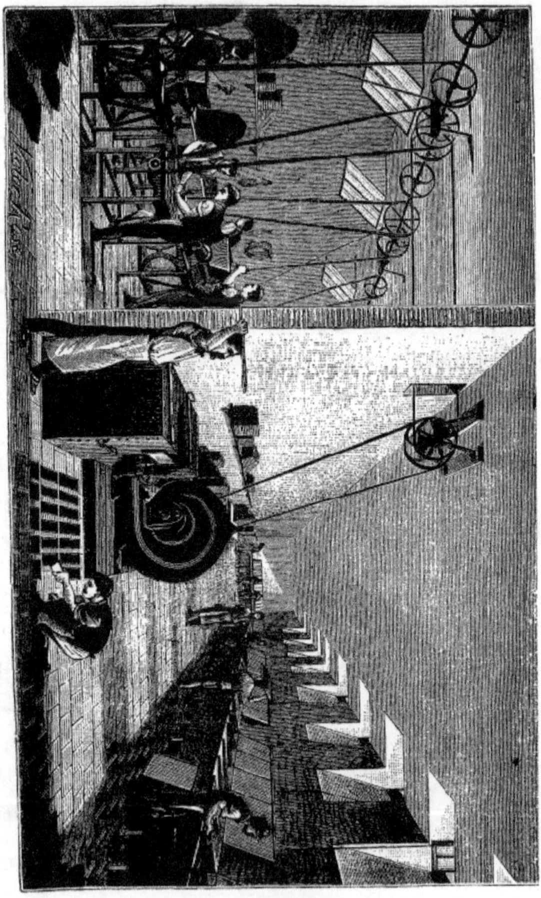

DRESSAGE ET REFROIDISSOIR DES CHOCOLATS DE LA COMPAGNIE FRANÇAISE.

[1027] CNUM, Conservatoire numérique des arts et métiers, http://cnum.cnam.fr, Turgan (Julien), *Les grandes usines de France : tableau de l'industrie française au XIXe siècle*, Paris, Michel Lévy frères, 1882, T 14, p. 7.

Enfin, les tablettes sont livrées à des ouvrières qui les enveloppent d'une feuille d'étain et de deux feuilles de papier qui portent la marque du fabricant. Une partie de la production est cependant mise au rebut ou revendue. C'est ainsi 4 à 5% de la production (journalière) qui est, en moyenne, revendue 80 f les 100 kg à de petits fabricants qui en retirent encore, par un triage à la main, toutes les amandes piquées, brûlées, avariées, entières ou non, qui ont été mises au rebut par M. Menier. «Avec ces produits de mauvais goût et des cacaos de Bahia, des Antilles, de la Guyane, du sucre impur et de la farine, on fabrique de mauvais chocolats qui sont vendus à très bon compte et consommés dans de petits établissements[1028] ». Les tablettes, une fois empaquetées, sortent de l'usine dans des « voitures peintes en jaune spooner[1029] ».

[1028] Tresca et Duschene, « Rapport sur.... », *art. cit.*, p. 330.
[1029] Turgan (Julien), *Les grandes usines de France...*, *op. cit.*, T 7, p. 99.

CONCLUSION

A travers ce travail sur la maison Menier, nous avons essayé de mieux cerner les origines de l'industrie pharmaceutique en France entre 1815 et 1870. Celle-ci n'est pas seulement la fille de l'officine ou de la chimie industrielle, elle est aussi très largement celle du négoce, à l'image de la trajectoire sociale et professionnelle de J.A.B. Menier. Ce dernier débute comme apprenti dans une officine, fait son service militaire comme pharmacien, puis se tourne vers le commerce. Cette filiation est mal acceptée par les pharmaciens eux-mêmes qui n'aiment guère que l'on assimile leur métier à une simple activité commerciale. C'est ce dont témoignent les nombreuses tentatives pour faire du fondateur de la société Menier et Cie un pharmacien à part entière. Nous avons montré, espérons-nous, que les choses sont plus complexes. Un non-pharmacien peut ainsi, à la fin des années 1830, se trouver à la tête de l'une des plus grosses entreprises de droguerie du territoire. Ceci est rendu possible par la loi de germinal, qui a tout à la fois renforcé le monopole des pharmaciens sur la vente de médicaments au détail et laissé libre la vente en gros. Herboristes, épiciers, droguistes peuvent se consacrer, au même titre que les pharmaciens, au débit des drogues tant que ça n'est pas au poids médicinal. Les infractions sont cependant nombreuses et la frontière rapidement franchie. Des sociétés comme l'entreprise Menier et Cie jouent ainsi le rôle de détaillant et de grossiste.

Ce libéralisme de la loi de germinal déplaît fortement aux pharmaciens qui, dans la première moitié du XIXe siècle, ne cessent de pointer les incohérences d'une législation qui oblige les uns à passer des diplômes et donne la possibilité aux autres de vendre des médicaments, sans avoir aucune connaissance en la matière. La situation de personnes comme Menier en exaspère plus d'un au sein de la pharmacie parisienne. Et pourtant, les premiers clients de la maison de droguerie sont des pharmaciens. Menier a compris combien le travail de pulvérisation des produits, étape préliminaire et fondamentale pour la conception du médicament, est une tâche fastidieuse et pénible qui complique le travail des pharmaciens d'officine. En proposant des extraits naturels déjà pulvérisés, Menier répond à une demande réelle de la profession qui peut désormais se consacrer au seul mélange des produits. De même, l'extraordinaire foisonnement de la droguerie au XIXe siècle, la croissance des produits exotiques, tout cela rend ces intermédiaires du médicament que sont les droguistes indispensables aux pharmaciens d'officine. L'industrie pharmaceutique plonge ainsi ses racines dans le négoce des drogues.

Les entreprises de droguerie comme la maison Menier et Cie ne connaissent de limites que celles du marché. Les catalogues diffusés par l'entreprise dans la première moitié du XIXe siècle révèlent ainsi l'extraordinaire diversité du marché du médicament. Du reste, on peut se demander si tous les produits sont destinés à soigner. Dans les petites localités les pharmaciens ne se contentent probablement pas du commerce des remèdes. En effet, les frontières de la droguerie pharmaceutique ne se limitent pas à ce répertoire légal des médicaments en France qu'est le codex.

A cet égard, des entreprises comme la maison Menier ont incontestablement contribué à redéfinir de façon importante ce marché. Mobilisant ses ressources financières, Menier entreprend de développer une politique de communication de grande ampleur. Il sollicite la Société d'encouragement pour l'industrie pour qu'elle vienne visiter les locaux de l'entreprise à Noisiel. Il assure la promotion de ses spécialités à base de chocolat par le biais de la publicité. Surtout, il publie un catalogue à prix courant dont s'inspireront d'ailleurs de nombreuses maisons de droguerie. A la mort de Jean-Antoine-Brutus, son fils, Emile-Justin Menier, lui succède. Comme son père auparavant il obtient son diplôme de pharmacien à la Faculté de pharmacie de Paris. Il hérite d'une entreprise déjà florissante et poursuit dans le domaine de la droguerie. Il explore d'autres voies, notamment la chimie des colorants et fait appel, pour cela, au service de chimistes.

L'expansion de la maison Menier inquiète une partie de la profession, notamment les pharmaciens parisiens. Dans les années 1830/1840, le collège de pharmacie lance une campagne d'inspection en direction de ces professions qu'il considère comme des rivales, comme les épiciers, les herboristes ou les droguistes. Les relations entre les pharmaciens et les droguistes sont alors tendues. Nombre de pharmaciens se considèrent comme des spécialistes du médicament. Les années d'études, l'apprentissage en officine (parfois long), les activités de laboratoires (qui restent une réalité au cours du XIXe siècle) sont autant d'éléments qui confortent et justifient à leurs yeux leur monopole sur la « chaîne du médicament ». Ils comprennent mal que des non-diplômés puissent commercialiser des produits qui nécessitent savoir et savoir-faire. Ils admettent difficilement que la justice se tourne vers eux en cas de fraude ou de falsification. Ils peuvent légitimement se sentir menacés tant à l'échelon du commerce de détail qu'en amont, du fait de l'action des grossistes. Si, jusqu'au milieu du XIXe siècle, l'Etat ne remet pas encore en question ce contrôle des pharmaciens sur la vente au détail des médicaments, les nuages ne s'en amoncellent pas moins. Au « déferlement de l'exercice illégal[1030]» s'ajoute la liberté dont jouit le

[1030] *Ibid.,* p. 71.

commerce de gros, autant d'éléments susceptibles de remettre en question, quasi de facto, la loi de germinal.

En ce milieu du XIXe siècle, ces éléments expliquent la crispation des pharmaciens sur des postures corporatistes. Les pétitions de 1845 et 1850 traduisent ce sentiment d'injustice ressenti par une profession qui dispose, en théorie, d'un monopole sur le marché du médicament, lequel se révèle très largement fictif dans la pratique. En effet, si fiction il y a, celle-ci réside bien plutôt dans l'appréciation que les tribunaux se font du monopole. Le mépris dans lequel se sent tenue la profession, la situation subalterne dans laquelle elle se trouve placée entre grossistes et concurrents déloyaux, et surtout cette loi constamment bafouée de germinal sont à la source de ce puissant mouvement corporatiste que cherche à relayer Dorvault. Mais ce corporatisme ne se contente pas de réclamer le respect (et le maintien) des droits acquis. C'est un corporatisme dynamique et agressif. Pour Dorvault, les pharmaciens doivent accompagner le mouvement d'industrialisation que connaît le secteur et non pas rester en retrait, sous peine de se trouver marginalisés dans le procès de production. L'histoire de l'entreprise est ainsi étroitement liée à l'émergence de la spécialité « tout aussi honnie qu'elle est attractive[1031] ». Il ne faut pas avoir peur de ces nouveaux produits, ni des moyens de communication qui accompagnent leur diffusion comme la réclame ou la publicité. Il faut au contraire les adopter, les maîtriser et en tirer tout le parti possible.

Dorvault va même plus loin et pense que la naissance de la Pharmacie centrale va permettre de concilier industrialisation et maintien d'une pharmacie de laboratoire dynamique dans laquelle le pharmacien continue de préparer les médicaments. L'objectif de Dorvault est de concilier ces deux sphères qui ne lui paraissaient pas antithétiques, la spécialité devant être le trait d'union entre la science et le commerce. Pour bon nombre de pharmaciens, elle apparaît comme le moyen de reconquérir un laboratoire en voie d'abandon, de s'initier au champ infini de la chimie en expansion, d'améliorer des produits, bref, de conforter le diplôme. La montée en puissance de la Pharmacie centrale de France, le poids du corporatisme poussent Emile-Justin Menier à se spécialiser dans un produit en particulier: le chocolat. Faut-il voir dans cette orientation une rupture? Pas nécessairement. Le produit s'inscrit au carrefour de l'alimentaire, du thérapeutique et de la friandise. Le choix de se lancer dans le chocolat apparaît comme un prolongement naturel des activités du droguiste. Le secteur paraissait du reste plus lucratif que celui de la droguerie.

[1031]Bonah (Christian) et Rasmussen (Anne), « Pour une nouvelle histoire... » *in* Bonah (Christian) et Rasmussen (Anne), *Histoire ...., op.cit.*, p. 14.

Menier, Dorvault, deux hommes, deux itinéraires, mais un même code génétique, celui de la bourgeoisie triomphante de ce XIXe siècle, telle que l'ont peints de nombreux.ses historien.ne.s. Hommes de travail, d'ambition, d'effort, de volonté, confiants dans leur destin individuel, persuadés qu'ils sont que la réussite sociale est au bout de leur labeur individuel. L'un comme l'autre ont l'étoffe de ce qui fonde les chefs des grandes lignées industrielles et commerçantes. Ils portent également le même intérêt aux innovations scientifiques et techniques, comme au développement de nouvelles formes pharmaceutiques, qu'elles soient d'ailleurs alimentaires ou médicales. L'industrialisation doit permettre, à leurs yeux, d'harmoniser la fabrication des médicaments et de garantir ainsi leur qualité auprès du public. Il s'agit également de les rendre plus accessibles et confortables pour les consommateurs. Les marques de fabrique apparaissent, elles, comme des symboles de qualité et de sécurité. Quant à la publicité, elle est une arme qui doit assurer la diffusion de ces produits. L'un comme l'autre, comme le rappelle d'ailleurs Olivier Faure au début de cet ouvrage, vont puiser aux racines de la chimie, de la droguerie, des produits alimentaires et de la pharmacie. Les points communs entre les deux hommes s'arrêtent là. Les divergences commencent dès qu'il est question de définir des stratégies industrielles et capitalistes.

Là où Menier opte pour une stratégie relativement classique, reposant sur l'utilisation du capital familial, Dorvault cherche à rassembler les pharmaciens au sein d'une coopérative. Alors que Menier n'hésite pas à user de la réclame et à utiliser massivement la publicité, Dorvault se montre plus ambiguë. Mais l'opposition majeure apparaît surtout dans la relation que les deux hommes entretiennent avec la loi de germinal. Tandis que Menier souhaite une liberté totale en matière d'exercice de la pharmacie, Dorvault se fait le chantre d'une forme de corporatisme libéral, c'est-à-dire d'une profession qui jouit tout à la fois de la pleine liberté dans l'exercice de son métier et de la protection de l'Etat par le biais du monopole.

TABLE DES FIGURES

TABLEAUX

TABLE DES ILLUSTRATIONS

SOURCES ET BIBLIOGRAPHIE

SOURCES MANUSCRITES

ARCHIVES PRIVEES

Musée Menier, archives remises à nous par M. Valentin, Pièces relatives à l'estimation du matériel et du mobilier de l'usine de Saint-Denis cédée à MM. Dorvault et Cie par M. Menier, sentence du 2 juillet 1868.

ARCHIVES NATIONALES

Série AJ/16

AJ/16/1936, dossier de Mr Emile-Justin Menier, Faculté de pharmacie de Paris

AJ/16/2219, procès-verbal de la séance de l'Ecole de pharmacie du 21 avril 1838

AJ/16/2231/3, lettre de Jean-Antoine-Brutus Menier aux membres du collège de pharmacie de Paris, 16 mai 1839, N° 262

AJ/16/2234, lettre de Jean-Antoine-Brutus Menier aux membres du collège de pharmacie de Paris, 4 mai 1838

AJ/16/2272, examens des élèves de la Faculté de pharmacie de Paris

AN, AJ/16/ 6698, rapport avec le chocolat sur le cacao des Isles du sieur Auger, 7 pluviôse an XI

AN, AJ/16/6698, Rapport relatif à une proposition faite au ministre de former à Marseille un établissement de surveillance des drogues, 5 messidor an X

Série F/12

F/12/5081, dossier de proposition de Légion d'honneur d'Antiq, ingénieur mécanicien, décembre 1842

F/12/5209, dossier de demande de Légion d'honneur

Minutier central

MC/ET/XC/658, 1er juin 1838, 15 et 19 décembre 1837, modification des actes de la société Menier et Cie

MC/ET/XC/684, prorogation de la société Menier et Cie, 20/21/22/25 janvier 1845 et 1/3/4/5 février 1845

MC/ET/XC/701, prorogation de la société Menier et Cie, 22/23/24/25 août 1849

MC/ET/XC/701, donation par M et Mme Menier à Mme Monbro, 26/09/1849

MC/ET/XC/721, inventaire après le décès de Mr Menier, 17 janvier 1854

MC/ET/XCIX/857, bail des 15 et 16 décembre 1824

MC/ET/CXII/1182, 18 janvier 1849

MC/ET/LI/1385, 23 juin 1838

MC/ET/XLIII/889, contrat de mariage du 2 juillet 1850

ARCHIVES DEPARTEMENTALES

ARCHIVES DEPARTEMENTALES DE LA SEINE

D31U3 34, acte du 21 juillet 1827

D32 U3, acte du 21 août 1824

D32U3 13, acte du 17 mai 1830

ADP, V3E/N35, acte de naissance d'Anticq

ARCHIVES DEPARTEMENTALES D'INDRE-ET-LOIRE

3/Q/1479, actes d'enregistrement de l'inventaire après décès de M Jean-Antoine Menier, 29 octobre 1822

3/E/29/111, étude de maître Allain, notaire à Bourgueil, inventaire après décès de M. Jean-Antoine Menier, 2 et 4 novembre 1822

BIBLIOTHEQUE INTERUNIVERSITAIRE DE PHARMACIE

Recueil de pièces 30964

Registre 5, archives de la Société de pharmacie de Paris

Registre 52, catalogue de pièces autographes adressées à la Société de pharmacie de Paris

Registre 59, pièce 57, lettre de Jean-Antoine-Brutus Menier aux membres de la Société de pharmacie du 31-12- 1841

IMPRIMES

IMPRIMES A VALEUR DE SOURCE

REVUE

Journal des débats politiques et littéraires, Paris, 1814-1944.

Le Journal pour rire: journal d'images, journal comique, critique, satirique, lithographique..., Aubert et cie, Paris, 1848-1855.

Journal de pharmacie et de chimie, Paris, Colas-Douin-Masson, 1842-1942.

Journal de chimie médicale, de pharmacie, de toxicologie, Paris, 1825-1875.

Journal des connaissances médicales pratiques, Paris, 1833-1898.

Le moniteur scientifique, journal des sciences pures et appliquées, 1860-1889.

Pharmacie centrale de France et maison de droguerie Menier réunies, *L'Union Pharmaceutique*, Paris, Pharmacie centrale de France, 1860-1884.

Union Coloniale Française, La Quinzaine coloniale, A. Challamel, Paris, 1907

OUVRAGES

ADELON Nicolas et alii (dir), *Dictionnaire des sciences médicales*, Paris, C. L. F. Panckoucke, Paris, 1812-1822.

AILHAUD Jean, *Traité de l'origine des maladies et de l'usage de la poudre purgative*, Carpentras, G. Quenin, 1755, 256 p.

Annuaire général du commerce, de l'industrie, de la magistrature et de l'administration ou almanach des 500.000 adresses de Paris, des départements et des pays étrangers, Paris, Société des annuaires, Firmin-Didot frères, 1839.

BELFORT DE LA ROCQUE L., *Guide pratique de la fabrication du chocolat*, Paris, B.Tignol, bibliothèque des actualités industrielles, non daté, 255 p.

BELIDOR Bernard Forest de, NAVIER Claude, *Architecture hydraulique, ou l'art de conduire, d'élever, et de ménager les eaux pour les différents besoins de la vie*, Paris, Firmin Didot, 1819, 2 volumes.

BENOIT Philippe-Martin-Narcisse, JULIA DE FONTENELLE Jean-Sébastien-Eugène, MALEPEYRE François, *Nouveau manuel complet du boulanger, du négociant en grains, du meunier et du constructeur de moulins,* Paris, Roret, 1846, 2 volumes.

BERTHELOT Claude-François, *La mécanique appliquée aux arts, aux manufactures, à l'agriculture et à la guerre*, Paris, chez Demonville, 1782, 2 volumes.

BERTHELOT Marcellin, DREYFUS Camille, HARTWIG DERENBOURG (dir), *La grande encyclopédie : inventaire raisonné des sciences, des lettres et des arts,* Paris, H.Lamirault, 1885-1902, 31 volumes.

BETHMONT Eugène, *Mémoire pour M. Menier et Adrien contre M. Pépin*, Paris, Decourchant, postérieur à avril 1833.

CADET DE VAUX Antoine-Alexis, *L'Art de faire le vin, d'après la doctrine de Chaptal, instruction destinée aux vignerons*, Paris, Bureau de la Décade philosophique, littéraire et politique, 1800.

CAP Paul-Antoine, « De la pharmacie considérée comme profession », Extrait *Du choix d'un état ou dictionnaire des professions*, Paris, Fain et Thunot, 1841, 20 p.

CHAPTAL Jean-Antoine, PARMENTIER Antoine-Augustin, DUSSIEUX Louis, ROZIER François, *Traité théorique et pratique sur la culture de la vigne,* Paris, chez Delalain fils, libraire, quai des Augustins, n° 29. De l'imprimerie de Marchant, 1801, 2 tomes, 584 p.

CHAUVEL aîné, *Essai de déontologie pharmaceutique, ou Traité de pharmacie professionnelle, précédé d'un historique de la pharmacie en France*, Saint-Brieuc, C. Le Maout, 1854, 180 p.

CHAVY DE MONGERBET, *Nouvelles observations sur la goutte et sur les qualités de la poudre ou tisane balsamique qui en est le spécifique calmant*, Paris, impr. de M. Lambert, 1761, 135 p.

CHEVALLIER Alphonse, *Notice nécrologique sur M. Ménier*, Paris, E. et V. Penaud frères, 1854, extrait du *Journal de chimie médicale*, 7 p.

CHEVALLIER Alphonse, *Sur les falsifications qu'on fait subir au chocolat, nécessité de les réprimer*, Paris, E et V Penaud frères, 1853, extrait du *Journal de chimie médicale*, 16 p.

CLERE Jules, *Histoire de l'École de La Flèche, depuis sa fondation par Henri IV jusqu'à sa réorganisation en prytanée impérial militaire*, La Flèche, impr. de E. Jourdain, 1853, 382 p.

CROZAT Marie-Anne, *Abrégé de la géographie de Crozat, par demandes et par réponses ; avec la nouvelle division de la France par départemens*, Lille, V. Leleux, 1812, 243 p.

Déclaration du roi Louis XVI portant règlement pour les professions de la pharmacie et de l'épicerie à Paris, enregistrée en Parlement le 13 mai 1777, Paris, Impr. Royale, 1777.

DEFLANDRE M.A., *Répertoire du commerce de Paris, ou Almanach des commerçans, banquiers, négocians, manufacturiers, fabricans et artistes de la capitale*, Paris, bureau du Répertoire du commerce de Paris, 1828-1829.

DORVAULT François-Laurent-Marie, *L'Officine, ou Répertoire général de pharmacie pratique*, Paris, Labé, 1844, 652 p.

DORVAULT François-Laurent-Marie, *L'Officine, ou Répertoire général de pharmacie pratique...*, Asselin, Paris, 1875, 1609 p.

DUPIN Charles, *Rapport du jury central sur les produits de l'industrie française exposés en 1834*, Paris, Imprimerie royale, 1836, 3 volumes.

Exposition nationale, *Exposition des produits de l'industrie française en 1839*, Rapport du jury central, Paris, L. Bouchard-Huzard, 1839, 3 volumes.

Exposition nationale, *Exposition des produits de l'industrie française en 1844*, Rapport du jury central, Paris, imprimerie de Fain et Thunot, 1844, 3 volumes, 978 p.

Exposition universelle de Londres de 1862, *Rapports des membres de la section française du jury international sur l'ensemble de l'exposition*, Paris, Chaix, 1862, Tome 6, 668 p.

FOURCROY Antoine-François, *Système des connaissances chimiques et de leurs applications aux phénomènes de la nature et de l'art*, Paris, Baudouin, 1800-1801, 6 vol.

FRANCOEUR Louis-Benjamin, MOLARD jeune, Le NORMAND Louis-Sébastien, ROBIQUET Henri-Edmond, PAYEN Anselme, *Abrégé du grand dictionnaire de technologie, ou Nouveau dictionnaire des arts et métiers, de l'économie industrielle et commerciale*, Paris, Thomine, 1833-1836, 6 volumes.

FERAUD Jean-François, *Dictionnaire critique de la langue française*. Tome premier, A-D, Paris, France-expansion, 1787, T 1.

FERET, Liste des préparations de chimie et des produits d'épiceries et de drogueries vendus par le sieur Feret, marchand apothicaire, à Dieppe, A Rouen, impr. de Laurent Du mesnil, 1758.

GOSSELIN Augustin, *Manuel des chocolatiers traitant de la partie pratique des appareils en usage et de la confection des bonbons à base de chocolat, par Augustin Gosselin,... et sa protestation contre la publication incomplète de son rapport sur l'industrie chocolatière de l'Exposition universelle de 1867*, Paris, Roret, 1869, 54 p.

GRAFFIGNY Henry de, *L'outillage agricole*, Paris, Larousse, 1898, 196 p.

GUIBOURT Nicolas-Jean-Baptiste-Gaston, *Histoire abrégée des drogues simples*, Paris, L. Colas, 1820, 2 volumes.

GUITARD Eugène, *Deux siècles de presse au service de la pharmacie et 50 ans de l'Union pharmaceutique*, Paris, Pharmacie centrale de France, 1913, 316 p.

HERICART DE THURY Louis-Etienne-François, MIGNERON Pierre-Henri, *Rapport sur les produits de l'industrie française présenté au nom du jury central à S. E. M. le Comte de Saint-Cricq*, Paris, Imprimerie royale, 1828, 573 p.

HUREAU de LIVOY Timothée, *Dictionnaire de synonymes françois*, Paris, Bureau de révision de manuscrits en tous genres, 1828, 508 p.

JOUFFROY Achille de, *Dictionnaire des inventions et découvertes anciennes et modernes*, 1853, 2 volumes, 1420 p et 1428 p.

JOURDAN Antoine, *Code pharmaceutique*, Paris, Guillaume et Cie, 1821, 621 p.

LA PORTE Matthieu, BOUCHER Pierre, *La Science des négocians et teneurs de livres*, Paris, Levrault, Schoell et Cie, 1803, 722 p.

LA TYNNA Jean, BOTTIN Sébastien, *Almanach du commerce de Paris*, Paris, Bureau de l'Almanach, 1797-1838.

LAMBEL de, « Rapport sur un moulin à chocolat inventé par M. Pelletier », *Bulletin de la Société d'Encouragement pour l'Industrie Nationale*, vol 1839. 38e année. N. 415-426, Paris, Imprimerie de Madame Huzard (née Vallat La Chapelle), 1839.

LAMI Eugène-Oscar, THAREL Alfred (dir.), *Dictionnaire encyclopédique et biographique de l'industrie et des arts industriels*, Paris, Lami, Tharel et Cie, 1881-1891, 8 volumes.

LE NORMAND Sébastien, *Description des expositions des produits de l'industrie française, faites à Paris depuis leur origine jusqu'à celle de 1819 inclusivemen*t, Paris, Bachelier, 1824, 4 volumes.

LE RAT DE MAGNITOT Albin, HUARD DELAMARRE, *Dictionnaire de droit public et administratif*, T2, Joubert, Paris, 1836-1837, 2 volumes, 630 p et 647 p.

LITTRE Emile, *Dictionnaire de la langue française,* Paris, L. Hachette, 1873-1874, 4 volumes.

MANGIN Arthur, *Le cacao et le chocolat*, Paris, Guillaumin, 1860, 331 p.

MAURIN Benoît, *Dictionnaire universel des synonymes de la langue française : contenant les synonymes de Girard... et ceux de Beauzée, Roubaud, Dalembert, Diderot*, Paris, Vve Dabo, 1824, 2 volumes (444 p, 433 p.)

MENIER et Cie, *Documents publicitaires, Prix Courant Général de Ménier & Cgnie Droguistes*, Paris, Imp. de Decourchant, rue d'Erfurth n° 1, 1834, 48 p. 8°WZ.2487

MENIER et Cie, *Prix courant général 1845*, Paris, Schneider et Langrand, 1845.

MENIER et Cie, Maison centrale de droguerie fondée en 1816, pharmaciens-droguistes, *Prix courant général 1854*, Paris, Plon frères, 1854.

Le Moniteur officiel, n° 145, 1851.

MERLIN Philippe-Antoine, *Répertoire universel et raisonné de jurisprudence*, Paris, Garnery, 1812-1825, 17 volumes.

MORELOT Simon, *Cours élémentaire théorique et pratique de pharmacie chimique ou Manuel du pharmacien-chimiste,* Paris, Poignée, 1803, 2 volumes.

PHILIPPE Adrien, *Histoire des apothicaires chez les principaux peuples du monde... suivie du tableau de l'état actuel de la pharmacie en Europe, en Asie, en Afrique et en Amérique*, Paris, Direction de publicité médicale, 1853, 452 p.

Rapport du jury central sur les produits de l'agriculture et de l'industrie française en 1849, Paris, imprimerie nationale, 1850, 3 volumes.

Revue technique de l'exposition universelle de 1889, Paris, E. Bernard et Cie, 1893, 16 volumes.

SAUGER-PRENEUF François, *Nouveau vocabulaire de la langue française*, Paris, Lebigre frères, 1837, 796 p.

SEGUIN Gilbert, *Instruction sur l'usage du vin de Seguin,... Avec la manière de s'en servir...*, Paris, D. Colas, 1814, 32 p.

SOUBEIRAN Eugène, « Notice sur J.A.B. Menier », *Répertoire de Pharmacie*, t. XI, 1854-1855

Travaux de la commission française sur l'industrie des nations, Paris, Imprimerie impériale, 1854-1873, 16 volumes.

TREMERY F., *Manuel complet du teneur de livres*, Paris, Roret, 1833, 331 p.

TRESCA et DUSCHESNE, « Rapport sur la fabrique de chocolat de M. Menier, sise à Noisiel », *Bulletin de la société d'encouragement pour l'industrie nationale*, 68e année, deuxième série, T XVI, juin 1869.

TURGAN Julien, *Les grandes usines de France: tableau de l'industrie française au XIXe siècle*, Tome 7, Paris, Michel Lévy frères, 1870.

TURGAN Julien, *Les grandes usines de France: tableau de l'industrie française au XIXe siècle*, Tome 14, Paris, Calmann-Lévy, 1882.

VIELLOT Claude, « Rapport sur l'usine hydraulique de M. Menier et Cie à Noisiel-sur-Marne », Société d'agriculture sciences et arts (Meaux), 1841/05-1842/05.

BIBLIOGRAPHIE SELECTIVE.

Sur Menier.

CARTIER Caroline, JANTZEN Hélène, VALENTIN Marc, RICHARD Michel, FORTIN Philippe, « La chocolaterie Menier », association pour le patrimoine d'Ile-de-France, 1994

CHEYMOL Jean, « Menier », in *Figures pharmaceutiques françaises*, notes historiques et portraits 1803-1953, Masson, Paris, 1953.

GIBOUREAU Jean, LOGRE Bernard, « Notables et chocolatiers », les Menier, La Membrolle-sur-Choisille, Centre Généalogique de Touraine, 1990

JARRIGE Catherine, *L'industrie chocolatière française (1810-1939)*, mémoire de DEA sous la direction de CARON François, 1 vol.

LOGRE Bernard, VALENTIN Marc, « L'empire triomphant : Emile-Justin Menier (1826-1881) », connaissances du Val Maubuée, 1981.

LOGRE Bernard, « Les Menier : chocolatiers, notables, hommes d'aventure », cahiers historiques n 6, Connaissance du Val Maubuée, septembre 2001.

LOGRE Bernard, MESSENCE Gérard, *Chocolat Menier : Evitez les contrefaçons*, Du may, 2005, 191 p.

MARREY Bernard, *Un capitalisme idéal*, Paris, Clancier-Guénaud, 1984, 236 p.

PIGANIOL Jean-Michel, *Emile-Justin Ménier, baron chocolat ou capitaliste éclairé, positiviste, et républicain radical*, mémoire de maîtrise sous la direction de BOUVIER M., université Paris I, 1983.

RICHARD Michel, *Dynastie patronale et ville usine, les industriels chocolatiers Menier et Noisiel 1867-1960*, mémoire de DEA sous la direction de Michèle PERROT, Paris IV, 1988, 1 vol.

VALENTIN Marc, « Jean-Antoine-Brutus Ménier et la fondation de la Maison centrale de droguerie », *Revue d'histoire de la pharmacie*, 72e année, N. 263, 1984. pp. 357-389.

Ouvrages généraux

BARJOT Dominique, *Histoire économique de la France au XIXe siècle*, Nathan, Paris, 1995, 352 p.

BERGERON Louis, *Les capitalistes en France (1780-1914)*, Paris, Gallimard-Julliard, collection Archives, 1978, 240 p.

BERGERON Louis, « « Le cœur de la vallée, c'est son moulin... » », Terrain [En ligne], 2 | mars 1984, mis en ligne le 24 juillet 2007, consulté le 09 novembre 2015. URL : http : //terrain.revues.org/2796 ; DOI : 10.4000/terrain.2796

BERTIER DE SAUVIGNY Guillaume, *Nouvelle histoire de Paris....*, la Restauration, Paris, Hachette, 1977, 525 p.

CHARLE Christophe, *Histoire sociale de la France au XIXe siècle,* Paris, Seuil, 1991, 392 p.

COCHOY Franck, *Une sociologie du packaging*, Paris, PUF, 2002, 225 p.

COQUERY Natacha, *Tenir boutique à Paris au XVIIIe siècle*, Paris, ed. du CTHS, 2011, 401 p.

DAUMARD Adeline, *Les Bourgeois et la bourgeoisie en France depuis 1815*, Paris, Aubier, 1987, 430 p.

DAUMARD Adeline, *La bourgeoisie parisienne de 1815 à 1848*, Paris, Albin Michel, 1996, 677 p.

DAUMAS Maurice, *Histoire générale des techniques*, Paris, PUF, Vol III, 1968, 880 p.

DEMIER Francis, *La France de la Restauration*, Paris, ed. Gallimard, 2012, 1095 p.

FAURE Alain, « Petit atelier et modernisme économique, la production en miettes au XIXe siècle », *Histoire, économie et société*, 1986, 5e année, n°4, p 531-557.

FUREIX Emmanuel, JARRIGE François, *La modernité désenchantée*, ed. La Découverte, Paris, 2015, 390 p.

GALVEZ BEHAR Gabriel, « L'État et l'invention : une comparaison franco-allemande des cadres de la propriété industrielle à la fin du XIXe siècle », in CHATRIOT Alain et GOSEWINKEL Dieter (dir.), *Figurationen des Staates in Deutschland und Frankreich, 1870-1945. Les figures de l'État en Allemagne et en France*, Munich, R. Oldenbourg, 2006, pp. 215-234

GOUJON Bertrand, *Monarchies postrévolutionnaires (1815-1848)*, Paris, Points, 2014, 443 p.

JOBERT Philippe, CHEVAILLER Jean-Claude, « La démographie des entreprises en France au XIXe siècle », *Histoire, économie et société*, 1986, 5e année, n°2, pp. 233-264.

KALIFA Dominique, « L'ère de la culture-marchandise », *Revue d'histoire du XIXe siècle,* 19, 1999, pp. 7-14.

LABARDIN Pierre, *L'émergence de la fonction comptable*, Presses Universitaires de Rennes, 2010, 347 p.

LENOBLE Benoît, *Le journal au temps du réclamisme. Presse, publicité et culture de masse en France (1863-1930)*, thèse de doctorat d'histoire, université Paris 1, 2007, 2 vol.

LE ROUX Thomas , *Le laboratoire des pollutions industrielles*, Paris, 1770-1830, Albin Michel, 2011, 552 p.

LENTZ Thierry, *Nouvelle histoire du Premier Empire, La France et l'Europe, 1804-1814*, T3, Paris, Fayard, 2007, 835 p.

LEON Pierre, « Le moteur de l'industrialisation : l'entreprise industrielle », in BRAUDEL Fernand, LABROUSSE Ernest (dir), Histoire économique et sociale de la France, Tome 3, Paris, PUF, 1976, 1701 p.

LEVY LEBOYER Maurice, *Histoire de la France industrielle,* Paris, Institut d'histoire de l'industrie, Larousse, 1996, 550 p.

LIGNEREUX Aurélien, *L'Empire des Français, 1799-1815*, Paris, Seuil, 2012, 415 p.

MARSEILLE Jacques (dir.), *Créateurs et créations d'entreprises de la révolution industrielle à nos jours*, Paris, ADHE, 2000, 751 p.

MASSARD GUILBAUD Geneviève, *Histoire de la pollution industrielle en France (1789-1914*), Paris, EHESS, 2010, 403 p.

MASSARD GUILBAUD Geneviève, « La régulation des nuisances industrielles urbaines (1800-1940) », *Vingtième siècle*, vol 64, n 1, 1999, pp. 53-65.

PARK-BARJOT Rang Ri, *La Société de construction des Batignolles de sa fondation à la Première Guerre mondiale (1846-1914)*, Paris, PUPS, 2005, 542 p.

PETITEAU Nathalie, *Lendemains d'Empire, les soldats de Napoléon dans la France du XIXe siècle*, Paris, la Boutique de l'Histoire, 2003, 396 p.

PRAQUIN Nicolas, « Les faillites au XIXe siècle. Le droit, le chiffre et les pratiques comptables», *Revue française de gestion* 8/2008 (n° 188-189), pp. 359-382

SABEL Charles, PIORE Michael J, *Les chemins de la prospérité, de la production de masse à la spécialisation souple*, Paris, Hachette, 1989, 441 p.

BARJOT Dominique, ANCEAU Eric, LESCENT-GILES Isabelle, MARNOT Bruno (dir.), *Les entrepreneurs du Second Empire*, Paris, Presses Universitaires de la Sorbonne, 2003, 223 p.

TULARD Jean (dir.), *Dictionnaire Napoléon*, Paris, Fayard, 1999, 2 volumes.

TULARD Jean, *Nouvelle histoire de Paris, le Consulat et l'Empire*, Paris, Association pour la publication d'une histoire de Paris, Hachette, 1983, 518 p.

TULARD Jean (Dir.), *Dictionnaire du Second Empire*, Paris, Fayard, 1995, 1347 p.

VERLEY Patrick, *Entreprises et entrepreneurs du XVIIIe siècle au début du XXe siècle*, Paris, Hachette, 1994, 255 p.

VIOLLET Pierre-Louis, *Histoire de l'énergie hydraulique. Moulins, pompes, roues et turbines de l'Antiquité au XXe siècle*, Paris, Presses de l'Ecole nationale des ponts et chaussées, 2005, 232 p.

WORONOFF Denis, *Histoire de l'industrie en France,* Paris, seuil, 1998, 674 p.

Histoire de la santé, médicaments, industrie pharmaceutique

ARNAUD Catherine, « Un pharmacien lyonnais au XIXe siècle : Alexandre Guilliermond », *Cahiers d'histoire*, 1992, n° 34, pp. 309-325.

BALLAND Antoine, *Les pharmaciens militaires français*, L. Fournier, Paris, 1913.

BONAH Christian, RASMUSSEN Anne (dir.), *Histoire et médicament aux XIXe et XXe siècles*, Paris, Ed. Glyphes, 2005, 274 p.

BOUSSEL Patrice, *Dorvault, sa vie son œuvre*, Paris, Editions de la Porte Verte, 1979, 301 p.

CAYEZ Pierre, *Rhône-Poulenc 1875-1975: contribution à l'étude d'un groupe industriel*, Paris, Colin-Masson, 1996, 343 p.

CHAUVEAU Sophie, *L'invention pharmaceutique, la pharmacie française entre l'Etat et la société au XXe siècle*, Paris, Sanofi-synthélabo, 1999, 720 p.

CHAUVEAU Sophie, « Les origines de l'industrialisation de la pharmacie avant la Première Guerre mondiale », *Histoire Economie Société*, 1995, 14e année, n°4. pp. 627-642.

CHAUVEAU Sophie, « Genèse de la sécurité sanitaire : les produits pharmaceutiques en France aux XIXème et XXe siècles », *Revue d'histoire moderne et contemporaine*, vol. n°51-2, n°2, 2004, pp. 88-117.

COURT Susan, SMEATON W.A., « Fourcroy and the journal de la Société des pharmaciens de Paris », *Ambix*, Mars 1979, vol 26, pp. 39-55.

DEHILLERIN Bénédicte, GOUBERT Jean-Pierre, « A la conquête du monopole pharmaceutique, le Collège de pharmacie de Paris », *Historical reflections*, printemps-été 1982, vol 9, 1-2, pp. 233-248.

FAURE Olivier, *Les Français et leur médecine*, Paris, Belin, 1994, 316 p.

FAURE Olivier, *Histoire sociale de la médecine (XVIII-XXe siècle*), Paris, Anthropos, 1994, 272 p.

FAURE Olivier, « Les officines pharmaceutiques françaises : de la réalité au mythe (fin XIXe-début XXe siècle) », *Revue d'histoire moderne et contemporaine*, octobre-décembre 1996, n°43, p. 672-685.

FREDJ Claire, « Centre de soins et foyer d'instruction des médecins de l'armée : l'hôpital militaire du Val-de-Grâce au XIXe siècle », in DEMIER Francis et BARILLE Claire (dir), *Les maux et les soins. Médecins et malades dans les hôpitaux parisiens au XIXe siècle*, Paris, Action artistique de la ville de Paris, 2007, 397 p.

FREIDSON Eliot, *Profession of medicine, a study of the sociology of applied knowledge*, New York, Harper and Row publishers, 1970, 409 p.

GELFAND Toby, *Professionalizing modern medicine : Paris surgeons and medical science and institutions in the 18th century*, Westport, London, Greenwood Press, 1980, 271 p.

GHOZLAND Freddy, DABERNAT Henri, *Pub et pilules. Histoire et communication du médicament*, Toulouse, Milan, 1988, 183 p.

IMBERT Jean (dir.), *Histoire des hôpitaux en France,* Toulouse, Privat, 1982, 559 p.

LEONARD Jacques, *Les médecins de l'ouest au XIXe siècle, Paris,* Champion, 1978, 3 vol, 1750+CCLCII pages.

RABIER Christelle, « Une Révolution médicale ? Dynamiques des professions de santé entre Révolution et Empire », Annales historiques de la révolution française, 1-2010, pp. 141–159.

RABIER Christelle, « La disparition du barbier-chirurgien : analyse d'une mutation professionnelle au XVIIIe siècle », *Annales. Histoire, sciences sociales*, 3-2010, pp. 679–711.

RUFFAT Michèle, *175 ans d'industrie pharmaceutique française, histoire de Synthelabo*, Paris, la découverte, 1996, 270 p.

STANZIANI Alessandro, *Histoire de la qualité alimentaire, XIX-XXe siècles*, Paris, Seuil, coll. Liber, 2005, 440 p.

STANZIANI Alessandro, « La définition de la qualité des produits dans une économie de marché », *L'Économie politique* 2008/1, n°37, pp. 95-112.

SUEUR Nicolas, *La Pharmacie centrale de France, une coopérative pharmaceutique, XIXe siècle*, Tours, PUFR, Perspectives historiques, 2017, 418 p.

SUEUR Nicolas, « Les spécialités pharmaceutiques au XIXe siècle : statuts et fondements de l'innovation », *Le Mouvement Social*, 2014/3 n° 248, pp. 27-46.

SUEUR Nicolas, « Les pharmaciens et la médiatisation de la spécialité au XIXe siècle », *Le Temps des médias*, 2014/2 n° 23, pp. 26-40.

ULMER Bruno, PLAICHINGER Thomas, ADVENIER Charles, *A votre santé ! Histoire de la publicité pharmaceutique et médicale*, Paris, Syros Alternatives, 1988, 148 p.

L'histoire
aux éditions L'Harmattan

Dernières parutions

LES ORIGINES CHRÉTIENNES DE LA DÉMOCRATIE MODERNE
La part du Moyen Âge
Georges Jehel
Le passage de la démocratie antique à la démocratie moderne s'est réalisé par l'intermédiaire du Moyen Âge. Après la chute de l'Empire romain en Occident, les évêques se substituèrent aux pouvoirs civils défaillants. Les ordres monastiques posaient les bases d'une gestion collective ouvrant sur le parlementarisme par recours aux élections. Dans le même temps s'opérait une révolution intellectuelle qui suscita l'essor de la pensée critique dans l'université, alors aux mains du clergé...
(Coll. Historiques, série Travaux, 23.00 euros, 216 p.)
ISBN : 978-2-343-12608-1, ISBN EBOOK : 978-2-14-004237-9

NON-VIOLENCE : COMBATS D'HIER ET DE DEMAIN
Non-violence et traits culturels et identitaires dans le monde globalisé du XXIe siècle
Sous la direction de Madhu Benoit et Jean-Pierre Benoit
La frêle silhouette de Gandhi, la haute stature du pasteur Martin Luther King ou les bras ouverts de Nelson Mandela, rendu à la liberté après vingt-sept ans de prison, font partie de la grande geste de l'humanité, gravée dans tous les esprits à travers le monde. Trois hommes qui ont en commun d'avoir entraîné le peuple dans une lutte victorieuse, sans armes et sans violence. En ce début du XXIe siècle, ensanglanté par le terrorisme et des guerres atroces, la « non-violence » n'est-elle plus qu'une image d'Épinal ? Huit auteurs explorent ici l'histoire contemporaine à travers les luttes non violentes.
(Coll. Discours identitaires dans la mondialisation, 17.50 euros, 164 p.)
ISBN : 978-2-343-12313-4, ISBN EBOOK : 978-2-14-004203-4

CHRONIQUES D'HIER ET DE DEMAIN
Publiées dans le journal *La Croix* (1988-2011)
Clergerie Jean-Louis
Pendant un peu plus de vingt ans, de 1988 à 2011, l'auteur a collaboré au quotidien *La Croix*, où il analysait, en toute liberté mais également avec la rigueur de l'universitaire, l'actualité nationale, européenne et internationale. Voici l'ensemble de ses chroniques regroupées selon des axes nationaux, européens et internationaux, qui gardent toute leur pertinence.
(30.00 euros, 298 p.)
ISBN : 978-2-343-12094-2, ISBN EBOOK : 978-2-14-004356-7

GÉOGRAPHIE DU SOUVENIR
Ancrages spatiaux des mémoires de la Shoah
Chevalier Dominique - Préface de Denis Peschanski
La mondialisation des mémoires de la Shoah, telles que représentées dans des musées et des mémoriaux nationaux, constitue une caractéristique majeure des dimensions contemporaines de ce phénomène. Ce livre présente tout d'abord ces nombreux lieux du souvenir, leur géographie mais aussi leur insertion dans leur environnement urbain. C'est donc à la fois à un panorama des

musées et mémoriaux de la Shoah dans le monde que ce livre convie le lecteur, mais aussi à une analyse sensible de la manière dont ils sont pratiqués et insérés dans la ville.
(Coll. Géographie et cultures, 22.00 euros, 244 p.)
ISBN : 978-2-343-12443-8, ISBN EBOOK : 978-2-14-004093-1

DIX ANS D'HISTOIRE MARITIME (2007-2016)
Lemaître Vincent
Vous découvrirez dans cet ouvrage les temps fort de l'histoire maritime de ces dix dernières années en parcourant la marine de commerce, la vie économique des ports, la pêche, la plaisance, la marine de guerre, la protection de l'environnement, les textes nationaux et internationaux qui ont été adoptés et leurs conséquences. L'auteur s'attache aussi à évoquer les accidents, les naufrages, les pollutions les plus marquantes. Au-delà de l'Hexagone, les thèmes de la piraterie, de la lutte contre les narcotrafics, du traitement de l'immigration sont notamment abordés.
(14.00 euros, 122 p.)
ISBN : 978-2-343-11730-0, ISBN EBOOK : 978-2-14-004292-8

POSÉIDON
Ébranleur de la terre et maître de la mer
Andrieu Gilbert
En étudiant Poséidon, on s'aperçoit que les légendes ont surtout servi à imposer un état d'esprit tout en écartant ce qui pouvait contredire l'ordre nouveau que les aèdes voulaient imposer. Les dieux servent surtout à justifier un art de vivre. Ainsi, cerner la personnalité de Poséidon ne consiste pas à en faire un portrait saisissant, mais à comprendre les mortels qui lui ont donné des fonctions particulières.
(21.50 euros, 212 p.)
ISBN : 978-2-343-12088-1, ISBN EBOOK : 978-2-14-003937-9

ARCHÉOLOGIE DE LA PENSÉE SEXISTE
Du Moyen Âge au XXIe siècle
Labrecque Georges
Bien des oeuvres révèlent, dans divers domaines de la pensée, le mépris adressé à la femme et inspiré de manuscrits remontant à l'Antiquité. Du Moyen Âge à aujourd'hui, des femmes ont voulu dénoncer ces injustices dans des documents d'autant plus remarquables qu'elles ont été peu nombreuses à prendre la plume. Quelle sera la relève au XXIe siècle ? Cet ouvrage propose de nombreux manuscrits et montre que les préjudices subis aujourd'hui par les femmes plongent leurs racines dans un passé lointain et se manifestent sous diverses formes.
(42.00 euros, 484 p.)
ISBN : 978-2-343-12339-4, ISBN EBOOK : 978-2-14-003975-1

LES CAMPEURS DE LA RÉPUBLIQUE
Lefeuvre-Déotte Martine
le Groupement des campeurs universitaires (GCU) est aujourd'hui la plus importante association de campeurs en Europe avec 50 000 adhérents qui sont collectivement propriétaires d'une centaine de terrains. Bénévole, solidaire et autogestionnaire, ce mouvement, créé en 1937 dans l'élan du Front populaire, aménage bénévolement de jolis terrains pour y vivre l'été. L'auteure a mené son investigation au cœur de cette microsociété, ouverte aujourd'hui à tous ceux qui partagent ses valeurs fondatrices : humaines, laïques, solidaires et conviviales.
(Coll. Esthétiques, série Culture et Politique, 24.50 euros, 240 p.)
ISBN : 978-2-343-12210-6, ISBN EBOOK : 978-2-14-003917-1

LEÇONS DU TEMPS COLONIAL DANS LES MANUELS SCOLAIRES
Coordonné par Pierre Boutan et Sabeha Benmansour-Benkelfat
La colonisation a régulièrement fait partie des contenus d'enseignement pendant cette période historique, comme après les indépendances. Les douze contributions réunies ici portent sur l'enseignement de l'histoire, mais aussi sur celui des langues : langue des colonisateurs, langue des colonisés… Elles étudient les variations selon les publics visés, les matières enseignées, les auteurs

et les éditeurs. Les exemples sont tirés en priorité des relations entre France et Algérie, avec une étude sur la Tunisie et le Maroc.
(Coll. Manuels scolaires et sociétés, 25.50 euros, 240 p.)
ISBN : 978-2-343-11598-6, ISBN EBOOK : 978-2-14-003837-2

ARCHÉOLOGIE DES INTERFACES
Une approche de saisie et d'explication des systèmes socioculturels
Elouga Martin
L'archéologie des interfaces est une approche des sociétés que propose l'auteur. Il s'agit de partir des faits observés sur le terrain pour reconstituer les interactions sociales et les rapports homme-milieu, ainsi que les activités qui en résultent et dont les traces structurent les sites.
(17.50 euros, 160 p.)
ISBN : 978-2-343-10421-8, ISBN EBOOK : 978-2-14-004130-3

LA TRADITION JUIVE ET SA SURVIVANCE À L'ÉPREUVE DE LA SHOAH (Tome 1)
Feinermann Emmanuel
Exilé et dispersé parmi les nations, le peuple juif a été confronté deux millénaires durant à l'expérience de la survie. À l'aube du XXe siècle, il entrevoit enfin l'ère des grandes espérances. Sa survie dépendait, en premier lieu, de la chance et du sens donné à la vie avant le cataclysme hitlérien : une vie intérieure riche et catalysée par une forte culture et une foi religieuse profonde. Cet ouvrage revient donc sur la survivance de la tradition juive face à la prise du pouvoir par Hitler.
(39.00 euros, 494 p.)
ISBN : 978-2-343-09860-9, ISBN EBOOK : 978-2-14-004021-4

LA TRADITION JUIVE ET SA SURVIVANCE À L'ÉPREUVE DE LA SHOAH (Tome 2)
Feinermann Emmanuel
Ce deuxième tome étudie le comportement humain et religieux dans les situations extrêmes sous la dictature hitlérienne. Afin d'assurer la survivance de la tradition juive, forts de leur expérience millénaire de la souffrance, les Juifs européens entrèrent en résistance spirituelle dans les lieux d'enfermement : ghettos, bunkers, camps de concentration et d'extermination. Dans cet univers de fin du monde, certains « métiers » imposés par les nazis ont en effet débouché sur la survie, et c'est donc ce que tente de mettre en avant cet ouvrage.
(39.00 euros, 448 p.)
ISBN : 978-2-343-12327-1, ISBN EBOOK : 978-2-14-004022-1

MAIS COMMENT EN EST-ON ARRIVÉ LÀ ?
La terre de 4 000 à 4,5 milliards d'années
Rouffet Michel
De l'Ancien Testament aux derniers calculs pour déterminer l'âge de la Terre, les chiffres varient considérablement : 4 000 ans, 75 000 ans, 4,5 milliards d'années... L'auteur raconte et démontre non seulement comment l'estimation de l'âge de notre planète a évolué au cours des siècles, mais également comment des points de vue si divergents peuvent converger et se retrouver complémentaires. Avec lui, nous découvrons que science et religion ne sont pas forcément aussi opposées que l'on pourrait le croire.
(Coll. Acteurs de la Science, 23.50 euros, 236 p.)
ISBN : 978-2-343-10343-3, ISBN EBOOK : 978-2-14-002270-8

ARCHÉOLOGIE DE LA PENSÉE SEXISTE
L'Antiquité
Labrecque Georges
Les œuvres de l'Antiquité révèlent à la fois le mépris et l'éloge adressés à la femme dans des domaines fort différents (théologie, morale, littérature, droit, philosophie, etc.), qui se sont développés dans diverses régions du monde. L'humanité a ainsi hérité d'une multitude de manuscrits très riches, encore qu'ils soient presque tous rédigés par des hommes bien souvent

sexistes avant la lettre. Cet ouvrage propose une relecture des œuvres principales de l'Antiquité et montre que les préjudices et les maux subis par les femmes en ce début du XXIe siècle plongent leurs racines dans un passé très lointain.
(37.50 euros, 368 p.)
ISBN : 978-2-343-10502-4, ISBN EBOOK : 978-2-14-002249-4

DICTIONNAIRE AMOUREUX DES DIEUX DE L'OLYMPE
Andrieu Gilbert
Si les dieux sont amoureux, il ne faut pas oublier qu'ils ne sont que le produit des poètes et que leurs amours sont imaginées par des hommes. C'est donc en observant comment les dieux vivent leur passion, comment ils se comportent, que nous pouvons imaginer comment vivaient nos ancêtres du temps d'Homère et d'Hésiode. En regroupant les amours divines, l'auteur nous offre un délassement agréable et instructif.
(24.50 euros, 242 p.)
ISBN : 978-2-343-10839-1, ISBN EBOOK : 978-2-14-003671-2

HISTOIRE DES HUNS
Daniarov Kalibek
L'*Histoire des Huns* dresse un tableau saisissant de l'histoire de ce peuple mystérieux, les Huns, depuis leur apparition à la chute de leur empire, survenue après la guerre menée par Attila en Europe (453 apr. J-C). Chercheur kazakh de renom, l'auteur présente ici une nouvelle analyse et synthèse de la culture hunnique. Il s'appuie sur des sources rares et inédites qui le conduisent à affirmer notamment que les Huns étaient des ancêtres probables du peuple kazakh.
(25.00 euros, 276 p.)
ISBN : 978-2-343-09492-2, ISBN EBOOK : 978-2-14-001332-4

1789 : LES COLONIES ONT LA PAROLE ANTHOLOGIE
Tome 1 : Colonies ; Gens de couleur
Tome 2 : Traite ; Esclavage
Biondi Carminella - Avec la collaboration de Roger Little
Cette anthologie regroupe tous les écrits et les discours de l'année 1789 au sujet des colonies, des gens de couleur (tome 1), de la traite et de l'esclavage (tome 2). Voici un ensemble de controverses passionnées et passionnantes de l'époque où aucun Noir n'est admis (comme à la Conférence de Berlin, un siècle plus tard).
((Tome 1 – Coll. Autrement Mêmes, 25.50 euros, 218 p.)
ISBN : 978-2-343-09854-8, ISBN EBOOK : 978-2-14-001623-3
(Tome 2 – Coll. Autrement Mêmes, 23.00 euros, 280 p.)
ISBN : 978-2-343-09855-5, ISBN EBOOK : 978-2-14-001622-6

ANTIQUITÉ, ART ET POLITIQUE
Sous la direction de Bouineau Jacques
Le lien entre ces différentes contributions se trouve dans l'utilisation de l'œuvre d'art comme vecteur politique, l'Antiquité sert de fil directeur et de multiples domaines artistiques sont concernés. Les domaines couverts sont les mondes anciens, l'Antiquité classique, le monde musulman, le monde slave et la culture européenne de l'époque moderne et contemporaine.
(Coll. Méditerranées, 33.00 euros, 318 p., Illustré en noir et blanc)
ISBN : 978-2-343-09346-8, ISBN EBOOK : 978-2-14-001407-9

Structures éditoriales du groupe L'Harmattan

L'Harmattan Italie
Via degli Artisti, 15
10124 Torino
harmattan.italia@gmail.com

L'Harmattan Hongrie
Kossuth l. u. 14-16.
1053 Budapest
harmattan@harmattan.hu

L'Harmattan Sénégal
10 VDN en face Mermoz
BP 45034 Dakar-Fann
senharmattan@gmail.com

L'Harmattan Cameroun
TSINGA/FECAFOOT
BP 11486 Yaoundé
inkoukam@gmail.com

L'Harmattan Burkina Faso
Achille Somé – tengnule@hotmail.fr

L'Harmattan Guinée
Almamya, rue KA 028 OKB Agency
BP 3470 Conakry
harmattanguinee@yahoo.fr

L'Harmattan RDC
185, avenue Nyangwe
Commune de Lingwala – Kinshasa
matangilamusadila@yahoo.fr

L'Harmattan Congo
67, boulevard Denis-Sassou-N'Guesso
BP 2874 Brazzaville
harmattan.congo@yahoo.fr

L'Harmattan Mali
Sirakoro-Meguetana V31
Bamako
syllaka@yahoo.fr

L'Harmattan Togo
Djidjole – Lomé
Maison Amela
face EPP BATOME
ddamela@aol.com

L'Harmattan Côte d'Ivoire
Résidence Karl – Cité des Arts
Abidjan-Cocody
03 BP 1588 Abidjan
espace_harmattan.ci@hotmail.fr

L'Harmattan Algérie
22, rue Moulay-Mohamed
31000 Oran
info2@harmattan-algerie.com

L'Harmattan Maroc
5, rue Ferrane-Kouicha, Talaâ-Elkbira
Chrableyine, Fès-Médine
30000 Fès
harmattan.maroc@gmail.com

Nos librairies en France

Librairie internationale
16, rue des Écoles – 75005 Paris
librairie.internationale@harmattan.fr
01 40 46 79 11
www.librairieharmattan.com

Librairie l'Espace Harmattan
21 bis, rue des Écoles – 75005 Paris
librairie.espace@harmattan.fr
01 43 29 49 42

Lib. sciences humaines & histoire
21, rue des Écoles – 75005 Paris
librairie.sh@harmattan.fr
01 46 34 13 71
www.librairieharmattansh.com

Lib. Méditerranée & Moyen-Orient
7, rue des Carmes – 75005 Paris
librairie.mediterranee@harmattan.fr
01 43 29 71 15

Librairie Le Lucernaire
53, rue Notre-Dame-des-Champs – 75006 Paris
librairie@lucernaire.fr
01 42 22 67 13

www.ingramcontent.com/pod-product-compliance
Lightning Source LLC
LaVergne TN
LVHW011447061026
849535LV00004BA/988